校企“双元”合作开发教材　　职业院校旅游类专业新形态活页式教材

会展项目策划

主　编◎宋慧娟

EXHIBITION PROJECT PLANNING

校企双元
合作开发

中国旅游出版社

项目策划：段向民
责任编辑：赵　芳
责任印制：钱　宬
封面设计：武爱听

图书在版编目（CIP）数据

会展项目策划 / 宋慧娟主编 . -- 北京 : 中国旅游出版社 , 2024.1
校企“双元”合作开发教材　职业院校旅游类专业新形态活页式教材
ISBN 978-7-5032-7264-6

Ⅰ . ①会… Ⅱ . ①宋… Ⅲ . ①展览会—项目—策划—职业教育—教材 Ⅳ . ① G245

中国国家版本馆 CIP 数据核字 (2024) 第 017579 号

书　　名：会展项目策划

主　　编：宋慧娟
出版发行：中国旅游出版社
（北京静安东里 6 号　邮编：100028）
http://www.cttp.net.cn　E-mail:cttp @ mct.gov.cn
营销中心电话：010-57377103，010-57377106
读者服务部电话：010-57377107
排　　版：小武工作室
经　　销：全国各地新华书店
印　　刷：北京墨阁印刷有限公司
版　　次：2024 年 1 月第 1 版　2024 年 1 月第 1 次印刷
开　　本：787 毫米 × 1092 毫米　1/16
印　　张：22.5
字　　数：453 千
定　　价：49.80 元
ISBN　978-7-5032-7264-6

编委会

PREFACE 前言

本书是一本校企“双元”合作开发新形态教材，在体系设计上根据高职高专应用型人才培养的要求，既考虑到了高等教育的知识内涵，又考虑到了职业教育的特点，主要体现了以下几个方面的特色。

第一，以项目为驱动、工作过程为导向，从会展项目策划相关岗位的职业能力角度出发编写，是院校、协会、企业三方深度合作的成果。本书内容新颖，学用结合，旨在解决高等职业教育供给与人才需求不匹配的现象，解决高等职业教育中“两张皮”的问题。

第二，本书为新形态教材，书中有大量的典型案例、拓展阅读等，还配备教学课件，致力于提供优质的会展项目策划教学资源。

第三，基于实践，依托行业，根植本土，充分反映了会展项目策划相关的新知识、新技能、新方法、新理念。不仅可作为高等职业院校会展相关专业教材，也可作为各类会展公司相关从业人员的工作指导和培训用书。

本书围绕一个完整会展项目策划的全过程展开，按照会展项目前期、中期和后期典型工作内容，遵循认知逻辑，分为 10 个项目 33 个任务，主要包括会展业入门、会展策划认知、会展立项策划、会展招展策划、会展招商策划、会展相关活动策划、会展服务策划、会展项目现场管理、会展项目后期管理、会展客户管理等。具体内容的撰写分工为：项目一、项目二、项目三由向明编写；项目四、项目五、项目六、项目七由宋慧娟编写；项目八、项目九、项目十由何祥编写。

本书编写得到了多方的支持，专家团队包括武汉新城国际博览中心经营管理有限公司董事长沈力、四川国际会展有限公司项目经理苟文杰。

本书编写过程中查阅并引用了相关专著、教材、报刊、网络资料等内容，在此向作者表示真诚的谢意！最后，欢迎广大专家、学者及各位老师和同学们提出宝贵的意见和建议，以促进本书的完善与提高。

编者

2023 年 12 月

CONTENTS 目录

绪 论

项目一 会展业入门

项目二 会展策划认知

项目三 会展立项策划

项目四 会展招展策划

项目五 会展招商策划

项目六 会展相关活动策划

项目七 会展服务策划

项目八 会展项目现场管理

项目九 会展项目后期管理

项目十 会展客户关系管理

绪论

深入学习贯彻党的二十大精神

党的二十大是在全党全国各族人民迈上全面建设社会主义现代化国家新征程、向第二个百年奋斗目标进军的关键时刻召开的一次十分重要的大会，是一次高举旗帜、凝聚力量、团结奋进的大会。党的二十大在政治上、理论上、实践上取得了一系列重大成果，就新时代新征程党和国家事业发展制定了大政方针和战略部署，是我们党团结带领人民全面建设社会主义现代化国家、全面推进中华民族伟大复兴的政治宣言和行动纲领，对于全党全国各族人民更加紧密团结在以习近平同志为核心的党中央周围，万众一心、接续奋斗，在新时代新征程夺取中国特色社会主义新的伟大胜利，具有极其重大而深远的意义。学习贯彻党的二十大精神，习近平总书记强调的“五个牢牢把握”是最精准的解读、最权威的辅导。要从战略和全局高度完整、准确、全面理解把握党的二十大精神，增强学习贯彻的政治自觉、思想自觉、行动自觉，为实现党的二十大确定的目标任务不懈奋斗。

一、深刻认识党的二十大胜利召开的伟大意义，提升新时代大学生政治站位

党的二十大担负起全党的重托和人民的期待，从战略全局深刻阐述了新时代坚持和发展中国特色社会主义的一系列重大理论和实践问题，科学谋划了未来一个时期党和国家事业发展的目标任务和大政方针，在党和国家历史上具有重大而深远的意义。

（一）这是中国共产党在百年辉煌成就和十年伟大变革的高起点上创造新时代更大荣光的大会

中国共产党在百年历程中共召开了十九次全国代表大会。党的二十大是我们党在建党百年后召开的首次全国代表大会，也是在新时代十年伟大变革的时间坐标上召开的全国代表大会，具有特别的里程碑意义。

（二）这是推进实践基础上的理论创新、开辟马克思主义中国化时代化新境界的大会

马克思主义中国化时代化既是马克思主义的自身要求，又是中国共产党坚持和发展马克思主义的必然路径。中国共产党为什么能，中国特色社会主义为什么好，归根到底是马克思主义行，是中国化时代化的马克思主义行。党的二十大深刻阐述了习近平新时代中国特色社会主义思想的科学内涵和精神实质，深入阐释了开辟马克思主义中国化时代化新境界的重大命题并提出了明确要求，具有重大理论意义。

（三）这是谋划全面建设社会主义现代化国家、以中国式现代化全面推进中华民族伟大复兴的大会

现代化是各国人民的共同期待和目标。百年来，我们党团结带领人民进行的一切奋斗、一切牺牲、一切创造，就是为了把我国建设成为现代化强国，实现中华民族伟大复兴。在新中国成立特别是改革开放以来的长期探索和实践基础上，经过党的十八大以来在理论和实践上的创新突破，我们党成功推进和拓展了中国式现代化，创造了人类文明新形态。党的二十大明确提出以中国式现代化全面推进中华民族伟大复兴的使命任务，精辟论述了中国式现代化的中国特色、本质要求和重大原则，深刻阐释了中国式现代化的历史渊源、理论逻辑、实践特征和战略部署，大大深化了我们党关于中国式现代化的理论和实践。

（四）这是致力于推动构建人类命运共同体、携手开创人类更加美好未来的大会

当前，世界之变、时代之变、历史之变正以前所未有的方式展开，人类社会面临前所未有的挑战。世界又一次站在历史的十字路口，何去何从取决于各国人民的抉择。党的二十大深刻把握世界大势和时代潮流，宣示中国在变局、乱局中促进世界和平与发展、推动构建人类命运共同体的政策主张和坚定决心，为共创人类更加美好的未来注入强大信心和力量。

（五）这是推动解决大党独有难题、以党的自我革命引领社会革命的大会

全面建设社会主义现代化国家、全面推进中华民族伟大复兴，关键在党。党的二十大明确提出：我们党作为世界上最大的马克思主义执政党，要始终赢得人民拥护、巩固长期执政地位，必须时刻保持解决大党独有难题的清醒和坚定。

二、深刻把握党的二十大主题，激发新时代大学生爱国热情

党的二十大的主题，正是我们党对这些事关党和国家事业继往开来、事关中国特色社会主义前途命运、事关中华民族伟大复兴战略性问题的明确宣示，是大会的灵魂。习近平总书记在党的二十大报告中，开宗明义指出大会的主题："高举中国特色社会主义伟大旗帜，全面贯彻新时代中国特色社会主义思想，弘扬伟大建党精神，自信自强、守正创新，踔厉奋发、勇毅前行，为全面建设社会主义现代化国家、全面推进中华民族伟大复兴而团结奋斗。"这一主题明确宣示了我们党在新征程上带领人民举什么旗、走什么路、以什么样的精神状态、朝着什么样的目标继续前进等重

大问题。《中国共产党第二十次全国代表大会关于十九届中央委员会报告的决议》指出："报告阐明的大会主题是大会的灵魂，是党和国家事业发展的总纲。"学习理解党的二十大精神，必须把握这一"灵魂"，抓住这一"总纲"。大会主题中的六个关键词语值得我们高度重视。

（一）旗帜

新时代新征程党高举的旗帜就是"中国特色社会主义伟大旗帜"。大会主题写入这一根本要求，既体现了中国特色社会主义历史演进的连续性、继承性，又体现了新时代党坚持和发展中国特色社会主义的坚定性、恒久性。

（二）思想

大会主题所指示的"全面贯彻新时代中国特色社会主义思想"，就是要求在新时代新征程必须全面贯彻习近平新时代中国特色社会主义思想。党的二十大报告对此作出全面部署。

（三）精神

继在庆祝中国共产党成立100周年大会上习近平总书记提出并号召继承发扬伟大建党精神后，党的二十大主题写入了"弘扬伟大建党精神"的要求，新修改的党章载入了伟大建党精神"坚持真理、坚守理想，践行初心、担当使命，不怕牺牲、英勇斗争，对党忠诚、不负人民"的内涵，这是党在自己最高权力机关及最高章程上的庄严宣示，明确回答了党以什么样的精神状态走好新的赶考之路的重大问题，不仅是贯穿大会报告的重要红线，也是今后党的全部理论和实践的重要遵循。

（四）现代化

"现代化"即"全面建设社会主义现代化国家"。这一重要主题彰显了当前和今后一个时期党的中心任务。党的二十大庄严宣告："从现在起，中国共产党的中心任务就是团结带领全国各族人民全面建成社会主义现代化强国、实现第二个百年奋斗目标，以中国式现代化全面推进中华民族伟大复兴。""中国式现代化"成为这次大会的重要标识。

（五）复兴

在党的二十大主题中，前后用了三个"全面"，即"全面贯彻新时代中国特色社会主义思想""全面建设社会主义现代化国家""全面推进中华民族伟大复兴"。第一个"全面"规定了新时代党的创新科学理论的指导地位，第二个"全面"规定了新时代新征程的中心任务，第三个"全面"规定了党在新时代新征程的奋斗目标。大会主题中的前两个"全面"，以及报告全文使用的其他一百多个"全面"，都是为了实现"全面推进中华民族伟大复兴"这一根本目标。

（六）团结奋斗

"团结奋斗"是党的二十大主题的鲜明特色。除了在主题中要求"为全面建设社会主义现代化国家、全面推进中华民族伟大复兴而团结奋斗”外，“团结奋斗”一词还体现在党的二十大报告的标题、导语、正文、结束语各个部分。报告全文共使用7次“团结奋斗”、27次“团结”，突出表达了这次大会的主基调。

三、深入学习领悟过去五年工作和新时代十年伟大变革的重大意义，增强新时代大学生民族自豪感

过去五年和新时代以来的十年，在党和国家发展进程中极不寻常、极不平凡。习近平总书记在党的二十大报告中全面回顾总结了过去五年的工作和新时代十年的伟大变革，深刻指出新时代十年的伟大变革，在党史、新中国史、改革开放史、社会主义发展史、中华民族发展史上具有里程碑意义。学习宣传、贯彻落实党的二十大精神，必须深入学习领悟过去五年工作和新时代十年伟大变革的重大意义，坚定历史自信、增强历史主动，自觉在思想上政治上行动上同以习近平同志为核心的党中央保持高度一致。

党的二十大报告在总结党的十九大以来五年工作基础上，用“三件大事”、三个“历史性胜利”高度概括新时代十年走过的极不寻常、极不平凡的奋斗历程，从16个方面全面回顾党和国家事业发展取得的举世瞩目的重大成就，从4个方面总结提炼新时代十年伟大变革的里程碑意义。新时代十年的伟大变革，充分证明中国特色社会主义道路不仅走得对、走得通，而且走得稳、走得好。

四、深刻领会“两个结合”是推进马克思主义中国化时代化的根本途径，加强新时代大学生弘扬中华优秀传统文化教育

党的二十大报告提出，中国共产党为什么能，中国特色社会主义为什么好，归根到底是马克思主义行，是中国化时代化的马克思主义行。100多年来，我们党洞察时代大势，把握历史主动，进行艰辛探索，坚持解放思想和实事求是相统一、培元固本和守正创新相统一，把马克思主义基本原理同中国具体实际相结合、同中华优秀传统文化相结合，不断推进理论创新、进行理论创造，不断推进马克思主义中国化时代化，带领中国人民不懈奋斗，中华民族迎来了从站起来、富起来到强起来的伟大飞跃，实现中华民族伟大复兴进入了不可逆转的历史进程。

马克思主义理论不是教条，而是行动指南。习近平总书记在党的二十大报告中指出:“我们坚持以马克思主义为指导，是要运用其科学的世界观和方法论解决中国的问题，而不是要背诵和重复其具体结论和词句，更不能把马克思主义当成一成不变的教条。”坚持和发展马克思主义，必须同中国具体实际相结合。100多年来，我们党把坚持马克思主义和发展马克思主义统一起来，既始终坚持马克思主义基本原理不动摇，又根据中国革命、建设、改革实际，创造性地解决自己的问题，不断开辟马克思主义中国化时代化新境界。坚持和发展马克思主义，必须同中华优秀传统文化相结

合。只有植根本国、本民族历史文化沃土，马克思主义真理之树才能根深叶茂。中华优秀传统文化源远流长、博大精深，是中华文明的智慧结晶，其中蕴含的天下为公、民为邦本、为政以德、革故鼎新、任人唯贤、天人合一、自强不息、厚德载物、讲信修睦、亲仁善邻等，是中国人民在长期生产生活中积累的宇宙观、天下观、社会观、道德观的重要体现，同科学社会主义核心价值观主张具有高度契合性。中国共产党之所以能够领导人民成功走出中国式现代化道路、创造人类文明新形态，很重要的一个原因就在于植根中华文化沃土，不断推进马克思主义中国化时代化，推动中华优秀传统文化创造性转化、创新性发展。

五、牢牢把握全面建设社会主义现代化国家开局起步的战略部署，指引新时代大学生守正创新促发展

党的二十大站在党和国家事业发展的制高点，科学谋划了未来五年乃至更长时期党和国家事业发展的目标任务和大政方针，发出了全面建设社会主义现代化国家、全面推进中华民族伟大复兴的动员令。

“全面建成社会主义现代化强国，总的战略安排是分两步走：从二〇二〇年到二〇三五年基本实现社会主义现代化；从二〇三五年到本世纪中叶把我国建成富强民主文明和谐美丽的社会主义现代化强国。”党的二十大对全面建成社会主义现代化强国两步走战略安排进行了宏观展望，又围绕统筹推进“五位一体”总体布局、协调推进“四个全面”战略布局，从 11 个方面对未来五年工作作出全面部署，全面构建了推进社会主义现代化建设的实践体系。特别是把教育科技人才、全面依法治国、维护国家安全和社会稳定单列部分进行具体安排，充分体现了抓关键、补短板、防风险的战略考量，是党中央基于新的战略机遇、新的战略任务、新的战略阶段、新的战略要求、新的战略环境做出的科学判断和战略安排，必将引领全党全国各族人民有效应对世界之变、时代之变、历史之变，推动全面建设社会主义现代化国家开好局、起好步。

六、深入把握党的二十大关于文化和旅游工作的部署要求，推动文旅融合高质量发展

党的二十大作出推进文化自信自强、铸就社会主义文化新辉煌的重大战略部署，要准确把握社会主义文化建设的指导思想和原则目标、战略重点和主要任务以及中国立场和时代要求。

（一）要准确把握社会主义文化建设的指导思想和原则目标

报告指出：“全面建设社会主义现代化国家，必须坚持中国特色社会主义文化发展道路，增强文化自信，围绕举旗帜、聚民心、育新人、兴文化、展形象建设社会主义文化强国，发展面向现代化、面向世界、面向未来的，民族的科学的大众的社会主义

文化，激发全民族文化创新创造活力，增强实现中华民族伟大复兴的精神力量。”报告明确提出了社会主义文化建设的根本指导思想、基本原则和奋斗目标，坚持为人民服务、为社会主义服务，以社会主义核心价值观为引领，发展社会主义先进文化，弘扬革命文化，传承中华优秀传统文化，满足人民日益增长的精神文化需求，巩固全党全国各族人民团结奋斗的共同思想基础，不断提升国家文化软实力和中华文化影响力。

（二）要准确把握社会主义文化建设的战略重点和主要任务

党的二十大报告提出了建设具有强大凝聚力和引领力的社会主义意识形态、广泛践行社会主义核心价值观、提高全社会文明程度、繁荣发展文化事业和文化产业、增强中华文明传播力影响力五个方面的战略任务，准确把握、全面落实好这些战略重点和主要任务，对于推进文化自信自强，铸就社会主义文化新辉煌具有重要基础支撑作用。

（三）要准确把握社会主义文化建设的中国立场和时代要求

党的二十大报告指出：“中华优秀传统文化源远流长、博大精深，是中华文明的智慧结晶。”要把马克思主义基本原理与中华优秀传统文化相结合，不断推进马克思主义中国化，增强中华文明的传播力和影响力。

（四）以文塑旅、以旅彰文、推进文化和旅游深度融合发展

党的二十大报告明确提出：“加大文物和文化遗产保护力度，加强城乡建设中历史文化保护传承，建好用好国家文化公园。坚持以文塑旅、以旅彰文，推进文化和旅游深度融合发展。”这些重要论述，为文旅行业把握新发展阶段，贯彻新发展理念，构建新发展格局，推动高质量发展点明了方向，指明了路径，是未来 5 年乃至更长一段时间内文旅行业融合发展实践的根本遵循和行动指南，对文旅行业实现理念重构和实践创新具有非常重要的现实指导意义。

七、深刻把握团结奋斗的新时代要求，为文旅行业培养高素质人才

在党的二十大上，习近平总书记宣示新时代新征程党的使命任务，发出了全面建设社会主义现代化国家、全面推进中华民族伟大复兴的动员令。从现在起，中国共产党的中心任务就是团结带领全国各族人民全面建成社会主义现代化强国、实现第二个百年奋斗目标，以中国式现代化全面推进中华民族伟大复兴。

美好的蓝图需要埋头苦干、团结奋斗才能变为现实。习近平总书记的铿锵宣示充满信心和力量——“党用伟大奋斗创造了百年伟业，也一定能用新的伟大奋斗创造新的伟业”。让我们更加紧密地团结在以习近平同志为核心的党中央周围，全面贯彻习近平新时代中国特色社会主义思想，坚定信心、同心同德，埋头苦干、奋勇前进，深入贯彻落实党的二十大精神和党中央决策部署，为全面建设社会主义现代化国家、全面推进中华民族伟大复兴而团结奋斗，在新的赶考之路上向历史和人民交出新的优异答卷！

相关链接1

关于二十大报告，必须知道的“关键词”

2022 年 10 月 16 日，中国共产党第二十次全国代表大会开幕，习近平代表第十九届中央委员会向大会作报告。一起学习报告里的这些“关键词”。

【大会的主题】

大会的主题是：高举中国特色社会主义伟大旗帜，全面贯彻新时代中国特色社会主义思想，弘扬伟大建党精神，自信自强、守正创新，踔厉奋发、勇毅前行，为全面建设社会主义现代化国家、全面推进中华民族伟大复兴而团结奋斗。

【三个“务必”】

中国共产党已走过百年奋斗历程。我们党立志于中华民族千秋伟业，致力于人类和平与发展崇高事业，责任无比重大，使命无上光荣。全党同志务必不忘初心、牢记使命，务必谦虚谨慎、艰苦奋斗，务必敢于斗争、善于斗争，坚定历史自信，增强历史主动，谱写新时代中国特色社会主义更加绚丽的华章。

【极不寻常、极不平凡的五年】

党的十九大以来的五年，是极不寻常、极不平凡的五年。党中央统筹中华民族伟大复兴战略全局和世界百年未有之大变局，就党和国家事业发展作出重大战略部署，团结带领全党全军全国各族人民有效应对严峻复杂的国际形势和接踵而至的巨大风险挑战，以奋发有为的精神把新时代中国特色社会主义不断推向前进。

【三件大事】

十年来，我们经历了对党和人民事业具有重大现实意义和深远历史意义的三件大事：一是迎来中国共产党成立一百周年，二是中国特色社会主义进入新时代，三是完成脱贫攻坚、全面建成小康社会的历史任务，实现第一个百年奋斗目标。

【新时代十年的伟大变革】

新时代十年的伟大变革，在党史、新中国史、改革开放史、社会主义发展史、中华民族发展史上具有里程碑意义。

【归根到底是两个“行”】

实践告诉我们，中国共产党为什么能，中国特色社会主义为什么好，归根到底是马克思主义行，是中国化时代化的马克思主义行。拥有马克思主义科学理论指导是我们党坚定信仰信念、把握历史主动的根本所在。

【中国共产党的中心任务】

从现在起，中国共产党的中心任务就是团结带领全国各族人民全面建成社会主义现代化强国、实现第二个百年奋斗目标，以中国式现代化全面推进中华民族伟大复兴。

【中国式现代化】

中国式现代化，是中国共产党领导的社会主义现代化，既有各国现代化的共同特征，更有基于自己国情的中国特色。

——中国式现代化是人口规模巨大的现代化。

——中国式现代化是全体人民共同富裕的现代化。

——中国式现代化是物质文明和精神文明相协调的现代化。

——中国式现代化是人与自然和谐共生的现代化。

——中国式现代化是走和平发展道路的现代化。

中国式现代化的本质要求是：坚持中国共产党领导，坚持中国特色社会主义，实现高质量发展，发展全过程人民民主，丰富人民精神世界，实现全体人民共同富裕，促进人与自然和谐共生，推动构建人类命运共同体，创造人类文明新形态。

【全面建设社会主义现代化国家开局起步的关键时期】

未来五年是全面建设社会主义现代化国家开局起步的关键时期。

【五个“坚持”】

我国发展进入战略机遇和风险挑战并存、不确定难预料因素增多的时期，各种“黑天鹅”“灰犀牛”事件随时可能发生。我们必须增强忧患意识，坚持底线思维，做到居安思危、未雨绸缪，准备经受风高浪急甚至惊涛骇浪的重大考验。前进道路上，必须牢牢把握以下重大原则。

——坚持和加强党的全面领导。

——坚持中国特色社会主义道路。

——坚持以人民为中心的发展思想。

——坚持深化改革开放。

——坚持发扬斗争精神。

【加快构建新发展格局】

必须完整、准确、全面贯彻新发展理念，坚持社会主义市场经济改革方向，坚持高水平对外开放，加快构建以国内大循环为主体、国内国际双循环相互促进的新发展格局。

【发展经济着力点】

坚持把发展经济的着力点放在实体经济上，推进新型工业化，加快建设制造强国、质量强国、航天强国、交通强国、网络强国、数字中国。

【实施科教兴国战略】

必须坚持科技是第一生产力、人才是第一资源、创新是第一动力，深入实施科教兴国战略、人才强国战略、创新驱动发展战略，开辟发展新领域新赛道，不断塑造发展新动能新优势。

坚持创新在我国现代化建设全局中的核心地位。完善党中央对科技工作统一领导的体制，健全新型举国体制，强化国家战略科技力量，优化配置创新资源，提升国家创新体系整体效能。

【全过程人民民主】

全过程人民民主是社会主义民主政治的本质属性，是最广泛、最真实、最管用的民主。必须坚定不移走中国特色社会主义政治发展道路，坚持党的领导、人民当家作主、依法治国有机统一。

【全面依法治国】

全面依法治国是国家治理的一场深刻革命，关系党执政兴国，关系人民幸福安康，关系党和国家长治久安。必须更好发挥法治固根本、稳预期、利长远的保障作用，在法治轨道上全面建设社会主义现代化国家。

【文化自信自强】

全面建设社会主义现代化国家，必须坚持中国特色社会主义文化发展道路，增强文化自信，围绕举旗帜、聚民心、育新人、兴文化、展形象建设社会主义文化强国，发展面向现代化、面向世界、面向未来的，民族的科学的大众的社会主义文化，激发全民族文化创新创造活力，增强实现中华民族伟大复兴的精神力量。

【为民造福】

治国有常，利民为本。为民造福是立党为公、执政为民的本质要求。必须坚持在发展中保障和改善民生，鼓励共同奋斗创造美好生活，不断实现人民对美好生活的向往。

【完善分配制度】

坚持按劳分配为主体、多种分配方式并存，构建初次分配、再分配、第三次分配协调配套的制度体系。努力提高居民收入在国民收入分配中的比重，提高劳动报酬在初次分配中的比重。坚持多劳多得，鼓励勤劳致富，促进机会公平，增加低收入者收入，扩大中等收入群体。规范收入分配秩序，规范财富积累机制，保护合法收入，调节过高收入，取缔非法收入。

【推动绿色发展】

大自然是人类赖以生存发展的基本条件。尊重自然、顺应自然、保护自然，是全面建设社会主义现代化国家的内在要求。必须牢固树立和践行绿水青山就是金山银山的理念，站在人与自然和谐共生的高度谋划发展。

【总体国家安全观】

国家安全是民族复兴的根基，社会稳定是国家强盛的前提。必须坚定不移贯彻总体国家安全观，把维护国家安全贯穿党和国家工作各方面全过程，确保国家安全和社会稳定。

【新安全格局】

我们要坚持以人民安全为宗旨、以政治安全为根本、以经济安全为基础、以军事科技文化社会安全为保障、以促进国际安全为依托，统筹外部安全和内部安全、国土安全和国民安全、传统安全和非传统安全、自身安全和共同安全，统筹维护和塑造国家安全，夯实国家安全和社会稳定基层基础，完善参与全球安全治理机制，建设更高水平的平安中国，以新安全格局保障新发展格局。

【开创国防和军队现代化新局面】

实现建军一百年奋斗目标，开创国防和军队现代化新局面。

如期实现建军一百年奋斗目标，加快把人民军队建成世界一流军队，是全面建设社会主义现代化国家的战略要求。必须贯彻新时代党的强军思想，贯彻新时代军事战略方针，坚持党对人民军队的绝对领导，坚持政治建军、改革强军、科技强军、人才强军、依法治军，坚持边斗争、边备战、边建设，坚持机械化信息化智能化融合发展，加快军事理论现代化、军队组织形态现代化、军事人员现代化、武器装备现代化，提高捍卫国家主权、安全、发展利益战略能力，有效履行新时代人民军队使命任务。

【坚持和完善“一国两制”，推进祖国统一】

“一国两制”是中国特色社会主义的伟大创举，是香港、澳门回归后保持长期繁荣稳定的最佳制度安排，必须长期坚持。

坚持贯彻新时代党解决台湾问题的总体方略，牢牢把握两岸关系主导权和主动权，坚定不移推进祖国统一大业。

解决台湾问题是中国人自己的事，要由中国人来决定。我们坚持以最大诚意、尽最大努力争取和平统一的前景，但决不承诺放弃使用武力，保留采取一切必要措施的选项，这针对的是外部势力干涉和极少数“台独”分裂分子及其分裂活动，绝非针对广大台湾同胞。国家统一、民族复兴的历史车轮滚滚向前，祖国完全统一一定要实现，也一定能够实现！

【人类命运共同体】

中国提出了全球发展倡议、全球安全倡议，愿同国际社会一道努力落实。我们真诚呼吁，世界各国弘扬和平、发展、公平、正义、民主、自由的全人类共同价值，促进各国人民相知相亲，尊重世界文明多样性，以文明交流超越文明隔阂、文明互鉴超越文明冲突、文明共存超越文明优越，共同应对各种全球性挑战。中国人民愿同世界人民携手开创人类更加美好的未来。

【新时代党的建设新的伟大工程】

全面建设社会主义现代化国家、全面推进中华民族伟大复兴，关键在党。我们党作为世界上最大的马克思主义执政党，要始终赢得人民拥护、巩固长期执政地位，必须时刻保持解决大党独有难题的清醒和坚定。全党必须牢记，全面从严治党永远在路上，党的自我革命永远在路上，决不能有松劲歇脚、疲劳厌战的情绪，必须持之以恒推进全面从严治党，深入推进新时代党的建设新的伟大工程，以党的自我革命引领社会革命。

【五个“必由之路”】

全党必须牢记，坚持党的全面领导是坚持和发展中国特色社会主义的必由之路，中国特色社会主义是实现中华民族伟大复兴的必由之路，团结奋斗是中国人民创造历史伟业的必由之路，贯彻新发展理念是新时代我国发展壮大的必由之路，全面从严治党是党永葆生机活力、走好新的赶考之路的必由之路。

【战略性工作】

青年强，则国家强。当代中国青年生逢其时，施展才干的舞台无比广阔，实现梦想的前景无比光明。全党要把青年工作作为战略性工作来抓，用党的科学理论武装青年，用党的初心使命感召青年，做青年朋友的知心人、青年工作的热心人、青年群众的引路人。

资料来源：人民网·中国共产党新闻网

相关链接2

9个重要表述，带你理解高质量

习近平在党的二十大报告中提出，必须完整、准确、全面贯彻新发展理念，坚持社会主义市场经济改革方向，坚持高水平对外开放，加快构建以国内大循环为主体、国内国际双循环相互促进的新发展格局。

中国式现代化

报告原文

在新中国成立特别是改革开放以来长期探索和实践基础上，经过十八大以来在理论和实践上的创新突破，我们党成功推进和拓展了中国式现代化。

中国式现代化，是中国共产党领导的社会主义现代化，既有各国现代化的共同特征，更有基于自己国情的中国特色。

高水平社会主义市场经济体制

报告原文

构建高水平社会主义市场经济体制。坚持和完善社会主义基本经济制度，毫不动摇巩固和发展公有制经济，毫不动摇鼓励、支持、引导非公有制经济发展，充分发挥市场在资源配置中的决定性作用，更好发挥政府作用。

现代化产业体系

报告原文

建设现代化产业体系。坚持把发展经济的着力点放在实体经济上，推进新型工业化，加快建设制造强国、质量强国、航天强国、交通强国、网络强国、数字中国。

乡村振兴

报告原文

全面推进乡村振兴。坚持农业农村优先发展，坚持城乡融合发展，畅通城乡要素流动。扎实推动乡村产业、人才、文化、生态、组织振兴。全方位夯实粮食安全根基，牢牢守住十八亿亩耕地红线。深化农村土地制度改革，赋予农民更加充分的财产权益。保障进城落户农民合法土地权益，鼓励依法自愿有偿转让。

区域协调发展

报告原文

促进区域协调发展。深入实施区域协调发展战略、区域重大战略、主体功能区战略、新型城镇化战略，优化重大生产力布局，构建优势互补、高质量发展的区域经济布局和国土空间体系。

高水平对外开放

报告原文

推进高水平对外开放。稳步扩大规则、规制、管理、标准等制度型开放。加快建设贸易强国。营造市场化、法治化、国际化一流营商环境。推动共建“一带一路”高质量发展。有序推进人民币国际化。深度参与全球产业分工和合作，维护多元稳定的国际经济格局和经贸关系。

新领域新赛道

报告原文

必须坚持科技是第一生产力、人才是第一资源、创新是第一动力，深入实施科教兴国战略、人才强国战略、创新驱动发展战略，开辟发展新领域新赛道，不断塑造发展新动能新优势。

共同富裕

报告原文

我们要实现好、维护好、发展好最广大人民根本利益，紧紧抓住人民最关心最直接最现实的利益问题，坚持尽力而为、量力而行，深入群众、深入基层，采取更多惠民生、暖民心举措，着力解决好人民群众急难愁盼问题，健全基本公共服务体系，提高公共服务水平，增强均衡性和可及性，扎实推进共同富裕。

和谐共生

报告原文

大自然是人类赖以生存发展的基本条件。尊重自然、顺应自然、保护自然，是全面建设社会主义现代化国家的内在要求。必须牢固树立和践行绿水青山就是金山银山的理念，站在人与自然和谐共生的高度谋划发展。

资料来源：http://finance.people.com.cn/n1/2022/1018/c1004-32547280.html.

相关链接3

高举中国特色社会主义伟大旗帜
为全面建设社会主义现代化国家而团结奋斗
——在中国共产党第二十次全国代表大会上的报告（节选）

八、推进文化自信自强，铸就社会主义文化新辉煌

全面建设社会主义现代化国家，必须坚持中国特色社会主义文化发展道路，增强文化自信，围绕举旗帜、聚民心、育新人、兴文化、展形象建设社会主义文化强国，发展面向现代化、面向世界、面向未来的，民族的科学的大众的社会主义文化，激发全民族文化创新创造活力，增强实现中华民族伟大复兴的精神力量。

我们要坚持马克思主义在意识形态领域指导地位的根本制度，坚持为人民服务、为社会主义服务，坚持百花齐放、百家争鸣，坚持创造性转化、创新性发展，以社会主义核心价值观为引领，发展社会主义先进文化，弘扬革命文化，传承中华优秀传统文化，满足人民日益增长的精神文化需求，巩固全党全国各族人民团结奋斗的共同思想基础，不断提升国家文化软实力和中华文化影响力。

（一）建设具有强大凝聚力和引领力的社会主义意识形态

意识形态工作是为国家立心、为民族立魂的工作。牢牢掌握党对意识形态工作

领导权，全面落实意识形态工作责任制，巩固壮大奋进新时代的主流思想舆论。健全用党的创新理论武装全党、教育人民、指导实践工作体系。加强全媒体传播体系建设，塑造主流舆论新格局。健全网络综合治理体系，推动形成良好网络生态。

（二）广泛践行社会主义核心价值观

社会主义核心价值观是凝聚人心、汇聚民力的强大力量。弘扬以伟大建党精神为源头的中国共产党人精神谱系，用好红色资源，深入开展社会主义核心价值观宣传教育，深化爱国主义、集体主义、社会主义教育，着力培养担当民族复兴大任的时代新人。推动理想信念教育常态化制度化，持续抓好党史、新中国史、改革开放史、社会主义发展史宣传教育，引导人民知史爱党、知史爱国，不断坚定中国特色社会主义共同理想。用社会主义核心价值观铸魂育人，完善思想政治工作体系，推进大中小学思想政治教育一体化建设。坚持依法治国和以德治国相结合，把社会主义核心价值观融入法治建设、融入社会发展、融入日常生活。

（三）提高全社会文明程度

实施公民道德建设工程，弘扬中华传统美德，加强家庭家教家风建设，加强和改进未成年人思想道德建设，推动明大德、守公德、严私德，提高人民道德水准和文明素养。统筹推动文明培育、文明实践、文明创建，推进城乡精神文明建设融合发展，在全社会弘扬劳动精神、奋斗精神、奉献精神、创造精神、勤俭节约精神，培育时代新风新貌。加强国家科普能力建设，深化全民阅读活动。完善志愿服务制度和工作体系。弘扬诚信文化，健全诚信建设长效机制。发挥党和国家功勋荣誉表彰的精神引领、典型示范作用，推动全社会见贤思齐、崇尚英雄、争做先锋。

（四）繁荣发展文化事业和文化产业

坚持以人民为中心的创作导向，推出更多增强人民精神力量的优秀作品，培育造就大批德艺双馨的文学艺术家和规模宏大的文化文艺人才队伍。坚持把社会效益放在首位、社会效益和经济效益相统一，深化文化体制改革，完善文化经济政策。实施国家文化数字化战略，健全现代公共文化服务体系，创新实施文化惠民工程。健全现代文化产业体系和市场体系，实施重大文化产业项目带动战略。加大文物和文化遗产保护力度，加强城乡建设中历史文化保护传承，建好用好国家文化公园。坚持以文塑旅、以旅彰文，推进文化和旅游深度融合发展。广泛开展全民健身活动，加强青少年体育工作，促进群众体育和竞技体育全面发展，加快建设体育强国。

（五）增强中华文明传播力影响力

坚守中华文化立场，提炼展示中华文明的精神标识和文化精髓，加快构建中国话语和中国叙事体系，讲好中国故事、传播好中国声音，展现可信、可爱、可敌的中国形象。加强国际传播能力建设，全面提升国际传播效能，形成同我国综合国力和国际地位相匹配的国际话语权。深化文明交流互鉴，推动中华文化更好走向世界。

资料来源：http://www.gov.cn/xinwen/2022-10/25/content_5721685.html.

深入学习领会习近平文化思想

在全国宣传思想文化工作会议上，党中央正式提出并系统阐述了习近平文化思想。这是一个重大决策，在党的理论创新进程中具有重大意义，在党的宣传思想文化事业发展史上具有里程碑意义。

习近平文化思想，是新时代党领导文化建设实践经验的理论总结，是对马克思主义文化理论的丰富和发展，是习近平新时代中国特色社会主义思想的文化篇。

习近平文化思想的形成，标志着我们党对中国特色社会主义文化建设规律的认识达到了新高度，表明我们党的历史自信、文化自信达到了新高度。

习近平文化思想内涵丰富、思想深邃、博大精深，为我们在新时代新征程继续推动文化繁荣、建设文化强国、建设中华民族现代文明提供了强大思想武器和科学行动指南。

深入学习领会习近平文化思想，是全党尤其是全国宣传思想文化战线的一项重要政治任务。

一、深入学习领会关于坚持党的文化领导权的重要论述

坚持党的文化领导权是事关党和国家前途命运的大事。坚持党的文化领导权，是习近平总书记深刻总结党的历史经验、洞察时代发展大势提出来的，充分体现了对新时代文化地位作用的深刻认识，体现了对党的意识形态工作的科学把握。习近平总书记指出，意识形态关乎旗帜、关乎道路、关乎国家政治安全。“经济建设是党的中心工作，意识形态工作是党的一项极端重要的工作。面对改革发展稳定复杂局面和社会思想意识多元多样、媒体格局深刻变化，在集中精力进行经济建设的同时，一刻也不能放松和削弱意识形态工作，必须把意识形态工作的领导权、管理权、话语权牢牢掌握在手中，任何时候都不能旁落，否则就要犯无可挽回的历史性错误。”党管宣传、党管意识形态、党管媒体是坚持党的领导的重要方面，要“坚持政治家办报、办刊、办台、办新闻网站”。他强调：“所有宣传思想部门和单位，所有宣传思想战线上的党员、干部，都要旗帜鲜明坚持党性原则。”“坚持党性，核心就是坚

持正确政治方向，站稳政治立场，坚定宣传党的理论和路线方针政策，坚定宣传中央重大工作部署，坚定宣传中央关于形势的重大分析判断，坚决同党中央保持高度一致，坚决维护党中央权威。”“做到爱党、护党、为党。”他要求，要全面落实意识形态工作责任制，“各级党委要负起政治责任和领导责任，把宣传思想工作摆在全局工作的重要位置，加强对宣传思想领域重大问题的分析研判和重大战略性任务的统筹指导”“宣传思想战线的同志要履行好自己的神圣职责和光荣使命，以战斗的姿态、战士的担当，积极投身宣传思想领域斗争一线”“要牢牢掌握意识形态工作领导权”“建设具有强大凝聚力和引领力的社会主义意识形态”。习近平总书记的这些重要论述，深刻阐明了加强党对宣传思想文化工作领导的极端重要性，明确了做好宣传思想文化工作必须坚持的政治保证。

二、深入学习领会关于推动物质文明和精神文明协调发展的重要论述

推动物质文明和精神文明协调发展是坚持和发展中国特色社会主义的本质特征。立足中国特色社会主义事业发展全局，正确把握物质文明和精神文明的辩证关系，体现了对社会主义精神文明建设重要性和中国国情的深刻认识和全面把握。习近平总书记指出，实现中华民族伟大复兴的中国梦，物质财富要极大丰富，精神财富也要极大丰富。中国式现代化是物质文明和精神文明相协调的现代化。物质富足、精神富有是社会主义现代化的根本要求。物质贫困不是社会主义，精神贫乏也不是社会主义。他强调：“人无精神则不立，国无精神则不强。精神是一个民族赖以长久生存的灵魂，唯有精神上达到一定的高度，这个民族才能在历史的洪流中屹立不倒、奋勇向前。”“我们要继续锲而不舍、一以贯之抓好社会主义精神文明建设，为全国各族人民不断前进提供坚强的思想保证、强大的精神力量、丰润的道德滋养。”他指出，我们不断厚植现代化的物质基础，不断夯实人民幸福生活的物质条件，同时大力发展社会主义先进文化，加强理想信念教育，传承中华文明，促进物的全面丰富和人的全面发展。他要求，“加强思想道德建设，深入实施公民道德建设工程，加强和改进思想政治工作，推进新时代文明实践中心建设，不断提升人民思想觉悟、道德水准、文明素养和全社会文明程度”“深入开展群众性精神文明创建活动”“深化文明城市、文明村镇、文明单位、文明家庭、文明校园创建工作，推进诚信建设和志愿服务制度化，提高全社会道德水平”“深入挖掘、继承、创新优秀传统乡土文化，弘扬新风正气，推进移风易俗，培育文明乡风、良好家风、淳朴民风，焕发乡村文明新气象”。习近平总书记的这些重要论述，站在经济建设和上层建筑关系的哲学高度，深刻阐释了社会运动规律，深刻阐明了精神文明的重要作用，具有极为重要的本体论和认识论意义，为新时代坚持和发展中国特色社会主义、推进中国式现代化提供了科学指引。

三、深入学习领会关于“两个结合”的根本要求的重要论述

“两个结合”的根本要求拓展了中国特色社会主义文化发展道路。创造性提出并

阐述“两个结合”，揭示了开辟和发展中国特色社会主义的必由之路，也揭示了党推动理论创新和文化繁荣的必由之路。习近平总书记指出，新的征程上，我们必须“坚持把马克思主义基本原理同中国具体实际相结合、同中华优秀传统文化相结合”“中国共产党人深刻认识到，只有把马克思主义基本原理同中国具体实际相结合、同中华优秀传统文化相结合，坚持运用辩证唯物主义和历史唯物主义，才能正确回答时代和实践提出的重大问题，才能始终保持马克思主义的蓬勃生机和旺盛活力”。他指出，在五千多年中华文明深厚基础上开辟和发展中国特色社会主义，把马克思主义基本原理同中国具体实际、同中华优秀传统文化相结合是必由之路。“如果没有中华五千年文明，哪里有什么中国特色？如果不是中国特色，哪有我们今天这么成功的中国特色社会主义道路？”只有立足波澜壮阔的中华五千多年文明史，才能真正理解中国道路的历史必然、文化内涵与独特优势。他强调，历史正反两方面的经验表明，“两个结合”是我们取得成功的最大法宝。第一，“结合”的前提是彼此契合。马克思主义和中华优秀传统文化来源不同，但彼此存在高度的契合性。相互契合才能有机结合。正是在这个意义上，我们才说中国共产党既是马克思主义的坚定信仰者和践行者，又是中华优秀传统文化的忠实继承者和弘扬者。第二，“结合”的结果是互相成就。“结合”不是“拼盘”，不是简单的“物理反应”，而是深刻的“化学反应”，造就了一个有机统一的新的文化生命体。“第二个结合”让马克思主义成为中国的，中华优秀传统文化成为现代的，让经由“结合”而形成的新文化成为中国式现代化的文化形态。第三，“结合”筑牢了道路根基。我们的社会主义为什么不一样？为什么能够生机勃勃、充满活力？关键就在于中国特色。中国特色的关键就在于“两个结合”。中国式现代化赋予中华文明以现代力量，中华文明赋予中国式现代化以深厚底蕴。第四，“结合”打开了创新空间。“结合”本身就是创新，同时又开启了广阔的理论和实践创新空间。“第二个结合”让我们掌握了思想和文化主动，并有力地作用于道路、理论和制度。“第二个结合”是又一次的思想解放，让我们能够在更广阔的文化空间中，充分运用中华优秀传统文化的宝贵资源，探索面向未来的理论和制度创新。第五，“结合”巩固了文化主体性。任何文化要立得住、行得远，要有引领力、凝聚力、塑造力、辐射力，就必须有自己的主体性。文化自信就来自我们的文化主体性。这一主体性是中国共产党带领中国人民在中国大地上建立起来的；是在创造性转化、创新性发展中华优秀传统文化，继承革命文化，发展社会主义先进文化的基础上，借鉴吸收人类一切优秀文明成果的基础上建立起来的；是通过把马克思主义基本原理同中国具体实际、同中华优秀传统文化相结合建立起来的。创立习近平新时代中国特色社会主义思想就是这一文化主体性的最有力体现。习近平总书记的这些重要论述，充分表明我们党对中国道路、中国理论、中国制度的认识进一步升华，拓展了中国特色社会主义道路的文化根基。

四、深入学习领会关于新的文化使命的重要论述

新的文化使命彰显了我们党促进中华文化繁荣、创造人类文明新形态的历史担当。在强国建设、民族复兴伟业深入推进的关键时刻，高瞻远瞩提出新的文化使命，具有强大感召力和引领力。习近平总书记指出，“做好新形势下宣传思想工作，必须自觉承担起举旗帜、聚民心、育新人、兴文化、展形象的使命任务”“巩固马克思主义在意识形态领域的指导地位、巩固全党全国各族人民团结奋斗的共同思想基础”“在新的起点上继续推动文化繁荣、建设文化强国、建设中华民族现代文明，是我们在新时代新的文化使命”。他强调，要坚持中国特色社会主义文化发展道路，发展社会主义先进文化，弘扬革命文化，传承中华优秀传统文化，激发全民族文化创新创造活力，增强实现中华民族伟大复兴的精神力量。他指出：“中国特色社会主义文化，源自中华民族五千多年文明历史所孕育的中华优秀传统文化，熔铸于党领导人民在革命、建设、改革中创造的革命文化和社会主义先进文化，植根于中国特色社会主义伟大实践。发展中国特色社会主义文化，就是以马克思主义为指导，坚守中华文化立场，立足当代中国现实，结合当今时代条件，发展面向现代化、面向世界、面向未来的，民族的科学的大众的社会主义文化，推动社会主义精神文明和物质文明协调发展。要坚持为人民服务、为社会主义服务，坚持百花齐放、百家争鸣，坚持创造性转化、创新性发展，不断铸就中华文化新辉煌。”他强调：“对历史最好的继承就是创造新的历史，对人类文明最大的礼敬就是创造人类文明新形态。”他要求，新时代的文化工作者必须以守正创新的正气和锐气，赓续历史文脉、谱写当代华章。习近平总书记的这些重要论述，强调了新的文化使命是新时代新征程党的使命任务对文化发展的必然要求，落脚点是铸就社会主义文化新辉煌、建设中华民族现代文明。

五、深入学习领会关于坚定文化自信的重要论述

坚定文化自信，是事关国运兴衰、事关文化安全、事关民族精神独立性的大问题。习近平总书记指出：“一个国家、一个民族的强盛，总是以文化兴盛为支撑的，中华民族伟大复兴需要以中华文化发展繁荣为条件。”“我们说要坚定中国特色社会主义道路自信、理论自信、制度自信，说到底是要坚定文化自信。”“文化自信，是更基础、更广泛、更深厚的自信，是更基本、更深沉、更持久的力量。”他强调：“中华文明历经数千年而绵延不绝、迭遭忧患而经久不衰，这是人类文明的奇迹，也是我们自信的底气。坚定文化自信，就是坚持走自己的路。坚定文化自信的首要任务，就是立足中华民族伟大历史实践和当代实践，用中国道理总结好中国经验，把中国经验提升为中国理论，既不盲从各种教条，也不照搬外国理论，实现精神上的独立自主。要把文化自信融入全民族的精神气质与文化品格中，养成昂扬向上的风貌和理性平和的心态。”习近平总书记的这些重要论述，深刻阐明了文化自信的特殊重要性，彰显了我们党高度的文化自觉和文化担当，把我们党对文化地位和作用的认识

提升到一个新高度。

六、深入学习领会关于培育和践行社会主义核心价值观的重要论述

培育和践行社会主义核心价值观是凝魂聚气、强基固本的基础工程。坚持以德树人、以文化人，是习近平总书记始终念兹在兹、谆谆教诲的一件大事。习近平总书记指出："人类社会发展的历史表明，对一个民族、一个国家来说，最持久、最深层的力量是全社会共同认可的核心价值观。核心价值观，承载着一个民族、一个国家的精神追求，体现着一个社会评判是非曲直的价值标准。""核心价值观是一个国家的重要稳定器，能否构建具有强大感召力的核心价值观，关系社会和谐稳定，关系国家长治久安。""如果没有共同的核心价值观，一个民族、一个国家就会魂无定所、行无依归。"他指出："我们提出要倡导富强、民主、文明、和谐，倡导自由、平等、公正、法治，倡导爱国、敬业、诚信、友善，积极培育和践行社会主义核心价值观。富强、民主、文明、和谐是国家层面的价值要求，自由、平等、公正、法治是社会层面的价值要求，爱国、敬业、诚信、友善是公民层面的价值要求。这个概括，实际上回答了我们要建设什么样的国家、建设什么样的社会、培育什么样的公民的重大问题。"他强调："核心价值观的养成绝非一日之功，要坚持由易到难、由近及远，努力把核心价值观的要求变成日常的行为准则，进而形成自觉奉行的信念理念。""要注意把社会主义核心价值观日常化、具体化、形象化、生活化，使每个人都能感知它、领悟它，内化为精神追求，外化为实际行动，做到明大德、守公德、严私德。"他要求，弘扬以伟大建党精神为源头的中国共产党人精神谱系，用好红色资源。"要以培养担当民族复兴大任的时代新人为着眼点，强化教育引导、实践养成、制度保障，发挥社会主义核心价值观对国民教育、精神文明创建、精神文化产品创作生产传播的引领作用，把社会主义核心价值观融入社会发展各方面，转化为人们的情感认同和行为习惯。坚持全民行动、干部带头，从家庭做起，从娃娃抓起。深入挖掘中华优秀传统文化蕴含的思想观念、人文精神、道德规范，结合时代要求继承创新，让中华文化展现出永久魅力和时代风采。"习近平总书记的这些重要论述，深刻阐明了中国特色社会主义文化建设的一项根本任务，明确了推进社会主义核心价值观建设的重点和着力点。

七、深入学习领会关于掌握信息化条件下舆论主导权、广泛凝聚社会共识的重要论述

掌握信息化条件下舆论主导权、广泛凝聚社会共识是巩固壮大主流思想文化的必然要求。习近平总书记站在时代和科技前沿，对如何做好信息化条件下宣传思想文化工作进行了深邃思考。习近平总书记指出，当今世界，一场新的全方位综合国力竞争正在全球展开。能不能适应和引领互联网发展，成为决定大国兴衰的一个关键。世界各大国均把信息化作为国家战略重点和优先发展方向，围绕网络空间发展主导权、制网权的争夺日趋激烈，世界权力图谱因信息化而被重新绘制，互联网成为影响世界的

重要力量。当今世界，谁掌握了互联网，谁就把握住了时代主动权；谁轻视互联网，谁就会被时代所抛弃。一定程度上可以说，得网络者得天下。他深刻指出："没有网络安全就没有国家安全，没有信息化就没有现代化，网络安全和信息化事关党的长期执政，事关国家长治久安，事关经济社会发展和人民群众福祉，过不了互联网这一关，就过不了长期执政这一关，要把网信工作摆在党和国家事业全局中来谋划，切实加强党的集中统一领导。"网络空间是亿万民众共同的精神家园。网络空间天朗气清、生态良好，符合人民利益。网络空间乌烟瘴气、生态恶化，不符合人民利益。互联网已经成为舆论斗争的主战场。在互联网这个战场上，我们能否顶得住、打得赢，直接关系我国意识形态安全和政权安全。他特别提出："管好用好互联网，是新形势下掌控新闻舆论阵地的关键，重点要解决好谁来管、怎么管的问题。"我们必须科学认识网络传播规律，准确把握网上舆情生成演化机理，不断推进工作理念、方法手段、载体渠道、制度机制创新，提高用网治网水平，使互联网这个最大变量变成事业发展的最大增量。"我们要本着对社会负责、对人民负责的态度，依法加强网络空间治理，加强网络内容建设，做强网上正面宣传，培育积极健康、向上向善的网络文化，用社会主义核心价值观和人类优秀文明成果滋养人心、滋养社会，做到正能量充沛、主旋律高昂，为广大网民特别是青少年营造一个风清气正的网络空间。""随着 5G、大数据、云计算、物联网、人工智能等技术不断发展，移动媒体将进入加速发展新阶段。要坚持移动优先策略，建设好自己的移动传播平台，管好用好商业化、社会化的互联网平台，让主流媒体借助移动传播，牢牢占据舆论引导、思想引领、文化传承、服务人民的传播制高点。"习近平总书记的这些重要论述，是我们党对信息化时代新闻传播规律的深刻总结，明确了做好党的新闻舆论工作的原则要求和方法路径。

八、深入学习领会关于以人民为中心的工作导向的重要论述

以人民为中心的工作导向体现了我们党领导和推动文化建设的鲜明立场。新时代以来宣传思想文化改革发展历程，贯穿着以人民为中心的鲜明主线，充分展现了习近平总书记深厚的人民情怀。习近平总书记指出，"人民性是马克思主义的本质属性""人民立场是中国共产党的根本政治立场""中国共产党的根本宗旨是全心全意为人民服务"。宣传思想文化工作必须坚持以人民为中心的工作导向。他强调："文艺要反映好人民心声，就要坚持为人民服务、为社会主义服务这个根本方向。""以人民为中心，就是要把满足人民精神文化需求作为文艺和文艺工作的出发点和落脚点，把人民作为文艺表现的主体，把人民作为文艺审美的鉴赏家和评判者，把为人民服务作为文艺工作者的天职。"他强调，哲学社会科学研究要"坚持以马克思主义为指导，核心要解决好为什么人的问题。为什么人的问题是哲学社会科学研究的根本性、原则性问题。我国哲学社会科学为谁著书、为谁立说，是为少数人服务还是为绝大多数人服务，是必须搞清楚的问题"。他指出："我们的党是全心全意为人民服务的党，我们的

国家是人民当家作主的国家，党和国家一切工作的出发点和落脚点是实现好、维护好、发展好最广大人民根本利益。我国哲学社会科学要有所作为，就必须坚持以人民为中心的研究导向。脱离了人民，哲学社会科学就不会有吸引力、感染力、影响力、生命力。我国广大哲学社会科学工作者要坚持人民是历史创造者的观点，树立为人民做学问的理想，尊重人民主体地位，聚焦人民实践创造，自觉把个人学术追求同国家和民族发展紧紧联系在一起，努力多出经得起实践、人民、历史检验的研究成果。”习近平总书记的这些重要论述，深刻回答了文化为什么人的问题，彰显了党的性质宗旨和初心使命。

九、深入学习领会关于保护历史文化遗产的重要论述

保护历史文化遗产是推动文化传承发展的重要基础。历史文化遗产承载着中华民族的基因和血脉。习近平总书记对文化遗产保护高度重视，展现了强烈的文明担当、深沉的文化情怀。习近平总书记指出，中华文明探源工程等重大工程的研究成果，实证了我国百万年的人类史、一万年的文化史、五千多年的文明史。历史文化遗产“不仅属于我们这一代人，也属于子孙万代”。“革命文物承载党和人民英勇奋斗的光荣历史，记载中国革命的伟大历程和感人事迹，是党和国家的宝贵财富，是弘扬革命传统和革命文化、加强社会主义精神文明建设、激发爱国热情、振奋民族精神的生动教材。”中华文化是我们提高国家文化软实力最深厚的源泉，是我们提高国家文化软实力的重要途径。要使中华民族最基本的文化基因与当代文化相适应、与现代社会相协调，以人们喜闻乐见、具有广泛参与性的方式推广开来，把跨越时空、超越国度、富有永恒魅力、具有当代价值的文化精神弘扬起来，把继承传统优秀文化又弘扬时代精神、立足本国又面向世界的当代中国文化创新成果传播出去。要系统梳理传统文化资源，让收藏在禁宫里的文物、陈列在广阔大地上的遗产、书写在古籍里的文字都活起来。“要敬畏历史、敬畏文化、敬畏生态，全面保护好历史文化遗产，统筹好旅游发展、特色经营、古城保护，筑牢文物安全底线，守护好前人留给我们的宝贵财富。”他指出：“不忘历史才能开辟未来，善于继承才能善于创新。优秀传统文化是一个国家、一个民族传承和发展的根本，如果丢掉了，就割断了精神命脉。我们要善于把弘扬优秀传统文化和发展现实文化有机统一起来，紧密结合起来，在继承中发展，在发展中继承。传统文化在其形成和发展过程中，不可避免会受到当时人们的认识水平、时代条件、社会制度的局限性的制约和影响，因而也不可避免会存在陈旧过时或已成为糟粕性的东西。这就要求人们在学习、研究、应用传统文化时坚持古为今用、推陈出新，结合新的实践和时代要求进行正确取舍，而不能一股脑儿都拿到今天来照套照用。”他强调，要坚持古为今用、以古鉴今，坚持有鉴别的对待、有扬弃的继承，而不能搞厚古薄今、以古非今，努力实现传统文化的创造性转化、创新性发展，使之与现实文化相融相通，共同服务以文化人的时代任务，“为更好建设中华民族现代文明

提供借鉴”。他要求：“各级党委和政府要增强对历史文物的敬畏之心，树立保护文物也是政绩的科学理念，统筹好文物保护与经济社会发展，全面贯彻‘保护为主、抢救第一、合理利用、加强管理’的工作方针，切实加大文物保护力度，推进文物合理适度利用，使文物保护成果更多惠及人民群众。各级文物部门要不辱使命，守土尽责，提高素质能力和依法管理水平，广泛动员社会力量参与，努力走出一条符合国情的文物保护利用之路，为实现‘两个一百年’奋斗目标、实现中华民族伟大复兴的中国梦作出更大贡献。”习近平总书记的这些重要论述，体现了马克思主义历史观，宣示了我们党对待民族历史文化的基本态度。

十、深入学习领会关于构建中国话语和中国叙事体系的重要论述

构建中国话语和中国叙事体系体现了我们党提高国家文化软实力、占据国际道义制高点的战略谋划。习近平总书记提出增强我国国际话语权的重要任务并摆上突出位置，体现了宽广的世界眼光和高超的战略思维。习近平总书记指出，要“增强中华文明传播力影响力。坚守中华文化立场，提炼展示中华文明的精神标识和文化精髓，加快构建中国话语和中国叙事体系，讲好中国故事、传播好中国声音，展现可信、可爱、可敬的中国形象”“要讲清楚中国是什么样的文明和什么样的国家，讲清楚中国人的宇宙观、天下观、社会观、道德观，展现中华文明的悠久历史和人文底蕴，促使世界读懂中国、读懂中国人民、读懂中国共产党、读懂中华民族”。他认为，讲故事，是国际传播的最佳方式。要讲好中国特色社会主义的故事，讲好中国梦的故事，讲好中国人的故事，讲好中华优秀文化的故事，讲好中国和平发展的故事。讲故事就是讲事实、讲形象、讲情感、讲道理，讲事实才能说服人，讲形象才能打动人，讲情感才能感染人，讲道理才能影响人。他要求，要组织各种精彩、精炼的故事载体，把中国道路、中国理论、中国制度、中国精神、中国力量寓于其中，使人想听爱听，听有所思，听有所得。要创新对外话语表达方式，研究国外不同受众的习惯和特点，采用融通中外的概念、范畴、表述，把我们想讲的和国外受众想听的结合起来，把“陈情”和“说理”结合起来，把“自己讲”和“别人讲”结合起来，使故事更多为国际社会和海外受众所认同。要加强国际传播能力建设，全面提升国际传播效能，形成同我国综合国力和国际地位相匹配的国际话语权。深化文明交流互鉴，推动中华文化更好走向世界。要完善人文交流机制，创新人文交流方式，发挥各地区各部门各方面作用，综合运用大众传播、群体传播、人际传播等多种方式展示中华文化魅力。习近平总书记的这些重要论述，既是思想理念又是工作方法，指明了提升国家文化软实力的关键点和着力点。

十一、深入学习领会关于促进文明交流互鉴的重要论述

促进文明交流互鉴彰显了中国共产党人开放包容的胸襟格局。习近平总书记提出弘扬全人类共同价值、落实全球文明倡议等重要理念、重大主张，着眼的就是开放

包容，为推动人类文明进步、应对全球共同挑战提供了战略指引。习近平总书记指出：“文明没有高下、优劣之分，只有特色、地域之别。”“每一种文明都扎根于自己的生存土壤，凝聚着一个国家、一个民族的非凡智慧和精神追求，都有自己存在的价值。”“历史告诉我们，只有交流互鉴，一种文明才能充满生命力。”“文明因交流而多彩，文明因互鉴而丰富。文明交流互鉴，是推动人类文明进步和世界和平发展的重要动力。”推动文明交流互鉴，可以丰富人类文明的色彩，让各国人民享受更富内涵的精神生活、开创更有选择的未来。他强调：“我们应该推动不同文明相互尊重、和谐共处，让文明交流互鉴成为增进各国人民友谊的桥梁、推动人类社会进步的动力、维护世界和平的纽带。我们应该从不同文明中寻求智慧、汲取营养，为人们提供精神支撑和心灵慰藉，携手解决人类共同面临的各种挑战。”坚持美人之美、美美与共。担负起凝聚共识的责任，坚守和弘扬全人类共同价值。本着对人类前途命运高度负责的态度，做全人类共同价值的倡导者，以宽广胸怀理解不同文明对价值内涵的认识，尊重不同国家人民对价值实现路径的探索，把全人类共同价值具体地、现实地体现到实现本国人民利益的实践中去。他特别指出：“在各国前途命运紧密相连的今天，不同文明包容共存、交流互鉴，在推动人类社会现代化进程、繁荣世界文明百花园中具有不可替代的作用。”为此，习近平总书记提出了全球文明倡议：“共同倡导尊重世界文明多样性”“共同倡导弘扬全人类共同价值”“共同倡导重视文明传承和创新”“共同倡导加强国际人文交流合作”。习近平总书记的这些重要论述，深刻揭示了人类文明发展的基本规律，体现了我们大党大国的天下情怀和责任担当。

习近平文化思想是一个不断展开的、开放式的思想体系，必将随着实践深入不断丰富发展。我们必须及时跟进，不断深入学习领会和贯彻落实[1]。

1 资料来源：曲青山．深入学习领会习近平文化思想［N］．学习时报，2023-10-23（1）．

项目一　会展业入门

学习要点

1. 了解会展业的特征和发展概况；
2. 明确会展业的分类；
3. 熟知会展业的基本概念和特征；
4. 掌握会展业在国民经济中的作用。

案例导读

会展之都“新贵之争”

大多数“会展城市”会觉得自己是“会展之都”！实际上，很多拥有会展中心的城市并非就是“会展城市”。所以“会展之都”的美誉是来之不易的。如果将北京、上海、香港、广州视作“会展之都”的话，在众多“会展城市”中哪座城市有实力成为“新贵”，跻身成为中国的“会展之都”？目前，中国已经进入了会展业快速发展的阶段，在全球的展览大国向全球展览强国的路上迈进。说到全球会展强国，“会展城市”和“会展之都”则是绕不开的话题。

近期，越来越多的城市提出打造“会展之都”的发展规划和目标，这些城市不仅已经拥有大型会展场馆、知名品牌展会、专业展会主办机构、会展服务供应链企业齐全等要素，还意识到举办会展对城市的重要价值，更意识到打造“会展之都”，就是“筑巢引凤”。

有了“会展之都”的美誉，就能吸引到更多会展项目落地举办。就好像与北京、上海相比，其他会展城市的实际会展扶持政策是不多的，甚至都可以说是比较少的，但是这些城市会展项目不仅多，而且规模大。这就是“会展之都”魅力所在。但“会展之都”不同于“会展城市”，“会展之都”则需要承担更多角色和价值呈现，比如，全球影响力、辐射力、号召力。

深圳

随着改革开放几十年如一日的打造，加上“特区”政策，以及香港经济外溢“输血”，深圳会展产业已经历几个发展版本。虽然是名副其实的会展城市“老玩家”了，但深圳是否称得上“会展之都”呢？深圳会展业起步于20世纪80年代末，依托优越的区位优势和雄厚的制造业基础，随着深圳经济的持续健康发展，会展业也取得了长足进步。2022年2月23日，深圳市商务局官网正式发布《深圳市关于建设国际会展之都的若干措施》，首次提出培育“三大会展集聚区”，将深圳建成服务湾区、闻名世界的国际会展之都。

2023年以来，深圳进一步加快建设“国际会展之都”的步伐，持续加大招展、引展和排展力度，仅一季度全市已举办展会超50场。2023年2月，首次在深举办的法兰克福汽配展，为深圳会展业“火热开局”。紧接着，一批重量级、影响力大的展会在深圳密集上演。深圳跨境电商展、全食展、亚洲打印展、深宠展、深圳国际传感器与应用技术展览会、深圳工业展、电博会、国际橡塑展、礼品展等展会轮番登场，异彩纷呈；深圳会展中心、深圳国际会展中心等专业展馆档期不断。据深圳市商务局透露，2023年深圳预计全年办展面积超800万平方米，深圳会展中心、深圳国际会展中心、坪山燕子湖国际会展中心三大专业展馆办展面积预计同比增长2.6倍，展览数量预计同比增长3.6倍，办展规模将创历史新高。与此同时，深圳科技博览中心、深圳国际会展中心（二期）、深汕汽车城会展中心等项目已经筹划建设。在交通配套持续升级的加持下，预计到2025年，国际会展中心的展览面积可达850万平方米，年参展人数可达420万人次。培育品牌展会，是建设国际会展之都的重要一环。促进产业与展会融合，是深圳会展业重点方向之一。

2023年以来，深圳加大政策扶持力度，助力展会复苏和会展业高质量发展。1月12日，深圳发布5条阶段性措施支持商贸经济运行，对上半年举办的消费电子、新能源汽车、数字能源、高性能医疗器械和食品工业等五类高水平专业展会进行最高500万元的补助。5月15日，《深圳市商务局〈关于建设国际会展之都的若干措施〉实施细则（修订）》正式发布，进一步优化了各项举措，在支持新引进国际知名品牌展会方面，深圳将聚焦20大产业集群和8大未来产业，并对新引进的“世界商展百强”“全国展览百强”“国际会议”分别给予500万元、300万元、150万元的一次性奖励。有关数据显示，截至2023年3月底，深圳UFI认证展会数量达24个，位居全国第二；18家企业达到UFI认证标准，进入中国内地细分领域前三的企业达到29个。

此外，各大中外会展集团纷纷抢滩入驻深圳，紧抓深圳相关发展战略及政策带来的重要机遇、顺势而为，分别布局粤港澳大湾区市场，持续将其展览项目落地深圳国际会展中心。

成都

成都雄踞西南，是市场战略布局必去之城。成都会展经济发展较早，会展产业也较为完善，是否称得上“会展之都”？

2022年，《成都市“十四五”国际会展之都建设规划》出炉，明确提出了将成都建设成为具有全球影响力的国际会展之都，涉及场馆设施建设提升、展览项目提质优化，以及项目品牌招引、企业培育壮大和人才引培强化共5类74条项目。2022年12月商务部印发了《成都服务业扩大开放综合试点总体方案》，明确支持成都建设国际会展之都，为成都抢抓发展机遇赋予了新的动能。2021年，成都出台了《成都市会展业促进条例》，将会展之都建设的举措通过法治化的方式进行固化。还编制了《成都市会展产业建圈强链“十大行动”》，先后出台了《成都市会展业发展专项资金管理办法》等10余项长效激励机制，为成都会展业发展营造一流的政务服务环境。

2023年成都会展业势头有多强劲？最直观的感受就是数量和频次，就一季度统计数据来看，相当于平均每天2.5场会展。6月24日成都市博览局数据显示，2023年1—5月，成都共举办重大会展活动405场，参与人数4677.8万人次，同比增长71.7%，展会成交金额993.3亿元，同比增长289.5%。展出总面积498.7万平方米，同比增长245.1%。会展业总收入581.5亿元，同比增长234.9%；其中，直接收入58.2亿元，同比增长246.4%，拉动收入523.3亿元，同比增长233.6%。

成都是中西部首个拥有两个展览面积10万平方米以上超大型专业场馆的会展城市，目前成都拥有中国西部国际博览城、世纪城新国际会展中心两个主场馆和国际非物质文化遗产博览园、东郊记忆文化创意产业园、中国天府农业博览园、淮州新城国际会展中心等副场馆，总建筑面积超过280万平方米，使用面积超过75万平方米。落户了中国西部国际博览会、全国糖酒商品交易会、成都国际车展等20万平方米以上的生根性展会。

目前，成都重点会展企业超过600家，英国英富曼、瑞士迈氏、法国智奥在此“落子”。在最为关键的营商环境方面，成都发挥行业组织作用，加强知识产权保护。如支持和鼓励会展企业通过专利申请、商标注册等方式，开发利用展会活动名称、标志、商誉等无形资产。同时，明确展会现场侵权投诉的处置流程，配合执法部门加强对展会的监管，防止参展参会单位侵权、造假行为，完善重点参展产品追溯制度，推动落实参展企业质量承诺制度，切实履行主体责任。此外，成都还将构建会展信用体系，推进行业信用信息应用，引导展览馆运营方、办展机构、设计搭建和参展企业等诚信办展、规范服务，建立健全信用档案和违法违规信息披露制度，实现诚信信息共享和公开。

此外，在人才政策配套方面，成都还将坚持“高精尖缺”并重的会展人才策略，通过“政策待遇＋行业待遇”等支持方式，深入实施“蓉漂计划”“产业建圈强链人才计划”“雏鹰计划”。

杭州

不知道是不是离上海太近，杭州一直既没有“生长出”，也没有“留下来”大型市场化专业展会。但G20会议、亚运会等世界最具影响力的活动已落户杭州，让杭州会展业得到加持！杭州会展基础设施也随着杭州国际博览中心的建成得到充分夯实。

那么，杭州是否称得上是“会展之都”？

“十三五”期间，在G20杭州峰会等重大活动的拉动下，杭州会展业更是驶上“快车道”。2016年至2019年间，杭州会议会展数量增长年均超20%，带动会展经济蓬勃发展。数据显示，2022年，全市共举办各类会议12549个，全市专业展览场馆共举办专业展览90场、展览面积89万平方米。

目前，杭州会展相关企业已增长至8万余家，培育上市或营收超亿元会展企业16家，其中从事会展服务的企业超过7000家，形成了项目策划、展馆管理、设计布展等配套的专业团队。并吸引IAEE、英富曼等国际知名会展企业和机构布局杭州。在2022《全球最具竞争力会议目的地城市》排名中，杭州位次提升至全球第33位、中国内地城市第3位。

2018年，为加快构建具有国际竞争力的大会展产业体系，着力将杭州打造成为具有世界水准的国际会议目的地城市、会展之都、赛事之城，杭州市制定了《关于加快推进杭州市会展业发展三年行动计划（2018—2020）》。

杭州十分注重打造特色鲜明的会展活动，近年来培育了世界休闲博览会、杭州云栖大会、中国国际丝绸博览会、中国国际茶叶博览会、中国国际动漫节等诸多会展品牌，从不同角度展示杭州“东方休闲之都”“生活品质之城”“国际文化创意中心”“国际动漫之都”等城市形象，加快了杭州城市国际化步伐，提升了全球知名度和影响力。

2023年，杭州亚运会举办在即，浙江省杭州市积极把握国际重要会议和赛事举办契机，充分发挥城市区位优势和产业优势，不断优化营商环境，以“国际化主线、市场化转型、品牌化提升、智慧化应用、生态化发展”为主要方向，优化支持政策，深入打造“会展之都”。

在设施布局方面，杭州已拥有杭州国际博览中心等6个大型展览场馆，湖滨、钱江新城、西溪等9个会议酒店集群，10个具有会议设施的特色小镇，34个千人以上会议场地。既能满足大型会议、大规模展览的集中举行，也能满足多个展会同时分场地召开的需求。

以亚运会为引领的系列重大国际性赛事和会展活动，将为杭州会展业带来历史性机遇。杭州聚焦打造国际一流会展环境，进行了多个会展场馆建设和扩容改造。

目前，杭州国际博览中心二期雏形初现，建成后其规模将跻身全国大型会展综合体前列。同时，为配合全球数字贸易博览会升格为国家一类展会，杭州大会展中心也将于明年建成，届时将作为全球数字贸易博览会的永久会址。

（资料来源：摘录自环球博览传媒官方公众号）

任务一 会展业基本概念

一、会展业的概念

（一）会展业概念的内涵

会展是会议和展览的统称。会展有狭义和广义之分，狭义的会展是指展览、展览会或展会。广义的会展不仅包括会议和展览，还包括节庆、奖励旅游。根据这个观点，会展包括的范围非常广，它不仅包括各种类型的会议、展览会，还包括运动会、音乐会、人才交流会等。

会展业是一个综合性和关联性非常强的行业，它是由一系列相关产业、行业和企业组成，许多国家和地区都把会展业作为区域经济发展的一项支柱产业或者重点产业。国际上，会展业通常被称为 MICE Industry，是指由经营各种会议和展览的公司而形成的行业。MICE 是由会议（Meeting，主要指企业会议）、奖励旅游（Incentive Tour）、大型会议（Conference，主要指协会或团体组织会议）和展览会（Exhibition or Exposition）这四个英语词汇的第一个字母组合而成。随着会展业的不断发展，MICE 中的 E 又增加了新的内涵即节事活动（Event）。在美国，人们更多地用 Convention Industry 来指会展业，而不用 MICE Industry；而在欧洲，人们一般用 Meeting Industry 来指会展业；在国内，会展业人士则通常把奖励旅游排除在外。

在国际上，会展业被归属于服务贸易领域。根据国际《服务贸易总协定》的主要条款及内容，在国际服务贸易的十二个部门分类中，会展业属于职业服务范畴。

在我国，根据《国民经济行业分类》（GB/T 4754—2017），在《三次产业划分规定》中，“会议、展览及相关服务”划归第三产业当中“商业服务业”类。其行业代码为 L728，具体解释是：“指以会议为主，也可附带展览及其他相关的活动形式，包括项目策划组织、场馆租赁保障、相关服务。”由于会展业直接为第一和第二产业服务，因此，会展业从某种意义上来说是一个边缘产业，其产业关联度较高，乘数效应较大，产业促进作用十分显著。

（二）会展业概念的外延

1. 会议和展览

会展是以城市会议和展览设施为依托，以城市文化和产业结构、消费结构为条件，通过专业化运作主体、市场化运作方式和专业化运作手段，以展览和会议为载体，能够为社会和运作主体带来经济、社会效益的经济经营活动。经济理论研究的会议和展览一定是带有专业化经营性质和能够为社会和经营主体带来经济效益的经济行为和经营活动。在功能上，会展是人们进行信息发布、洽谈商业合作和进行市场营销的场所，因此会展发挥着一种桥梁和媒介作用。

2. 会展行业

以会议展览组织和服务活动为核心的社会群体集合，通过举办各种类型会议、展览和提供各类服务，促进商品、物资、人员、资金、信息流动，从而对社会经济发展产生直接和间接的推动作用，形成一定的行业社会影响和经济效应。会展行业是一种客观存在，只要有会议展览活动出现，会展行业就必然存在。

3. 会展产业

随着商品经济的发展和社会的进步，展览活动由最简单的直接交易演进到现在的展（博）览会、交易会、洽谈会等多种形式，成为生产消费领域的桥梁和纽带。展览的功能也越来越多，不仅限于贸易和经济，还涉及社会、文化、外交、政治的发展。其影响面和产业关联度随之增强，进而推动了以展览和会议为主、涉及行业广泛的综合性经济形态的发展，从而形成会展产业。会展产业是会展行业的产业化，涵盖会议和展览策划、营销、组织和服务在内的整个产业链，是会展行业进行市场化、专业化、规模化和国际化运作的结果，是国际社会经济、文化、信息交流日益扩大的产物。会展产业具有开放性、先进性和广泛性的特征。

4. 会展经济

会展业是集信息通信、交通运输、城市建设、旅游等在内的综合性、关联度高的服务贸易行业。由于会展业能够创造高额的经济价值、提供广泛的就业机会和拉动社会综合经济指数增长，其表现出一种经济现象的多种形态，因此可以作为会展经济来对待。会展经济是通过举办大规模、多层次、多种类的会展活动而取得的直接经济效益和广泛社会效应的总和。会展经济包括：会展活动运作主体经济收益；会展活动服务提供者经济收益；会展活动扩散效应；会展活动导致的商品、物资、人员、资金、信息流动对经济、社会发展的拉动效应。会展经济是市场经济的产物，是一种综合经济，是会展活动与其相关活动的总和，属于国民经济中部门经济范畴，同时又是城市经济的组成部分。

（三）会展业要素构成

会展业的存在与发展必须由一定的要素构成。其主要要素包括以下五个方面。

1. 会展组织者

会展组织者是指从事会展资源开发、会展产品生产以及会展市场经营管理的专业会展公司，各类拥有会展举办权的机构和组织。它首先是一个会展项目的开发者，并且是整个会展事务的执行者，还是展后事务的处理者，因而在会展中处于主导地位。

2. 会展场馆

会展场馆是会展活动得以进行的平台。根据会议活动和展览活动的需要，它一般分别设有专门的会议厅和展览厅。由于场馆占地面积大，前期投入多，回报周期长，所以一般都是由国家投资建设，或由政府部门经营管理，或委托专门的企业组织进行管理。同时，随着会展业市场化的发展，会展场馆也出现了多元化的投资主体。

3. 会展服务公司

会展服务是会展市场中不可缺少的环节。相对于会展经营和场馆经营而言，会展服务更加多样化，包括展台的设计与装饰、展品运输、广告与信息服务、参展商和观众的接待、场馆的保洁服务等。这些服务随着会展市场化的发展必然走向专业化，由专门的会展服务公司来提供。

4. 参展商

参展商是受会展组织者邀请，通过订立参展协议书（或会展合同），于会展活动举办的特定时间内在展出场所展示产品或者服务的主体。作为会展场馆的客户群体，参展商是产品、技术等有形和无形商品的宣传者、经贸洽谈的卖方。

5. 观众

观众是通过购买门票或提前注册入场参观、与参展商进行洽谈的自然人、企业以及其他相关的市场主体。根据观众身份的不同，观众可分为普通观众和专业观众。普通观众就是一般的公众；专业观众包括贸易商、采购商、批发商等。一般说来，专业观众素质高，很多都能参与企业的决策。

二、会展业的类型

根据不同的标准，可将会展业分为不同的类型。

（一）根据展会内容的不同进行分类

按国际展览联盟（UFI）按照展览内容将展览会分为综合性展览、专业性展览和消费性展览三大类（见表 1-1）。

表1-1 国际展览联盟的展览会分类

大类	小类
A：综合性展览会	A1：技术与消费品展览会 A2：技术展览会 A3：消费品博览会
B：专业性展览会	B1：农业、林业、葡萄业及设备 B2：食品、餐馆和旅馆业、烹饪及设备 B3：纺织品、服装、鞋、皮制品、首饰及设备 B4：公共工程、建筑、装饰、扩建及设备 B5：装饰品、家庭用品、装修及设备 B6：健康、卫生、环境安全及设备 B7：交通、运输及设备 B8：信息、通信、办公管理及设备 B9：运动、娱乐、休闲及设备 B10：工业、贸易、服务、技术及设备
C：消费展览会	C1：艺术品及古董 C2：综合地方展览会

综合性展览（简称“综合展”）是指包括几个行业或全行业的展览，如世界博览会（简称“世博会”）。中国进出口商品交易会（简称“广交会”）是我国目前历史最长、层次最高、规模最大、商品种类最全，也是全球第二的综合性国际贸易盛会。

拓展阅读

阿联酋迪拜世博会中国馆亮点突出

阿联酋迪拜世博会是在中东地区举办的首次世博会，各国围绕“沟通思想，创造未来”这一主题，展现经济社会发展理念和成就，加强对话合作，具有重要意义。习近平主席为中国馆作视频致辞，高度评价迪拜世博会重要意义，全方位介绍了中国馆的展示内容，发出加强全球治理、创新引领发展、推动构建人类命运共同体的中国倡议，传递了中国与各国携手建设更加美好世界的坚定决心。

2021 年 10 月 1 日，2020 年迪拜世界博览会中国馆揭幕，“云上中国馆”同步上线。以“华夏之光”命名的中国馆占地面积 4636 平方米，是本次世博会面积最大的展馆之一，以“构建人类命运共同体——创新和机遇”为主题，从“共同的梦想”“共同的地球”“共同的家园”“共同的未来”4 个层次，展示了中国在航天探索、信息技术、现代交通、人工智能、智慧生活等方面的发展成就。截至 2022 年 2 月 3 日，中国馆累计接待各国嘉宾和游客超过 100 万人次。

（资料来源：中国新闻网）

专业展览具有鲜明的主题，又称垂直型展览或横向型展览，主要展出某一行业或类型的产品。若展出的内容也限于某一个产业，也可称之为 ×× 产业展览，如农业展、工业展等。如果展会内容仅限于某一行业，比如，重工业、轻工业，可称之为重工业展、轻工业展。若展览会的内容仅限于行业中的某一产品，如汽车、钟表，可直接称之为汽车展、钟表展，如北京汽车展等。一般来说，专业展的规模小于综合展，但在展览业发达的国家，大型综合展已基本让位于专业展。

拓展阅读

专业性展览会等级的划分及评定标准

商务部发布的《专业性展览会等级的划分及评定》标准将专业性展会分为 AAA 级、AA 级、A 级三个等级，同时还规定了对专业性展览会等级划分和评定的原则、要求和方法。

标准介绍

《专业性展览会等级的划分及评定》标准由全国城市工业品贸易中心联合会提出，由中华人民共和国商务部归口，于 2002 年 12 月 2 日首次发布，2013 年修订，标准号 SB/T 10358—2012。标准适用于在中国境内举办的以经济贸易活动为目的的专业性展览会的等级划分及评定，规定了对专业性展览会等级划分和评定的原则、要求和方法。标准起草单位：全国城市工业品贸易中心联合会、国家会议中心、宁波市人民政府会展工作办公室、长沙市人民政府会展工作管理办公室。

专业性展会的定义

专业性展览会，即在固定或规定的地点、规定的日期和期限内，由主办者组织、若干参展商参与的通过展示促进产品、服务的推广和信息、技术交流的社会活动。

专业性展览会等级评定条件

等级	展览面积	特装展位面积	业内骨干企业参展面积	专业观众	连续性	满意率	评分
AAA 级	≥ 10000m^2	≥ 50%	≥ 20%	≥ 60%	≥ 6 次	≥ 80%	≥ 650 分
AA 级	≥ 8000m^2	≥ 40%	≥ 10%	≥ 50%	≥ 4 次	≥ 75%	≥ 530 分
A 级	≥ 5000m^2	≥ 30%	≥ 5%	≥ 40%	≥ 3 次	≥ 70%	≥ 430 分

专业性展览会等级划分

根据《专业性展览会等级的划分及评定》标准，专业性展览会的等级评定分为三个级别，由高到低依次为 AAA 级、AA 级、A 级。等级的划分是以专业性展览会的主要构成要素为依据，包括：展览面积、参展商、观众、展览的连续性、参展商满意率和相关活动等方面。专业性展览会的等级是由评定机构依据统一的评定标准及方法评定产生，其评定结果表示该专业性展览会当前的等级状况，有效期为 3 年。

专业性展览会等级评分标准

项目	评分
1.展出净面积及特殊装修展位面积比	100
展出净面积不小于10000m²	50
展出净面积不小于8000m²	40
展出净面积不小于5000m²	30
展出净面积不小于3000m²	20
特殊装修展位面积比不小于50%	50
特殊装修展位面积比不小于40%	40
特殊装修展位面积比不小于30%	30
2.参展商	70
行业内骨干企业参展展位面积与展出净面积的比值不小于40%	70
行业内骨干企业参展展位面积与展出净面积的比值不小于30%	50
行业内骨干企业参展展位面积与展出净面积的比值不小于20%	40
行业内骨干企业参展展位面积与展出净面积的比值不小于10%	30
3.观众	150
展览期间专业观众人次与观众总人次的比值不小于80%	150
展览期间专业观众人次与观众总人次的比值不小于70%	135
展览期间专业观众人次与观众总人次的比值不小于60%	120
展览期间专业观众人次与观众总人次的比值不小于50%	100
展览期间专业观众人次与观众总人次的比值不小于40%	800
4.展览的连续性	50
同一个专业性展览会连续举办不少于6次	50
同一个专业性展览会连续举办不少于4次	40
同一个专业性博览会连续举办不少于3次	30

项目	评分
5.参展商满意率	150
参展商满意率调查表中对展览会的总体评价结论为“很满意”和“满意”的数量总和不低于参展商总数的85%	150
参展商满意率调查表中对展览会的总体评价结论为“很满意”和“满意”的数量总和不低于参展商总数的75%	90
参展商满意率调查表中对展览会的总体评价结论为“很满意”和“满意”的数量总和不低于参展商总数的70%	70
6.相关活动	80
展览会期间组织与展览会主题相关的各种活动	80
7.附加评定项	120
主办（承办）方通过GB/T 19001质量管理体系认证	20
展馆方通过GB/T 19001质量管理体系认证	20
展馆方通过GB/T 28001职业健康安全管理体系认证	20
装修和搭建的主要承办方通过GB/T 19001质量管理体系认证	15
装修和搭建的主要承办方通过GB/T 28001职业健康安全管理体系认证	15
展览运输的主要承办方通过GB/T 19001质量管理体系认证	15
展览运输的主要承办方通过GB/T 28001职业健康安全管理体系认证	15

注：满分为720分。

（资料来源：《专业性展览会等级的划分及评定》标准）

消费展览主要对公众展览，目的主要是直接销售。消费类展览，通过消费品的展示、消费场景的搭建、消费理念的传达等方式，将消费热点与展览结合起来，在促进消费升级方面发挥着独特的作用。

拓展阅读

消费类展览，路在何方？

随着大众消费需求越来越多样化、个性化、定制化、品质化，消费类展览被赋予了更高的价值功能，不再仅仅是消费品集中展示和交易的平台，更是引领消费需求变革的“风向标”。

从技术驱动来看，“前沿科技”成为驱动消费产品迭代变革、改变消费形态的关键要素，也是创造消费新需求、塑造消费新理念的重要动力，新兴技术的应用将不断创新消费类展览的运营模式。

从消费理念驱动来看，以“Z世代”为主的新生代消费者更注重展会现场的体验感和互动性。未来消费类展览的细分化、复合化、融合化，不再仅仅是参展商和消费者进行消费品展示交易的场合，同时，也是一种迎合新消费理念、具有“互动化”体验的“社交场景”。展会主办方和参展商需要为消费者提供互动性更强、社交功能更完善的平台，打造独具创意和吸引力的品牌展示宣传效果，进而形成消费类展览的圈层效应。

从城市发展驱动来看，消费类展览需要与城市深度绑定，形成一个完善的生态体系。出色的展会，通过汇聚产业链上下游及衍生产业的商流和人流，撬动信息流和技术流，并衍生带动相关产业的发展，为城市发展赋能。未来的消费类展览需要侧重于考量城市的定位风格、产业特色，只有这样，才能打造出一个“流量”汇聚且不可复制的消费类展览生态，实现“展城融合”，进而更好发挥其对城市发展的带动作用。

（资料来源：摘录于南京市贸促会会长梁洁《2022年中国消费类展览会创新发展大会》的主旨演讲）

（二）按照展会规模不同进行分类

按照展会规模不同可分为国际展、国家展、地区展、地方展和独家展。比如，2022年第十九届中国西部国际博览会就属于国际展，“广交会”是国家展。这里的规模不仅指场馆大小，还有一个重要的依据就是参展者和观众的区域范围，即参与的国家和地区。地区展则主要在一个特定的地理区域内举办，参加的国家和地区相对较少。地方展面向的专业观众是当地及周边地区的企业或公众，如成都市房地产交易会。国家展的规模介于国际展和地方展之间，独家展的规模最小。独家展则由单个公司举办，展示该公司的产品或服务。

（三）按照展会的时间不同进行分类

根据时间间隔和长短的不同可将展会分为定期展和不定期展、长期展和短期展。定期展有一年四次、一年两次、一年一次、两年一次等。不定期展则视需要和条件而定，分长期和短期两种。长期展可以是三个月、半年甚至常设，短期展一般不超过一个月。在发达国家，专业展览会一般举行三天。

（四）按照展会的场地不同进行分类

按照展会的场地不同将展会分为专用展览馆展和流动展。大部分展览会是在专用展览场馆举办的。展览场馆最简单的划分是室内场馆和室外场馆。室内场馆多用于展示常规展品的展览会，如纺织展、电子展等；室外场馆多用于展示超大、超重展品，如航空展、矿山设备展。在几个地方轮流举办的展览会被称作巡回展。比较特殊的是流动展，即利用飞机、轮船、火车、汽车或组合房屋等作为展场，在不同地点、不同时间展出相同内容的展览会。

（五）按照展会的展览方式不同进行分类

按照展览方式可分为现实展览和虚拟展览。现实展览即传统展览，展品直观展示，真实可触摸，展出者和观众面对面直接交流。虚拟展览也称网上展览，是一种通过国际互联网在虚拟的展览环境下进行展示的展览会，展品看得见摸不着，展出者与观众通过网络媒介交流。世界上第一个虚拟博览会由英国虚拟现实技术公司和英国《每日电讯报》电子版联合于 1996 年 11 月举办，展期一年。

拓展阅读

数字展览成为线下展览的重要补充

2021 年，展览界将其称为展览业“元宇宙”元年，线下展览向数字化转变不断加速。根据 UFI 发布的《UFI 全球展览行业晴雨表》数据，全球 58% 的受访者在现有的展览产品中增加了数字服务和产品。中国各地积极借助数字展览融汇线上线下，联结国内国际，以数字经济新时代展览业创新发展理念为引领，累计服务上万家参展商，吸引上百万专业卖家入场，助力中外企业保持和拓展国际贸易渠道。

升级后的“贸促云展”平台累计服务展览项目 20 多项，其中既包括“中国—中西非国际贸易数字展览会”“中国—中亚国际贸易数字展览会”“中国—中北美洲数字贸易展”等中国贸促会主办的国家级数字经贸展览会，也包括“长沙轨道交通展”“沈阳机器人展”“盐城中韩贸易投资博览会”等地方性商业展会线上平台，还包括“2021 南通名品海外行”等中小型线上商贸交易促进会，还为迪拜世博会内蒙古、山西、河北、江西和海南等省区市活动开辟线上展示平台，对助力中外企业保持和拓展国际贸易渠道、增进中外经贸交流与合作，做出了积极贡献。第四届进博会“6 天 +365 天”一站式交易服务平台，依托信息技术将线下 6 天展会场馆实景搬到线上，进行 365 天常年展示。“云上服贸会”突破时间、空间、语言的限制，完美呈现云上“展、论、洽”三大主题场景的技术创新。第 130 届广交会在线上线下融合举办，线上展览约 2.6 万家中外企业参展，累计上传展品 287.39 万件，比上届增加 11.36 万件。第五届中国—阿拉伯国家博览会创新采用“线上线下相结合，以线上为主”方式，为中国与“一带一路”沿线国家搭建了更加便捷高效的经贸合作平台。

（资料来源：贸促会《2021中国展览经济发展报告2021》）

任务二　会展业特征与作用

一、会展业本质

会展业在本质上是信息传播的一个平台。会展业为参展商和观众提供了一个理想的沟通和交流的平台。通过这个平台，观众能在短时间内接触到大量的提供某一类产品的不同的参展商，接触到许多不同的展品，较充分地了解参展商的有关情况和参展品的结构、功能、性能、外观等；参展商也能在短时间内接触到大量的观众。通过参展，参展商将企业形象、企业产品等信息传达给观众；观众则可以找到合适的产品、条件更好的供应商，或从中寻找到新的商机。

对于企业来说，参展是一种经济高效的营销手段，企业不但可以在展会上销售产品和服务，还可以通过参展为企业做广告，提高企业的知名度、寻找商业合作伙伴等。对于观众则能通过参展获取相关的采购信息或发掘潜在商机。因此，通过展览将参展商的信息传递给观众是展览会的本质所在，即信息传播是展览的本质，也是其最基础的价值所在。通俗来讲，展会是一个浓缩无限商机的大舞台。

二、会展业特征

作为联系参展商和观众的桥梁和纽带，参展已经成为许多企业开展营销的重要方式之一，也是观众获取相关产品信息的重要渠道。会展业在我国成为蓬勃发展的产业，是现代经济体系的有机组成部分。具体说来，会展业具有以下四个特征。

（一）表征性

会展业是随着社会生产方式的演变与经济全球化进程的推进而兴起的。在市场竞争日趋激烈的情况下，企业需要降低营销成本，及时、有效地获取各种信息，促进产品销售，并通过展示新产品来创造消费者的需求且树立良好的企业形象。会展业就是在这种背景下兴起的，同时，经济全球化的深入发展也极大地刺激了企业、政府和各类组织在全球范围内寻求合作与交流的愿望，这也无疑加速了会展业的发展。可见，会展业是社会发展到一定阶段的产物，对经济运行状况具有表征作用。

（二）开放性

在整个现代经济体系中，会展业是作为一种开放的产业形态而存在的。这是由于处于会展业核心地位的会展活动，已成为人类物质文化交流的重要形式，它不是单纯的个体行为，而是一种集体性的大规模物质、文化交流方式，是在开放体系下才能存在的产业。会展业的发展必然会引起社会资源和要素在全国乃至于全球范围内的自由流动，从而提高各国、各地区的开放性，使整个世界处于一个开放性的体系之中。同时，利用会展这个工具，提高了举办城市的知名度，吸引外资，对举办地区的文化和经济产生影响。

（三）关联性

会展业极强的产业关联性和产业带动性，主要表现在对城市基础设施建设的拉动作用和对城市劳动人口就业水平的促进作用上。会展业涉及的行业广泛，包括展览营销、广告宣传、交通运输、商旅餐饮、媒介通信、城市建设等诸多行业。国际上会展业的产业带动系数为 1∶9，国内也已经达到 1∶7。会展业优化了地区经济结构，不仅能够带动一系列相关产业的发展，而且可以培育新兴的产业集群，被称为城市发展的“助推器”。由于会展业是劳动密集型产业，它在带动相关产业的发展过程中，还能够刺激岗位需求，提供大量劳动就业机会。据权威部门测算，每增加 1000 平方米的展览面积，就可创造近百个就业机会。总体来讲，会展业极强的关联性为提高城市就业水平、稳定社会格局、增加城镇居民收入做出了积极的贡献。

（四）风险性

会展业是一个复杂的市场，组织者在抓住机遇的同时也要面临很多风险。首先，办展的前期投入非常大，会展业所需的场馆、设施以及规范的服务都需要大量的资金投入后才能获得。各地方政府和企业也都意识到，要举办好展览会和交易会就必须具有好的场馆，于是不惜花费巨大的人力、物力、财力纷纷兴建现代化的会展中心。根据中国会展经济研究会会展统计工作专业委员会《2021 年中国展览数据统计报告》，全国有 150 个城市有展馆，有 29 个城市展览场馆室内可供展览总面积超过 10 万平方米，在建展览场馆室内可供展览总面积预计达 304.35 万平方米。展会能不能树立自己的品牌是会展业存在的另一个风险，即资源风险。在展览业，品牌是一个主要资源，它意味着高附加值、高利润、高市场占有率，没有品牌就没有足够数量和素质的参展商，而参展商的素质又决定了能否吸引到有效的购买商。因此，会展营销的核心就是创造品牌企业和品牌项目。要树立品牌展会并非易事，它需要会展组织者在各种要素上进行探索研究和苦心经营。

三、会展业作用

（一）推动会展举办城市建设，促进城市功能定位和发挥

会展业的发展势必带来城市基础设施的建设。一个城市要举办会展必须具备相关物质基础条件，需要有会展所需要的展馆及其配套设施来容纳参展商、产品和观展人员；需要对城市交通进行铺设或改造，使道路更加畅通，方便人员流动和物资运输；需要加强城市公共场所的卫生清洁工作，为会展、会议提供一个良好的环境。

城市定位是一个城市从实际出发，在一系列的经历和经验中，对自身特征有充分认识后所总结归纳而形成的目标方向。会展业促成了城市定位的明晰，并不断利用自身的媒介优势使其强化，而定位的形成则反过来对会展业又有一个宏观的指导，当然，它也加快了城市发展建设的步伐。

会展业提升城市形象，推动城市国际化发展。会展业是推广城市品牌的重要手段。会展业对外释放城市个性。作为向社会宣告自己、实现自我传播的媒介，它在提高城市知名度、提升城市形象方面有着独树一帜的作用。衡量一个城市能不能跻身于国际知名城市行列，一个重要的标志就是看这个城市召开国际会议和举办国际展览的数量和规模，一次国际会议或展览不仅可以给举办城市带来可观的经济效益，更能带来无法估价的社会效益。此外，会展业也可以进一步增强城市作为贸易中心、服务中心、金融中心、科技中心等多方面的功能，进而从整体上完善城市功能，提高城市的吸引力和辐射能力。

（二）推动区域经济的贸易合作，吸引外部投资

会展业的发展能促进或增加投资项目。会展内容一般是以国内外著名企业的品牌展示和高新技术产品、项目的交易为重点。在交易会、展览会和贸易洽谈会上一般都能签署一定金额的购销合同、投资、转让和合资意向书。

世界展览事业在漫长的发展进程中，逐步形成了自己的组织系统。目前，国际展览界有两大组织，一是国际展览局，二是国际展览联盟。这两个组织的总部虽然都设在法国巴黎，但在机构形式和工作的重点上却相差甚远，不过目的只有一个，都在为促进国际经贸合作而努力工作。

（三）促进区域产业专业化分工，彰显发展成果

遵循产业分工规律，各个区域都要依据比较利益原则，充分发挥自身优势，发展特色经济，以此带动区域内其他产业部门的发展。会展业的发展与区域产业专业化的发展是相互促进的关系。有了区域产业专业化分工，才能使会展业初具规模。区域专业化分工的不断发展才能使会展业发挥规模优势。如果会展业形成了规模经济，它又

能促进专业化部门的进一步发展，从而提高区域经济的实力。

（四）促进区域经济一体化的发展，为政府间合作提供平台

经济全球一体化、市场化，是世界经济发展的趋势。会展业有利于打破区域、行业之间的垄断，促进各要素在整个经济体系中的资源配置，促进统一市场的形成。具体表现在以下几个方面。

会展业有利于统一市场规则、惯例和经济秩序。会展业的规则必须得到参与各方的支持和协助，否则难以举行或规模难以扩大，不可能产生积极影响，也不利于会展活动的定期举办，实现不了预期目的。

会展业有利于加深不同国家、地区间的分工和合作，密切彼此间的经济关系，有利于经济一体化进程。不同区域和国家、产业通过会展活动能够找到合作的机会，充分发挥各自的优势，深化分工与合作，让彼此的利益做大做强。

会展业有利于加强经济一体化的政府协作，使经济一体化得到政府的支持。大型会展活动，特别是跨国界的会展活动，必须得到多国政府的支持才能获得成功。同样，大型会展活动的成功举办，有利于增进政府合作的责任感，为政府间的其他合作提供机会。

拓展阅读

创新会展 · 行业篇｜会展是促进内外贸一体化的重要舞台

国务院办公厅近日印发《关于促进内外贸一体化发展的意见》(以下简称《意见》)。《意见》提出，利用进博会、广交会、服贸会等具有国际影响力的会展平台，增进国内外市场交流。

多位业界人士在接受《中国贸易报》记者采访时表示，会展活动是促进内外贸一体化的重要舞台。

“作为开放型平台，会展是联结产业链、供应链的重要环节。”中国会展经济研究会常务副会长储祥银表示，中国经过40多年的改革开放，已将国内和国际市场紧密联系在一起。在社会再生产过程中，会展是促进国内国际双循环的润滑剂和推动社会再生产有效运行的加速器。

储祥银认为，在构建国内国际双循环新发展格局中，会展发挥着不可或缺的作用。

联通内外 · 链接上下

东浩兰生会展集团股份有限公司总裁陈辉峰表示，近两年，全球经济遭受新冠疫情冲击，生产、消费两端迫切需要会展平台联通内外、连通上下游产业链。如中国国际工业博览会预计规模为25万平方米，实际规模超过28万平方米。由

此可见，会展平台对促进贸易具有不可替代的作用。

“跨界合作将成为会展促进内外贸一体化的新趋势。”陈辉峰认为，新经济下，会展成为新概念、新技术展示的首选平台。元宇宙、终端带动、碳达峰碳中和等概念要实体化，须结合实体内容来展示。

陈辉峰强调说，会展已从传统模式演变为多元化融合举办模式，除在专业展馆举办外，围绕品牌产品衍生的沉浸式展示、体验，以及运用新技术进行跨界合作成为发展趋势。在此背景下，国际知名会展企业已提出其到2025年线上会展收入将占总收入的25%。线上会展已成为会展业的新热点和各会展企业必争的“新领地”，双线融合会展模式已然形成。

创新服务·融合产业

“创新会展服务模式，发挥展会服务内外贸易一体化的促进作用。”南京市贸促会会长梁洁向记者介绍，《南京市“十四五”会展业发展规划》（以下简称《规划》）是统筹推进社会经济和会展业高质量发展的一个重要引擎，是会展服务内外贸易一体化创新发展的重要举措。

梁洁表示，根据《规划》，南京将加快贸易类展会专业化、市场化、国际化、品牌化、绿色化、数字化创新发展，构建会展与产业、城市与国内国际双循环融合发展新格局。强化贸易类展会对“一带一路”倡议、长江三角洲区域一体化发展战略、长江经济带发展战略、南京都市圈发展规划的新支撑，积聚会展经济新动能助力现代服务业优化升级。

梁洁表示，为顺应全球数字经济发展趋势，聚焦数字经济促进会展业创新，注重运用高新技术手段打造“云上展厅”，加快形成线上线下融合的展会模式。注重引导参展商与采购商在沟通、营销方面的思维转变，与全球知名的流量平台合作，做好线上营销与流量引导，提升展会人气，打响展会品牌，扩大展会影响力，促进展会成交量持续提升。注重产业与会展相融合、培育新消费增长点、优化会展营商环境，推动优质展会服务内外贸易一体化创新发展。

精准“获客”·提升信心

“利用品牌展会进行内外贸一体化的核心引领作用在于‘获客’。”广东会展组展企业协会会长，广州大学中法旅游学院教授、博士刘松萍表示，对于粤港澳大湾区来说，通过展会搭建国内外贸易推广平台，加快完善产业链与供应链，核心之一是要紧盯RECP，做新形势下区域经济一体化规则的宣传者和推动者。这其中，会展业者应将“10+5”作为一个整体市场来看，打破“1+14”的市场观念，打破区域市场的国家边界藩篱，在知识产权、标准化方面实现突破。同时，会展业者联合“10+5”共同策划举办展会，增加内贸企业开发国际市场和外贸企业拓展国内市场的信心。

中国会展经济研究会副秘书长、广东现代会展管理有限公司副总经理姜淮认为，最近十多年来，随着国际分工和国际贸易格局变迁，通过展会平台促进技术升级、产业转型和消费提升作用日益凸显。无论是进博会、广交会、服贸会等国家级展会，还是地方政府主导以及各类办展主体举办的展会，无不体现了这一强大平台功能。比如，商务部和广东省政府主办的中国加工贸易博览会在推动加工贸易企业率先脱困、扩大内需和实现国际国内两个市场进一步融合方面发挥了重要作用。

数字贸易·多元生态

杭州会展集团董事长、总经理李健表示，会展已经成为引领国际开放合作的重要平台、推动城市能级提升的重要抓手、助推产业高质量发展的重要引擎，带动相关产业、优质资源、生产技术、管理经验等在世界范围内传递，成为经济发展的加速器和助推器。

据介绍，首届全球数字贸易博览会（以下简称数贸会）3月24日至27日将在杭州举办。作为目前唯一一个全球性数字贸易博览会，与会成员将覆盖多个国家和地区，汇聚华为、阿里巴巴、腾讯、亚马逊、松下、惠普、特斯拉等世界500强企业，以及联通、百度、中兴通讯、网易等中国500强企业。

首届数贸会将以“数智贸易 商通全球”为主题，通过构架“一会、一馆、一展、一平台、一系列体验活动”，以及线下搭建特色展区、线上布局可持续开放式的一体化数字平台，打通从招商到引资、生产与消费、商品与服务、线上与线下的各环节，将展示数字内容、数字消费、数字技术、跨境电商、数字物流等数字贸易生态圈。

李健表示，数贸会平台将助力中国企业走出去，促进国内产业市场多元化发展，也将国外先进技术和高质量产品引进来，加快构建国内国际双循环的新发展格局。

（资料来源：《中国贸易报》）

任务三　会展业发展历程

一、会展业的起源和历史阶段

世界会展业有非常悠久的历史，它的起源可以追溯到原始社会。世界上第一个样品展览会是 1890 年在德国莱比锡举办的样品展览会。随着社会的演变和科技的进步，会展业作为一种经济形式，其存在的形式、内容、功能和办展方式等各个方面都在不断进行调整。

（一）古代欧洲的集市活动

会展活动是人类物质文化交流活动发展到一定阶段的产物。早期的会展活动，萌芽于部落战争、结盟及国家形成过程中的不同部落之间的物质、文化交流活动。人类早期的宗教、祭祀活动，诸侯小国向中央王国、大国的进贡与分封活动，都是会展活动的早期萌芽。考古学家在考察古代文化时，发现许多原始遗址都是古人用来讨论诸如狩猎和战争、和平谈判以及部落庆典等公共事务而经常使用的场所。欧洲集市源于希腊，最初是交换、买卖奴隶的场所。古奥林匹克时期（前 800—前 700 年），希腊就有了常规的集市，与奥林匹克运动会同时举行。希腊早期的集市大多是一年一次或两年一次。在古罗马时期，有许多专门用于举行辩论和会议的建筑物。集会则是展览会的雏形。最初，集市的主要功能是初级产品的现场交易，人们参加集市的主要目的是满足生产活动和生活需要而进行物质交换，每周举行一次的集市贸易，叫作“周市”，如鱼市、米市、油市等。后来，随着集市规模的扩大，交易的商品种类和参加的人员越来越多，集市期间的人文气息越来越浓，人们就把规模较大的定期集市称为展销会。

人类社会进入封建社会，在社会分工和私有制的基础上，生产力进一步发展，集市作为一种商品交易的场所和手段也得到了迅速的发展。到中世纪时代，作为展览会前身的贸易集市已经盛行于一些人口集中、商业较为发达的欧洲城市了。欧洲公认的最早的国际性集市，是 629 年法国巴黎近郊圣丹尼斯举办的交易会。由于当时交通不便利，社会商品也不丰富，人们只能自发地将剩余的物品拿到集市，进行最原始的商品陈列与交换。11 世纪后，欧洲集市进入鼎盛时期。此时欧洲集市的规模较大，举办时间较长，功能齐全，具有零售、批发、国际贸易、文化娱乐等功能。在 12 世纪和 13 世纪，法国北部的香槟集市是最著名的国际性集市。它是名义上依附于法兰西国王的香槟伯爵在其领地上建立的跨国界的集市贸易中心，位于当时法国的东北部，东邻德意志，北靠佛兰德，其边界为法兰西所环抱，正处在北欧诸国与地中海之间的贸易商道上，无论是陆路还是水路，交通都极为方便。因而这里商贾云集，成为意大利、佛兰德、英格兰、德意志和法国其他地区的商人聚会之地，集市每年定期在香槟伯爵领地内4个城市轮流举行。在这里，东方的香料和奢侈品，佛兰德的呢绒，法国的葡萄酒和家畜，德国的金属制品，英国的羊毛、铅、锡，北欧的皮毛都在集市上出售，伯爵则从商品交易中抽税取利。1300年，香槟伯爵的领地归法王治理，封建主沿途征税，损害商人利益，商路开始由内陆转向大西洋。1337年爆发英法百年战争，纷乱的战争环境最终使兴旺达200年之久的集市在14世纪逐渐衰落，失去了昔日的繁荣。香槟集市的形成和发展，是社会分工和生产力发展的结果，是早期会展经济活动的较为完善的形式。

14世纪以后，由于城市商业和运输业的发展，大部分商人开始集中精力固定在一个地方经营，集市的作用逐渐变小。在这个时期，批发商的兴起和工业的迅速发展改变了传统集市的经营方式。生产者为了寻求大批销售货物的机会，便于批发商选择订购产品，纷纷采用提供样品和图样的方式进行贸易。这样，集市渐渐地演变为样品博览会和展览会。随着16世纪“地理大发现”时代的来临，各大洲的经济和文化交流迅速密切起来；随着欧洲国家的殖民扩张和全球贸易活动的发展，欧洲早期的会展活动也扩展到世界其他地区。

（二）近代世界范围内会展的发展

18世纪60年代英国工业革命以后，英国成为当时的“世界工厂”，同时，也推动了欧洲经济的迅速发展，引发了展览业的一系列变革。同早期纯展示性质的展览会相比，出现了具有很强展示性和宣传性，并有着严密的组织体系的工业展览会，这种新的展览形式对以后展览会的发展产生了很大的影响。18世纪末到19世纪，英国有着巨大的工业优势，英法贸易严重不平衡，两个大国展开了具有很强政治色彩的展会大战。1798年，法国举办了工业产品大众展，这是世界上第一个由政府组织的国家工业展览会。截至1849年，法国政府陆续举办了11届国家工业展览会，作为国家促进工业发展的手段，当时许多国家也相继效仿。尽管国家工业展览会有利于展示和让人们了解国家工业的整体水平，显示成就，促进发展，但由于当时保护主义盛行，各国视他国为自身发展的威胁。直到1851年，英国在伦敦首次举办了“万国工业博览会”（the Great Exhibition of the Industries of All Nations），简称大展览会（Great Exhibition）。这是第一个发展到国际规模的工业展览会，即第一届世界博览会。该博览会在伦敦海德公园的水晶宫内举办，展期为161天，展出面积约10万平方米。参展商数达17000家，其中50%为英国的参展商，50%来自世界其他40个国家，参观人数达630万人次。展出产品约10万件，有英国的机床、机车、冶金、轻纺及细瓷产品，俄国的白金、皮毛、地毯，法国的家具、化妆品等。在展览期间，还进行了展品评比和工艺展示活动，内容丰富多彩。组委会为参展商及其产品颁发了 170 项大奖、2918 项普通奖和 1996 项荣誉提名奖。这次博览会堪称展览会历史上的里程碑。它不仅规模空前，而且打破了以往国家工业展览会以促进本国经济发展为目的、视其他国家为威胁的思维，强调通过国家间的合作与贸易来促进各国社会和经济的共同发展。该博览会对扩大国际贸易起到了积极的推动作用，并且促进了国际科技文化交流。首次世界博览会取得了巨大成功，产生了深远的社会经济影响，并奠定了日后各届世博会的基本模式。

19 世纪末至 20 世纪初，各国不再满足于工业展览会的展示与宣传功能，开始探索具备市场功能的新形式。于是 1894 年德国莱比锡举办了第一届国际工业样品博览会，这种新型展览形式兼具集市的市场性和工业展览会的展示性，即以展示为手段、以交易为目的。为了适应商品贸易的需求，配合资本主义生产方式和市场扩张，莱比锡博览会对展览方式和宣传手段等方面进行了改革和创新，如按国别和专业划分展台，以期货贸易为主以便商人看样订货。这种方式引起了展览界的重视，欧洲各地的展览会纷纷效仿，现代展览业由此走上规范化和市场化的轨道。第一次世界大战使许多国家陷入经济困难，同时也破坏了此前国际自由贸易环境，战争造成的国际贸易壁垒使各国依赖国内市场促进经济发展。一些国家为促进经济复苏大力举办贸易展览会，因而使得综合性贸易展览会和博览会迅速发展起来。例如，1916 年和 1919 年之间，法国就举办了三届国际博览会，并取得了较大的成功。德国从 1919 年到 1924 年，贸易展览会的数量从 10 个增加到 112 个。由于这段时间举办了过多的展览活动，展出水平和实际效益普遍下降，展览业出现了混乱的局面。1928 年 11 月，来自 31 个国家的政府代表在巴黎签订了《国际展览公约》。其规定了世界博览会的类型、举办周期、主办者和参展者的权利和义务等。1931 年，正式成立了《国际展览公约》的执行机构——国际展览局（The Bureau of International Expositions，BIE），总部设在巴黎。国际展览局是政府间的国际展览组织，成员为各缔约国政府，它负责协调和管理世界博览会，并决定审批世博会的举办国。

（三）现代会展业

第二次世界大战后，世界各国忙于修复战争创伤。1948 年，欧洲的英国、法国、比利时等国经济已经恢复或超过战前的水平；美国经济已经是第二次世界大战前（1938 年）的 1.65 倍；1951 年，德国经济也恢复到第二次世界大战前水平。在经济复苏的过程中，欧美等国很重视发挥展览的作用，一批因战争而停办的会展活动重整旗鼓，为世界经济复苏注入了勃勃生机，也为日后成为展览强国打下了基础。

20 世纪六七十年代，会展向着专业化、国际化、全球化方向不断发展。这一时期，世界各国由官方或民间举办的各种展览会不胜枚举。在展览手段上，运用了更多灵活多变、造型优美、使用方便的展览专用设备，将新的科学成就和先进的技术更多地应用到展览领域。同时，一些学者和展览工作者也开始研究会展理论、会展史等学术问题。

20世纪八九十年代以来，会展业呈现不断对外扩张的形式。随着许多国家的体制改革与经济转轨，很多发展中国家具备了发展展览的条件。但其中大部分国家经验不足，这为发达国家展览业对外扩张奠定了基础。英国励展博览集团通过成立合资公司、兼购等方法，在欧洲、美洲、非洲、中东和亚太地区的38个国家建立了分公司、办事处。励展集团每年在世界各地举办航天与航空、汽车、建筑与施工、电子、能源、环境、医疗保健、信息技术与通信、珠宝、安全、体育与娱乐、旅游等40多个行业有关的展览会400多个。德国作为世界展览最发达的国家，在对外扩张方面也很出色。进入20世纪90年代后，以信息技术为核心的新一轮科技革命，又推动世界会展业朝着信息化和高科技化方向发展。世纪之交，世界各国都积极兴建现代化的会展设施，大量培养专业会展人才，掀起了一股发展会展经济的热潮。会展已经成为一个在全球经济中占有相当比例，并对各国经济发展产生重要影响的成熟的经济部门。

二、全球会展业的发展概况

（一）欧洲会展业

从经济总量和经济规模的角度来考察，世界会展经济在世界各国的发展很不平衡。欧洲是世界会展业的发源地，经过100多年的积累和发展，欧洲会展经济整体实力最强，规模最大。全球几乎超过50%的会展经济及市场在欧洲。在世界上25个举办大型展览最多的国家中，欧洲国家就占70%以上。目前国际上公认的300多个最知名的、展出面积在3万平方米以上的专业贸易展览会，有2/3在欧洲举办。世界上大的展览场馆也绝大多数集中在欧洲。在这个地区中，德国、意大利、法国、英国都是世界级的会展业大国。

1. 德国

德国是世界第一会展强国。全球顶级的专业会展中有2/3是在德国举办的；世界收入最高的10家会展公司中、德国占了5家；全球最大的五大展览中心，德国占了4家。根据德国展览业协会（AUMA）的统计，每年有大约150场国际性展会和展览在德国举行，吸引18万展商和上千万观众参加，堪称“世界会展王国”。

2. 法国

法国位于欧洲中心，交通便捷、气候温和、风景秀丽，具有一流的展馆和服务系统，是全世界会展业最为发达的国家之一。法国每年1500多场的展会之中，国际性或全国性的展览有175个。其主要优势是汇集了不少综合性的展览，虽然近年来其发展势头有所减缓，但法国在开发专业的展览会上的努力已渐有成效，如其航空展、时装展及设计展等。巴黎依旧是法国的展览重镇，近一半展览选择在巴黎举办。

3. 英国

英国会展业发展仅次于德国、法国和意大利。近几年，英国会展业步入前所未有的高速发展阶段，其国际会议市场占有率已居世界第四位。据官方统计，广义上的英国活动产业对英国经济的贡献价值每年约为 700 亿英镑，提供 70 万个就业机会。与欧洲其他国家相比，英国举办的展览多为国内展览，以中小项目为主，会展场馆规模也不大，英国会展业的规模水平和影响虽不如德国和法国，然而，英国培育出的励展集团、蒙哥玛利展览公司，却是世界知名的跨国展览公司。同时，英国培育了世界旅游交易会、伦敦书展、伦敦国际时装展等品牌展会，伦敦每年举办的世界旅游交易会（WTM）是世界三大旅游展之一，伦敦书展是最有影响力的图书展览之一。

4. 意大利

意大利会展经济相当发达，全国有 40 多个展场，每年办展达 700 多个，是欧洲办展最多的国家之一。意大利大型国际展览会举办地主要集中在米兰、博洛尼亚、巴里、维罗纳和帕多瓦等城市。作为意大利最重要的会展旅游目的地，米兰会展经济发达，拥有悠久的会展发展历史，曾举办过 1906 年的世界博览会，全球展览业协会（UFI）于 1925 年在意大利米兰成立，米兰国际展览中心是世界三大展场之一。作为意大利重要的经济中心，米兰因建筑、时装设计、艺术、制造业和金融业闻名。依托米兰乃至意大利的优势产业，米兰积极拓展了一系列的专业展会，主题涵盖纺织面料、家具、皮革皮草、机床、自动化、酒店用品、太阳能等多个领域，并且专业分工详细，为意大利的众多中小企业构建了良好的信息交流和营销平台。

（二）北美会展业

北美的会展业发展水平仅次于欧洲。美国和加拿大的会展业起步较欧洲晚，但发展较快。美国大部分行业均以展会作为商品促销、流通手段。拉斯维加斯、奥兰多、芝加哥等已成为美国最著名的会展中心城市。一些专业协会影响力也日益增加，如国际展览管理协会（IAEM）、美国专业会议管理者协会（PCMA）、国际会议专家协会（MPI）等。美国长期占据国际会议市场的领先地位，2019 年举办国际会议达 934 个，是全世界举办国际会议最多的国家。

资源优势和能源优势是加拿大会展业的一个突出特点。另外，加拿大庞大的经济规模和发达的进出口贸易，为加拿大会展业的发展奠定了良好的基础。加拿大主要的展览企业多为国际化的展览公司，如 Reed Exhibitions、DMG world media、The Exposium Group 等，加拿大本土展览企业有 Master Promotions Ltd. 和 York Communications Inc. 等。

（三）亚太地区会展业

20 世纪 80 年代以来，亚洲地区开始成为会展组织者所青睐的会展目的地之一，其发展速度已经超过欧美等传统的会展发达地区，亚洲会展业的规模和水平比拉美和非洲要高，仅次于欧美。日本、中国、西亚的阿联酋和东南亚的新加坡，由于基础设施发达、市场潜力巨大，并有较高的国际开放度和有利的地理位置，分别成为该地区的展览中心。日本是亚洲最早开始发展会展业的国家，以其雄厚的经济实力、良好的基础设施、快捷的交通条件、周到的服务和独特的民族文化，赢得了众多国际会议展览和大型节事活动的举办权。新加坡是著名的国际航运中心、国际金融中心、国际贸易中心和国际会展中心，2008 年和 2009 年被评为国际协会联盟（UIA）世界第一大会议城市。新加坡每年举办 6000 多个商业会展项目，占亚洲举办会展项目的 1/4，会展收益占亚洲会展总收益的 40%。

大洋洲会展经济发展水平稍次于欧美，但规模则小于亚洲，但其上升趋势也很明显。该地区的会展业主要集中于澳大利亚，每年举办的大型展览会有 300 多个，参展商超过了 5 万家，观众达 660 多万人次，每年展览业创造收益大约为 25 亿澳元。

（四）全球其他地区会展业

1. 中南美洲

近年来，中美洲和南美洲的经济贸易也逐步发展起来。2019 年阿根廷、巴西举办的会议分别为 214 个和 209 个，跻身全球前 20 强。墨西哥近几年的会展业也发展得十分迅速。除这三个国家外，其他拉美国家的展览经济规模很小，很多国家处在起步阶段。

2. 非洲

尽管非洲所占国际会议市场的份额很小，但其市场份额也一直在增长。整个非洲大陆的会展业发展情况基本与拉美相似，主要集中于经济较发达的南非和埃及。南非凭借其雄厚的经济实力及对周边国家的辐射能力，其会展业在整个南部非洲地区处于遥遥领先的地位。埃及为北部非洲会展业代表，凭借其在连接亚非欧和沟通中东、北非市场的极有利的地理位置，近年来发展突飞猛进。

纵观会展经济在全球发展情况，我们不难看出，一国会展经济实力和发展水平是与该国综合经济实力和经济总体规模及发展水平相适应的。发达国家凭借其在科技、交通、通信、服务业水平等方面的优势，在世界会展经济发展过程中处于主导地位，占有绝对的优势。在世界会展业向专业化、国际化和集团化发展的过程中，发达国家的跨国展览集团，把自己的成功知名展览会移植到发展中国家。因此，许多发展中国家中尽管也有一些规模较大、水平较高的展览会，但这些展览会一般都有发达国家展览公司的参与、管理，甚至直接控制，这是全球会展经济发展的整体状况。

三、我国会展业的发展概况

会展业已成为我国的一个新兴产业，并在经济合作与交流、国际贸易往来、技术交流等方面发挥越来越重要的作用。据《2019 中国会展产业年度报告》估算，2018 年中国会展直接产值 6451 亿元人民币；占全国国内生产总值的 0.72%，占第三产业总值的 1.38%；综合贡献为 5.6 万亿元人民币。从国内会展业结构来看，我国现有展会大多为经济贸易类展会。从类型上看，会展已由综合性发展成为专业性，如汽车展、工业展、留学教育展等，信息产业、文化产业、服务业等新兴展会增多，UFI 认证的国际性专业展会 58 个，位居世界第四。会展主办单位除专业会展公司外，各专业协会、中介机构、广告公司、媒体、群众机构、院校等也纷纷加盟。与此同时，会展业为主办者带来了巨额的利润和经济的空前繁荣。

（一）我国会展业的发展历程

1. 古代时期（原始社会末期至 1840 年）

作为早期展览会雏形的集市在我国有着悠久的历史，大约形成于公元前 11 世纪的商、周时期，并在唐宋以后得到了蓬勃发展。在我国古代，还出现过类似现代展览会的有组织的展览活动。《旧唐书》卷一百五“韦坚传”就有记载：在唐代天宝初年（742 年），陕郡太守、水陆转运使韦坚开漕渠引渭水至长安，在宫苑墙外造广运潭，广集各地舟楫所载的地方特产供皇帝观览。就形式和规模而言，广运潭展示已相当于现代的博览会。同时，也出现过专业性的展览形式，如唐代曾收集各地收割用的农具，陈列于殿堂，以供宫廷王公大臣等参观，倡导农具革新。元代纺织专家黄道婆去世后，人们为纪念她，将其生前所用之纺车、织机汇集在一起，立庙展览。

2. 近代时期（1840—1949 年）

1840 年，社会经济发展处于落后状态的中国，在西方的炮舰下被迫打开门户，中国人开始尝试着与外部世界接触。当时，参加世界博览会就是我国早期参与国际性活动的重要形式，也是近代中国会展活动的发端。我国会展活动在近代时期有了较大发展，对促进国家经济、社会和科技进步，增强国际交流，开阔国民眼界和振奋民族精神都起到了重要的促进作用。但由于当时我国国力孱弱，政局动荡，战争频繁，因而会展活动发展始终没能与世界同步，会展活动对整个社会经济的影响仍然十分有限。

3. 现代时期（1949 年至今）

中华人民共和国成立后，我国会展活动进入全新的发展时期。1951 年 3 月，新中国第一次参加德国的“莱比锡春季博览会”，这标志着中国会展业进入起步阶段。改革开放以来，伴随着中国经济体制改革的不断深入和对外开放的不断扩大，特别是社会主义市场经济体制的建立，中国会展业迎来了大变革和大发展时期。但这一时期总体会展数量少，组织水平和专业化程度还处于初级阶段，把会展作为一个产业来发展的经营意识尚未形成，从严格意义上讲，会展大都不具备现代贸易会展的特征。

直到 20 世纪 90 年代，随着我国建设国际经济、金融、贸易中心等目标的确立，以及金融、贸易和现代工业的聚集，我国一线城市上海、广州、北京等城市的会展业迅速崛起，以年均 20% 的速度递增。会展数量逐渐增多，新的会展法规的颁布，展览器材企业的成立，国际展览的逐渐增多，展览中心的逐渐增多，越来越多的国际会议选择在中国召开，会展业朝着专业化、国际化、品牌化发展。

（二）我国会展业的发展格局

会展业的发展与一个城市产业结构、区位优势、开放和市场化程度、基础设施建设以及服务贸易发达程度等因素有关。在我国，正是由于各城市和地区的产业结构、地理位置、开放程度等存在很大差异，所以形成了多层次、多形式的会展经济产业带和会展中心城市。目前，我国已形成五大会展经济产业带。

这五大会展经济产业带包括：一是以北京为中心的环渤海会展经济带，包括北京、天津、烟台和廊坊等地；二是长江三角洲（“长三角”）会展经济带，以上海为龙头，沿江、沿海为两翼；三是以广州、东莞、深圳为中轴包括佛山、珠海、汕头的珠江三角洲（“珠三角”）会展经济带；四是由大连、沈阳、长春、哈尔滨组成的东北会展经济带；五是以武汉、郑州、成都、西安、昆明等城市为龙头的中西部会展经济带。

1. 以北京为中心的环渤海会展经济带

北京，作为我国的政治、经济、文化中心，会展业起步较早，无论是规模档次还是场馆建设都位居全国前列。该会展经济带中的核心部分京津地区，拥有各类科研院所和高等院校，是全国知识最密集、科技实力最强的区域。天津作为北京的门户，也是国际性现代化港口城市。天津可以利用处于环渤海经济中心和与北京毗邻的区位优势，通过整合会展资源将天津培育成中国二级会展中心城市。

2. 以上海为龙头的“长三角”会展经济带

上海作为世界级的大都市，经济地位高、开放程度强、基础设施好、优秀人才多，不但吸引了众多国际会展业的目光，也提升了上海作为我国会展中心城市的地位，因此发展非常迅速。以上海为龙头的“长三角”会展经济带正在形成以沿江、沿海为两翼的发展格局。此外，南京、苏州、宁波、义乌、杭州等城市也都有自己明确的定位，结合本地特色加速发展会展经济。尤其是浙江，在近几年更是取得了迅猛的发展，如杭州的“西博会”，义乌的“小商品城市”等宣传更是早已深入人心。目前，义乌已经成为国内外参展商和采购商的聚集地，美国、德国、韩国、日本等 50 多个国家和地区的 1000 多家公司已经在义乌设立了分支机构，义乌俨然成为我国的会展明星城市。

2006年12月18日，由上海、南京等6个城市发起成立了“长三角”城市会展联盟，“长三角”地区19个城市会展业主管部门和行业机构成为联盟的首批会员。该联盟的成立使“长三角”地带会展业实现会展资源共享和优势互补，“长三角”会展经济带在整合、发展、联合方面走在了全国的前列。

3. 以广交会为龙头的“珠三角”会展经济带

南方的会展业一直走在全国的前列，以广州为中心的“珠三角”会展经济带，以广交会为龙头，连接深圳、香港等会展城市，珠江三角洲地带的会展业呈现出激烈竞争与紧密合作的繁荣局面。各城市依据自身特色开发各类展会，形成了多层次、相互补充的会展市场结构。始于1957年的中国进出口商品交易会（“广交会”）更是有“中国第一展”的美誉。广州作为珠江三角洲会展业的中心城市，以连续举办“广交会”这样大型的综合性的展览为主，以规模大、参展商多见长；深圳以举办高科技专业展会为主；其他各城市依托特色产业，举办具有浓厚的产业色彩的展会，如虎门的“服装节”、东莞的“民博会”等。

4. 以大连、哈尔滨等城市为中心的东北会展经济带

东北地区与其他经济区域相比，最大的优势是与俄罗斯、韩国、朝鲜相邻，边境贸易具有相当大的发展潜力。东北地区这几大城市利用自身的特色产业开发出对俄、对韩等经贸类展会，培育出了符合本区域特色的会展经济。在该会展经济产业带中，大连会展业虽然与北京、上海无法相比，但因其作为港口城市具有较强的经济优势和区位优势，其可列为二级会展中心城市。

5. 以武汉、郑州、成都、西安、昆明等城市为龙头的中西部会展经济带

中西部会展中心城市的发展，不是以谁为中心形成集群效应的会展经济产业带，而是要突出个性，培育地区特色展会。如中部的郑州，近年来，随着交通建设与运力绩效的提升，其现代市场覆盖力更得到了业界的广泛认同。周边区域的2亿消费人口，50个年销售亿元以上的大型交易市场，10万个代理批发商网络，优越的中部区位，便捷的公路、铁路、航空立体交通，使郑州成为一个巨大的消费与流通基地。因此，利用得天独厚的区位优势，发展大物流，形成了以郑州为龙头的中原经济区，会展业发展迅速。目前，大型机械展、建材展、农产品展等物流量大的展会发展势头良好。

而在西部地区，作为我国西部特大城市的成都，是西南地区的“三枢纽”和“两中心”，具有较强的地缘优势，其城市的辐射功能较强，对我国西部大市场的培育与发展有着举足轻重的影响。因此，成都根据其经济、环境等特色，形成了节、会、展相结合的会展经济发展模式，如四川国际熊猫节、中国西部国际博览会、全国糖酒会、中国国际体博会、全国医博会、中国国内旅游交易会、中国国际美食旅游节等的影响力和知名度都很大。

（三）我国会展业现阶段特征

1. 会展类型与数量日趋增多

据不完全统计，全国主要的行业展有电子展、轻工展、食品展、石化展、汽车展、纺织服装展、建材展等。专业展中较成熟且在国内外影响较大的有北京的国际机床展、国际汽车展、国际通信展等，面积在 4 万 ~6 万平方米。这些展览在其同类展览中占有重要的分量，在亚洲乃至世界均有一定的影响。

2. 会展质量逐步提高

我国展览会现已总体向大型化、专业化发展，目前已有一批专业展逐渐成熟壮大，形成了全球知名的展览会。像在北京举办的机床展、冶金铸造展、印刷展和在广州举办的照明展，已跻身国际同行展的前四名。珠海国际航空展成为亚洲第二大航展。这些展览会在展览规模、服务水平等方面已接近国际水准，已被列入全球行业展览计划。近年来，消费品专业展也愈加繁荣，如北京的春秋国际服装展，大连、宁波的服装节，上海的国际家具展，广州的美容美发展都逐步走向品牌化。我国厂商参加国际展的比例逐渐上升，已由 20 世纪八九十年代的 20% 增至现在的 50%。参展的展品和装修水平也逐年提高，像通信展、汽车展的装修水平不亚于国外的参展公司。

3. 会展场馆规模不断扩大

2002 年以来，许多大型展馆的建设表现为改建或扩建，大多数城市展馆在建设中将展馆规模、城市的功能定位和会展辐射范围等联合加以考虑。展馆建设为会展城市的定位树立了标杆，不再仅仅是城市的标志，而是将其主要功能与城市发展融入区域经济发展和全国经济发展格局中。近年来，我国展览面积年均增长 20%，我国的展馆数量和展馆面积都超过了号称“世界会展之国”的德国，拥有一批具有国际水平的现代化会展场馆。

4. 会展公司层出不穷

来华承办展览的会展公司和出国承办展览的会展公司逐年增长。特别是 20 世纪 80 年代以来，中国香港及海外的展览公司，通过将中国内地有关单位作为合作伙伴，已在中国内地展览业占有重要位置。据不完全统计，现在中国内地举办的国际专业展会，约吸引 40% 的中国香港或海外公司参与。与此同时，中国内地中小型会展公司纷纷涌现。随着会展公司越来越多，出现了办展水平良莠不齐、会展市场总体办展质量不高的问题。

5. 会展专业化、国际化程度提高

我国的会展业正向专业化、国际化和品牌化发展。这主要表现为，我国加入国际展览联盟会展数量增加迅速；国际资本运作加强，德、英、美、新加坡等国际会展业巨头通过资本运作，寻求低成本扩张，先后进入发展中国家市场；展会收购增加，一些跨国公司收购我国展会数量增加；会展移植，外国会展企业将一些国际名牌会展项

目移植我国，通过跨国项目运作满足了国际市场贸易需求，并达到抢占世界会展市场份额的目的；中外联合办展快速递增，中外联合办展或建立合资展览公司的模式在外资公司中具有普遍性。

（四）我国会展业未来发展趋势

1.“双循环”格局下，会展形态更多元化融合

中国展览业将积极响应中央号召，紧密配合“双循环”格局构建，发挥展览业平台桥梁作用，服务好产业链供应链重构再建和价值链提升，助推展览业形态向更为多元的产业融合形态转变。

一是展览产业链增值更加具有溢出效应。展览上中下游链条的高效协同，将促进交通、住宿、餐饮、物流、通信、金融、保险及文化、旅游、策划、广告、设计、印刷等领域联动发展。“展览 +”（产业、城市、功能区、自贸试验区、自由贸易港等）产业集群和展览商圈，将更加扩大产业溢出效应。展览与优势产业更加融合发展，各地特色优势产业将更加壮大，推广新技术、新产品、新业态、新模式，促进产业结构优化、要素升级和业态创新，充分释放“展览经济”新动能。

二是展览业活动将使供应链创新升级。供应链是指跨企业的物流活动和商业活动的集成。供应链需要集成化管理，是跨企业的供给和需求的协同。对于一些渴求转型创新，却又没有明确发展方向的企业，展览全球供应链体系的产生将是解决这一发展难题的一剂良药。展览全球供应链体系将是顺应当下数字化社会经济发展契机下的产物，并注重结合自身人才、技术、管理、资金、模式等优势资源条件，从而实现各产业的联动、互利，并助力企业产业链结构及运行方式的创新与升级。

三是延伸展览价值链将增加展览有效供给。展览产业价值链具有多功能属性、跨界属性、多盈利来源特性。主动为客商设计经贸行为轨迹，在提供商品交易和投资合作这一展览基本功能的基础上，围绕客商参与经济合作的关联领域，如信息、金融、物流、通关便利化、园区合作、科技研发等。举办一系列有机互动的展示、会议、交流活动，使客商一次参展获得多重效益，将带动展览机构的可持续成长，促进展览业提质增效。

2. 绿色低碳趋势下，会展业的高质量发展

2021 年，国务院《关于加快建立健全绿色低碳循环发展经济体系的指导意见》明确提出“推进会展业绿色发展、指导制定行业相关绿色标准、推动办展设施循环使用，确保实现碳达峰、碳中和目标”。中国展览业将迈入高效、绿色、低碳的高质量发展新阶段。

一是绿色、低碳办展理念将实现升级。主办方、场馆方、承办方与消费者对新型绿色展览的认知进一步提高，逐步形成“绿色规划、绿色设计、绿色投资、绿色建设、绿色生产、绿色流通、绿色生活、绿色消费”的低碳理念，将助推全展览产业生

态链融合发展、转型创新。

二是绿色、低碳将保障实现展览业“双碳”目标。在场馆设施及展会组织、展示设计、展台搭建及展会服务等环节将实现绿色化，落实碳达峰、碳中和目标要求，支持绿色技术创新，将促进绿色布展参展常态化，推动绿色服务在展览领域安全高效利用。环保展台循环利用将成为常态，在满足展示需求的情况下，环保展台设计制作提倡减少构件材料，实现模块化组装，要求采用低能耗、低污染、可降解、可循环的材料进行搭建。

三是低碳领域的资源整合将进一步加快。在展览内容上，围绕高效、绿色、低碳，一些大型展览逐渐会向新能源汽车、智能制造、环保等领域延伸。在展览硬件上，新一代展馆建设升级，展览业与多元产业融合加快；在展览服务上，展览服务商从单一业务模式，向提供整体解决方案的综合品牌服务商转型，将进一步推动我国展览业实现高质量发展。

3. 新消费浪潮下，专业化品牌展览将成为展览业发展主流

在国际上，专业性的展览已成为展览业发展的主流，代表着展览经济的发展趋势。与一般的展览相比，专业性展览的针对性更强、观众质量更高、参展效果更好、市场功能更强，更能反映行业整体状况。未来展览内容更加注重精耕细作，大型展览将由展览对象的横向分割向产业链上下游的纵向细分发展，国际大型展览的新增专题展或同期举办的展览增多，展览范围、展品种类和用途越来越专业。

一是新兴产业的发展蕴藏着展览业发展的巨大机遇。《中共中央关于制定国民经济和社会发展第十四个五年规划和二〇三五年远景目标的建议》在“打造新兴产业链”“扩大战略性新兴产业投资”等方面作出了安排和部署。新兴产业将迎来新的发展机遇，未来中国展览业将聚焦新一代信息网络、生物、新材料、高端装备、新能源、节能环保、新能源汽车等新兴产业领域，发展具有全球影响力的专业性品牌展会。

二是新消费领域展览将释放新动能。全面促进消费，是“十四五”时期加快培育完整内需体系的关键抓手。中国消费结构的升级换代为展览业的主题选择和策划提供了新商机。紧跟新消费主义浪潮，助力弘扬新国风，宣传新国货，新消费及消费模式的升级逐渐形成新的蓝海。据最近的政策导向及新闻发布情况来看，人们对大健康和大娱乐的需求正成为热点，受这种消费结构转型升级的影响，休闲度假、老年医疗、养老护理、文化旅游等主题的展览会，有可能成为未来一段时间中国展览业的热点领域之一。同时，随着“00后”人群逐渐成为新的消费主体，动漫、游戏、电竞、宠物等类型的高水平专业品牌展览将实现快速增长，“展览品牌化”和“公司品牌化”建设将进一步加强。

三是聚焦国际赛事成展览热点。2022年，卡塔尔世界杯、北京冬奥会等相继举办，以体育赛事为主题的展览有望回暖，全民健身产业将成为未来展览的方向之一。

4. 全球化条件下，境外参办展形势将加快与国际展览接轨

一是RCEP等国家和地区将成为办展焦点。《区域全面经济伙伴关系协定》（RCEP）于2022年1月1日起正式生效，协定覆盖人口23.7亿、区域GDP总值25.6万亿美元、进出口总额10.2万亿美元，在全球总量中三项占比均达30%左右，已经成为北美、欧盟、RCEP世界三大自贸区中规模最大、活力最强、潜能最具预期的自贸区。RCEP生效将对我国进出口企业带来重大利好，随着相关各国就海关程序、检验检疫、技术标准达成的一系列高水平规则落地，RCEP将显著降低域内贸易成本，提升区域产品竞争力。未来我国境外展览将重点聚焦RCEP国家，引导企业用好用足政策扩大RCEP国家进出口。

二是双边、区域性展览将进一步加强。区域合作为展览业带来新机遇，随着“一带一路”展览领域合作的进一步深化和务实，双边、区域性展览平台以及地区性特色展览将更加深入发展，中国和东盟、东北亚、南亚、中东欧、西亚非等国家间的国际合作，都有望成为展览业国际合作的重点区域。中国—东盟、中国—东北亚、中国—蒙古、中国—俄罗斯、中国—南亚、中国—中东欧国家、中国—阿拉伯国家、中国—亚欧、中国—非洲等双边、区域性大型涉外经贸博览会将在题材上实现新的突破，助力企业开拓国际市场。

三是境外参展办展模式将进一步创新。海外办展力度将继续加大，国际竞争力和影响力将进一步增强。参展类别将从轻工服装、化工机械、农产品等方面拓展到更多的展览空间，更多企业将在境外参展办展、以线上或线上线下结合等方式开展境外参展办展。中国展览业将在充分引进国际重要会议、著名企业的同时，强化“走出去”战略，积极开拓国外市场，将中国展览公司、展览品牌植入国际市场。中国展览业将继续加强与国外展览企业的深度合作，在场馆建设、科技手段、展览流程、人才培养、管理水平等方面实现全方位的全球化。

5. 科技创新背景下，线下展览行业数字化转型趋势愈加明显

2021年11月，国际展览业协会（UFI）发布的第二版《行业合作伙伴基准调查报告》显示，66%的受访者在未来会展活动中对虚拟现实的应用有很高需求，59%的受访者对撮合交易有较高需求。其中，亚太地区的受访者更需要撮合交易，而欧洲受访者更需要虚拟现实。同时，数字经济已上升至中国国家战略，成为“十四五”期间经济增长“新引擎”。数字经济的飞速发展让行业间技术、业务交集越来越密切，科技的进步为传统展览业带来数字化转型升级的机遇。展览业数字化转型的方向主要包括三方面内容：

一是线上线下展览融合发展。传统活动展览+数字化=双线活动展览，双线活动展览将数字化技术与线下活动展览紧密结合，线下活动展览与线上数字化活动展览一体化，将企业、客户、线上、线下四点联动，打通关系流与信息流，发挥线上线下

各自的优势，互补线上线下各自的瓶颈，双线驱动效果叠加。通过展览“云”实现，线上线下“共振”，把线下展览用数字化方式投射到网络上。从云参展、到云洽谈、再到云签约，打通线上展览全流程，提高展览业数字化水平。

二是展览场馆智能化建设强化。从市场需求看，传统展览运营模式毋庸置疑越来越多地受到不断创新的商业模式的挑战，展览老三件套：场馆—组展组会—参展邀观，每一件都存在基于新技术的某些替代，网上展览、视频会议就是典型代表。可以预期，随着技术进步和运营模式不断完善，其替代传统展览的冲动与能力只会日益强化。随着技术的发展，传统展览场馆已经无法完全满足展览需求，为跟上时代发展，展览需要以科技创新为突破点，打造智慧展览场馆。场馆智能化主要体现在运营智能化、管理智能化、服务智能化、基础设施智能化。通过加持通信技术、新兴互联网云技术、大数据与物联网技术、地理信息、数据计算和存储能力、5G、移动应用技术等，开发数字展览应用场景。

三是数字化展览信息平台建设潜力无限。展览企业一方面将进一步提升展览业智能化数字化水平，推动数字展览新基建，不断迭代和改进技术平台，加强数字展览网络安全，探索建设跨国（地区）展览网络公共平台。另一方面将充分利用大数据挖掘、室内定位、机器仿生学、人工智能等科技，驱动开发现代展览产业新体系，用好这些大平台和云技术，结合自身的业务特点搭建展览活动项目的小平台，更好地服务于产业和企业，搭建数字化展览信息平台。

项目学习小结

会展包括会议、展览和节事活动等方面，会议侧重于信息交换，可以是经济行为，也可以是政治行为、科技行为；展览侧重于产品展示和技术交流，主要是一种经济行为；节事活动则是各类节日、庆典与活动的总和。会展是一种特殊的流通媒介，是信息传播与实物传播的载体。本项目在厘清现代会展概念的基础上，对会展的本质与特征、作用等做了细致的分析，最后梳理了会展业的发展历程，系统概括了我国会展业的发展概况。

单选题

1. 会展业在本质上是（　　）的一个平台。

A. 信息传播　　B. 沟通交流　　C. 商品买卖　　D. 展览展示

2. 根据《国民经济行业分类》，会展业是属于（　　）。

A. 第一产业　　B. 第二产业　　C. 第三产业　　D. 第四产业

3. 国际上会展业的产业带动系数为（ ），国内也已经达到（ ）。

A.1∶7；1∶9 B. 1∶8；1∶9 C. 1∶9；1∶7 D. 1∶9；1∶8

4. 世界上第一个样品展览会是1890年在（ ）举办的样品展览会。

A. 法国巴黎 B. 英国纽约 C. 德国莱比锡 D. 意大利米兰

5. 欧洲集市源于（ ），最初是交换、买卖奴隶的场所。

A. 希腊 B. 罗马 C. 法国 D. 德国

6. 第一届世界博览会是（ ）。

A. 法国巴黎的圣丹尼斯交易会 B. 德国莱比锡的样品展览会

C. 法国巴黎的工业产品大众展 D. 英国伦敦的“万国工业博览会”

7. 国际展览局总部设在（ ），是政府间的国际展览组织，成员为各缔约国政府，它负责协调和管理世界博览会，并决定审批世博会的举办国。

A. 巴黎 B. 伦敦 C. 纽约 D. 莱比锡

8. 在几个地方轮流举办的展览会被称为（ ）。

A. 定期展 B. 不定期展 C. 巡回展 D. 流动展

多选题

1. 会展业的主要要素包括以下几个方面：（ ）、参展商、观众。

A. 会展主办方 B. 会展组织者 C. 会展场馆 D. 会展服务公司

2. 按国际展览业协会（UFI）的分类可以分为（ ）。

A. 综合性展览 B. 专业展览 C. 消费展览 D. 独家展

3. 按照展览方式可以分为（ ）。

A. 专用展览馆展 B. 流动展 C. 现实展览 D. 虚拟展览

复习思考题

1. 常见的会展分类方法有哪些？

2. 会展业有哪几个基本特征？

3. 请简述会展业在经济发展中的作用。

4. 简述我国五大会展经济产业带，试表述它们各自的优势和劣势。

项目二　会展策划认知

学习要点

1. 了解会展策划的概念、内容和策划原则等；
2. 熟悉会展策划流程；
3. 掌握会展策划的方法和技巧，能够独立地判断会展策划方案的优劣；
4. 塑造学生养成会展策划思维。

案例导读

展会的灵魂——会展策划师

会展策划师是从事会展项目的市场调研，进行项目立项、招商、招展、预算与运营管理等方案的策划，项目销售以及现场运营管理的专业人员。

从事的主要工作包括：（1）会展（会议、展览、节事活动、场馆租赁、奖励旅游等）项目的市场调研；（2）会展的立项、主题、招商、招展、预算和运营管理等方案的策划；（3）会展项目的销售；（4）会展的现场运营管理；（5）展会活动的全程策划协调。

首先，大家对会展行业最大的误解就是会展是人员密集型行业，行业从事人员素质要求低且需求数量大，而实际上会展行业被称为高端服务业，对综合素质要求非常高，是一个人才密集型行业。

很多同学在校期间热衷于参加一些策划类比赛，认为做好策划便可以从事会展策划师这个职业，也就可以在会展行业大显身手。由于大多数会展行业相关职业均需从销售做起，刚开始普遍工资都不高，这就使得很多同学对会展行业不会抱太大期望。但是，同学，请换一个角度思考问题，很多行业都需要从基层起步，对基层工作的充分了解是未来职场晋升的坚实基础。

会展策划师是一个新兴的职位，在行业里的定位还不是很明确，但其前景目前是明朗的。国外展览公司已经有统筹经理这一职位，开出的薪金是每月 15000 元左右，但要求也是相当高的，大约需要掌握 15 项技能。据会展业内专家介绍，这一职位首先要有室内设计专业相关的学历，经过专业培训合格后并持有相关资格证书，掌握基本展位布置、展架设计能力的设计人员。其次，熟悉会展的基本流程，能独立完成设计，了解基本的设计和施工方法。最后，对品牌和客户有深刻的理解能力、独特的创意能力及团队合作精神。另外，好的会展也不是一蹴而就，需要会展策划人员长期积累，也需要他们灵感的积聚和爆发。

展览市场不同的需求，决定了不同的策划主题，作为会展策划人，拥有一双“慧眼”至关重要，只有做到与众不同，才能真正吸引众人的目光。会展策划人也会遭遇一些风险因素，如出现政策调控、执行风险或者选题撞车等，要学会规避风险。

中国专业的展览公司以及展览设计公司数不胜数，展览会数量已经很多，但真正形成国际品牌的屈指可数，其关键在于策划人才的缺乏。展览业是知识密集型行业，人才是国内会展业发展的“软肋”。很多展览公司大多数从业人员都是半路出家，缺乏会展方面的专业知识和先进的会展经营策略，这使得本土会展企业无法得到国际市场的认可。会展策划师职业的设立无疑为适应我国会展行业的快速发展提出了一个前瞻性的解决方案。

新时代赋予了会展更多的发展可能性，也为会展人带来了更多的机遇。目前，多数城市都在重视与发展展会项目，并给出了支持政策，同时，对会展提出更高的要求。

会展策划师职业的设立，其根本作用在于全面提高我国会展从业人员的素质，既能满足会展行业发展对人才的迫切需要，又能提升会展行业面向国际的综合竞争力，对于我国会展行业的持续、健康发展有着重要的现实意义和深远的历史意义。

所以，你还在等什么呢？如果你热爱会展行业，如果你希望成为一名资深会展人，那么就朝着成为会展策划师的方向努力奋斗吧！

（资料来源：成理旅游新视界官微）

任务一　会展策划内涵

一、会展策划的含义

会展策划是指充分利用现有信息和资源，判断事物变化发展的趋势，全面构思、设计，选择合理、有效的方案，使之达到预期目标的活动。策划是一个综合性的系统工程，目标是起点，信息是基础，创意是核心。会展策划就是会展企业根据收集和掌握的信息，对会展项目的立项、方案实施、品牌树立和推广、会展相关活动的开展、会展营销及会展管理进行总体部署和具有前瞻性规划的活动。会展策划对会展活动的全过程进行全方位的设计并找出最佳解决方案，以实现企业开展会展活动的目标。

二、会展策划的基本要素

一般来说，会展策划包括策划者、策划对象、策划依据、策划方案和策划效果评估等要素。

策划者是指具有高智慧的脑力操作者，在会展活动中起着“智慧”的作用。策划者的素质直接影响着会展活动的成败。策划对象可以是某项整体会展活动，也可以是会展诸要素中的某一要素。策划依据包括策划者的知识结构、信息储存以及有关策划对象的专业信息。策划方案是策划者为实现策划目标，针对策划对象而设计创意的一整套策略、方法和步骤。策划效果评估是对实施策划方案可能产生的效果进行预先的判断与评估。

当然，我们在进行展会策划时要考虑产业的发展前景，考虑产业的生产周期和技术的更新换代周期。还要考虑会展举办城市的综合经济优势、产业依托及其区位优势。展会策划还要对竞争对手和自身力量进行综合考量，优秀的展会策划还需要换位思考。展会一切工作的立足点和最终目的都是为了满足参展企业和观众的自身需求。

三、会展策划的特点

会展活动的策划工作是一项系统的综合工程，为了使其能成功地开展，在会展策划制定过程中应对该行业的特殊性加以考虑，因而会展策划具有它自身的特点，即目的性、前瞻性、动态性和可行性。

（一）目的性

会展策划是一种目的性很强的活动。在进行会展策划时，要根据市场调查结果准确地找出市场存在的问题，明确会展活动应达到什么目的，从而找到解决问题的具体途径。譬如，有的会展以特定消费群体的生活方式为依据，具有鲜明的主题，这就要求在进行策划时必须围绕主题组织展品、开展活动。

（二）前瞻性

先知先觉、超思谋划，是会展策划的主要本性，是对现实的各种信息进行抽象思维，通过一定的逻辑推理和创意，形成对未来的预测，使创意的构想在实施中得以实现。从会展的确立、策划到会展正式举办可能需要很长一段时间，这就需要会展策划人员考虑问题具有一定的预见性，对会展市场发展趋势、消费者的需求变化趋势以及其他会展企业的经营走向都要有一定的预测能力。这样才能在会展举办期间，不会滞后于竞争者，不会处于相关行业或领域的较低水平。同时，也能更好地引导消费者的需求方向，为会展企业自身创造更大的发展空间。

（三）动态性

无论处于哪个行业的企业，都要面临市场的千变万化，会展企业也是如此，加上国际会展经济迅速发展对我国会展市场的极力推动作用，我国会展企业在今后的发展过程中将面临更为多变的市场环境。因此，会展策划必须充分考虑到会展市场的变化，并能根据变化趋势及时地调整会展策划方案，以防被市场淘汰。同时，任何的策划活动都不是静态的，而是一个动态的发展过程。策划的动态性主要表现在：一方面，在策划之初要考虑未来形势的变化，并做一定的预测，使方案具有灵活性、可控性，以备将来适应环境变化之需；另一方面，策划方案在执行过程中，根据市场的变动和市场的反馈及时修改方案的欠缺之处，让方案更好地适应变化的市场，与市场更好地融合。

（四）可行性

可行性是指会展策划方案在现实操作中是否切实可行，是会展策划方案成功必须具备的一个要素。没有可行性的策划方案，写得再美也只是纸上谈兵，无法将其落实产生效用。会展策划方案必须围绕策划目标定位、实施方案、经济效益等方面论证可行后才能实施。这要求策划者对在会展执行过程中可能遇到的问题和障碍要有充分的考虑，设计应对的策略，并且对会展企业自身的实力情况、企业外部情况要进行充分的了解和理智的分析。因此，会展策划方案的可行性分析是至关重要的。

四、会展策划的作用

对于会展的组织者来说，会展策划是会展运作的核心环节；对于参展厂商来说，会展策划提供的是参展策略和具体计划。会展策划的重要作用主要有以下几个方面。

（一）战略指导作用

策划是一种理性思维，以确保未来即将进行的活动有条不紊地按预定的目标进行。它是策划者为实现策划目标进行决策谋划、探索、设计多种备选方案的过程。决策者以策划方案为基础，进行选择和决断，从而保证决策的程序化和科学化。战略指导作用是指会展策划能为会展活动的执行提供总体的指导思想。

以展览策划为例，诸如展览场地、展会规模、展会的主题及时间的安排、展会品牌、主要合作伙伴（行业）等方面，在会展策划方案中都要事先提出详细的预案。

（二）实施规划作用

实施规划作用是指会展策划能为会展活动提供具体的行动计划。一般说来，会展策划方案通过之后，在具体的实施过程中可以根据情况做适当调整，但会展活动运行的总体思路与要求是不会改变的，策划案是会展活动实施的主要依据。

（三）进程制约作用

进程制约作用是指会展策划能安排并制约会展活动的进程。尤其是大的会展活动，所涉及的工作千头万绪，在会展活动执行的进程中，必须严格按照策划所提出的方案进行工作，这样才能确保会展活动的顺利进行。

（四）效果控制作用

策划一般会对会展活动发展的长远问题或本质问题，针对会展环境的未来变化发展，进行超前研究，预测发展趋势，思考未来发展问题，以提高会展活动策划主体适应未来和创造未来的主动性。

效果控制作用是指会展策划能预测、监督会展项目活动的效果。某一会展活动在执行过程中是否达到预期的效果，通过对照策划案的相关要求就能够清晰地看出。会展策划一方面能对会展活动的最终完成效果进行控制，另一方面也可以对策划案本身的可行性、合理性进行检验。

（五）规范运作作用

会展策划者在进行计划或规划之前，运用科学的策划运作程序对计划进行构思和设计，为计划生成提供智谋，使计划切实可行，使预算投向可靠。规范运作作用是指会展策划能使会展运作趋于科学、合理、规范。

任务二 会展策划原则与内容

一、会展策划的原则

会展企业在进行项目策划时要遵循市场经济运行的客观规律和基本原则。会展策划的基本原则有：利益主导原则、系统性原则、可操作性原则、创新性原则、规范性原则。

（一）利益主导原则

会展企业要获得持续发展，每一个项目的推出都应实现某种预期的目标利益。作为一种服务性的项目，企业在策划时应该考虑的利益包括：会展企业自身的利益和目标客户的利益。

会展企业自身的利益。对于每一个会展项目来说，会展企业都要在人、财、物、时间等方面投入，任何的投入都希望获得回报。任何会展策划都是从企业的利益出发而开展的，策划任何项目都在考虑使企业尽量实现“投入—产出”最大化的基础上进行，能否保证会展企业自身利益的实现，是衡量一项策划是否成功的主要指标。企业的利益包括长期的利益和短期的利益，在策划时应合理协调好长期利益和短期利益的关系，保证企业健康持续发展。

目标客户的利益。会展企业的目标客户是会展企业生存发展的根本。满足客户的利益，为客户实现其价值，企业自身的利益才能获得实现。因此在进行会展项目策划时，要充分考虑客户希望获得哪些利益，并为实现客户的利益进行合理的设计安排。比如一项展览策划，就是要通过策划，为参展企业提供使其在参展中获益的方案，包括展位的设计、展品的摆放、广告的投放、专业观众的来源、参展商的贸易机会等。

会展活动要取得良好的经济效益和社会效益，是举办会展活动的一个主要目的，一项理想的会展策划应该是实现客户和企业自身利益的双赢的策划。

（二）系统性原则

会展策划是一项系统工程，它要将相关联的事物联系起来，进行整合，围绕企业的整体目标展开。会展策划的系统性原则，就是运用系统理论对会展策划进行充分分析，从系统的整体和部分之间相互依赖、相互制约的关系中，揭示会展策划这一系统的特征和运动规律，以取得最佳的展览效果。

每一个完整的会展项目都需要围绕会展主题，把很多社会资源通过不同的方法整合在一起，从信息集合分析、寻找行业支持单位、选择合作伙伴到会展营销，每一个环节都是相对独立地进行。要把每一个环节做到最好，又要把握这些环节运作过程中的互动，以利于优化，增强项目组织的有序性，即把会展项目作为一个系统来进行管理。系统性原则就是要综合运用各种不同的方法、手段、工具，促进各个子项目之间的资源、功能和优势的互补、匹配，使其产生“1+1>2”的效果，从而为会展项目创造出更大的竞争优势。

（三）可操作性原则

会展项目策划不仅要为会展活动提供策略指导，而且要为它们提供具体的行动计划，使会展活动能够在总体策略的指导下顺利进行。会展项目的实施是会展项目策划的直接目的，会展项目的策划应该有充分的可操作性。会展项目的可操作性原则要求在做项目策划时，要结合市场的客观实际情况，以及会展企业的具体情况、实施能力进行。否则，再好的策划创意都会失去意义。

（四）创新性原则

创新是会展企业得以发展的动力，是会展项目赖以生存和发展的主要手段。会展策划的创新就是在进行策划时不要拘泥于现状，应源于现状而高于现状，立足现在而着眼于未来，运用超前的创意设计出新颖而又可行的行动方案，达到出奇制胜的效果。创新性原则应该贯穿企业策划的始终，会展是一个具有自身特色的特殊行业，它是一个开放性很强的活动，即从会展立项开始的调研工作，就需要与不同的组织合作和协调。例如，向有关机构索取信息和数据，听取参展商的意见等。在准备工作中，会展机构要进行选址和融资工作。而在整个实施过程中，从营销到会展期间，也要广泛开展社会资源的吸纳和整合。这种开放性决定了会展工作的不确定性，因此会展策划必须不断创新动态变化的形式，保证最终目标的实现。会展策划的创新主要表现在：会展理念的创新、目标的选择与决策创新、组织与管理的创新、会展设计的创新。

（五）规范性原则

会展策划的规范性原则要求，首先，必须遵守法律的原则，在不违反法律法规的前提下开展会展策划。我国会展方面的法规主要包括国务院部委颁布的行政法规和其他一些规范性文件，如《中国加入世界贸易组织服务贸易谈判中关于展示和展览服务中的承诺和减让》等。其次，必须遵循伦理道德的原则，在不违背人们的价值观念、宗教信仰、风俗习惯等条件下进行策划。另外，会展策划必须遵循行业规范，做到管理规范、程序合理、操作有方、竞争有序。

二、会展策划的主要内容

行为离不开市场，策划者必须以市场为导向，利用各种宣传、广告手段，营造商业氛围，形成市场声势。并利用各种关系和途径，建立起庞大的展览营销网络，进行广泛的市场推广和展会招商，最终让目标客户纷纷前来报名参展。在展会中，以专业的展览服务，赢得买家和卖家的支持与信赖十分重要。会展策划原则上是应该使80%以上的参展商都达到参展目的，使70%以上的参观商都达到参观效果为标志。

会展策划是一项综合性的工程，它所涉及的内容是多方面的。一般来说，会展策划的内容有会展的调查与分析、会展的决策与计划，会展的运作与实施、会展的效果评价与测定等。

（一）会展的调查与分析

会展的市场调查是选定会展项目的重要依据，它是会展策划的基础，也是必不可少的第一步。

一般情况下，市场调查要根据本地、本区域的经济结构、产业结构、地理位置、交通状况和展览设施条件等特点，围绕市场进行调查。市场调查的主要内容包括会展环境的调查、会展企业情况的调查、会展项目情况的调查、会展市场竞争情况的调查以及参观商、支持协助单位等情况的调查。只有在充分了解市场潜力、市场限制以及市场动态等信息的基础上，才能有的放矢地进行策划。

（二）会展的决策与计划

做会展决定是一个决策的过程，应该掌握一定的决策策略。影响会展决策的要素有营销需要、市场条件、营销方式、内部条件等。会展的决策与计划应从分析决策的要素入手，确定会展的基本目标、集体目标和管理目标，然后决定展览的战略安排、市场安排、方式安排等。

（三）会展的运作与实施

会展的运作与实施是进行会展的中心环节，也是会展策划的重心之所在。在这个阶段，会展策划人员根据《会展策划书》的计划与安排，进行广告宣传工作、组织招展工作、会展设计工作以及相关策划等具体安排会展的工作方案。

会展宣传的主要方式包括媒体广告和户外广告。媒体广告（包括专业媒体，如报纸、杂志、网站等；大众媒体，如电视、电台、主导性报纸等），主办者可以围绕不同的会展特点和亮点来进行宣传；除此之外，还可以通过新闻发布会、行业研讨会等形式来传播展会信息。户外广告则是利用人流量较大的公共场所，以海报、灯箱、广告牌、宣传布幅、彩旗等形式进行宣传。

组织招展工作要求充分宣传、认真选择。在招展的准备阶段，需要建立潜在客户名单，设计并发放参展说明书，熟知参展中的知识产权问题等。

展览工作筹划的步骤一般为：第一，按实际需要将工作分为招展组团、设计施工、展品运输、宣传联络、行政后勤、展台工作、后续工作等几大类；第二，在各大类之下详细列明具体事项；第三，弄清工作之间的关系；第四，要定期检查工作进度和质量，及时发现并解决问题，以保证整体工作协调和正常运作。

（四）会展的效果评价与测定

计划、实施、评估，是现代经营管理的三个步骤。会展的效果评价与测定是全面验证会展策划实施情况必不可少的工作。当整个会展策划、实施工作结束后，会展人员应及时进行评估，总结经验，寻找问题并写出评估测定工作总结报告，为以后会展工作准备可借鉴的参考文献，不断提高会展策划的水平。

会展评估工作一般可分为以下两个方面：一是对展览环境、对展览筹办工作及展览后台工作的评估，这一部分工作在展览会结束时完成；二是对展台工作及展览前台工作进行评估，这一部分比较复杂，先在展览会结束时针对展台工作进行评估，然后在展览的后续工作过程中，跟踪评估。

拓展阅读

×××会展项目策划赛实施细则

一、组织机构

主办单位：（略）

承办单位：（略）

协办单位：（略）

媒体支持：（略）

二、参赛对象

学习会展策划与管理、会展经济与管理、广告与会展、旅游管理、酒店管理、文化产业管理、市场营销、展示设计、展览展示艺术设计、服装陈列与展示设计、数字展示、会展艺术设计及相关专业全日制在校学生。

三、竞赛内容

一个会展项目（包括但不限于展览项目、会议项目、节事活动项目或体育赛事等方案）的整体策划，选题不限，既可以对市场上已有的会展进行重新策划，也可以选择新的项目进行策划。

四、竞赛形式

团体赛形式，每个团队由3~5名参赛学生组成。每队指导老师1~2名。竞赛采取会展项目策划方案评审、项目陈述和现场答辩相结合的方式。每个参赛队15分钟，其中，项目陈述10分钟，回答评委提问5分钟。

五、竞赛要求

结合会展管理相关的专业知识，对所选择会展项目从立项到推广，以及项目的管理运作向评委做详尽的陈述，要求突出重点理论，并能用数据支持论点。团队的每位参赛选手均需参加陈述。在陈述答辩时，假设评委是公司董事会的委员。如果策划的是一个新项目，力求说服董事会为什么这是一个可行的并值得公司投资的项目；如果是一个已经在运作的项目，应在策划中包括对以往项目运作中存在的不足的分析，并提出在新的一年如何改进及创新，以期继续得到董事会的支持。

在会展项目策划方案和PPT陈述中必须包括以下重点内容：

（一）立项分析（立项分析中需包括潜在风险分析及应对）。

（二）项目执行计划（包括项目结构及时间表）。

（三）项目营销推广计划。

（四）项目（财务）预算（切合最实际情况的预估损益平衡的时间，并做最好和最坏情况分析，以及最坏情况下的应对措施）。

（五）项目实施可行性、各部分逻辑性及可持续性、项目创意等，每个参赛队可按自己的策略及项目特色对以上内容有所侧重，并选择是否在策划方案及演示中包括其他相关内容的陈述，如品牌塑造、危机管理、信息管理，人力资源管理等。

六、相关建议

（一）项目陈述结束后，应力求清楚地让评委知道：展商的目标群体、展会的展示范围、观众的目标群体，与同类展会比较，展会定位有何不同。营销计划应吸引不同的目标群体，有针对性。

（二）项目分析中除了对外部条件的分析（经济环境，地域优势等），如果市场上有类似主题的展会，应该有和竞争对手比较的SWOT分析（项目的优势、劣势、机会、威胁）以及如何发挥优势、弱化劣势、应对风险。同时，你的SWOT分析结果应该是对项目操作策略和行为有影响的。

（三）各个部分的计划及执行（营销、运作、预算等）均应和项目定位策略保持一致。

七、参赛作品要求

会展项目策划方案5000字以上，配套PPT在25页以上，在赛前提交至指定邮箱。为体现竞赛的公平、公正，总决赛作品提交命名格式：“项目策划案—组别—团队名称”（方案及PPT文档中不能出现院校名称）。

任务三　会展策划流程

大型展会如世博会的策划，不仅要考虑经济因素，还要考虑政治因素、社会文化因素等，因而，它的策划有时国家的有关部长乃至元首都会参与。在我国，虽然展会市场化的进程在加快，但不少的大型展会依然带有政府行为的色彩，因而，其决策规划情况更加复杂。这里，参照国际展会的一般惯例，仅就一般展会的策划流程进行概述。

一、成立策划小组

会展策划工作需要集合各方面的人士进行集体决策，因此，首先要成立一个会展策划小组，具体负责会展策划工作。一般而言，会展策划小组应由以下几类人员组成。

项目主管。项目主管一般由总经理、副总经理或业务部经理、创作总监、策划部经理等担任。在会展公司里，业务主管（贸易展会经理）具有特殊地位，他是沟通会展公司与展会服务承包商、参展商的中介。一方面，项目主管代表会展公司与展会服务承包商、参展商等洽谈业务；另一方面，他又代表展会服务承包商、参展商等监督会展公司一切活动的开展。

策划人员。策划人员一般由策划部的正副主管和业务骨干来担任，主要负责编拟会展计划。

文案撰写人员。文案撰写人员专门负责撰写各种会展文案，包括会展常用文书、会展业务社交文书、会展业务专用文书、会展业务推介文书、会展业务事务文书、会展业务合同协议文书、会展业务法律文书以及会展策划案等。文案撰写人员应该能够准确地领悟策划小组的集体意图，具有很强的文字表述能力。

会展设计人员。会展设计人员专门负责进行各种类型视觉形象的设计。会展设计人员是策划小组很重要的组成部分。因为在整个会展策划过程中，诸如各种类型的广告设计、展示设计、展示空间设计等都需要设计人员的参与。设计人员必须具有很强的领悟能力和很强的将策划意图转化为文字、图画的能力。

市场调查人员。市场调查人员能进行各种复杂的市场行情调查，并能写出精辟的市场调查报告。

媒体联络人员。媒体联络人员要求熟悉各种媒体的优势、劣势、刊播价格，并且与媒体有良好的关系，能按照会展策划的部署，进行媒体规划，争取最佳的广告宣传效果。

公关人员。公关人员能够为会展公司创造融洽、和谐的公众关系氛围，获得各方面的支持帮助，同时能够从公关的角度提供建议。

在会展策划过程中，由项目主管负责，各方面人员需通力配合，协调一致，共同做好会展策划工作。

二、进行市场调查

市场调查是以科学的方法，有系统、有计划、有组织地收集、调查、记录、整理、分析有关产品或劳务市场等信息，客观地测定与评价，发现各种事实，用以协助解决相关问题，对拟开展的会展项目进行可行性分析。

会展市场调查是会展策划的基础。从传播学的角度来看，市场调查是会展策划者为了了解市场信息，把握市场动态，进而确定会展目标和主题，编写会展策划方案，选择会展策略，检查会展效果等所必需的调研工作。只有在系统地收集有关市场与相关背景的资料，并加以科学概括分析的基础上确立的会展策划，才能卓有成效地实现其总体目标。

在进行市场调查时，不仅要考虑本区域的优势产业和主导产业，还要考虑重点发展中的行业、政府扶持的行业等。具体分析行业市场状况，要摸清市场的归属是买方市场还是卖方市场等。

主办者需要将市场调研的重点放在以下四个方面。

（1）市场前景分析（如政策可行性、市场规模及类型等）。

（2）同类展会的竞争能力分析。

（3）本次展会的优势条件分析。

（4）潜在客户需求调查。

总之，在瞬息万变的市场中，如果没有科学的市场调研和预测做先导，会展的策划、运作就很难达到预期的目的。如通过市场调研得出会展项目可行的结论，则会着手开展立项决策工作；反之，则会改变原有意向，另行选题，重新开始这一阶段的工作。

三、决定会展策略

在可行性研究通过的基础上，可以对会展项目立项和报批，准备好相关报批程序和文件，并同时开始决定会展策略。在一般情况下，会展决策应考虑营销需求、市场条件、营销方式、内部条件等因素。在充分地进行市场调研与预测之后，接下来，需要进行会展目标市场的定位与制订会展营销计划。以展览会为例，组织者在进行目标市场定位时需考虑以下因素。

展览会的类型。组织者首先要明确自己所主办的是什么类型的展览会，因为政府主办的展览会、公益性质的展览会和商贸展览会在具体操作模式和策略的制定上有很大区别。

产业标准。导致展览目标市场定位复杂的原因之一是一次展览会往往要涉及多个产业。如举办一次汽车展览会，组织者除考虑汽车生产企业外，还要努力吸引销售、运输等汽车需求较大的企业，甚至一些研究机构等。

地理细分。由于不同地区的参展商和专业观众有着不同的需求特征及营销反应，所以地理变量经常被作为划分展览市场的依据。在进行地理细分时，展会组织者不仅要分析不同国家的参展商对展览会的个性化要求，而且要弄清参展商在本国的具体分布，这样才能行之有效地进行决策。

行为细分。行为细分是指根据参展商的参展动机、购买动机、购买状态或对展览会的态度等进行划分，其中参展动机被认为是进行展览市场细分的最佳起点。

决定会展策略应该在充分掌握现有相关资料的基础上进行，如宏观政策环境、企业经营实力、会展市场竞争状况、顾客满意程度等。如从会展营销的角度来说，一份会展营销计划应包括会展营销现状分析、企业（或具体会议、展览会、节事活动）SWOT 分析、营销目标的确立、市场营销组合策略、具体的行动方案、营销预算费用以及营销计划的执行与控制等。

四、制定媒体策略

现代社会是一个信息社会，人与人之间、企业与企业之间都需要交流，而信息交流的主要载体便是各种各样的媒体。实施有效的媒体策略对会展活动组织者至关重要，会展组织者要根据有限的广告预算以及举办会议、展览会、节事活动的需要和条件，来选择合适的媒体。在选择媒体的类型时需要综合考虑目标受众的媒体习惯、产品性质、信息类型以及广告成本等因素。

在市场经济的冲击下，中国传媒的市场化步伐正在加快。市场化程度的提高，带来了媒体的迅速成长或衰落，会展专业媒体也不例外。因而，在制定具体的媒体策略时，必须分析媒体在会展活动中的成长策略。以展览活动为例，在制定策略上，要综合考虑媒体在宣传活动中、联系活动中以及提升展览企业形象活动中的成长策略等。在会展活动中，不同利益的相关主体面向特定的公众需要采取不同的媒体策略。

例如，从提升城市形象的角度分析，在一次大型的国际会议、展览会或节事活动中，城市政府面向媒体的主要工作包括以下三点。

（1）在会展活动开始之前，政府需要媒体对展会前期的准备工作、展会的特点及创新性等做大量宣传报道，具体方式有举行记者招待会或组织专家学者讨论并在专门的媒体上发表声明，以吸引市民和潜在专业观众的注意。

（2）在展会举办期间，继续组织有关媒体尤其是本地的主流报纸或电视台对会展活动做进一步宣传，以满足不同公众对此次活动的关注需要。

（3）活动结束之后，政府应该鼓励媒体对此次会展活动的效应和成果等做总结性的报道，以加深公众的印象，并达到提升城市形象的目的。

若从参展商与媒体的角度来说，在展会开幕之前，参展商除了可以通过直接邮寄等方式与客户联系并邀请对方外，还可以积极利用各种形式的媒体对本企业的参展活动做大量的宣传。可以在报纸、杂志或参展手册上刊登广告，也可以利用展会主办者发行的展会快讯，宣传和介绍企业参展产品，以吸引专业买家来洽谈。在展会期间，还可以通过别出心裁的现场表演、公关事件，或召开新产品推介会等，来吸引媒体和专业观众的广泛关注。

另外，为推广企业的品牌形象或提高产品的知名度，参展商必须与媒体保持良好的关系，并积极提供有价值的新闻，争取让媒体在展会期间对本企业给予更多的报道。

随着会展活动的不断升温，不仅是大众媒体，专业媒体也跟着热起来。纵观现有的会展杂志、报纸及网站的竞争格局和特点可以发现：专业刊物正走向多元化，刊物定位也更加鲜明，媒体的形式丰富多彩，互联网正在被广泛而深入地应用。因而，在会展的媒体策略制定上，必须与时俱进，选择更加有效的媒体策略。

五、制定设计策略

商业展览展示设计是以传达展览信息、吸引参观者为主要机能的有目的、有计划的环境、展台、展品设计。好的设计能提高展会的品位，吸引参展者、参观者，对产品营销也起着潜移默化的作用。一般而言，较大的展会活动，有关会展的设计问题在开展前 9 个月就开始了。

从参展商的角度来说，设计不仅仅是展台设计的问题，在策划阶段就要考虑设计展览的结构、取得展览公司的设计批准、制作展会宣传册等。

展台设计根据具体情况要求有不同的设计原则、功能区分，所以其设计的策略也是千变万化的。

以宣传材料的设计与制作为例。对于参展商来说，狭义的宣传材料主要指各种文字资料，如宣传册页、新闻稿件等。而事实上，宣传材料不限于现场分发给观众或记者的文字资料，它还包括很多形式，如直接邮寄资料、产品介绍、纪念包（手提袋）、酒店的户外广告或展会的每日快讯等。

在宣传材料外观的设计上，必须尊重整体风格，同时，要能形成强大的视觉冲击力。外观设计主要是要解决材料的形状和大小两个问题，并要求设计富有人性化，便于人们携带。

六、制订预算方案

良好的财务管理和预算控制是成功筹办会展最重要的因素之一，如果安排得当，不仅能起到增加收益、提高效益的作用，而且能使管理者清楚地了解收入的来源及比例、分析主要的投入项目、确定主要的收入来源。预算是协助实现财务目标的一个工具。可以把预算看作一张特有地图，它能引导公司达到预定的目标。为了达到这个目标，会展在制定预算时必须做到有计划、有步骤，不断更新信息。

一般说来，制定一份会展预算至少包括以下几方面的内容。

（1）历史数据。回顾过去的工作，以便制定出相对精确的新预算。

（2）行政管理费。行政管理费包括项目共享的费用如工资、奖金和复印、电话、信函来往、计算机等要支付的费用。

（3）收益。收益即预算带来的收入，包括拨款、预算、注册费、出售展品和纪念品的收入、赞助等。

（4）固定费用。如印刷和邮寄宣传资料所需的费用。

（5）可变费用。如餐饮费等。

（6）详细开列的项目。详细开列的项目列明预算中的各个项目。

（7）调整控制。由于预算是根据估计而制定的，因此不一定准确，需要不断地调整。

在会展中，为了衡量一个项目的财务成果，必须设置一个用于实现既定财务目标的预算开支。预算采用的方式可视具体情况而定。

七、撰写策划方案

会展策划就是会展的策略规划，为了会展的成功举办，必须对会展的整体性和未来性的策略进行规划。它包括从构想、分析、归纳、判断，一直到拟定策略、方案的实施、事后的追踪与评估过程。

会展策划与计划不同，它有为达到目的的各种构想，这些构想和创意是新颖的，与目标保持一致的方向，有实现的可能。把策划过程用文字完整地记录下来就是会展策划案。

广义的会展策划案可以涵盖经市场调查而产生的可行性研究报告、项目意向书、项目建议书及广告策划方案、宣传手册等，包括围绕某次展会的展前、展期、展后所有的策划文案。

八、实施效果评估

展会的效果是长期的。展出者在重视并投入很大力量进行展台设计、产品展示、展览宣传、展台接待和推销等工作的同时，也应当投入相当的力量做会展后续工作。如果说展会相当于"播种"，建立新的客户关系，那么，展会的后续工作就相当于"耕耘"与"收获"，将新的关系发展为实际的客户关系。展会的后续工作有很多，实施效果评估是其中的重要一环。

展会的效果评估内容也很丰富，有展会工作评估和展会效果评估。

展会效果评估需要由展出者自己安排或委托专业评估公司来做。展会效果的评估内容有定性的内容也有定量的内容，条件许可的情况下尽量用定量的评估内容，这样，能使评估的结果更客观、更有价值。

拓展阅读

贸促会：策划优质展会活动平台，促成企业交流合作

中国贸促会2023年2月22日上午举行例行新闻发布会。新闻发言人杨帆介绍，此次贸促会将从四个方面强化贸易促进职能，提升产业服务水平，以更大力度支持企业拓展海外市场。

一是组织实施出国（境）展览。年初以来，中国贸促会恢复受理出国举办经济贸易展览会审批申请，目前已受理2023年首批出展项目申请519项，涉及全国50家组展单位赴47个国家参展办展项目。我们将着眼于促进外贸稳规模优结构、高质量共建"一带一路"，以新兴市场国家和战略性新兴行业为重点参展办展，同时积极引导我国企业参加发达国家标志性强、含金量高的行业知名展会。

二是搭建更多企业国际交流合作平台。精心组织策划中国国际供应链促进博览会、全球贸易投资促进峰会、全球工商法治大会、粤港澳大湾区发展工商大会、"一带一路"企业家大会等重大活动，积极推动企业借助这些经贸平台广泛交流、深入洽谈、务实合作。

三是创新模式提升商事认证服务质量。大力提升原产地证网上签证系统智能化水平，全面推广 ATA 手机客户端，优化升级“贸促行”平台；继续优化“绿色通道”服务，采取线上＋线下服务相融合的方式；融合发展信用服务、品牌评价、地理标志应用推广、生态原产地产品认证、低碳贸易认证等服务，丰富证书应用场景。

四是提供更多更有针对性的外贸公共服务产品。健全面向广大外贸企业的调研工作机制，及时收集反映外贸企业问题诉求并推动解决。持续开展 RCEP 等自贸协定宣传推广和培训，指导企业用足用好各类自贸协定政策。持续更新发布企业对外投资国别（地区）营商环境指南等。

（资料来源：中国发展网《中国会展综合报道》）

任务四　会展策划方法

方法是指为达到某种目的而采取的途径、步骤、手段等，是如何制订方案的一种行为。通常所说的策划方法就是指利用现存的可利用资源，选择最佳手段完成策划目标的过程。会展策划的方法是多种多样的，到底选择何种方法进行策划，不仅要看会展策划团队所能利用的资源条件如何，更要看策划者本身所具备的学识、能力和素养。人们在策划中常使用的方法对会展策划也同样适用。

一、系统方法

系统方法的主要原理是把事物看成一个完整的系统，这个系统既包括自身组成要素的各个方面，又包括各要素间的联系及各相关事物间的关系与地位。系统的方法要求从系统的一方面或几个方面或整体出发，对策划对象进行不同角度的整体分析。系统方法通常有以下五个步骤。

第一，确定策划目标。从系统的整体要求出发，提出需要解决的中心问题，确定会展活动所必须达到的目标与希望达到的目标。

第二，综合拟订方案。根据既定的会展策划目标，制订出可以实现的各种方案。

第三，分析评价方案。策划所形成的各种方案各有优缺点，应该通过分析、比较和评估，确定具有最佳价值标准、满意程度高的方案。

第四，系统选择，策划优先。通过综合分析、比较和计算，从诸多备选方案中选出最优化的方案。会展策划者应该提出书面的策划报告，由会展项目主管部门决定最终方案。

第五，跟踪实施，调整方案。策划者应跟踪方案执行情况，以便及时发现问题，修改、补充原方案，最终实现策划目标。

二、头脑风暴法

所谓头脑风暴法，就是指采用会议的形式，如召集专家开座谈会征询他们的意见，把专家对过去历史资料的解释以及对未来的分析，有条理地组织起来，最终由策划者作出统一的结论。在这个基础上，找出各种问题的症结所在，提出针对具体项目的策划创意。

在进行头脑风暴时，策划者要充分地说明策划的主题，提供必要的相关信息，创造一个自由的空间，让各位专家充分表达自己的想法。为此，参加会议的专家的地位应当相当，以免产生权威效应，从而影响另一部分专家创造性思维的发挥。专家人数不应过多，应尽量适中，因为人数过多，策划成本会相应增大，一般 5~12 人比较合适。会议的时间也应当适中，时间过长，容易偏离策划案的主题；时间太短，策划者很难获取充分的信息。这种策划方法要求策划者具备很强的组织能力、民主作风与指导艺术，能够抓住策划的主题，调节讨论气氛，调动专家们的兴奋点，从而更好地挖掘专家们潜在的智慧。

头脑风暴法的优点是：获取广泛的信息、创意，互相启发，集思广益，在大脑中掀起思考的风暴，从而启发策划人的思维，想出优秀的策划方案来。

三、德尔菲法

所谓德尔菲法，就是指采用函询的方式或电话、网络的方式，反复咨询专家们的建议，然后由策划者作出统计，如果结果不趋向一致，那么就再征询专家意见，直至得出比较统一的方案。这种策划方法的优点是：专家们互不见面，不会产生权威压力，因此，可以自由地、充分地发表自己的意见，从而得出比较客观的策划案。

运用这种策划方法时，要求专家具备策划主题相关的专业知识，熟悉市场的情况，精通策划的业务操作。根据专家的意见得出结论后，策划者需要对结论进行统计处理。但是这种方法缺乏客观标准，主要凭专家判断，再者由于次数较多，反馈时间较长，有的专家可能因工作忙或其他原因而中途退出，影响策划的准确性。

四、智能放大法

智能放大法是指对事物有全面而科学的认识，然后在这种认识的基础上对事物的发展做夸张的设想，运用这种设想对具体项目进行策划。

由于这种方法受到一定的时间、地点以及人文条件的制约，具体操作要靠策划者自己来准确地把握。这种策划方法容易引起公众的议论，形成公众舆论的焦点，进而很快拓展其知名度，成为炒作的原料。"没有想不到的，只有做不到的"是这种策划方法的原则。但是，这种策划方法并不是一味地往大处想，而是在现有的客观条件下，合理地考虑到公众的心理承受力。这就是说，智能放大法是有一定风险的，太过于夸张，容易导致策划向反面发展，从而彻底改变策划的初衷。

需要指出的是，不论采取哪种策划方法，都必须围绕会展目标进行。从根本上来说，会展策划是调动一切可能利用的资源，运用科学合理的方法与手段，对会展项目的开展进行筹划，指导运作、实施的过程。会展策划所采用的方法是否得当，往往是策划方案是否可行的重要因素。

项目学习小结

会展是经济活动中的一种"最有效的营销方式"，在开拓市场、巩固市场等方面发挥着重要作用。有学者指出，通过激发创意，有效地运用手中的资源，选定可行性的方案，达到预期目标或解决一个难题，就是策划。会展策划在整个会展过程中扮演着一个重要角色。本项目在厘清现代会展策划的含义和基本要素基础上，对会展策划的特点、作用、原则与内容等进行详细的介绍与分析，总结归纳了会展策划的流程与基本方法。

单选题

1. 以下说法错误的是（　　）。

A. 策划者是指具有高智慧的脑力操作者，策划者的素质直接影响着会展活动的成败。

B. 策划效果评估是对实施策划方案可能产生的效果进行预先的判断与评估。

C. 会展策划方案必须围绕策划目标定位、实施方案、经济效益等方面论证其切实可行才能实施。

D. 展会一切工作的立足点和最终目的都是满足参展企业的自身需求。

2. 会展策划的（　　），要求在做项目策划时，要结合市场的客观实际情况，以及会展企业的具体情况、实施能力进行。

A. 利益主导原则　B. 系统性原则　C. 可操作性原则　D. 创新性原则

3. 会展策划的基础和第一步是（　）。

A. 会展的调查与分析　B. 会展的决策与计划

C. 会展的运作与实施　D. 会展的评价与测定

多选题

1. 会展策划的特点包括（　）。

A. 目的性　B. 前瞻性　C. 动态性　D. 可行性

2. 会展策划的基本方法有（　）。

A. 系统方法　B. 头脑风暴法　C. 德尔菲法　D. 智能放大法

3. 会展策划的基本要素包括（　）。

A. 策划者　B. 策划对象　C. 策划依据

D. 策划方案　E. 策划效果评估

复习思考题

1. 会展策划在展会中起到哪些作用?
2. 会展策划时应遵循哪些原则?
3. 会展策划的内容包括哪些方面?
4. 会展策划的基本流程是什么?

项目三　会展立项策划

学习要点

1. 了解会展项目选题确定；
2. 掌握会展项目立项的基本要素；
3. 了解会展项目效益预测；
4. 熟悉会展项目立项策划书撰写的内容及规范；
5. 熟练掌握会展项目可行性分析的过程；
6. 了解会展项目的实施计划策划。

案例导读

成都市高新区会展业高质量发展支持政策、奖补措施

第一章　支持展产融合发展

第一条　对于在成都高新区专业展览场馆举办，经认定的符合区内重点产业发展方向并对产业生态具有带动作用的专业展览，展览面积达到1万平方米（含）以上的，按照不超过30元/平方米的标准，给予展览主办方最高150万元资金基本补贴。对新引进的首次在成都市举办的专业展览，再在该资金基本补贴基础上给予25%的上浮补贴。

第二条　对于在成都高新区会议型酒店举办，经认定的由主导产业链主企业主办，对产业生态具有带动作用的专业会议，参会人数300人（含）以上、实际会期1天以上的，按照不超过会议实际场租费用和会议代表入住区内酒店住宿费用的50%，给予会议主办方最高100万元的资金基本补贴。对新引进的首次在成都市举办的专业会议，再在该资金基本补贴基础上给予20%的上浮补贴。

第三条　鼓励成都高新区专业会展场馆承接符合区内重点产业发展方向的专业展览。经认定后，按照实际场租费用的 10%，给予场馆运营主体每年最高不超过 100 万元资金补贴。

第二章　提升会展国际化水平

第四条　对于国际参展商（含台、港、澳地区和外商投资企业）不少于 5 个国家或地区、国际展位面积达到 20% 以上的，或取得全球展览业协会（UFI）认证的专业展览，且符合第一条展览方向要求及展览面积的，在第一条资金基本补贴基础上再给予 10% 上浮补贴。

第五条　对于纳入国际大会及会议协会（ICCA）统计的国际会议，按照会议实际场租费用的 50%，给予主办方最高 30 万元的资金补贴。对新引进的首次在成都市举办的线下参会人数达 300 人以上的国际会议，在上述补贴基础上给予一次性 10 万元资金补贴。

第三章　引导会展数智升级

第六条　鼓励成都高新区会展场馆进行数智化、安全化提升改造，按照改造项目实际投入费用的 50%，给予最高 200 万元资金补贴。

第四章　鼓励会展绿色发展

第七条　对于使用可循环环保材料，在成都高新区开展展会活动的会展主办方，若其单个会展项目绿色展台投入超过 100 万元，按其投入费用的 30%，给予最高 30 万元资金补贴。

第五章　鼓励会展企业发展

第八条　对于国内外知名会展企业在成都高新区设立独立法人公司，针对公司在本区范围内租赁的自用办公用房，按不超过 500 元 / 平方米的标准，给予最高 30 万元的装修补贴；按不超过 60 元 / 平方米 / 月的标准，给予 3 年内最高 120 万元的租金补贴。

第九条　对于首次获得全球展览业协会（UFI）、国际大会及会议协会（ICCA）认证，且在成都高新区注册的会展企业给予 20 万元一次性奖励。

第十条　鼓励会展企业申报上规入库，对已成功在高新区举办展会并首次培育为成都高新区规上企业的会展企业，给予一次性 20 万元奖励。

第十一条　鼓励会展企业培育人才。鼓励会展从业人员积极参加 CEM（注册会展经理）、CIEP（注册国际会议经理）资格认证考试，对政策发布之日后取得上述执业资格证书，且在成都高新区会展企业全职工作满 1 年的，一次性给予 2 万元补贴。

第六章　附则

第十二条　本政策适用对象为：

（一）依法登记注册、税务关系均在成都高新区、具有独立法人资格，且在本区开展实际经营业务的会展企业。

（二）依法登记注册，依法经营、依法纳税的展会主办企业或行业（商）协会。

第十三条　在成都高新区举办的、经认定的特别重大展会活动，可申报“一事一议”。

第十四条　本政策所涉及条款与区本级其他政策以及重大会展项目“一事一议”实质相重叠的，按就高不重复的原则享受。同一市场主体同一题材会展项目，每年只能就一项奖励内容申请一次补贴资金，且市区补贴资金总额不能超过展会实际总投入，若超出的，对超出部分成都高新区有权不予补贴。

以上是关于成都高新区会展业高质量发展政策奖励补贴措施等内容。

（资料来源：成都市高新区政务服务网）

任务一　会展项目选题策划

一、会展题材选择

所谓会展题材，就是举办一个展览会计划要展出的展品的范围。会展题材选择是展出的一项前期工作。会展题材的选择是一项非常细致和专业的工作，它往往涉及产业的专业分类和专业配置。会展题材选择的好坏和准确与否，直接影响到展览会的专业性和市场拓展性，对展览会的招展和未来发展有着重大影响。

（一）会展题材行业选择与评估

一般说来，选择会展的展览题材，要根据会展举办地及其周边区域的经济结构、产业结构、地理位置、交通情况和展览设施等条件。首先考虑本区域的优势产业和主导产业，其次考虑国家或本地区重点发展的产业，最后考虑政府扶持的产业。会展项目所在产业应与当地的经济特色相吻合，只有通过当地优势产业的带动，同类展会才能更快、更稳地发展。否则，会展项目就如无本之木，难以长久。一些国际知名的展会，如德国的汉诺威工业博览会，其成功与德国世界一流的工业是分不开的。

现在的展会大部分是专业展，所以在确定了要进入的产业之后，还要通过系统的市场调查选定将在哪个行业举办展会，通过市场细分的方式来寻找适合进入的行业。市场细分是指办展机构按照一种或几种变量，把整个市场细分成若干个有相似需求和欲望的消费者群体来形成子市场的市场分类过程，可以选择两类变量来进行市场细分：一是行业属性，二是地理因素。行业属性可以反映准备进入行业的发展前景、规模大小、企业数量和产品应用范围等，是办展机构决定是否进入某一行业的重要参考信息，也是会展项目可行性的保证与生命力的来源。地理因素可以反映该行业的地理分布状况，这对办展机构正确认识行业的地区优劣势有重要作用。通常可以从以下几方面对细分市场进行评估。

细分市场的规模和发展潜力。该细分行业要有一定的产业基础和较大的产品使用范围。行业规模的大小决定展会未来的参展商数量，产品使用范围的大小决定展会未来的观众数量，行业发展前景决定展会未来的发展空间。因此，要根据企业的目标和自身情况合理选择。

细分市场的盈利能力。它会影响展会的盈利状况，因为假如该行业的利润非常薄，那么企业愿意拿出一大笔经费来参展的可能性就会比较小。

细分市场的结构吸引力。具有市场结构差异的细分市场，对办展机构的吸引力是不同的。企业应该考虑细分市场的竞争状态、行业特征等因素。假如细分市场里已经有影响力很大的品牌展会或者品牌企业，再进入该市场就会比较困难；假如打算进入的行业具有相对垄断性，除非办展机构与企业有很好的联系与沟通渠道，否则，很难吸引他们参展。

办展机构的办展目标和资源。办展机构要评估自己的优劣势，在选择细分市场时扬长避短。同时，在进入某一行业办展之前，必须明确办展目标。例如，是偏重利润目标还是偏重社会效益目标，然后根据目标来整合资源，制订行动计划。

（二）会展题材选择方法

对于专业的展览会而言，一个展览会一般只包括一个展览题材。选择展览会题材可以通过新立题材、分列题材、拓展题材和合并题材四种方法获取。

1. 新立题材

新立题材是指通过对收集到的各种信息进行整理和分析，选定一个本办展机构从来没有涉及的产业作为举办新展览会的展览题材。对于办展机构来说，新立题材是一个新的领域，具有一定的风险性，但新题材很多时候是市场的新兴产业，抢先一步，成功的可能性就比较大。

创新题材往往是将一个新的产业作为举办展览会的展览题材，它有以下好处：第一，办展机构可以进入一个新的产业和开发一个新的市场；第二，新题材往往是暂时被市场忽视的题材，别的办展机构进入得少或者是根本就没有办展机构进入，这样我们就可以避开其他办展机构的竞争；第三，新题材很多时候是市场的新兴产业，只要抢先一步，成功的可能性就较大。

但是，作为一个全新的展览题材，创新题材也会有一定的风险：第一，对于办展机构来说，新题材是一个崭新的领域，进入陌生的领域有一定的风险；第二，办展机构可能会缺乏对该题材有所了解的专业人员，对该产业的企业、行业协会等的数量和分布等缺乏基本了解，不利于以后展会筹备工作的展开；第三，由于缺乏对该产业的了解，办展机构可能对抓住该产业的行业发展重点和行业热点有困难，展会可能因而缺乏市场号召力。

2. 分列题材

分列题材是指将办展机构已有的展览会的展览题材进一步细分，分列出更小的题材，并将这些小题材办成独立的展览会的一种选择展览会的题材形式。分列题材的选择使得原有的展览会和依据细分题材所办的新展览会更加专业化。

采用分列题材的方法，需要满足以下条件：原有会展项目已经发展到了一定规模，而且某一细分题材在原有会展中占有较大的比重，并呈现出迅速发展之势；由于场地面积限制等原因，某细分题材在原有会展中的面积很难再进一步扩大，如果将其分离出来单独办展，将有更大的发展空间；某一细分题材分离出来后，原有会展项目不会因此受到更大的影响，甚至能获得更好的发展；某一细分题材适合单独举办会展，换句话说，该细分题材与原有会展其他题材之间有相对的独立性，这一细分题材的企业和客户可以从原有会展中分离出来，并且拥有足够的市场潜力。

采用分列题材的办法选择新展览题材有以下几个好处：第一，由于细分题材是从原有展览会大题材中分列出来的，办展机构对该题材有一定的了解，并有一定的客户基础，新展会容易举办成功；第二，该细分题材分列出来以后，不仅为原有展会其他题材让出了更大的发展空间，而且依据细分题材所办的新展览会也可以发展壮大；第三，原有展览会和依据细分题材所办的新展览会都将更加专业化。

采用分列题材的办法选择新展览题材也有一定的风险：第一，分列的时机很难把握，很难确定什么时候才是将某一细分题材从原有的展览会中分列出来的最佳时机，如果时机把握不好，题材分列就很难成功；第二，将某一细分题材从原有的展览会中分列出来，会给原有展览会造成多大的冲击，往往较难把握；第三，办展机构是否已经具备将某一细分题材从原有的展览会中分列出来独立办展的实力，要经过慎重考虑才能决定。

3. 拓展题材

拓展题材是指将现有会展项目所没有包含的，但与现有项目的会展题材有密切关联的题材列入现有会展项目，或是将现有会展项目的会展大题材中暂时还未包含的某一细分题材列入现有展览会题材的一种方法。通过适当的拓展题材，会展企业不仅能扩大现有会展规模，增加参展商和专业观众的数量，而且可以使得会展题材更完整，从而增强会展的专业性。

拓展题材需要满足以下几个条件：计划拓展的题材与现有的会展题材要有明显的关联性；计划拓展题材的加入不会给现有会展造成任何操作上的不便；现有会展的专业性不会因计划拓展的题材加入而受到影响。

拓展题材是展览会扩大规模的一种常用的有效方法。一方面，拓展展览题材可以扩大展览会的招展展品范围，为扩大展会规模作出贡献；另一方面，拓展展览题材也可以扩大参展企业数量和观众来源，为拓展展会发展空间服务。

通过拓展展览题材来发展展会还可以使展览会的展品范围更加完整，并使展览会更加专业化。拓展展览题材实际上就是要将现有展览会原来没有包含的题材再包含进去，将一些与现有展览会的展览题材密切相关的题材补充进展览会。这会使现有展览会的展出题材更完整，展会更专业、更具有行业代表性。

当然，如果拓展展览题材处理不当，也会带来一定的风险：第一，如果拓展的展览题材与现有展览会展览题材的关联性不大，可能会出现“拉郎配”的现象，使现有展览会失去其专业性；第二，新题材的加入可能会影响到现有展览会的展区划分，影响到现有展览会的现场布置和管理。

4. 合并题材

所谓合并题材，就是将两个或两个以上彼此相同或有一定关联的展览题材与现有展览会合并为一个展览会，或者是将两个或两个以上的展览会中彼此相同或有一定关联的展览题材剔除出来，放在另一个展览会里统一展出。

合并题材是一些小的展览会常用的办展策略。这种策略可以带来以下好处：第一，合并题材是将彼此相同或有一定关联的展览题材合并到一起，有利于集中精力，做大、做强该题材的展览会；第二，如果合并题材是在两个不同的办展机构之间进行，那么，合并题材就可以消除市场竞争，独占该题材的展览市场；第三，合并题材可以更好地安排展览日期和划分专业展区，更方便企业参展和观众参观；第四，合并题材可以得到行业内知名企业的大力支持，提高他们参展的积极性；第五，合并题材可以使展览会更具有行业代表性，有利于提高展览会的档次。

不过，合并题材也有一定的风险：第一，合并题材往往涉及多个展览会，如果处理不当，可能会对这些展览会带来不利的影响；第二，合并题材可能会涉及多个办展机构之间的业务合作，办展机构之间的业务合作不当和利益分配不均可能会导致题材合并的失败；第三，如果合并题材选择不当，不仅会给现有展览会造成伤害，还可能使新展览会成为一个“大杂烩”。

二、会展主题确定

会展立项，在选择会展题材之前，往往是要对该题材进行多次且严谨的市场调研，大部分市场需求来源于社会，办展机构要依托政府政策，找到行业内容的问题、热点和难点，用办展的形式去满足市场需求，去促进行业的整合和发展。随着大数据的发展，能在庞大的数据中发现市场存在的某些需求，然后再策划会展项目去满足这些需求，大数据的应用使会展题材的选择更具有针对性。在选定会展题材之后，就要着手策划会展主题。

（一）会展主题内涵

所谓会展主题，又称为会展的主题思想、主题概念，就是对会展的指导思想、宗旨、目的要求等最凝练的概括与表述，是统领会展各个环节的“纲”，是贯穿于整个会展过程的中心思想。主题是会展的灵魂和精髓，在一定程度上影响会展内容的安排、活动形式的选择和其他诸要素的设计，它通常表现了会展活动关注的重点，暗含了举办方的信念、希望等。如 2022 年世界互联网大会“互联网之光”博览会主题为“共建网络世界，共创数字未来”；2022 成都全球创新创业交易会主题为“链接产业生态 · 赋能城市发展”。因此，会展主题通常表现为主办方对会展内容的理解，是会展对外宣传的标志，很有号召力。

会展主题实质上是对会展目标的具体化。对一个新的会展项目而言，主题主要是解决组展方要开发一个什么样的会展项目的问题。对已有的会展项目而言，会展主题的策划实际上是为了确定会展将以什么新的理念来吸引客户。总体而言，主题确定的目的是使会展的有关信息在参观者的脑海中留下深刻的印象，起到提升品牌的作用。

拓展阅读

历届世博会与世博会主题

往届世博会主题

世界博览会有一句为全世界广泛认同的口号：“一切源于世博会。”世博会创造了人类的历史，用它的理念和展示的科学技术成果，预示了世界发展的方向。自 18 世纪后半叶起，工业革命正在改变历史的进程，首先是在英国，以后又扩展到全世界，1851 年伦敦世博会标志着世界正在由农业社会进入工业社会。世博会是工业革命和科技进步的产物，对社会政治经济的发展起着举足轻重的作用。自 1851 年以来，许多届世博会都具有划时代的意义，如 1889 年巴黎世博会开创了汽车时代，1904 年圣路易斯世博会揭示人类进入了航空时代，1939 年纽约世博会创导了未来文明，1958 年布鲁塞尔世博会引领了原子能时代，1970 年大阪世博会宣告信息时代的来临，2000 年汉诺威世博会预示了生态时代。2010 年的上海世博会也处于一个社会经济和科学技术高速发展的进程中，上海世博会主题是“城市，让生活更美好”，这届世博会在人类的城市世纪引领着世界思考人类的未来。尽管还有一些世博会可能不再被人们提及，但是它们所展示的观念和对时代变化的影响，也具有非常重要的意义。

历届世博会的举办与社会政治、经济、文化、教育、科技的发展密切相关，世博会是文化和科技进步的展示场，展示世界各国最新的成果，文化和科学技术是世博会的支柱。世博会追随着世界的变化，为人类提供了精神食粮，同时也创造了人类历史。

世博会本身也在发展的过程中实现了从对于经济进步的顶礼膜拜到可持续发展的理念。

1933 年之前的世博会，大多并没有明确的主题。但也有个别世博会提出了具有时代意义的主题。如 1900 年的法国巴黎世博会的主题是“回归 19 世纪，展望新世纪”。世博会在经历了近百年的演进之后，1933 年美国芝加哥举办了主题为“一个世纪的进步”的世博会，这届世博会上陈列了当时最先进的工业和技术成就，诸如无线电、手动照相机、摩天轮和汉堡包、碳酸苏打水、新式汽车组装线、轮船制造流程、空气调节装置、原油精炼技术、齐柏林飞艇、仿真动力恐龙、机器人表演等。首次展示了一些新型实验性建筑，如无窗建筑、装配式建筑等。这届世博会犹如一个科普教育大课堂，展示科学技术在工业、军事上的应用，人们从中看到了一个世纪以来科技的巨大进步。从此以后，每一届世博会都确定了一个极富意义的主题，要求参展者围绕一个共同的题目设计和创作自己的展品。

1937 年法国巴黎世博会的主题是“现代世界的艺术与技术”，世博会开始设立主办国的地方展馆。科学发现馆成为一部包罗万象的人类大百科全书，历史发明馆陈列着许多“第一”：世界上最老的蒸汽车、人类第一辆自行车、第一批电视机等。电影馆展示电影制作的全过程；印刷馆展示印刷的历史，从德国古登堡的活字印刷到当时的高速印刷机；航空馆展示了最新式的飞机；展出的火车车厢和机车均已呈流线型。博览会还设立了化工馆和无线电馆，代表了当时科学技术的发展水平。

1939 年至 1940 年美国纽约世博会的主题是：“创造明日的世界”，博览会上展示了摄像机、电视机、尼龙、塑料、录音机、磁带等，同时，也展示了地铁、高速公路、国际机场、医疗保险、公共福利设施等一系列的新建筑、设施和制度，向世界展示了未来城市、未来学校、未来交通、未来餐馆等。

第二次世界大战结束后，各国在满目疮痍的废墟上开始重建家园。1958 年比利时布鲁塞尔世博会标志着和平利用原子能时代的到来，表明欧洲已经从战争的破坏中恢复，同时也展示了“技术乐观主义”的潮流。1958 年布鲁塞尔世博会的主题是“科学、文明与人文精神”，博览会的标志性建筑是原子塔，该塔象征放大到 1600 亿倍的铁分子，被誉为“地球上最令人感到震惊的建筑”“改变了世界的建筑”。

以“太空时代的人类”为主题的 1962 年美国西雅图世博会，呈现了 185 米高的标志性建筑——“太空针”。这次世博会上还展出了单轨列车，显示了世界正日益关注城市公共轨道交通的发展。

1964 年美国纽约世博会的主题为“通过理解走向和平”，纪念人类在促进地球上各个国家间的交流及对外太空的开拓上取得的成就。本次世博会开始了从展示实物到展示图像的转变，展示了计算机技术、传真机、福特公司的野马汽车、比利时的华夫饼干、迪士尼等，博览会上的进步之园展出了电气化城市和核反应堆模型。

以“人类与世界”为主题的 1967 年加拿大蒙特利尔世博会留下了标志建筑“栖居 67”公寓。栖居是蒙特利尔世博会的主题，也是当时全球关注的问题。“栖居 67”由以色列裔加拿大建筑师摩什·赛弗迪（Moshe Safdie）设计，这座建筑由 158 个标准化居住单元组成，旨在探索解决全球性的居住问题，提供一种新的结构和建造方式，预示了可持续发展的紧凑型城市。

以“人类的进步与和谐”为主题的 1970 年日本大阪世博会，标志着世博会全面地由产品展示转向文化展示和概念展示。当时人类已实现了登月，美国馆展出了从月球上采集的岩石，苏联馆展出了宇宙飞船。大阪世博会是第一次在亚洲、在日本举办的综合类世博会，这届世博会也是为了纪念明治维新 100 周年。

联合国于 1972 年在瑞典斯德哥尔摩召开了首次以环境为议题的国际会议，两年后，在美国斯波坎举办了以“无污染的进步”为主题的 1974 年国际环境博览会，这是历史上首次明确将环境问题作为主题的世博会。世博会不仅为斯波坎市带来一条干净的河流，还建造了河滨公园、歌剧院和会议中心。正是自这届世博会起，世博会开始关注环境的价值。

1982 年在美国的诺克斯维尔举办了国际能源博览会，法国馆展出了一辆未来的节油汽车和高速列车的模型，还展出了太阳能房屋、利用核能的原子能增殖反应堆模型等。

1985 年在日本的筑波举办了主题为“居住与环境——人类家居科技”的专题博览会，展示了星际旅行、宇宙生命、星球大战、磁悬浮列车、立体电视、超级定向扬声器、微型电视机、大屏幕液晶显示管、计算机模拟 DNA 分子、微观世界的图像和人工智能等。

1992年是航海家哥伦布发现美洲新大陆500周年，西班牙政府为了纪念这位伟大的航海家，在塞维利亚举办了主题为“发现的时代”的世博会。500年前，哥伦布就是从塞维利亚市卡图哈岛出发，开始了他著名的探险航程，因此在这里举办这次庆祝活动是再合适不过了。西班牙为了这次世博会，特地修建一条从马德里到塞维利亚的高速铁路，不仅解决了世博会期间大量国内外旅客的交通问题，还大大促进了西班牙中部地区与南部地区的经济联系，促进了南部地区旅游业的发展。世博会的举办使塞维利亚的城市面貌发生了天翻地覆的变化。

1993年韩国大田世博会是继1988年汉城（首尔）奥运会后，又一次在韩国举行的世界性盛事。韩国以此为契机，实现了本国经济的“第二次腾飞”。这正切合大田世博会的主题——“新的起飞之路”。在该主题引领下，韩国目睹了世界各国的传统技术和现代科技成果：新一代交通工具、宇航技术、电子通信技术、环境保护新科技成果、机器人资源、新材料的开发及新能源、替代能源研究的最新成果和传统工艺技术等，提高了对科技立国的认识。

1998年里斯本世博会主题是“海洋——未来的财富”，在葡萄牙的推动下，联合国宣布1998年为“国际海洋年”。这届世博会几乎所有展馆都提到了全球环境问题。

2000年德国汉诺威世博会的主题是“人类、自然、技术—— 一个新世界正在诞生”，延续了从产品展示转向文化和概念展示的理念。1992年塞维利亚世博会、1998年里斯本世博会、2000年汉诺威世博会以及2005年爱知世博会都将环境保护和生态问题作为世博会的中心。

汉诺威世博会的展区规划体现了可持续发展的基本主旨，把保护资源作为重要的议题。这届世博会提出了“汉诺威原则”，其核心是“设计服务于可持续发展”。对绿色建筑、生态建筑和生态城市的发展具有十分重要的意义。

2005年日本爱知世博会设在爱知县的濑户市、长久手町以及丰田市，博览会会场的总面积约173公顷。会场的建设最小限度地影响现存环境条件，以保证丰富多彩的交流和表现。这届世博会的主题是“自然的睿智”，寓意人的睿智和自然的睿智共同发挥作用，提出了“让地球充满微笑，让地球美梦成真，让地球光彩照人，让地球声形并茂”的动人口号。

位于长久手町展区的日本馆表达了重新连接渐渐疏远的人类与自然的关系，建筑物的表面用3万株竹子的竹条编织而成，犹如一个巨大的蚕茧，其构思源自竹帘。“蚕茧”使展馆可以避免直射阳光，并通过墙面绿化和间伐木材节省能源，构造良好的自然通风环境，整座建筑物可以说是一座新技术和传统材料的试验场。

纵观150多年间举办的37届注册类世博会，它们都见证了时代的进步，记录下世界的发展历程。每一届世博会无论规模大小，都标志着人类文明迈上了一个新的台阶。从早期作为炫耀国力威慑邻邦的工具，到两次世界大战前后和冷战时期国际关系的晴雨表，再到如今日益关注的全球化问题，世博会已经逐渐发展成为一个世界性的论坛和前沿，世界各国在这里为人类未来的发展集思广益，共谋出路。

作为大事件，世博会对树立举办城市的形象和威望，推动举办城市的建设和发展都起到了不同程度的促进作用。早期的世博会对城市发展的影响是直接的、主动的，为世博会举办城市的建设奠定了未来空间发展的结构基础。而在当代的世博会中，良好的城市环境质量、明确的城市发展战略和切实可行的后续发展规划是其能否取得成功的重要前提和保障。

上海世博会主题

2010 年上海世博会的特色是展示城市的昨天、今天和未来，展示城市与人类生活的关系，展示城市的理想未来。上海世博会将大量利用老建筑和老厂房，体现可持续发展和绿色建筑的理念。

2010 年上海世博会的主题是“城市，让生活更美好”，这届世博会是历史上首次以“城市”为主题的综合类世博会，解读人与城市的密切互动关系。这一主题非常富有时代性，可塑性强、可展示性大、可参与度高，表达了全人类追求未来更加美好生活的共同愿望。

5 个副主题分别是“城市多元文化的融合”“城市经济的繁荣”“城市科技的创新”“城市社区的重塑”“城市和乡村的互动”。主题的具体化和明晰化具有高度的可塑性、可展示性和可参与度，有助于提高参展国家和国际组织及各国人民对上海世博会的了解，有助于上海世博会理念的传播，最终将有助于上海世博会品牌的塑造、深化和商业运作。

世博会主题演绎是一个体系，是贯穿一届世博会整体框架、内容和过程的指导思想。主题演绎体系体现了世博会的核心价值观和未来追求。

根据国际展览局的要求，申办国要向国际展览局提交申办报告。申办报告是“命题作文”，其中关于主题的部分，要求有足够的深度，“应有清晰精到的解释，表明其内容是有道理的，意义深远的，也是做得到的”。上海世博会申办报告明确的 4 个副主题为：“城市多元文化的融合”“城市新经济的繁荣”“城市科技的创新”“城市社区的重塑”。国际展览局考察团来上海考察，他们提到了发达国家对城市过度发展的担忧，希望能增加对城乡关系的思考。在此背景下，又增加了 1 个副主题——“城市与乡村的互动”。

根据《国际展览会公约》的规定，世博会主办方需要在世博会筹办初期向国际展览局递交一份注册报告，其中的一个重要部分就是“世博会的主题深化和园区活动分类和介绍”。《中国2010年上海世博会注册报告》编写建立了一个上海世博会主题矩阵图，其X轴被设定为“尺度”（个人/家庭，人群/社会，城市/国家，地球/环境），Y轴为“时间”（过去，现在，未来，普遍），Z轴为5个副主题。要在X/Y/Z轴的每一个焦点给出一个恰当的“元素”，本身就是促使其往主题更深处去思考和挖掘的一个过程。2005年12月1日，《中国2010年上海世博会注册报告》经过国际展览局第138次成员国代表大会通过。在2006年11月发布的第一版《中国2010年上海世博会参展指南》中，主题矩阵图作为主题指南的一部分向参展者发布，随后不久，乌克兰就选择了其中的4个主题元素为基本依据完成了主题陈述。因此，这种主题解读方法对于帮助主办方和参展方全方位、多角度地看待主题、认识主题，以及寻找适合各自实际情况的诠释主题的元素，起到了一定的引领作用。

围绕“什么样的城市让生活更美好？”“什么样的生活观念和实践让城市更美好？”“什么样的城市发展模式让地球家园更美好？”这三个问题，综合国内外有关研究的共识，上海世博局设定了一个重要的前提——城市是一个有机的生命体。围绕这个前提，提出了上海世博会的“核心思想”和哲学基础：城市是人创造的，它不断地演进演化和成长为一个有机系统。人是这个有机系统中最具活力和最富有创新能力的细胞。人的生活与城市的形态和发展密切互动。随着城市化进程的加速，城市的有机系统与地球大生物圈和资源体系之间的相互作用也日益加深和扩大。人、城市和地球3个有机系统环环相扣，这种关系贯穿了城市发展的历程，三者也将日益融合成为一个不可分割的整体。

在“核心思想”的基础上，对5个副主题进行了整合与重构，推出了5个副主题之下的5个“概念领域”，从而形成了上海世博会的主题内容结构：“城市人”“城市”“城市星球”“足迹”“梦想”。其中“城市人”“城市”“城市星球”在3个不同的尺度层面对主题进行聚焦和解读。

城市人：在这个尺度上，关注的是城市内外的人。人是城市的细胞，也是城市的微缩。随着城市化进程的加速，城市对其之外的人口同样造成很大的影响，人类日益向“城市人”演变。

城市：这个尺度关注城市本身。城市内部结构复杂，各部分密切关联、协同运行，具备有机生物体一般的特性与规律。

城市星球：随着地球总人口数中城市人口的比例不断增加，城市之间、城市和生态体系之间的相互作用日益密切。

“足迹”和“梦想”的主题都是在时间维度上探讨人类在历史进程中对城市

美好生活的追求。我们既关注历史上的经验和智慧，也展望未来的美好的城市、美好的生活。

2009 年 4 月 28 日，上海世博局公布了世博会 5 个主题馆的展示设计方案。上海世博会主题馆的核心思想是：为了创建更美好的生活，必须同时兼顾人的需求、城市的需求、地球环境的需求，即“人、城市和地球三个有机系统环环相扣，日益融合为一个不可分割的整体”。为此，主题馆对应设立了 5 个分展馆，分别是“城市人”“城市生命”“城市地球”“城市足迹”“城市梦想”5 个馆。由来自荷兰、德国、西班牙和中国的一流团队分别对上述 5 馆进行内容设计。

另外，在 2010 年上海世博会的各展馆中，不管是主题馆，还是企业馆和国家馆，都有着鲜明的主题。

（资料来源：上海世博会官网）

（二）会展主题要求

会展主题是会展主办者传达给会展参加者的一个明确的信息，同时也是社会公众了解会展的最初“窗口”。它常在会展活动中通过具体的艺术形式表现出来。由于推出具有吸引力的会展主题，是使潜在的会展客户快速识别和记住会展项目的有效方法，因此设计并确定会展主题在会展策划中显得非常重要。譬如，日本精工计时公司利用在东京举办奥运会的大好时机，开展了以“让全世界人都了解精工计时是世界一流的产品”为目的的会展活动。活动的主题是“世界的计时——精工表”，简洁、明快，体现了鲜明的主题。

确定会展主题的基本要求有如下几点。

会展主题必须与会展目标相一致，并且能够充分地表现会展目标。例如，第三届上海国际工业博览会的主题是“以信息化带动工业化”，这一主题反映了博览会的目标：用高新技术和国际先进技术改造我国传统工业，加快提升我国工业的整体素质和国际竞争力，努力将信息化和工业化、国际化和工业化结合起来。

会展的主题应该反映会展的题材（展览的行业或展品范围、会议的议题等）。会展主题往往是对会展题材的高度概括。例如，2023 年布宜诺斯艾利斯世界博览会的主题：科学、创新、艺术和创意推动人类发展及数字创意产业；2023 年第二届联合国人居大会主题：通过包容和有效的多边主义实现可持续的城市未来，在全球危机时代实现可持续发展目标。

会展的主题应该尽量突出会展的特色，如时代特色、地域特色、题材特色等，以引起目标客户和公众的兴趣。例如，2024 年成都世界园艺博览会的主题：公园城市、美好人居；2024 年博鳌房地产论坛的主题：博鳌新力量。

会展的主题应该迎合会展参加者及公众的需求心理，能够引起他们强烈的共鸣。例如，2024 年第 15 届广州国际制冷、空调、通风及冷链技术展览会的主题：智慧助节能、科技筑环保；2024 年第 35 届北京国际孕婴童产品博览会的主题：新发现、新创造、新未来；2024 年第 28 届中国国际厨房、卫浴设施展览会的主题：创新、纯粹、空间。

会展主题必须具有较强的信息特性。会展主题具有较强的信息特性具体表现在：语言朗朗上口，文字力求简练，能被长久而深刻地记忆和迅速传播；词句能打动人心，激发参会者的欲望；语言既富有激情，又十分贴切，具有强烈的感召力；表述有新意，语言个性化，具有时代气息；在词语、形式和创意上都需要借鉴广告艺术。

会展主题是对会展的宗旨、目标、具体题材等的提炼和艺术加工。经过提炼后的主题应简练、新颖、流畅、易记、上口，并能充分地表达出会展的目的。会展主题的提炼方法主要有以下几种。

归纳提炼法。归纳提炼法就是通过对会展的指导思想、宗旨、目的要求等的归纳，总结提炼出主题的方法。

加工提炼法。加工提炼法就是在归纳的基础上，利用修辞艺术进行优化，加工提炼出主题的方法。这种方法可以使会展主题更上口、动听、深刻，而且有一定的内涵，不流于直白、简单。

借用法。借用法就是借用熟知的名人名言、警句和现实生活中一些闪光的语言作为会展的主题。这些语言的借用能反映会展的意旨，使会展主题显得更深刻、更美好、更感染人。

综上，会展主题可以是一个或几个，但绝对不能没有，也不宜过多；主题语应概括凝练，易于传播；特色鲜明，有号召力；内容积极健康，有内涵，能够引发丰富联想；应该与时俱进，紧密结合当前的潮流和时事；避免陈词滥调或过度使用的主题，具体实例，如表 3–1 所示。

表3–1　西博会历届主题一览

届数	举办时间	主题
第一届	2000年5月25日至28日	充分开放合作，构建泛亚交通物流新体系
第二届	2001年5月25日至28日	深入推进西部大开发，促进泛亚可持续发展
第三届	2002年5月25日至28日	西部与世界接轨
第四届	2003年9月25日至28日	加强合作、加快发展
第五届	2004年5月25日至28日	泛亚合作与实体经济发展
第六届	2005年5月25日至28日	外资西进、内资西移、东西合作、实现双赢

（续表）

届数	举办时间	主题
第七届	2006年5月25日至28日	开放、合作、共赢、发展
第八届	2007年5月22日至28日	共谋科学发展，构建和谐西部
第九届	2008年10月27日至31日	开放的西部，美好的未来
第十届	2009年9月16日至20日	把握机遇、应对挑战、开放合作、共赢发展
第十一届	2010年10月22日至26日	开发开放，共享共赢
第十二届	2011年10月18日	引领国际合作，拓展市场空间
第十三届	2012年9月26日至30日	深化国际合作，加快西部发展
第十四届	2013年10月23日	构建区域合作新格局，激发西部发展新活力
第十五届	2014年10月23日至11月3日	改革引领发展 创新开辟未来
第十六届	2016年11月3日至14日	中国西部·世界机遇
第十七届	2018年9月20日至24日	中国新时代·西部新作为
第十八届	2021年9月20日	中国新时代·西部新机遇
第十九届	2023年6月29日至7月3日	中国新时代·西部新征程

（资料来源：西博会官网整理）

任务二　会展项目可行性分析

展会立项可行性分析则是在仔细研究各种信息的基础上，深入分析举办展会立项策划提出的“那样的展会”是否可行，为最后是否举办该展会提供科学的决策依据。展会立项可行性分析通过一套行之有效的方法，对展会立项策划提出的展会举办方案进行全面系统的研究、分析、比较和选择，来判断该方案是“可行的”还是“不可行的”。如果展会立项策划通过可行性分析，证明计划举办展会的市场条件具备，项目具有可持续发展，各种执行方案策划合理，项目在经济上可行，风险较小且有一定的社会效益，就可以通过该展会立项策划，决定举办该展会了。

一、会展项目可行性分析内容

会展项目可行性研究的内容会随项目所涉及行业的不同而有所差别，不同行业各有侧重，但其基本内容是相同的，一般包括以下几个方面。

（一）会展项目的环境分析

1. 宏观市场环境分析

宏观市场环境是指能对展会举办产生影响的各种社会因素，这些因素可能会给办展机构举办展会带来市场机会，也可能会给其造成市场威胁。办展机构在策划举办一个展会时，必须对此等因素加以密切关注，并及时对其做出适当的反应，以便有效地识别和抓住市场机会，避开和减少市场威胁。

宏观市场环境所包括的因素都是办展机构本身以外的市场因素，并且基本上都是企业自身所不能控制的因素，它们包括人口环境、经济环境、技术环境、政治法律环境、社会文化环境等。

（1）人口环境

从量的角度看，人口数量是市场规模的重要标志，从人口的分布、结构及变动的趋势可以分析判断出市场需求的特点和发展趋势，这一点对注重现场零售的展会有重要的意义。

（2）经济环境

经济环境是指那些能对企业参展和观众到会参观产生影响的各种经济因素，如社会经济发展水平，产业利润率的高低，市场规模的大小，产业进出口状况，产业结构状况，展会所在地的住宿、餐饮、旅游、交通等配套设施的完备程度等。

（3）技术环境

科学技术的发展会给企业的经营活动和经营方式产生重大影响：一方面，它可以给一些企业提供新的有利的发展机会；另一方面，它也可以给一些企业的生存与发展带来威胁。另外，在塑造展会服务的外部环境方面，科学技术的发展也能发挥巨大作用。

（4）政治法律环境

政治法律环境由具有强制性的和对举办展会产生影响的法律、政府部门和其他压力集团所构成。由于举办一个展会涉及的行业和社会面非常广，因此，会展业会受到比其他行业更加严厉的法律管制。

（5）社会文化环境

社会文化环境有三大类：一是物质文化；二是关系文化；三是观念文化。它们分别代表人们对物质生活、社会关系和意识形态等方面的要求、认识和看法。社会文化环境对企业参展和观众到会参观会产生较大影响。

在认真的市场调查和充分掌握以上各种信息的基础上，应切实结合会展产业的实际特征，对举办展会所面临的宏观市场环境的各个方面作出准确的分析，寻找市场机会，发现威胁，为展会立项可行性研究的最终决策服务。

2. 微观市场环境分析

微观市场环境是指对办展机构举办展会构成直接影响的各种因素。这些因素包括办展机构内部环境、目标客户、竞争者、营销中介、服务商和社会公众等。和宏观市场环境一样，微观市场环境所包括的各种因素也可能会给办展机构举办展会带来市场机会，或者给其造成市场威胁。

（1）办展机构内部环境

办展机构内部环境是指办展机构内部所具备的各种条件，包括资金、人力、物力（办公设备和通信工具）以及所掌握的信息资源和能联系的社会资源等。

（2）目标客户

目标客户是指展会的潜在参展商和观众。从类别上看，展会的目标客户包括消费者市场客户、生产者市场客户、中间商市场客户、政府部门和国际市场客户五大类。

（3）竞争者

竞争者是指与本展会有竞争关系的其他同类展会。在现实中，一个题材的展会往往不止一个，展会要想在市场上取得成功，就必须能比其他同类展会更有效地满足参展商和观众的需求。一般来说，每个展会都会面临四种类型的竞争，即欲望竞争、类别竞争、展会间竞争、品牌竞争。

（4）营销中介

营销中介是指受办展机构委托或者是协助展会进行宣传推广和招展招商的那些中介组织和单位，包括展会的招展代理、招商代理、广告代理和其他营销服务机构等。

（5）服务商

服务商是指受办展机构委托为展会提供各种服务的机构，包括展会指定的展品运输代理，负责展位搭装的展位承建商，提供旅游服务的旅行社，提供住宿服务的宾馆酒店，以及提供展会资料印刷和观众登记的专门服务商等。

（6）社会公众

社会公众是指对展会实现其目标具有实际或潜在影响的群体。一个展会所要面临的公众有六种：媒体公众、政府公众、当地民众、市民行动公众、办展机构内部公众、金融公众。

微观市场环境的构成要素与展会本身密切相关。我们在分析这些要素时，要能善用资源、整合资源，使各种资源间优势互补，最大限度地挖掘资质优良的资源，壮大办展队伍，并最大限度地降低办展成本。

3. 市场环境综合评价

在对构成市场环境的上述各种因素进行分析以后，办展机构就要根据通过市场调查获取的有关信息，对市场环境进行整体分析和综合评估，以预防在举办该展会时可能受到的威胁，抓住可以利用的机会。

对市场环境的整体分析和综合评估，是建立在已经掌握了大量的有关信息和对未来的环境变化趋势作出预测基础上的，这样，对市场环境作出的整体分析和综合评估才更科学。

在已经掌握了大量的有关信息和对未来的环境变化趋势作出一定的预测后，就可以对市场环境进行整体分析和综合评估。对市场环境进行整体分析和综合评估的方法很多，最常用的是“SWOT 分析法”。

SWOT 分析法就是把办展机构所面临的宏观和微观市场环境各要素综合起来进行分析，得出市场环境对办展机构举办该展会所形成的优势（Strengths），劣势（Weaknesses），机会（Opportunities）和威胁（Threats），并将这四个方面结合起来研究，以寻找到适合办展机构举办本展会的可行战略和有效对策。

SWOT 分析法一般分三步进行。

第一步，整理和分析信息，并根据这些信息对环境的变化趋势作出预测。

第二步，详细地分析办展机构内部和外部的各种环境要素，列出市场环境对办展机构举办该展会所形成的优势、劣势、机会和威胁。

第三步，对市场环境对办展机构举办该展会所形成的优势、劣势、机会和威胁进行综合分析，确定可以选择的战略和对策。

通过以上步骤，SWOT 分析法为办展机构举办该展会提供四种可以选择的对策。

SO 战略：利用办展机构的内部优势抓住外部市场机会。例如，如果办展机构办展经验丰富并且资金雄厚（即内部优势），但该展会市场覆盖面不广（即外部机会），那么，如果其他条件具备，该办展机构就可以利用本战略进入该产业举办展会。

ST 战略：利用办展机构的内部优势回避或减少外部威胁。例如，如果办展机构的品牌优势十分明显（即内部优势），但展会服务商却不尽如人意（即外部威胁），那么，该办展机构就可以利用本战略，通过寻找更好的展会服务商进入该产业举办展会。

WO 战略：利用外部机会改进办展机构的内部弱点。例如，如果从市场分析得出结论，某产业举办展会的市场机会巨大（即外部机会），而某办展机构内部展会策划和招展招商等人才缺乏（即内部劣势），那么，如果其他条件具备，该办展机构就可以利用本战略，利用社会和其他单位的策划和招展招商人才等，为本办展机构进入该产业举办展会服务。

WT 战略：克服办展机构的内部弱点，避免外部威胁。例如，如果办展机构计划举办的展会与另一已经存在的展会有冲突（即内部劣势），而大部分参展商和观众又认同该已经存在的展会（即外部威胁），那么，如果其他条件具备，该办展机构就可以利用本战略，重新对计划举办的展会进行定位，用新定位吸引参展商和观众。

在对市场环境进行整体分析和综合评估后，就可以形成针对市场环境的分析结论和分析报告，供办展机构最终决定是否进入某一产业举办展会作决策参考。

（二）会展项目可持续发展分析

会展项目可持续发展分析则是从计划举办的会展项目的本身出发，分析该展会是否有发展前途。分析会展项目的可持续发展，不是只分析展会举办一届或两届的可持续发展，而是要分析该展会的长期可持续发展，即要分析如果本展会举办超过五届，本展会是否还有发展前途的问题。

1. 项目发展空间

会展项目发展空间分析是立足于现在来分析未来，是对会展项目未来发展趋势的一种判断和预测。一般地，分析会展项目是否有发展空间，就是要分析举办该展会所依托的产业空间、市场空间、地域空间和政策空间等是否具备。

（1）产业空间

产业空间是指计划举办的展会展览题材所在的产业的发展现状和发展前景。产业的发展现状和发展前景是举办一个专业贸易性质的展会所依托的产业基础。事实上，只要某一产业的产品需求量大，产品更新快，那么，该产业就有举办展会的空间。

（2）市场空间

市场空间是指市场结构状况、市场规模的大小和市场辐射力的强弱，这是举办展会的市场基础。市场结构状况揭示了展会展览题材的选择是否适合市场的需求。

（3）地域空间

地域空间主要是指展会举办地的地域优势和辐射力如何。一般地，展会应选择在那些展会展览题材所在产业比较发达的地方举办，或者选择在该产业产品的主要销售地。尽管如此，那些交通比较便利、基础设施较完善、信息较灵通、服务业较发达的城市往往也是举办展会的首选之地。

（4）政策空间

政策空间包括展会举办地对会展业发展的政策、对展览题材所在产业的政策以及对与会展业有关的行业的政策。

当然，决定会展项目发展空间的因素不仅仅只有上述四种，还有其他一些因素如展馆设施状况等对会展项目发展空间也有较大影响。但是，总的看来，对会展项目发展空间影响最大的还是上述四个因素。

2. 项目竞争力

会展项目竞争力分析是从展会本身出发，分析本展会与同题材的其他展会相比是否具有竞争优势。展会的竞争优势来源于很多方面，但对于一个展览题材已定的展会来说，展会定位的号召力、办展机构的品牌影响力、参展商和观众的构成、展会价格和展会服务等因素，对展会的竞争优势具有决定性的影响。

（1）展会定位的号召力

展会定位要能尽量反映展览题材所在产业的发展趋势，抓住该产业的热门话题，体现该产业的亮点和市场的特点，即所谓的要“抓住产业跳动的脉搏”；或者，展会定位要能切实满足该产业某一细分市场的需求。如果展会定位做不到这一点，那么，该展会定位的行业号召力就不大，展会对参展商和观众的吸引力就不强。

（2）办展机构的品牌影响力

办展机构品牌的影响力会延伸到其举办的展会上，形成展会的品牌效应，提高展会的档次、规格和权威性，扩大展会的影响力。于是，在分析计划举办的展会是否可行时，认真地分析其办展机构的组成是否合理、是否具有品牌影响力，是分析展会竞争力的重要组成部分。

（3）参展商和观众的构成

由于展会还没有举行，所以这里要分析的参展商和观众只是展会的目标参展商和目标观众。

（4）展会价格

展会价格的高低直接影响着企业参展成本的大小，企业总是希望以最低的价格获取最大的收益，因此在其他条件一定的情况下，企业会选择那些价格较低的展会参展。展会价格是展会竞争力的重要组成部分，展会定价合理能在很大程度上提高展会的竞争力。

（5）展会服务

展会服务包括展会筹备和展会举办过程中，办展机构为该展会的参展商和观众提供的各种服务，也包括展会的服务商和营销中介单位为参展商和观众提供的服务。

3. 办展机构优劣势

办展机构的优势，决定着他们在哪些产业里举办展会成功的可能性较大，也决定着他们举办哪些性质的展会将会有较大的优势。办展机构的劣势，决定着他们在哪些产业里举办展会成功的可能性较小，也决定着他们不能举办哪些性质的展会。

所以，办展机构在计划举办一个展会时，不要只考虑该展会本身是否有发展空间、是否有竞争力，还要考虑办展机构自己的优劣势，要考虑办展机构自己是否有举办这样一个展会的能力，或者自己是否适合举办这样一个展会。如果条件不具备，就不要轻易举办。

二、会展项目可行性研究报告

在对会展项目进行了以上各种分析以后，往往还要对举办该会展项目的社会效益进行评估。所谓会展项目的社会效益，就是举办该会展对当地社会各方面可能产生的影响。一般认为，举办会展对当地社会将产生积极影响，能带动相关产业的发展。因此，各地对举办会展一般都持积极的态度。

对举办该会展项目的社会效益进行评估，我们有必要清楚地认识会展经济的社会性质和功能。会展项目的社会效益是指其具有的社会经济功能和社会功能。

会展项目的社会经济功能是指通过举办会议和展览，取得直接的经济效益以及因此而带动一个地区相关产业发展的功能。会展经济是以会议和展览为基础的一种跨行业的经济行为，举办大型会议和展览，不仅需要酒店业、餐饮业、交通业、通信业、商业、旅游业、展馆、城市建设等行业的积极参与，而且还能通过乘数效应，带动这些行业加快发展。按通常说法，会展经济对相关产业的带动效益为 1∶9，会展经济因此也博得了“城市的面包”的美名。

会展项目的社会功能是指通过举办会议和展览而达到一定的社会、政治和文化目标。首先，举办大型会议和展览，不仅可以增强一个地区或城市的综合服务功能和服务意识，提高当地居民的综合素质，还可以重塑和提升该地区或城市的整体形象，从而达到一定的社会目标；其次，成功地举办国际会议和展览，还能促进国内和国际交往，增强国际合作和交流，解决某些争端，从而达到一定的政治目的；最后，通过举办会议和展览，可以促进科技文化的交流与合作，进而促进科技文化的发展。由于会展经济的社会功能强大，有人因此而将它比喻为“城市的名片”。评估会展项目的社会效益，还要评估它的社会功能如何。

如果通过评估，举办该会展其本身的经济效益和它所带来的社会效益，都是明显的和可以接受的，就可以认为举办该会展是可行的；否则，就是不可行的。

完成上述分析以后，就可以形成《会展项目立项可行性研究报告》，对会展立项是可行还是不可行作出系统的评估和说明，并为最后完善该会展项目立项策划的具体执行方案提供改进依据和建议。

因此，《会展项目立项可行性研究报告》除了环境分析、可持续发展分析和社会效益分析之外，还要包括以下三项内容。

第一，存在的问题。包括通过以上可行性分析发现的会展项目立项策划存在的各种问题、研究人员在可行性分析以外发现的可能会对会展产生影响的其他问题等。

第二，改进建议。针对上述问题，提出对会展项目立项策划的改进建议，指出要成功举 办该会展应该努力的方向等。

第三，努力的方向。根据会展的办展宗旨和办展目标，在上述分析的基础上，针对存在的问题，提出要办好该会展所需要具备的其他条件和需要努力的方向。

《会展项目立项可行性研究报告》是办展机构进行决策是否要举办该会展的重要依据，因此，一定要使《会展项目立项可行性研究报告》做到材料真实充分，分析客观科学，判断准确有理（见表 3–2）。

表3-2 会展项目立项可行性研究报告主要内容一览

结构	主要内容	备注
封面	策划书名称、公司名称、完成日期	
目录	自动生成报告标题	
总论	概述会展项目的基本情况中各部分的主题和研究结论，并对该会展项目可行与否提出最终建议，为可行性研究报告的审批提供建设性意见	
项目背景和发展概况	会展项目的主题定位，主承办单位情况，会展项目提出的原因与过程，会展项目的目标和范围，创新点，前期准备工作的进展情况，项目的必要性等	揭示研究的重点和问题
行业市场预测及分析	行业内现有竞争对手的分析，参展商和观众分析、会展主办者分析、潜在入侵者分析和代品分析等	明确会展产品在市场上的供求状况
项目执行方案分析	会展主题定位的准确性、举办时间和选址的合理性、招展招商及宣传推广计划的可行性等 通过详细的讨论和比较分析，在多种可供选择的方案中选择一个或者两个方案推荐	注意定性分析和定量分析相结合
项目组织及实施进度	统筹安排会展活动举办的组织保障，并根据项目的工作总量及各环节工作内容的特点，合理进行人员分工，制订相应的人员培训计划	切实可行的项目实施进度安排
项目投资估算及融资	应对项目资金来源及融资方式的不同方案进行比较分析，同时要考虑到由于项目实施情况的变化可能导致的资金使用情况的改变，来编制相应的融资方案和用款计划	会展项目投资决策的重要依据
项目财务分析及社会效益评价	分析策划举办的会展项目是否经济可行，并为即将举办的会展制订资金使用规划 进行会展项目的社会效益和环境效益的评价，包括提高城市的知名度、促进城市基础设施和环境的建设、提高居民的文化素质、树立城市形象等	
项目风险预测	举办一个会展可能面临的风险有四种，包括市场风险、经营风险、财务风险和合作风险。风险预测首先要评估它们存在的可能性有多大，并评估它们一旦发生，对会展项目可能会造成哪些影响，办展机构是否可以规避或者克服这些风险及它们所造成的影响。有些风险，会展企业无法控制，只能规避；有些风险，会展企业可以通过有效措施来进行积极预防和消除。最后，要给出会展项目总体风险大小的简要评论，提出相应的应对对策，从而判断会展项目是否切实可行	
结论和建议	根据前面各部分的可行性研究分析结果，对会展项目的行业市场状况、项目执行方案、项目组织及实施进度、项目的投资估算及融资、项目财务及社会效益评价、项目的风险预测给出结论性的评价；并对可行性研究中尚未解决的问题提出解决办法和建议；对应修改的主要问题进行说明，提出修改意见；对不可行的会展项目，提出不可行的主要原因；对整体方案进行总结，提出结论性的意见建议	

（资料来源：编者整理）

任务三　会展项目立项确认

会展项目立项就是根据掌握的各种信息，对即将举办的会展项目的有关事宜进行初步规划，制订会展项目的基本框架。这些内容主要包括：会展名称与地点、办展机构、展出范围、办展时间、展出规模、会展定位、招商与招展计划、宣传推广计划、项目进度计划、现场管理计划、相关活动计划等。

一、会展项目立项基本要素

会展的基本要素由会展名称和地点、办展机构、办展时间、会展定位、会展规模等几方面构成。

（一）会展名称和地点

展览项目立项策划要提出的计划举办的展览会的初步规划内容，主要包括会展名称和地点、办展机构、办展时间、会展定位、会展规模等。

1. 会展名称

策划举办展览会，首先面临的问题就是如何给展览会取一个合适的名字。要给展览会取一个适当的名称，就必须了解展览会名称所包含的基本内容和一般知识。

展览会的名称一般包括三个方面的内容：基本部分、限定部分和行业标识。如“第七届中国国际装备制造业博览会”，如果按上述三个内容对号入座，则基本部分是“博览会”，限定部分是“中国”“国际”“第七届”，行业标识是“装备制造业”。下面分别对这三个内容作一些说明。

（1）基本部分

用来表明展览会的性质和特征，常用词有展览会、博览会、展销会、交易会和“节”等。这五个词的基本含义有一些区别。一般来说，展览会是指以贸易和展示宣传为主要目的的会展，展览的题材较少和专业性较强，参与展览的产业有限，展览现场一般不准零售。博览会是指以展示宣传和贸易为主要目的的会展，展览的题材多而广泛，专业性不强，参与展览的产业较多，展览现场一般也不准零售。展销会是指以现场零售为主要目的的会展，展览题材的多寡视会展的规模而定，没有特别限制。交易会和“节”的含义较广，同时具有展览会、博览会和展销会三者的含义，但从目前展览业的实际操作看，交易会最主要的目的是贸易成交，展示的功能次之，交易会对展览题材的多寡也没有特别限制，可多可少。尽管有上述区别，但在实际操作中，人们经常将“展览会”和“博览会”混用，都用来表示会展。

（2）限定部分

用来说明会展举办的时间、地点、规模和行业范围。在会展的名称里，会展举办时间的表示办法有三种：一是用“届”来表示，二是用“年”来表示，三是用“季”来表示。如第十五届上海国际服装纺织品博览会、第一届中国国际食品展、第二届华北春季糖酒会等。在这三种表达方法中，用“届”来表示最常见，它强调会展举办的连续性。会展举办的地点在会展的名称里也要有所体现，如第二十六届成都国际汽车展览会中的“成都”。展览会的规模一般用国际、国家、地区等表示，如第十九届中国西部国际博览会中的“国际”表明本会展是一个国际展。

（3）行业标识

用来表明展览题材和展品范围，如第八届四川农业博览会中的“农业”。行业标识通常是一个产业的名称，或者是一个产业中的某一个产品大类。有些会展的行业标识也可以是几个产业或一个产业中的几个大类，还有些会展的名称里没有行业标识，如“广州博览会”。由于会展包含的题材众多，无法在会展名称中全部体现，所以干脆就不标识。在给会展命名时，要注意选择合适的表示会展行业标识的词。如果该词的含义过宽，会使观众和参展商对会展产生浮夸和虚假的印象；如果该词的含义过窄，会削弱会展的影响和展出效果，两者对会展的长远发展都不利。

从上可见，确定会展的名称，也就确定了会展的基本内容和基本取向。比如，会展名称的基本部分决定了该会展是专业贸易展还是综合消费展，行业标识部分基本决定了会展的展品范围大约是什么。

2. 会展举办地点

展览会在哪儿举办，包括两个方面的内容：一是会展在什么地方举办；二是会展在哪个展馆举办。

策划选择会展在什么地方举办，就是要确定会展在哪个国家、哪个省或者是哪个城市里举办。选择会展在什么地方举办，是与会展的展览题材、会展的性质和会展的定位分不开的。会展可以固定在一个地方举办，也可以在几个地方轮流举办，在几个地方轮流举办的展会通常被称为“巡回展”。在现实中，绝大部分的会展是固定在某一个地方举办的，巡回展在会展总数量中所占的比例很小。

策划选择会展在哪个展馆举办，就是要选择会展举办的具体地点。目前，大部分的会展都是在展览馆内举办的。举办会展的展览馆有室内场馆和室外场馆之分，室内场馆多用于举办一般的展览题材的会展；室外场馆多用于举办那些展品超大、超重和其他特殊题材的会展，如航空展。

（二）办展机构

办展机构是指负责会展的组织、策划、招展和招商等事宜的有关单位。办展机构可以是企业、行业协会、政府部门和新闻媒体等。根据各单位在举办展览会中的不同作用，一个展览会的办展机构一般有以下几种：主办单位、承办单位、协办单位、支持单位等。

1. 主办单位

主办单位是指拥有会展并对会展承担主要法律责任的办展单位。主办单位在法律上拥有会展的所有权。在实际操作中，主办单位有三种形式；一是拥有会展并对会展承担主要法律责任，并负责会展的实际策划、组织、操作与管理；二是拥有会展并对会展承担主要法律责任，但不参与会展的实际策划、组织、操作与管理；三是名义主办单位，既不参与会展的实际策划、组织、操作与管理，也不对会展承担法律责任。

2. 承办单位

承办单位是指直接负责会展的策划、组织、操作与管理，并对会展承担主要财务责任的办展单位。承办单位对举办会展的各个方面都会产生重大影响，是办展机构中较为核心的单位。除了上述职能外，大部分承办单位还要负责会展的招展、招商和宣传推广工作。

3. 协办单位

协办单位是指协助主办或承办单位负责会展的策划、组织、操作与管理，部分地承担会展的招展、招商和宣传推广工作的办展单位。协办单位对会展一般不承担财务责任，也不承担会展的主要招展和招商工作，只是对主办或承办单位的工作起协助作用。在实际操作中，协办单位承担的工作最为常见的是部分的招展、招商和宣传推广工作。

4. 支持单位

支持单位对会展主办或承办单位的会展策划、组织、操作与管理，或者是招展、招商和宣传推广等工作起支持作用的办展单位。支持单位有时候也承担一些会展的招商和宣传推广工作，但基本不参与会展的招展工作，也不对会展承担任何财务责任。

选择好会展的主办单位、承办单位、协办单位和支持单位等办展机构，对于一个会展的成功举办和长远发展有十分重要的意义。对于一个会展而言，主办单位和承办

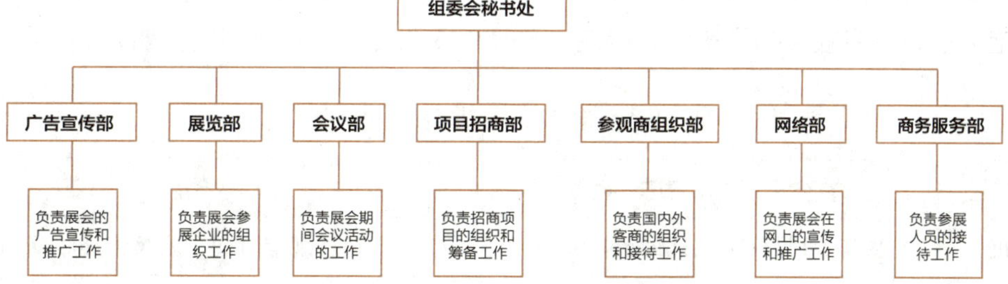

图3-1　政府主导型会展组委会结构

单位是最为核心和最为重要的办展机构，也是举办一个会展所必不可少的办展机构。协办单位和支持单位对一个会展来说不是必不可少的，它们往往是结合主办单位和承办单位的实际能力，并视会展的实际需要，来决定其是否参与。

有一点需要指出的是，政府主导型会展项目与商业化运作会展项目，在会展组织机构的构成形式方面不一样。政府主导型项目的组织机构通常从各有关单位抽调人员成立一个临时机构，其基本结构见图 3-1；而商业化运作项目往往由专业会展企业负责实施，他们除了邀请有关部门作为主办、协办和支持单位外，不再另外成立机构，承办单位的工作基本由该企业来承担，专业办展企业的内部结构，详见表 3-3。

表3-3　专业会展企业内部结构

部门名称	工作内容
公关策划部	媒介关系；项目策划；撰稿；客房服务
招商招展部	项目策划；招商招展；项目实施
展台展示部	三维设计；项目管理
会议活动部	接待；项目管理；设备租赁
特装制作部	漆工组；木工组；焊工组；电工组
美工制作部	平面设计；制作

（三）办展时间

办展时间是指会展计划在什么时候举办。办展时间有三个方面的含义。一是指举办会展的具体开展日期。二是指会展的筹展和撤展日期。筹展日期是提供给参展企业在会展开幕前布置好展位的时间，撤展日期是在会展结束后供参展企业拆除展位和撤除展品的时间。三是指会展对观众开放的日期。有些会展只对专业观众开放而不许一般公众参观；有些会展对专业观众和一般公众都开放，但开放的时间不同；还有些会展同时对专业观众和一般公众开放并且开放的时间也相同。

由于办展时间三个方面的内容密切相关，互相影响，因此，对办展时间三方面的安排必须统筹兼顾，不能顾此失彼。如“世博会”的展期长达几个月甚至半年；但对于占会展绝大多数的专业贸易展来说，展期一般是 3~5 天为宜，具体实例，如表 3-4 所示。

表3-4　某展览会举办时间安排

活动内容	时间安排	备注
布展	2019年4月11日至12日每天9: 00—19: 00	超过规定时间，展馆将加收费用
开幕式	2019年4月13日9: 30	—

（续表）

活动内容	时间安排	备注
正式展出	2019年4月13日至15日每天9: 00—17: 00	仅对专业观众开放
	2019年4月16日9: 00—17: 00	公众开放日
撤展	2019年4月17日9: 00—21: 00	超过规定时间，展馆将加收费用

在确定办展时间时，不论是上述三个方面哪个方面的具体时间，都要尽量精确到“小时”和“分”，这样才有利于参展企业和会展的观众作参展和参观的计划和准备。尤其是对会展筹展和撤展时间的安排，既要充分考虑参展商的需要，也要考虑到展馆的实际条件是否允许。

时间上，要充分考虑会展所在的行业有无季节性特征，如果有，就要尽量让会展的办展时间能符合这种特征，否则，举办会展就会遇到极大的困难。

除了要考虑会展展览题材所在行业的特征外，确定本会展的办展时间时，还要充分考虑相关会展的办展时间。要根据本会展的定位、办展单位的优劣势和会展的竞争策略，充分考虑相关会展对本会展可能产生的影响，合理地安排本会展的办展时间。原则上要尽量避开国内外有重大影响的同类题材的展览会的举办时间，要避免彼此在时间上产生冲突，特别是要尽量避开国内外该类题材的品牌会展的举办时间，策划的新会展和它们的举办时间原则上要相隔三个月以上。

另外，展览时间的确定还受国家法定节假日的影响，并在一年之中有淡季和旺季之分。一般来说，每年的3—6月和9—10月间气候适宜，且企业正在执行每年上半年或下半年的采购、销售和生产计划，参展意愿强烈，是举办各种会展的旺季；每年的7—8月和12月至次年的1月间气候稍差，且企业的采购、销售和生产计划已经执行或正在编制，参展意愿较弱，是举办各种会展的淡季。

会展的办展时间可以是固定在某一个日期，也可以每年视情况作出调整。一般来说，会展的办展时间一旦确定下来了，如果没有特殊情况就不要随便变动，这样有利于目标参展商和观众提前做好参加会展的计划、预算和其他准备。

（四）会展项目定位

会展项目定位是要清晰地告诉参展企业和观众会展项目“是什么”和“有什么”。具体地说，就是办展机构根据自身的资源条件和市场竞争状况，通过建立和发展会展的差异化竞争优势，使自己举办的会展在参展企业和观众的心目中形成一个鲜明而独特印象的过程。会展项目定位要明确会展的目标参展商和观众、办展目标、会展的主题等。项目定位关键是要在定位前找到最适合其发展的细分市场，并立足于这个细分市场，赋予本项目以区别于同题材的其他会展的差异化和个性化特征。

1. 会展项目定位原则

会展项目定位强调其整体性，只有将项目的各个具体目标有机地结合在一起，项目的整体功能才能得到最大限度的发挥。所以，在给一个会展项目定位时，应该遵循目标性、前瞻性、可行性和阶段性特征，尽量避免定位不够、定位过分、定位模糊、定位疑惑、定位僵化等问题。

2. 会展项目定位步骤

（1）执行会展识别策略

通过对会展市场的细分，明确会展要向参展商和观众提供哪些富有特色而又与众不同的价值，界定会展与同题材其他会展的不同之处在哪里，表明会展通过怎样的方式向参展商和观众提供这些与众不同的价值。

（2）选定目标参展商和观众

通过细分具体产业市场，选定适合所办会展的潜在参展商和观众的范围。

（3）积极传播会展形象

会展定位确定后，要通过各种手段将会展的特色告诉潜在的参展商和观众，让他们对展会的定位有初步的认知。

（4）创造差异化优势

通过上述办法，将会展富有特色而又与众不同的价值传递给参展商和观众，并得到他们的认同。由于特色鲜明，会展与同题材的其他会展相比竞争优势凸显，在众多的会展中就会脱颖而出，取得成功。

（五）会展规模

会展规模包括三个方面的含义：一是会展的展览面积是多少；二是参展单位的数量是多少；三是参观会展的观众有多少。在策划举办一个会展时，对这三个方面都要作出预测和规划。

1. 会展展览面积

展览面积有实际使用面积和毛面积之分。实际使用面积是会展所有展位所实际占用的面积的总和，毛面积是实际使用面积加上展位间的通道、空地等面积的总和。实际使用面积最能真实地反映会展的规模。对于有些会展，展览面积还有室内展览面积和室外展览面积之分。

2. 参展单位数量

就是占用一定的展位面积的参展企业的数量。参展的单位可能是企业、行业协会、媒体、研究机构和其他单位等。

3. 参观会展观众数量

就是到会参观会展的观众的数量。到会参观会展的观众有专业观众和一般公众之分。专业观众是指那些与会展的展览题材有关的来自企事业单位的有一定经营目的的人士，一般公众是指那些基本是为个人和家庭目的而参观会展的普通大众。专业观众往往能为参展企业带来大量的订单，一般公众只是零星采购和参观。因此，对于绝大多数会展来说，保证专业观众的数量和质量是其努力追求的目标。

会展规模的大小受会展展览题材所在产业的产业规模、市场容量和发展程度、与会观众数量和质量、办展机构所采用的办展策略的限制和制约。

二、会展项目效益预测

（一）社会效益预测

会展项目的社会效益主要是指，会展所涉及行业发展的促进作用和影响力，以及在城市整体经营中所起的作用等。这是检验一个政府主导型会展项目成功与否的重要指标。会展组织者在策划之初，首先想到的就是希望通过项目举办所达到的效果。其实，这也是他们对会展社会效益的预测。而商业性会展组织者对项目社会效益的预测，更多的是关注项目对所涉及行业的影响力。一个会展项目处在不同的发展阶段，组织者对其所预定的目标也不一样。相对而言，商业性会展的组织者关注经济效益更多一些。

（二）经济效益预测

会展项目经济效益预测就是策划会展时，对会展的主要收入和主要支出的初步估算。这是评估一个会展项目是否可以立项举办的重要依据。对会展项目经济效益预测的前提是要先预测项目的展出规模、确定展位价格以及其他收入数额，另外就是要预

表3-5　会展的主要收支项目

单位：万元

收入			支出		
项目	金额	比例/%	项目	金额	比例/%
展位租金 门票收入 广告收入 企业赞助			场地费用 展出现场装饰费用 宣传推广费用 招展费用 专业观众组织费用 开幕式及配套活动费用 开幕式酒会及宴请费用 办公及人员费用 税收 不可预见的费用		
合计			合计		

测会展的各项支出款项。这样才能对一个会展的经济效益作出预测。一个会展的主要收入和支出项目，如表 3–5 所示。

项目学习小结

本章主要讲述了为策划一个会展项目的行业选择、题材确定、各个执行方案的策划、立项书的撰写和可行性研究报告等。这些内容是策划一个会展项目立项必须了解和掌握的。通过本项目的学习，了解在策划一个会展项目时需要完成的立项策划和可行性论证，具备对会展选择、会展立项分析能力和策划的操作能力，为会展项目的顺利实施做准备。

单选题

1.（　）通常表现为主办方对会展内容的理解，是会展对外宣传的标志，很有号召力。

A. 会展主题　　B. 会展题材　　C. 会展名称　　D. 会展定位

2.SWOT 分析法把办展机构所面临的宏观和微观市场环境各要素综合起来进行分析，为会展提供四种可以选择的对策。其中（　）即利用办展机构的内部优势去抓住外部市场机会。

A.SO 战略　　B.ST 战略　　C.WO 战略　　D.WT 战略

3.SWOT 分析法把办展机构所面临的宏观和微观市场环境各要素综合起来进行分析，为会展提供四种可以选择的对策。其中（　）即利用办展机构的内部优势去回避或减少外部威胁。

A.SO 战略　　B.ST 战略　　C.WO 战略　　D.WT 战略

4.SWOT 分析法把办展机构所面临的宏观和微观市场环境各要素综合起来进行分析，为会展提供四种可以选择的对策。其中（　）即利用外部机会来改进办展机构的内部弱点。

A.SO 战略　　B.ST 战略　　C.WO 战略　　D.WT 战略

5.SWOT 分析法把办展机构所面临的宏观和微观市场环境各要素综合起来进行分析，为会展提供四种可以选择的对策。其中（　）即克服办展机构的内部弱点，避免外部威胁。

A.SO 战略　　B.ST 战略　　C.WO 战略　　D.WT 战略

6. 以下表述错误的是（　）。

A. 办展机构的优势，决定着他们在哪些产业里举办会展成功的可能性较大，也决定着他们举办哪些性质的会展将会有较大的优势。

B. 办展机构的劣势，决定着他们在哪些产业里举办会展成功的可能性较小，也决定着他们不能举办哪些性质的会展。

C. 办展机构在计划举办一个会展时，只需要考虑该会展本身是否有发展空间、是否有竞争力。

D. 办展机构在进入某一行业办展之前，必须明确办展目标，然后根据目标来整合资源，制订行动计划。

多选题

1. 会展题材的类型包括（　　）。

A. 分列题材　　B. 拓展题材

C. 创新题材　　D. 合并题材

2. 会展项目的宏观环境具体包括人口环境、经济环境、（　　）等。

A. 技术环境　　B. 政治法律环境

C. 社会文化环境　　D. 市场需求环境

3. 会展项目的微观环境包括（　　）、服务商和社会公众等。

A. 办展机构内部环境　　B. 竞争者

C. 目标客户　　D. 营销中介

4. 会展项目发展空间分析就是要分析举办该会展所依托的产业空间、（　　）等是否具备。

A. 结构空间　　B. 市场空间　　C. 地域空间　　D. 政策空间

5. 社会文化环境有哪三大类？（　　）

A. 物质文化　　B. 关系文化　　C. 观念文化　　D. 环境文化

6. 下列属于微观市场环境的是（　　）。

A. 目标客户　　B. 服务商　　C. 办展机构内部环境　　D. 经济环境

复习思考题

1. 会展项目定位的步骤是什么？

2. 会展立项的基本要素是什么？

3. 会展项目的效益预测主要包括哪些？

4. 会展项目的环境分析一般包括几个方面？

5. 先确定一个会展题材，通过网络收集相关信息，进行会展项目的环境分析。

项目四　会展招展策划

学习要点

1. 了解参展商数据库的重要性；
2. 掌握建立参展商数据库的方法和步骤；
3. 掌握展位展区划分的原则；
4. 掌握展位定价的常见方法；
5. 了解招展分工和招展代理的基本内涵，熟悉并掌握招展代理商的选择、聘用、权利和责任；
6. 掌握招展手册的内容和原则，并能够实际应用；
7. 掌握招展方案的基本内容。

案例导读

相约蓉城，2024中国体博会招展工作即将于8月8日全面启动

2023 年 8 月 8 日，恰逢我国第 15 个“全民健身日”之际，2024（第 41 届）中国国际体育用品博览会（以下简称“2024 中国体博会”）的招展工作也将全面启动。由中国体育用品业联合会主办的 2024 中国体博会，将于 2024 年 5 月 23—26 日在成都中国西部国际博览城举行。截至目前，展会前期的各项规划、筹备工作已全面就绪，招展工作即将面向业界上线启动。

作为中国体育用品业历史最为悠久、最具影响力的行业盛会，中国体博会一直以来都发挥着衔接行业上、中、下游的桥梁作用，承担着“后勤部长”的关键角色，协同政府、企业持续为市场输出优质产品资源。选择在 8 月 8 日这个对于中国体育事业和全民健身行业具有特殊意义的日子，启动 2024 新周期的招展工作，并面对新阶段、

新任务、新使命，也预示着令业内万众瞩目的中国体博会将会继续以新的面貌，坚定不移地稳步前行，更标志着，属于中国体博会的“蓉城序章”正式拉开帷幕。

31 年风雨兼程，41 章一路同行。当整个体育用品行业触达“十四五”体育规划中所提出的各项要求和任务时，就必须在经济环境依旧处于波动状态下，继续坚定不移地探索经济内循环的实施路径，加大释放体育消费潜力。

为了解企业之所难、迎大众之所需，2024 中国体博会组委会用心、诚心、精心地优化展会品牌战略，扩大展示规模，优化展会服务，组织丰富多彩的会议论坛活动。

2024 中国体博会将继续保留经典的会议活动，包括中国体育产业峰会、CSS TRENDS 中国家用健身器材新品趋势发布及展示活动、CSS AWARDS 中国体博会创新推优大奖、中国体博会智能健身器材评选等。除此之外，展会期间还计划组织健美比赛、青少年篮球邀请赛、飞盘运动邀请赛、儿童滑步车大赛、力量举邀请赛、国球大众邀请赛等一系列精彩赛事。

与此同时，组委会将从商业体系专业观众、非商业体系专业观众、大众爱好者、海外观众四个维度，对展会目标人群进行精准邀约。

回顾中国体博会历史，成都在其发展进程中，始终是一个居于特殊地位的城市——是除北京以外“唯二”的既举办过夏季展，又举办过冬季展的“双博之城”，是首个跨越了中国体博会“新旧全称”和“新旧标识”的举办城市。

此次 2024 中国体博会再次回归成都，主办方中国体育用品业联合会将和成都市有关政府部门强强联手，覆盖全产业链，构建良好的供需营商环境。并结合成都本地的城市文化特色，组织各省、市、地区政府展团前来参观。借助官方公众号、视频号、抖音号等新媒体平台进行强势推广，对海外客户加大邀请力度，以跨界融合、集群互联的形式，架起各方互通有无的有效窗口。推行高质量的全新展会营销模式，让制造无边界、合作无局限，更好地满足新时期体育建设的需要。

2024 中国体博会定于 2024 年 5 月 23—26 日在中国西部国际博览城展览展示中心（西博城展馆）举办。中国西部国际博览城总建筑面积 57 万平方米，其中室内展览面积 20.5 万平方米，室外展场面积 10 万平方米，配置了完善的办公、餐饮及停车场、货运轮转区等配套设施。凭借其磅礴的气势和优美的造型，荣获了中国钢结构建筑金奖、国家优质工程金奖、鲁班奖等荣誉，整体硬件水平位居全国前列。

在展会的规划和展馆布局上，2024 中国体博会展区在延续健身、体育场馆及器材、体育消费及服务三大主题展区的基础上，将继续强化政府展区的作用。进一步结合展览内容及产业链特点，对每个主题展区内的细分领域进行深化设计，合理布局并提炼各区域最具代表性的展览亮点。通过分析展会举办地中国西部国际博览城的展厅使用特点、人员车辆流线等因素，进行功能区域规划，为参展企业提供合理的展览空间，为不同需求的采购商、专业观众及体育爱好者观展提供更为便捷、高效、顺畅的观展流线。

较往届相比，2024 中国体博会每个展区的统筹分类呈现方式将更加细化、更加精确，对于展区亮点的打造也将更贴近市场、更具有新潮性。

健身展区依旧主打家用健身、商用健身及全民健身两大核心板块。

家用健身板块

规划贯穿了三条“主线”，即“家用整机”“小型训练健身器材”“按摩及家庭保健产品”，其亮点有三：一是推行新的时尚生活方式；二是打造私人家庭健身房；三是集中全国拥有领先技术水平及熟练生产人员的家用健身器材生产企业。

商用健身及全民健身板块

则是“五子登科”，即商用健身及全民健身、商用整机、全民健身室外器材、康复与检测、健身器材配件，可穿戴智能设备、激光切割设备等，集中展示健身房配套设施一体化解决方案场景、体育公园集成解决方案场景。

体育场馆及器材展区

将进一步紧跟政策风向，着力打造体育公园、体育场馆一体化解决方案。该展区将围绕：弹性运动地面、人造草、场馆营造、运动木地板、体育器材、泳池设备等六大板块强势进击。值得注意的是，该展区的泳池设备专区在历经几年培育后，现已逐渐形成规模——汇聚了国内外顶级泳池设备及上下游领域的企业，届时不仅集中展示完整的泳池行业产业链，同时也会举办泳池运营场所领域的专业论坛；此外，有关“青少年体育器材标准”“智慧化场馆一体化解决方案”等专业会议，也将在体育场馆及器材展区进行，同样值得期待。

体育消费及服务展区

将紧紧围绕球类及运动鞋服展区、时尚运动生活展区这两个子展区板块，拟分别以“三大球振兴中国力量，民族品牌崛起”“我型我 show，绿客时尚，生活态度”为主题，将足篮排球及运动护具、乒羽网球及其他球类、运动鞋服、户外休闲装备、时尚体育器材、大众体育服务类产品一并囊括。拟通过举办当下流行的体验类赛事与活动，让大众爱好者能够近距离感受到时尚体育运动的魅力。展区还将围绕户外运动休闲方式及周边产品服务的发展趋势，打造场景化的展示空间，持续助力国潮运动品牌的发展，协助国潮新品进行发布及现场体验等营销活动。

政府体育事业展区

以“资源共享，合作共赢”为主题，面对国内、国际“双循环”相互促进的经济格局，深化政企合作，发挥政府指导和引领作用，激活企业市场主体新模式。届时，地方政府部门（体育 / 教育 / 旅游主管部门为主）、国际及国内体育组织 / 运动项目协会、各地体育产业集团，以及各地体育产业园区都会在这里集合会面。

2024 中国体博会展位价格境内参展：

光地：1550 元 / 平方米，54 平方米起售

标准展位：15500 元 / 个，9 平方米 / 个

通道费：2500 元 / 家，标准展位 / 豪华标展两面及两面以上临通道的一次性加收

标准展位升级包：1500 元 / 个，不享受优惠政策

境外参展：

光地：300 美元 / 平方米，36 平方米起售

标准展位：3000 美元 / 个，9 平方米 / 个

2024 中国体博会参展优惠政策

会员折扣：成为《中国体育用品业联合会》会员单位，并连续缴纳两年以上会费，可以享受展位费优惠 10%（9 折），可与连续参展折扣叠加。

连续 2 年参展：同一签约公司（以纳税人识别号为准），已连续参展两年，第三年参展，非会员企业展位费优惠 19%（8.1 折），会员企业叠加会员单位折扣最终优惠 29%（7.1 折）。

连续 3 年参展：同一签约公司（以纳税人识别号为准），已连续参展三年，第四年参展，非会员企业展位费优惠 28%（7.2 折），会员企业叠加会员单位折扣最终优惠 38%（6.2 折）。

连续 4 年参展：同一签约公司（以纳税人识别号为准），已连续参展四年，第五年参展，非会员企业展位费优惠 35%（6.5 折），会员企业叠加会员折扣最终优惠 45%（5.5 折）。

2024 中国体博会参展报名方式

8 月 8 日，2024 中国体博会届时将开放参展报名，敬请关注中国体博会官方网站及官方微信公众号进一步了解展览信息，并根据实际需求通过如下方式从速报名。

电脑端参展报名方式：登录中国体博会官网 www.sportshow.com.cn 或搜索“中国体博会”官网在线报名。点击“参展商报名”，填写参展申请表，提交成功后，挑选展位。

手机端参展报名方式：点击报名链接 http://wss.sportshow.com.cn/wss/exhibit/reg_01.aspx，或点击本文左下方“阅读原文”，跳转页面，逐步填写，完成参展报名。

（资料来源：中国体博会官方公众号）

任务一　参展商数据库建立

在展览项目产业链中，上游就是招展（邀请展商参展），下游是运营（售后及现场服务），中游是招商（邀请观众参观）。没有展商就无法提供售后服务，而邀请观众

也无从谈起，所以招展工作才如此重要。

招展就是办展机构招揽企业参加会展项目的展出活动的行为，是会展项目成功运作的基础。招展策划是对招展活动方案进行的策划，是会展项目整体策划中最基础的工作之一，也是会展筹备过程中最重要的环节之一。而招展必然绕不过参展商。

一、目标参展商数据库重要性

招展工作是整个展会运作的核心部分，目标参展商信息收集是招展工作的第一步。收集的相关参展商信息和数量越多，越有利于招展工作顺利进行。因此，要通过各种方法广泛地收集目标参展商的信息，建立一个完备的目标参展商数据库，为展会招展做好基础性的准备工作。

目标参展商是指办展机构认为可能会来参加会展的企业和其他单位，这些企业主要是该会展展览题材所在行业的企业，也有少数是与该题材所在行业相关联的行业的企业。参展商数据库应尽量全面、真实、完备，包括展览题材所在行业的企业的基本数量、特征和分布的相关信息与每一个具体企业的信息。

参展商与观众的支持是会展长期运作下去的根本保障，参展商的连续参展率是衡量一个会展成功与否的两个很重要的数据之一；另一个很重要的数据是观众的连续观展率。所以建立一个完整实用的目标参展商数据库，对于会展的成功举办是非常重要的。目标参展商数据库和目标观众数据库会产生以下影响。

有针对性的宣传推广。目标参展商数据库和目标观众数据库可以对展会的宣传和推广产生影响。根据数据库中的信息，可以有针对性地进行宣传活动和吸引目标观众群体，从而提高参展商与观众的匹配度，进而提高展会的成功率。

更好的参会体验。目标观众数据库可以提供一份清晰的观众信息管理计划，实现不同关注点的个性化定制内容，这将为观众带来更好的参会体验。

吸引更多的目标参展商。展会可以利用目标参展商数据库有针对性地邀请符合条件的参展商，从而提高参展商对展会的参展兴趣。同时，也可以更好地与参展商互动，以了解他们的需求和期望，从而为其提供更好的服务和支持。

提高活动质量。目标参展商和观众数据库的数据分析可以提供有关参展商和观众的多方面信息，从而为展会策划更多元化的活动，增加趣味性和参与度，提高活动质量和受欢迎程度。

提高参会效率。目标参展商和观众数据库的数据分析可以及时掌握参展商和观众的需求，从而更好地安排场地、展台和布局，提高参会效率和浏览体验。

综上所述，目标参展商数据库和目标观众数据库是有效提高展会成功率、吸引参展商和观众、提高活动质量的重要工具。

二、目标参展商数据收集

要建立一个完整实用的目标参展商数据库，首先必须广泛地采用多种方法收集目标参展商的有关信息。会展项目管理人员应收集的参展商的信息，主要包括企业名称、主要负责人、产品名录、参展历史及企业信誉、联络方式等。除此之外，办展机构还要从总体上、宏观上对这些信息加以分析和把握，如分析该行业企业的结构状况，分析该行业企业的地区分布状况，了解行业的市场特点等。

对于会展企业老客户的信息收集，可以从会展企业以前的项目历史记录和档案中获得，会展企业应建立客户信息系统，将大量客户信息归档保存。对于新客户的有关信息，可以通过多种渠道进行收集，主要有以下几种渠道（见表 4–1）。

表4–1　新客户信息收集一览

形式	渠道
行业的企业名录	很多行业都有行业内企业的名录，办展机构可从中找到大量的参展商信息，包括电话黄页和各种年鉴中附有的企业名录。
各地的商会、连锁协会、行业协会等行业组织	办展机构应与其建立密切关系，从中了解行业内企业的情况。行业协会一般掌握着行业内最丰富的客户资源，办展机构要发掘行业协会，获得参展商来源，可以考虑让行业协会参与主办或协办会展。
政府相关部门	政府主管部门对其所主管行业的企业有较详细的了解，可以从中获取信息。特别是可以通过政府有关部门获取国际专业买家和销售代理商的信息。政府有关部门甚至可以向办展机构提供国外市场分析资料。
同类展会	办展机构需要关注同类展会的信息报道，亲自参加是最理想的一种方式。
新闻媒体	其主要包括各个行业的专业刊物和互联网上的企业网站、行业网站等。这种渠道往往能了解到行业发展的前沿动态，具有前瞻性。
委托调查	办展机构可以委托会展咨询公司寻找潜在的会展参展商，或向这类机构购买有关企业的信息资料，掌握相关信息。

三、目标参展商数据库建立步骤

目标参展商数据库是指将所有目标参展商的有关信息，按照一定的规则来建立的数据库。建立目标参展商数据库要求：有一定的数据量，分类科学合理，数据真实可靠，便于查找和检索，可以及时修改但是有一定的修改权限限制，数据库的用户界面要友好、简洁、一目了然，数据库要适合在局域网上使用，支持多用户同时使用，等等。可以尝试通过以下步骤来建立目标参展商数据库。

确定数据类型。办展机构所面对的客户是一个广泛复杂的群体，不同的客户有着不同的参展需求。确定需要收集哪些信息，如公司名称、行业分类、联系人、联系方式、参展意向等。

收集信息。通过公开网站、社交媒体、商会组织等渠道收集相关企业、个人以及市场信息，并进行组织与整理，可以参考目标参展商数据收集的几种渠道。同时需要考虑清楚，哪些数据是数据库使用者所关心的，是有用的信息，收集有效信息才能使这些数据变得对他们更为有用。

分类记录。将收集到的信息进行分类记录，建立数据库框架。可以根据收集到的信息口径将其归为不同的类别，比如地理位置、行业类型、产品种类等。可以根据客户的消费历史和偏好、交易资料等进行筛选分类。

数据清洗与更新。对收集到的信息进行清洗和去重，确保数据质量良好。同时需要定期进行数据更新，例如，添加新客户、删除无效数据等。一个目标参展商数据库包括的基本信息有目标参展企业名称、电话、客户编码、统计数据、客户查询方式等。这些信息对每一个客户来说，都应该是唯一的。

保证数据安全。建立合适的系统和流程，确保数据安全，避免数据泄露和滥用。目标参展商数据库的建立是为招展服务，数据库的界面应友好、简洁、分类准确、便于查询、出现问题能随时修改和调整等。

运用数据。在实际运营过程中，将建立的数据库应用于目标群体的招展、邀约工作，达到更准确、高效的推销目的。也可以根据实际需求，进行数据挖掘、分析，发现潜在客户群体和展览市场趋势，为企业制定决策提供参考。

需要指出的是，建立数据库不仅需要有很强的计算机专业知识，也需要有丰富的会展展览题材所在具体行业的知识，如果办展机构缺乏这样的人才，可以请其他专业公司负责帮助实施。

拓展阅读

展会如何招展？

做好展会销售有以下几点：

1. 找客户数据，积累资源。不管你是别的展会上挖，还是网上各种搜关键词，积累是必须，量变到质变。

2. 不断提高展会销售沟通水平。很多展会销售一上来就是直接问企业，参加不参加我们的展会。这样沟通的成功率很渺茫，因为对方觉得你推销太明显，所以我们要抓住客户的需求点来进行介绍，例如，这个公司是否有新产品要出来，或者他们的客户群体是哪些，今年有没有活动预算？

3. 对你的展会行业不必很精，但也要有基本的了解。要对你这个行业的一些知名龙头企业有所耳闻，还有你们的展会优势特色，往届的情况要在大脑里，包括展位的价格。企业问起来，这样也会显得你的专业性。要成为优秀的展会销售其实也不容易，硬技能（展会行业相关知识）+软技能（沟通销售能力）。任何销售工作都是50%和人打交道，另外50%是自身产品+走内部流程。做好以上工作的同时，请大量、大量、大量打电话吧！任何销售都是这样，除非你的产品或者展会是垄断，如果你不想打电话、不想加行业群、不想发朋友圈、不想去看其他展会、不想参加行业活动、不想去拜访企业，那就很难做好这份工作了！

一个全新的展览项目招展，对于销售人员来说最重要、最紧急的工作是什么？那就是深度访谈。那么深度访谈又是什么意思呢？通过销售人员与受访者面对面的口头交流深入了解彼此的诉求，交换对于会展项目的意见和反馈，以期最终能够达成共赢的结果。

销售人员面对的是潜在展商，潜在展商中又有一小部分是重点的潜在展商，这部分潜在展商就是深度访谈的对象，包含参展企业的高层管理人员。另一部分深度访谈对象是展览项目所属行业中的重要政府官员、协会学者或顾问。

任务二　展区展位规划

展区和展位的划分是招展策划的一项基础性工作。展会一般通过展品类别来划分展区，在每个展区里，还要根据场馆的场地特征划分展位，决定哪些地方搭建特装展位，哪些地方搭建标准展位，两种展位各自需要多大的面积。展区展位划分科学，易于参展，便于现场管理与服务，展场气氛适宜是办展机构进行招展策划的成功关键所在。

一、展区和展位认知

（一）展位分类

展览会一般根据展馆场地的基础条件，按照展品类别将同类展品安排在同一个展区。展位则是参展企业展示产品或服务的地域空间范围，是展览活动的基本空间单位。不同的展览会的展位规格、样式、基本配置各有不同，一般分为标准展位和非标准展位两种配置。

1. 标准展位

标准展位的面积一般为 9 平方米，规格为 3 米 ×3 米，三面展板的高度为 2.5 米，每块展板的宽度为 1 米，展板的颜色为白色（见图 4–1）。

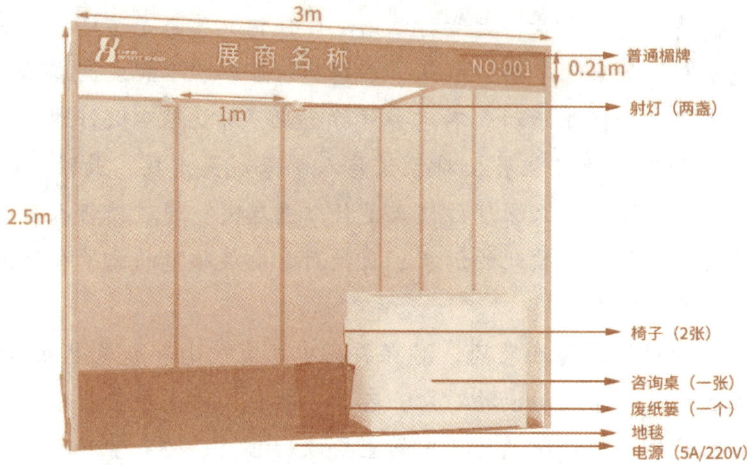

图4–1 某展会标准展位示意

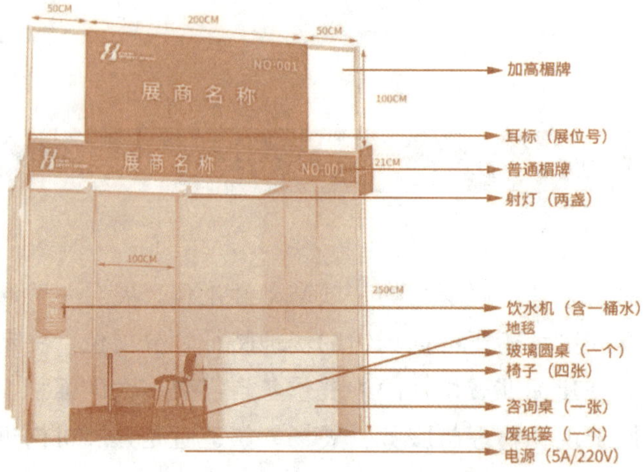

图4–2 某展会升级标准展位示意

通常标准展位配置主要包含 3 面展墙、1 块楣板、1 张洽谈桌、2 把椅子、2 盏射灯、1 个 220 伏特 /5 安保险插座。其他展具或设施，参展企业可根据自己的需要另行租赁。有些组展单位会在标准展位上提供升级服务，让标准展位涵盖了更多的东西和服务，去满足更多参展商的需求（见图 4–2）。

2. 非标准展位

非标准展位分特装展位和净地展位。特装展位就是企业向办展机构租用一定面积的场地后，根据自己的需要而专门搭建和装修展位；净地展位就是参展企业只向办展机构租用一定面积的场地而未进行任何搭建和装修就参加展出的展位，这类展位适合展出大型机械设备和车辆等大展品的展出。当然随着展台设计的个性化，大多主办机构选择将特装展位和净地展位等同，让参展商最大限度地进行展台的设计。

非标准展位的面积、形式以及与观众的距离，要根据展览的类型、展品性质和陈列方式、展览馆建筑空间的实际条件来确定（见图 4-3）。参展商一般可根据自己的需要向办展机构提出申请，办展机构通过统筹安排，对非标准展位的配置和布展要求作出明确的规定。例如，大型的机械、车辆展品，展位面积较大，同观众的距离也相对宽敞一些。

图4-3　中外地理标志产品博览会展位说明

（资料来源：中外地理标志产品博览会参展手册）

（二）展位和展台关系

在展会执行中，经常有人混淆展位和展台，认为是同一事物的不同称呼，其实不然。展位是指参展面积，如你家一样，有门牌号，有面积大小。展台是指在指定的面积内所搭建的参展内容。

通过标准展位搭建的展台有两个类型："道边型"展台和"墙角型"展台。

"道边型"展台也称"单开口"展台，它夹在一排展位中间，观众只能从其面前的过道进入展台内，这种类型的展位租金最低，中小企业在选择这类展台时要注意它的位置、优先挑选位于洗手间、小卖部、快餐厅、咖啡屋附近的展台，这些地方是展会人流最密集的区域，易于参展商捕捉商机。

"墙角型"展台也称"双开口"展台，它位于一排展台的顶端，两面邻过道，观众可以从它前面的通道和垂直于它的过道进入展台。"墙角型"展台与"道边型"展台相比，面积相同，但多出一条观众进入展台的侧面过道，因而观众流量较大，燕尾服式效果相对较好，当然租金也要比“道边型”展台高出 10%~15%。

通过非标准展位搭建的展台有两种类型：“半岛型”展台和“岛型”展台。

对于“半岛型”展台，观众可从三个侧面进入这种类型的展台，其展示效果较好，企业在选择这种展台时，应该配合做好特色装修才能达到满意的效果。

对于“岛型”展台，是四种类型的展台中租金最高的，它与其他三种类型的展台不同，观众可以从任意一个侧面进入展台内，因而更能吸引观众的注意力。这类展台适于展示、广告效果好，因而设计起来更为精心，搭建费用相对较高，它是大型企业参加展会之首选。

（三）展区和展位划分

展览招展前必须完成展区和展位的划分工作，这是进行招展和招商工作的基础，展区与展位划分有五大原则。

1. 根据专业分类

将同类展品（即符合展品所属行业）安排在同一区域里展出（即按专业分区）是目前展览界对现代展览组织工作的基本原则。根据专业划分展区，指在满足产品对场地要求的基础上将同类产品安排在同一个区里展出，筹划各种展品所适合的位置、所需的面积，最大程度地满足展品对现场的要求。根据专业题材来划分展区，不仅可以使会展现场条理清晰、秩序井然，也方便专业观众根据自己的需要选择参观专业展区。

当然，一些展览也会设立展品综合程度较高的展区。例如，我国的国际展览中设立“国际馆”，即展览组织机构将国际展商安排在同一展区而不按专业分馆，主要是为了集中推广国际品牌产品，不仅仅让国际展商享有一种礼遇，更重要的是强化国际展商对我国展览的参与度，从而提升参展商和观众的参展积极性与我国展览的国际化程度（见图 4–4）。

2. 有利于满足不同参展商的展出效果

展区和展位的合理划分对参展商的展出效果具有重大意义与影响。展览不仅要考虑在展馆最好的位置如何巧妙地提升重点推荐的展品与参展商，同时也要规划展览的亮点所在，如标准展位如何与特装展位相得益彰，次要展品与主要展品的相互关联，参展机构如何与专业展览的相关题材形成紧密联系等。展区和展位的划分在展品特点、展位的搭装效果、观众参观和集聚的方便性都要进行合理、科学规划，更好地表现展览的整体效果，尽可能满足不同参展商的个性化需求。

3. 便于观众参观

便于观众参观的原则指展区展位的划分要注意适应参观人流的行走规律。一般来说，展会人流规律是人们进入展馆后习惯于直接向前走，如果不能直接向前就习惯于

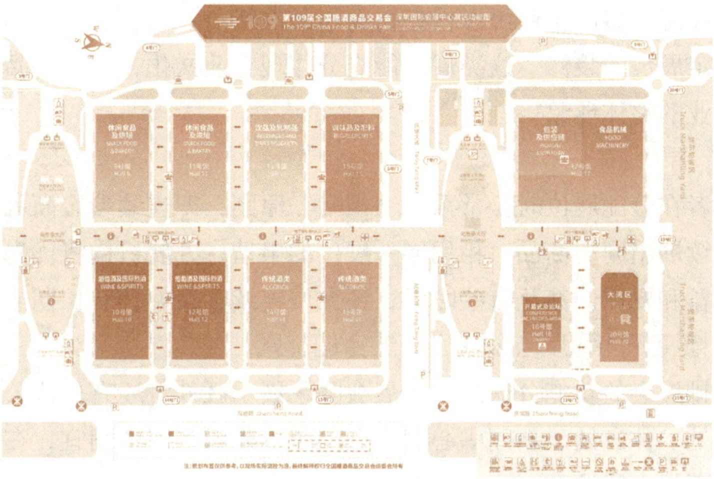

图4-4　第109届全国糖酒商品交易会展区布局

（资料来源：全国糖酒会官方网站）

向右转；另外在展馆的入口处、主通道、服务区和大的展位前容易聚集人群。所以在展馆的入口处要留出一定的区域供参观人流聚散，展场的各种通道要达到一定的宽度以便参观人流通过。

便于观众参观的原则还指展区和展位的划分要充分考虑观众的便捷性。需要方便观众访问其兴趣展品所在的展位，或者相邻的展区里找到与该展品关联的产品，要能给观众提供便利。有利于提高展览在观众心目中的地位，促进展览贸易成交量的提高，从而带动展览的专业品质与影响力的提升。

4. 便于现场管理服务

展区和展位的划分要充分考虑展览现场管理和服务的便捷性，如展馆消防安全、展位搭装和拆卸、展品的进馆和出馆运输、现场展具租赁、公共休息和餐饮提供区域维护、通信设施服务等。展区展位划分时要注意消防安全，不能遮挡展馆的重要安全设施，以便遇到紧急情况时及时疏散人群。最好不要有闲置死角，要方便展台的搭建、拆装与运输，便于现场的管理与服务。

5. 营造展馆气氛

营造展馆气氛，主要是要求展位策划人员必须对售出展台数量和参观人数之间的平衡足够敏感。参观人数过少，出售展台过多，或者参观人数多，出售展台少，这两种情况都不利于营造展馆的气氛。因此要保证展会的成功举办，就必须在二者之间保持平衡。

（四）展位分配注意事项

1. 展位数量与展台搭建

如前所述，标准展位面积通常为 9 平方米。特装展位一般超过 4 个标准展位面积。对于特装展位，参展企业可以根据自身产品的特点、市场定位、展览期间的活动安排等自主决定展位的装修。这类展位能充分体现企业文化，宣传其品牌理念，非常有利于树立企业的整体形象。

2.“祖父”原则

展会组织者在分配展位时，常采用“祖父”原则，即连续参展商可以提出在下一届展览会上继续展出同类商品、租用同一展位的申请。办展机构将优先考虑和满足连续参展商的利益和要求，甚至有些时候，还允许连续参展商拥有长期或永久性展位。

3. 注意展馆资源的利用与公共区域的合理配置

要合理安排展会的功能分区。一个展会除了展示区外，还有一些公共服务区域如登记处、咨询处、休息处、新闻中心。要做到统筹兼顾、因地制宜，在保证展会质量与气氛的前提下提高展馆的利用率。

（五）展区展位编号

展区和展位分隔后需要按照一致的编号方法统一编号，以便管理和寻找。一般根据展馆建筑空间的实际条件，以入口处为基点，从前向后、从左到右的顺序编号。展位编号由馆号、楼层号、通道号（用英文字母）和展位序号组成。例如，3.2H18 表示 3 号馆 2 楼 H 通道的第 18 号展位。划分好展区和展位后，需要按一定的比例将展区和展位绘制成展览会展位平面图，图上标明各展区和展位的具体位置并依次编号，标明展馆各出入口、楼梯、现场服务点等。展位平面图是展览会招展的主要资料之一，供参展商在选择展位时作出选择，在绘制时一定要准确、细致，图标和线条要十分清楚才行（见图 4–5）。

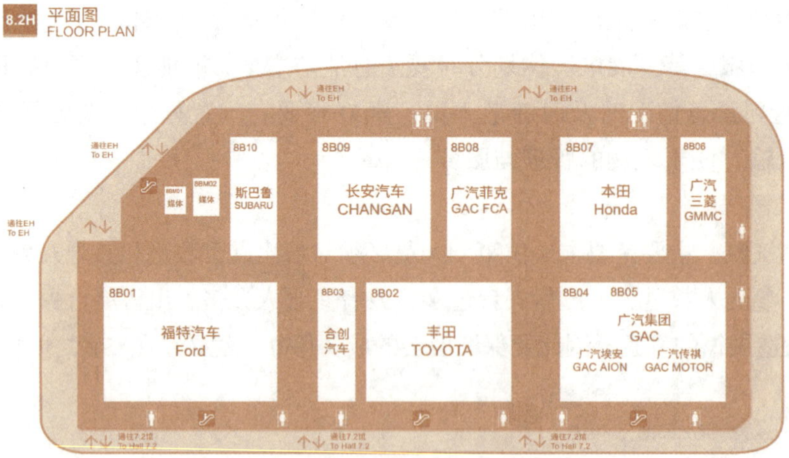

图4–5　2021年上海车展8.2H展位分布

（资料来源：2012上海车展参展手册）

二、展位价格制定

确定一个合理的招展价格，对展会的经济效益和社会效益都有着重大的影响，也是展会招展策划的主要内容之一。

展位是招展推销的“产品”，展位价格对参展商的参展决策有重要影响。要制定合理和可行的展览会价格，就必须在充分考虑顾客、成本和竞争的基础上，参照办展机构的具体价格目标，采用合理的定价策略来制定。如果展位价格过高，参展商可能不堪承受而放弃参展，展览会的招展工作就会出现困难；但如果价格过低，展览会就可能出现亏损。

（一）展位价格类别

展位价格一般有两种：一是标准展位的价格，通常是以一个标准展位多少钱来表示；二是空地的价格，一般用每平方米多少钱来表示。室内展位价格和室外展位价格及不同档次的展位价格不同，特别展位一般需另行报价（见图 4–6）。

图4–6　第五届中国国际进口博览会展位价格

（资料来源：第五届中国国际进口博览会招展手册）

第 85 届中国纺织服装交易会的展位价格报价如下：第 85 届中国纺织服装交易会展位分为 3 米 ×3 米和 3.6 米 ×2.4 米两种标准展位，按档次又分别分为 A、B、C 三档。其中 A 类标准展位：6800 元 / 个 / 展期；光地展位：680 元 / 平方米 / 展期；B 类标准展位：6200 元 / 个 / 展期；光地展位：620 元 / 平方米 / 展期；C 类标准展位：5600 元 / 个 / 展期；光地展位：560 元 / 平方米 / 展期。另外，双开口标准展位另收 10% 的展位费；凡特装光地展位一般 36 平方米起租，不含任何设施，电费另计，并须缴交 28 元 / 平方米特装施工管理费。

同样的展位，由于位置不同，配置不同，价格也会相应地发生变化。随着展位趋于标准展位和非标准展位的划分，展会价格一般也只有 2~3 种价位（见图 4–7）。

展位费用

A.标准展台：　单开RMB 11000/9㎡　双开 RMB 12200/9㎡
B.豪华装修展台：　单开RMB 12800/9㎡　双开 RMB 13800/9㎡
C.光地面积：　内资RMB 1100/㎡　境外/三资(含标展)RMB 1700/㎡

标准展位

(一) 标准展位（3m×3m起租，大于9平方米时增加数为3的整数倍，如12㎡、15㎡、18㎡、21㎡、24㎡、27㎡、30㎡...）

(二) 提供楣板、9㎡地毯、一张咨询桌、两把椅子、两只射灯、220V/5A电源插座一个、2.5米高展板、24小时保洁、保安；

(三) 联合参展费用：主办单位允许每9平方米只能申请一家联合参展商，每家联合参展商须交付1500元人民币的联合参展费用；

光地搭建

由展商自行设计搭建，不含任何设施，同时施工方承担施工管理费、证件费、电源费等场馆收取的费用，展厅分为境外/三资、国内特装搭建企业二部分；

标准豪华展位

是指在标准展位基础上设计改装的展位，除含标准展位的配套设施外，还含展台造型、加高、增配高玻璃柜，整体设计更具立体化宣传效果、更加美观、更有吸引力．

标准展位效果图

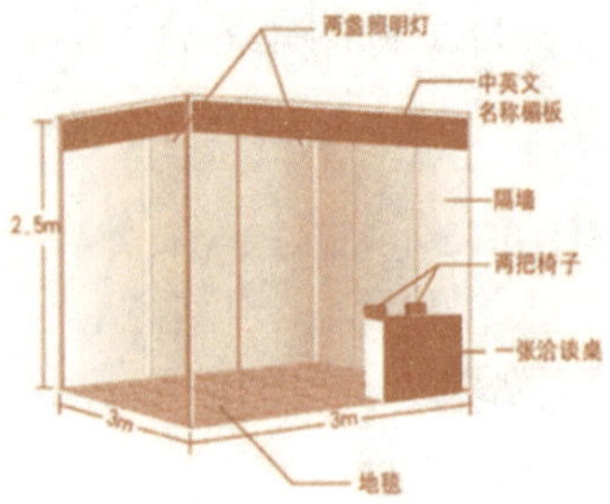

图一

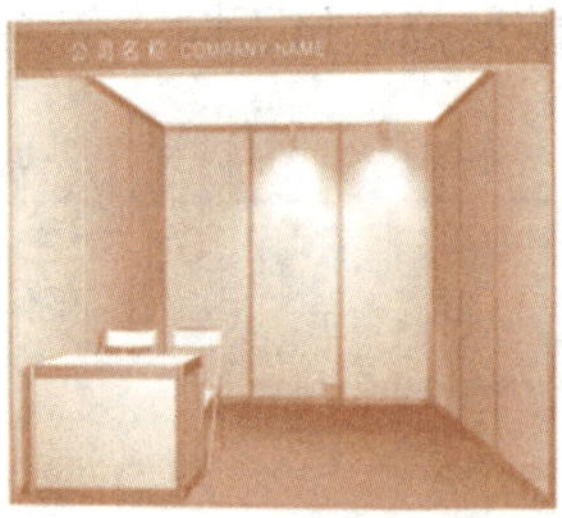

图二

图4-7　2023第十九届上海国际茶业交易博览会展位价格

（资料来源：上海国际茶业交易博览会官网）

（二）展位价格制定原则

展位价格就是展位的出售价格，其价格高低是会展项目竞争力的重要体现。一个合理的招展价格，对于吸引目标参展商、最大限度地实现会展项目目标具有重要的意义。办展机构在确定展位价格时，需要注意以下五点。

1. 充分考虑竞争的需要

制定展会的招展价格时，办展机构要充分考虑到市场中与本展会有竞争关系的同类展会的价格状况。办展机构要充分评估本展会在市场上是处于领先地位还是处于跟随地位，以制定相应的价格策略。

2. 结合展会的发展阶段来定价

每个展会都会有一个从初始、成长到成熟和衰退的发展阶段。在展会的初始阶段，展会的知名度还不高，因此展会的展位价格不宜定得太高。在展会的成长阶段，展会在市场上已经有了一定的竞争力和知名度，这时展位价格可以适当地提高。在展会的成熟阶段，展会在市场上的地位基本稳定，本展会与其他同类展会的价格基本相对固定，参展企业的数量也基本固定，展会的规模也难以进一步扩大，这时展会的展位价格也基本固定，不宜变动。在展会的衰退阶段，展会的竞争力开始减弱，参展企业开始逐渐减少，展会的规模也在逐渐缩小，展会面临着要么被放弃，要么就需要重新策划和定位的命运，这时展会的展位价格应该较低。展会的发展阶段对展会的展位价格有十分重要的影响，因此在制定时必须充分考虑这一点。

3. 考虑展会的价格目标和价格弹性

出于不同的价格目标，展位价格不尽相同。采取生存目标还是市场份额目标，或是利润目标，展位价格都会发生改变。从经济学意义来考虑，需要考虑展会的价格弹性，价格弹性是指价格每变动 1% 时，展会展位销售量的变动大小。它是用来表示招展价格的变动对展位销售量影响大小的参数。如果展会的价格弹性较大，展会展位价格的降低就会引起展会展位销售量的大增；如果展会的价格弹性较小，展会展位价格的降低对展会展位的销售就不会产生什么影响；如果展会的价格弹性为负数，那么展位价格的降低不仅不会促进展会展位的销售，反而会使展会展位销售量大幅下降。因此，展会展位价格的高低，不是随意确定的、办展机构还必须考虑展会价格弹性的大小。

4. 考虑展会展览题材所在行业的状况

要考虑展会所属行业平均利润率的大小和该行业的市场发展状况。行业平均利润率的大小决定了该行业企业可能的盈利水平和支付能力，如果行业平均利润率较小，那么该行业的企业的盈利水平和支付能力可能也不高，这时，如果展会的招展价格过高，企业将无法承受；反之，展会的招展价格就可以相应地定得高一些。行业的市场发展状况也是制定展会招展价格时需要考虑的另一个重要因素，例如，如果行业处于买方市场状态，企业参展的积极性就较高，展会的招展价格可以定得高一些。如果行业处于卖方市场状态，企业参展的积极性就较低，展会的招展价格就应该定得低一些。

5. 考虑展位位置和展商来源

考虑展位位置和展商来源也就是考虑展区和具体展位的位置差别，办展机构一般是遵循“优地优价”的原则，即一般参展商的展位的位置越好，付出的价格就越高。另外还要考虑展商来源的不同，国外参展商与国内参展商的展位价格普遍实行价格“双轨制”，即对国外参展商与国内参展商制定不同的展位价格。国外参展商的展位价格一般要比国内参展商的展位价格高，但同时国外参展商的展位位置一般也要优于同档次的国内参展商的展位位置。

需要进一步指出的是，上述各因素往往彼此影响，互相牵制，因此在制定展会的招展价格时，应对上述各因素进行全面考虑。

（三）展位价格折扣

展位价格折扣是组展机构在基本定价之外，给予参展商或者招展代理的一种价格优惠，其主要目的是吸引更多的目标参展商。同时还会促使参展商为了得到折扣优惠而提前付款、大量购买或在淡季购买。是否给予参展商一定的价格优惠，与展会本身的发展潜力和办展机构的价格策略有关。但是，对于那些刚刚创立、尚处于初始期的展会来说，给予参展商一定的价格优惠，是促进展会迅速成长壮大的一种有效办法，也是一种十分必要的措施，办展机构常用的价格折扣有以下四种。

1. 统一折扣

所有的参展商都实行一个统一的折扣标准。即按参展商参展面积的大小来制定。参展面积越大，所得到的折扣也越大；当参展面积达到一定的规模时，折扣不再增加。

2. 差别折扣

按参展商的地区来源不同，对标准展位和空地展位执行不同的折扣标准，针对不同的情况执行不同的价格折扣。

3. 特别折扣

特别折扣通常是给予那些参展规模巨大、在行业内有较大影响力和知名度的企业。这些企业的参展对于提高展会的档次和影响力，促进其他企业参展有重要影响。它们参展的面积一般也比较大，所以为了吸引这些企业参展，办展机构一般会给予它们特别的价格优惠。

4. 位置折扣

位置折扣是针对展馆内场地位置的优劣而制定的折扣标准。同一个展区内不同的展位，其位置有好有坏，同一个展馆内不同的展位其位置好坏也有差别。为了避免相对较差的位置无人问津，对这些较差的位置可以给予较多的价格优惠。

在展位价格的执行过程中，办展机构必须严格管理和监督，因为如果价格折扣执行得不好，往往会引起展会招展价格的混乱从而产生一系列消极的影响。

拓展阅读

2024中国体博会参展优惠政策

展位报价：

光地：1550元/平方米，54平方米起售

标准展位：15500元/个，9平方米/个

通道费：2500元/家，标准展位/豪华标展两面及两面以上临通道的一次性加收

标准展位升级包：1500元/个，不享受优惠政策

会员折扣：

成为《中国体育用品业联合会》会员单位，并连续缴纳两年以上会费，可以享受展位费优惠 10%（9 折），可与连续参展折扣叠加。

连续 2 年参展：

同一签约公司（以纳税人识别号为准），已连续参展两年，第三年参展，非会员企业展位费优惠 19%（8.1 折），会员企业叠加会员单位折扣最终优惠 29%（7.1 折）。

连续 3 年参展：

同一签约公司（以纳税人识别号为准），已连续参展三年，第四年参展，非会员企业展位费优惠 28%（7.2 折），会员企业叠加会员单位折扣最终优惠 38%（6.2 折）。

连续 4 年参展：

同一签约公司（以纳税人识别号为准），已连续参展四年，第五年参展，非会员企业展位费优惠 35%（6.5 折），会员企业叠加会员折扣最终优惠 45%（5.5 折）。

（资料来源：中国体博会官方公众号）

任务三 招展形式确认

招展分工和招展代理是招展工作组织两种重要的形式，是会展项目的招展工作顺利进行的重要保障。

一、招展分工

招展分工是自主招展的背景下，利用展会自身资源，对展会的招展工作作出安排，包括各招展单位分工安排、本单位招展人员及分工安排、招展地区分工安排等。即使是自主招展，展会的招展单位一般并不止一个，我们在招展策划时必须明确各招展单位的招展分工，以避免各单位招展工作出现混乱和招展地区出现重复交叉的情况。招展分工的类型与内容，如表 4–2 所示。

表4-2 招展分工的类型与内容

招展分工类型	主要内容
各招展单位之间的分工	制定共同的招展原则
	发布展区划分情况和安排展位的政策
	确定各单位的招展面积指标
	明确各单位的招展地区和重要潜在客户
	统一参展费用的收取办法
各招展代理机构的分工	明确代理机构的招展权利和义务
	制定具体的招展代理运作方式（包括价格与折扣政策、佣金支付办法、展位分配、收款规定等）
每个办展单位内部的分工	确定项目组的招展负责人
	组织（包括临时招聘）招展人员
	明确各招展人员负责的地区范围和重要潜在客户
	制定各招展人员之间的信息沟通和资料共享办法
招展地区分工安排	明确各招展单位和办展单位内部人员招展的地区范围

（一）各招展单位分工安排

当展会是由几家单位共同来负责招展时，招展策划必须明确各招展单位之间的分工，如各招展单位必须共同遵守的招展原则，各单位的招展面积指标，各单位的招展地区和重要潜在客户，参展费用的收取办法等。对各招展单位的招展工作进行分工，是保证展会顺利招展的重要步骤。对各招展单位之间的招展分工，必须合理、协调和具有可操作性，并兼顾各方面的利益，一定要结合各单位的招展实力，充分发挥各单位的优势，做到优势互补，各方共赢，共同圆满完成展会的招展任务。避免出现分工不合理造成的有些单位完不成招展任务的情况，或者因为分工缺乏协调性和信息不流畅等，出现几个招展单位争抢同家目标参展商的混乱局面等。

（二）本单位招展人员及其分工安排

无论会展的招展工作是由几个单位共同负责，还是只由本单位一家负责，招展单位都要对本单位的招展人员及其分工作出安排。首先要确定招展人员名单；其次要明确各招展人员负责招展的地区范围和重点目标客户名单；再次要制定各招展人员的信息沟通和工作协调办法；最后制定统一安排展位的措施。

和不同单位之间的招展分工一样，单位内招展人员分工时也要注意发挥他们各自的特长，避免在招展过程中出现招展任务不明确、跟进措施不力，彼此信息不通等现象。

（三）招展地区分工安排

招展地区分工安排就是要明确各招展单位和每个办展单位内部人员招展的地区范围，是进行招展分工安排的重要内容。在进行各招展单位的地区分工时，要注意结合各招展单位的地域优势，将它们分配在各自较为熟悉的地区，充分发挥其在当地的影响力，以扩大招展规模和影响力，提高招展效率。同理，在进行每个办展单位内部的分工时，要合理安排各招展人员招展的地区范围，同时还要明确区域内的重要潜在客户，以保证招展质量和效果。在招展过程中，一定要注意信息沟通的畅通和协调，避免因招展地区的重合而造成的浪费和冲突。

二、招展代理

指定会展招展代理是办展机构借用外部力量来做大做活招展业务的一种有效手段，它可以增加招展单位的业务网络，扩大业务规模，提高经济效益。对招展代理商的管理包括对其选择、聘用及代理期限、权利与责任的明确、代理佣金水平的制定等内容。

（一）招展代理主要类型

招展代理，是指代理商与办展机构签订合同，在办展机构规定的权限范围内代理招商，并按照实际销售的展位数量或金额提取相应比例的代理佣金。招展代理，一般来说，可以分为独家代理、排他代理、一般代理和承包代理四种类型。

1. 独家代理

独家代理指在某一时期内，办展机构将某一地区的招展权指定给一个代理商独家负责，在该地区不再有其他代理商为本项目招展，本办展机构也不得在该地区招展。对独家代理商而言，本地区负责展会招展业务的仅此一家，没有竞争对手，因此可获得较多的市场机会和较大的盈利空间。

2. 排他代理

排他代理指办展机构将一定时期内某一地区的招展权赋予一家代理商，该地区不再有其他代理商为本项目招展，但本办展机构可在该地区招展。

3. 一般代理

一般代理指办展机构在同一地区同时委托几家代理商作为本项目的招展代理，本办展机构也可在该地区招展。选择一般代理的形式进行招展时，必须明确各代理商的招展权限，且代理条件必须统一、明确。

4. 承包代理

承包代理指代理商从办展机构手中承包一定数量的展位，不论能否完成约定的展位销售数量，代理商都应按约定的展位付费给办展机构，这是一种包销展位的代理形式。

（二）招展代理商选择

办展机构选择招展代理商时，需要综合考虑多种因素。一是要保证代理商的资质可靠，因为只有可靠的代理商才能切实地履行招商职责；二是代理商的业务覆盖区域应与会展项目所要达到的目标市场相吻合，同时，代理商应熟悉展会题材所涉及的行业，且在该行业领域内具有业务优势；三是代理商应有较强的招展能力，其以往的招展业绩良好；四是招展代理商还应具备一定的营销管理水平和营销能力。

对于不同性质的招展代理商，办展机构考察的侧重点会有所不同，除了招展公司外，行业协会（或商会）、相关媒体、个人、外国驻华商务机构或贸易代表处等，都是招展代理商的来源。为保证招展代理的资质可靠，必须对其进行考察，只有符合条件的机构和个人才能成为招展代理。

对于从事代理招展的公司，主要考察其以往的代理业绩、其所熟悉的行业和业务范围、业务覆盖领域、营业执照（包括发证单位和有效期等）、人员数量、业务规模、办公地点、负责人等。

对于协会或商会，主要考察其成立的时间、覆盖的地域、会员数量、对行业内企业的感召力以及批准成立的单位等。

对于相关媒体，主要考察其发行量、覆盖范围、在行业内的权威性和影响力等。

对于个人代理，需要重点考察其可靠性和信誉度，包括其身份、履历经历、业务能力、社会关系以及个人荣誉等。

对于国外代理，主要考察对其以往的代理业绩、公司注册证件、个人有效证件、机构证明等，必要时还可通过我国驻国外商务处、贸易代表处和公司协助了解。

（三）代理聘用及代理期限

确定了招展代理的类型和招展代理商后，聘用代理的程序是：取得必要的证明资料，对代理商进行资质验证，确定代理商的资质可靠；展会项目经理或业务员初步与代理商议定代理条件，项目总监或经理审查代理条件；公司负责人（总经理或副总经理）批准代理条件，签订代理合同。

代理的期限，就是招展代理商代理招展期限的长短。对于不同的展会、不同的代理形式应制定不同的代理期限：对于独家代理与排他代理，刚开始时不应将期限定得过长，可先试用一届（年），再视其业绩如何来确定时间的长短；对于一般代理，代理期限一般是一届（年），期满后视情况再决定是否继续或向独家代理与排他代理转变；对于承包代理，代理期限一般是一届（年），期满后视情况再决定是否继续聘用，对于那些业绩稳定、信誉良好的代理商，可与其建立较长期的代理关系。

（四）代理商权利与责任

聘用招展代理，要明确他们的权利与责任，只有权利与责任明确了，代理的工作才能更好地展开。

代理商的权利：按合同规定收取佣金；从办展机构获取招展必需的完整资料；按合同享受办展机构对展会及代理商的宣传推广；在规定的时间内预订的展位能得到保证。

代理商的责任：按合同规定的代理形式和条件切实履行职责，依法经营；有责任对所代理的展览项目进行宣传推广；定期向办展机构有关负责人汇报情况；对办展机构划定的展位不得有异议；维护办展机构和展会的声誉和形象；按办展机构规定的价格（或价格范围）招展，按时收取和缴纳参展款（含定金）；不得对办展机构制定的参展条件做私自改动；必须协助办展机构做好参展商的服务工作。

（五）代理佣金

代理佣金要根据代理的形式、代理期限的长短、代理商的业绩等来综合确定。独家代理、排他代理和一般代理的代理佣金，一般按办展机构实际收到的由该代理商招来的参展商所交参展费总额的 15% ~ 20% 提取；承包代理的佣金一般要高一些，如 25% 或更高。承包代理一般只有在完成承包展位数量后才可提取佣金。为鼓励代理商的招展积极性，给代理商的佣金可以采取累进折扣制，即按招展的不同数量给予对应的佣金比例。佣金比例可按该项代理佣金上下浮动 5% ~ 10% 来设置。

代理佣金支付的时间和方法，可根据具体情况分别采取以下几种办法。

（1）定期结算、定期支付。按季度或月度结付。提取佣金的基数以实际进入办展机构账户的展位费为准。

（2）逐笔结算、汇总支付。代理商每促成一笔交易，办展机构收到由该代理商招来的参展商的参展费后即与之结算，但到规定的时间才支付。

（3）逐笔结算、逐笔支付。代理商每促成一笔交易，办展机构收到由该代理商招来的参展商的参展费后即与之结算并支付本笔交易的佣金。另外，无论采取何种结算支付形式，都必须规定由此产生的税费扣缴办法。

任务四 招展资料准备

在了解了招展策划的相关内容之后，在现实生活中，还需要掌握相关招展文件的编制与写作。招展相关资料包括招展进度计划表、招展手册、招展方案等，这些资料用以推进招展相关工作，是招展环节必不可少的资料。

一、招展进度计划表

招展方案制定好之后，为保证招展工作顺利展开，要对招展进度进行控制管理。招展进度管理是招展工作的总体时间规划以及各个阶段工作要达到的目标及考核标准，是对展览会招展工作的总体控制和监督的动态管理，便于工作人员及时对照检查，发现问题，纠正偏差，确保招展工作的顺利完成，从而保证展览会成功举办。

招展进度管理一般可以用表格的形式来表示，展览会招展进度计划表的内容和格式，如表 4–3 所示。

表4–3 招展计划进度

时间	招展措施	宣传推广支持	计划完成的招展任务	效果检查
展览会开幕前12个月	启动招展工作	开展广泛的宣传推广活动	使行业内企业对该展览会有一定的认知	检查、调整或启动补救方案
展览会开幕前9个月	大规模实施招展宣传推广活动	对招展活动进行直接支持性宣传	完成一定效果的招展工作	
展览会开幕前6个月	完成重点客户拜访工作	针对重点客户进行招展宣传推广活动	完成展览会50%的招展任务	
展览会开幕前3个月	落实和巩固前期招展成果	实施客户跟踪服务准备展览会开幕工作	招展任务基本完成	

招展进度管理计划表必须根据实际情况合理制定，一般不宜做过多的大幅调整，否则招展工作进度将会受到很大影响。而一旦制定，就要按该进度有条不紊地开展招展活动，努力完成每阶段的招展任务，及时检查招展效果，一旦没有达到预期的阶段性目标，则及时调整或采取补救措施，确保招展任务的顺利完成。

二、招展手册

招展手册（有时也称为招展函）是办展机构用来推介展会以吸引目标参展商参展的小册子。招展手册的主要作用是向目标参展商说明展会的基本情况，并引起他们的参展兴趣。招展手册是展位营销的核心资料之一，也是目标参展商了解展会情况的主要信息来源，招展手册的编制在招展策划和展位营销工作中占有重要的地位。

（一）招展手册主要内容

为了能使目标参展商对会展有足够的了解并对会展作出基本的判断，招展手册介绍展会的内容必须准确而全面。一般来说，包括以下五项内容。

1. 展会背景

对展会的历史、历届情况进行背景介绍；结合展会的定位，对展会题材所在行业的状况做简要介绍，如行业生产、销售、进出口情况及发展趋势等。同时也可以根据区域特殊性，介绍办展所在地区及国家的市场状况。

2. 展会基本情况

对展会进行基本情况的介绍，包括展会名称和 Logo（徽标）、展会的举办地点和时间、办展机构名单、办展起因和办展目标、展会特色（用非常简洁的语言高度概括展会特色，如展会的宣传口号，展会主题）等。

3. 展会特色与亮点

招展手册是为了吸引更多的参展商，因此要尽力展示本次展会的独特之处或影响力，提高参展商的兴趣。由于招展手册的编撰处于策展前期，很多具体的活动尚未策划与敲定，为此，在招展手册里面出现的活动尽可能是立项期间已经敲定的事项。同时，也可以将历届参会数据进行参考分析，对特色活动进行推测。

4. 展位类型和价格

这是最重要的板块，要通过图示详细地展示出展区的规划，展位的类型及其价格，也是参展商购买的重要产品。参展商要根据公司或企业的目标和愿景进行展位购买，因此展位信息非常重要。

5. 联系方式

涉及如何办理参展手续、详细的付款方式、参展申请表的填写和办展机构的联系办法等内容。尽可能提供多元化的联系方式，简化流程，为参展商购买展位提供方便。

（二）招展手册编制原则

办展机构在编制招展手册时，要对其内容图片和版面做细致的规划与安排，要遵循以下四点原则。

1. 全面准确

招展手册是参展商了解展会的重要资料，也是他们作出是否参展决策的主要依据，在办展机构与目标客户进行沟通和联系时起着重要作用。因此，招展函所包括的内容一定要全面、准确，不能出现差错。同时，要生动、简洁，令人一目了然。

2. 简单实用

招展手册的内容要简明、实用，切忌拖沓和烦琐，与招展无关的任何内容均不能出现在招展手册上。

3. 美观大方

招展手册的版式安排、文字图片等的布局要美观大方，让人赏心悦目。同时，文字的字体要符合人们的阅读习惯。招展手册设计要点主要包括：会展名称和徽标，一般放于招展手册封面最醒目的位置，会展名称应用较大字体；内容应准确无误，语言简单明了，如果是国际性会展，则文字部分应该是中英文对照的；设计时应充分利用图片，重要的图片应精心制作，印制清晰，排版布局应美观实用；招展手册文字中的字体类型最好不超过三种；招展手册的设计应有深浅颜色的对比色块；突出显示参展登记表，标明会展招展负责人的联系方式，如电话号码、电子邮件地址等。

4. 便于邮寄和携带

招展手册一般要通过邮寄或招展人员的携带而传递到目标参展商手中，为此，招展手册的印刷包装纸张要讲究，要便于携带和传递（见图 4-8），否则会给招展工作带来不便，还会增加展会的办展成本。

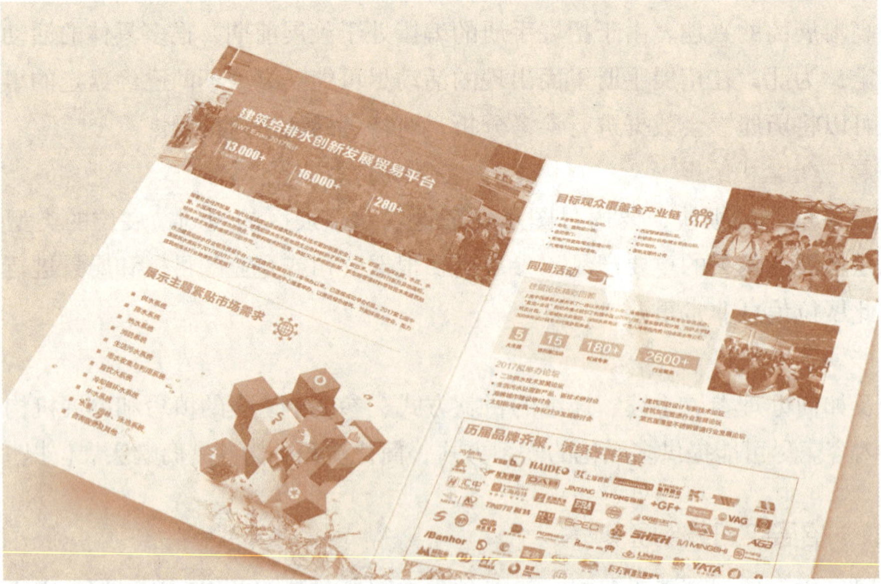

图4-8 第四届顺德国际珠宝展招展函纸质版本

值得注意的是，由于现在微信推广的普及，越来越多的展会选择微信平台进行宣传，因此，招展手册在同步印刷时，也会出现电子招展手册在网上广为流传（见图 4–9）。

图4–9　海南航空暨博鳌通用航空全球大会招展手册封面和目录

三、招展方案

招展方案是对展会招展工作的总体规划和全面部署，其内容涉及展会招展工作的方方面面，十分复杂。总的来看，招展方案应该包含以下十个方面的内容。

行业信息分析。从宏观上介绍和指出展览题材所在行业在全国的分布特点，指出各地区的产业发展状况，介绍该产业的企业结构状况及分布情况，这些内容是制订招展方案的重要依据。因此，这部分内容一定要密切结合产业实际，科学分析，力求准确无误。

展区和展位划分。介绍展会对展区和展位的划分与安排情况，并附上展区和展位划分平面图。

招展价格。列明会展的招展价格及制定该价格的依据。招展价格是招展方案的核心内容之一，也是对招展工作有重大影响的因素之一，招展价格要合理，价格水平不能太高，也不能太低。

招展手册编制与发送。介绍招展手册的内容、编制办法和发送范围与方法。在做招展手册的编制计划时，要考虑到招展手册的印制数量、发送范围和如何发送等问题。

招展分工。对会展的招展工作分工作出安排，包括招展单位分工安排、本单位内招展人员及分工安排、招展地区分工安排等。

招展代理。对会展招展代理的选择、指定和管理等作出安排，对代理佣金水平及代理招展的地区范围与权限等作出规定。

招展宣传推广。对配合会展招展所做的各种招展宣传推广活动作出规划和安排。

会展营销办法。提出适合本会展展位营销的各种渠道、具体办法及实施措施，对招展人员的具体招展工作作出指引。

招展预算。对各项招展工作的费用支出作出初步预算，以便会展能及时、合理地安排各种所需要的费用支出。

招展总体进度安排。对会展的各项招展工作进度作出总体规划和安排，以便控制会展招展工作的进程，确保会展招展成功。

项目学习小结

本章主要讲述了会展招展的主要工作，建立目标参展商数据库是招展前期重要的准备工作，需要按照一定步骤和原则进行收集；展区和展位是招展的基础性工作，认识不同的展位，知晓展区划分和展位价格定价的原则才能有助于更好地招展；招展分工和招展代理是招展的主要形式，招展分工要避免工作的重复，招展代理非常重要，要谨慎选择；在招展环节，通常通过招展计划表进行招展进度的把控，招展的信息通过招展手册进行传递，有其固定的内容要求，一般来说，整个招展环节工作的安排可以编撰成系统的招展方案。

单选题

1.（　）就是办展机构招揽企业参加会展项目的展出活动的行为，是会展项目成功运作的基础。

A. 招展　　B. 布展　　C. 撤展　　D. 展会宣传

2.（　）是对招展活动方案进行的策划，是会展项目整体策划中最基础的工作之一，也是会展筹备过程中最重要的环节之一。

A. 招展宣传　　B. 招展策划　　C. 活动策划　　D. 办展

3. 标准展位的面积一般为（　）平方米。

A.6　　B.12　　C.9　　D.4

4.（　）是办展机构借用外部力量来做大做活招展业务的一种有效手段。

A. 展会宣传　　B. 指定会展招展代理　　C. 指定参展商　　D. 撤展

5.（　）要明确各招展单位和每个办展单位内部人员招展的地区范围，是进行招展分工安排的重要内容。

A. 招展地区分工安排　　B. 撤展安排　　C. 展会宣传　　D. 明确组委会工作

6.（　）指办展机构将一定时期内某一地区的招展权赋予一家代理商，该地区不再有其他代理商为本项目招展，但本办展机构可在该地区招展。

A. 排他代理　　B. 独家代理　　C. 一般代理　　D. 承包代理

7.（　）是办展机构用来推介展会以吸引目标参展商参展的小册子。

A. 招商函　　B. 招展函　　C. 宣传手册　　D. 办展策划

8.（　）对会展招展代理的选择、指定和管理等作出安排，对代理佣金水平及代理招展的地区范围与权限等作出规定。

A. 招展代理　B. 展区和展位划分　C. 会展营销办法　D. 行业信息分析

9. 展会组织者在分配展位时，常采用（　）原则。

A. 祖母　B. 祖父　C. 面积　D. 数量

多选题

1. 建立目标参展商数据库步骤（　）。

A. 选择与会展主题定位相同的企业　B. 数据库录入

C. 随机检验数据库的有效性　D. 根据专业分类

2. 非标准展位分为（　）。

A. 特装展位　B. 净地展位　C.9 平方米　D.6 平方米

3. 展览招展前必须完成（　）的划分工作，这是进行招展和招商工作的基础。

A. 展区　B. 场外　C. 展位　D. 休息区

4. 营造展馆气氛，主要是要求展位策划人员必须对（　）之间的平衡足够敏感。

A. 售出展台数量　B. 参观人数　C. 专业观众　D. 非专业观众

5. 招展代理，一般来说，可以分为（　）。

A. 独家代理　B. 排他代理　C. 一般代理　D. 承包代理

6. 代理佣金支付的时间和方法，可根据具体情况分别采取的办法有（　）。

A. 定期结算、定期支付　B. 笔结算、汇总支付

C. 逐笔结算、逐笔支付　D. 物品抵押支付

7. 招展函的编制原则包括（　）。

A. 全面准确　B. 简单实用　C. 美观大方　D. 便于邮寄和携带

8.（　）是招展策划和管理的重要环节，是会展项目的招展工作顺利进行的重要保障。

A. 招展分工　B. 招展代理　C. 一般代理　D. 承包代理

9. 招展函的主要内容包括（　）。

A. 展会的基本内容　B. 市场状况介绍　C. 展会招商和宣传推广计划

D. 参展办法　E. 各种图案

复习思考题

1. 招展的基本环节是什么？建立目标参展商数据库的步骤是什么？

2. 请简述什么是标准展位，特装展位。

3. 展区与展位划分的五大原则是什么？

4. 简述展位分配时的注意事项。
5. 简述招展价格的制定原则。
6. 简述招展手册的主要内容。
7. 招展手册的编制原则是什么?
8. 简述招展方案的内容结构。
9. 简述招展代理的主要代理。

项目五　会展招商策划

学习要点

1. 了解会展招商的含义和特征，掌握会展招商方案编制的过程；
2. 掌握会展招商宣传推广类型、方式和步骤；
3. 掌握会展宣传推广的主要计划；
4. 掌握会展招商的对象和建立目标数据库。

案例导读

上海车展观众为何越来越少？因为在家门口就能看新车！

“人呢？人都到哪儿去了？”上海车展的“人气”，在经过双休日人流小高潮之后，展馆内又开始回到了稀稀疏疏的状态。现场，一家主流厂家负责人情不自禁地发问。车展安保人员率先感受到车展冷暖：“车展的确不像往届那么人潮汹涌了。即便是客流最高的周末假期，展馆内也没有水泄不通的场面。”安保人员说道，曾经因为人流过于密集而暂停观众入馆的特殊措施，仅在媒体日当天有明星为企业站台的时候，短暂实施过。

“可能是诸如法拉利等一些豪华品牌的缺席吧，相比于上一届，本届上海车展的总客流量有所下降。”业内有关人士解释道，但这显然不是客流下降的唯一原因。

“倒票的黄牛都明显比往年少了。”一位参展商颇为感慨，原来总是会组织车主们集体来逛车展，但今年车主的积极性明显不高。

种种迹象表明，此届上海车展相较于之前的北京车展，甚至是上一届上海车展，虽然参展商多了，但观众却少了！

一位汽车业资深人士分析道，如今上海车展热度降低的秘密，关键是现在上海各大品牌的店面已经汇集了最新款的车型。一款新车还没上市，各种营销活动就一波接一波。网上关于全球热门车型的介绍也是眼花缭乱，“到车展看车的新鲜劲儿，大不如从前”。

事实上，当汽车网点变得触手可及的时候，车展降温就是再正常不过的事。

其实，从今年开春以来，随着汽车业市场竞争加剧、渠道加速裂变，经销商更加接地气，消费者看车、试驾、购买越来越便捷。特别是随着诸如大众 7S 店的打造，华晨 & 苏宁、神州 & 宝沃这种汽车新零售模式的兴起，消费者看车、购车几乎都可以在“家门口”完成。“他们分流了不少车展观众的眼球。”一位经销商如是分析……

当看车、购车成为一件再简单不过的事情之后，消费者们逛车展的热情下降，实属情理之中。如果主办方想让车展更吸引人，那就得好好想想更多办法了。

（资料来源：编者整理）

任务一　会展观众认知

展会招商就是邀请观众来参观展览，因此认识观众是招商的首要工作。从对象层面划分，观众有专业观众和普通观众的划分，也有有效观众和无效观众的划分。

一、专业观众与普通观众

专业观众是指从事展会上所展出的商品或服务设计、开发、生产、销售或者提供相关服务的专业人士或者用户。专业观众具有下面一些特点：多是出于业务原因，从外地赶来参加展会的；在多数情况下，参加者的消费由所属公司承担；通常，参加者是带着具体的目标和目的来参加展会的，他们或者是调查行业的大致竞争状况或产品状况，或者是收集更详细的统计数字，甚至可能是公司派来出席展会的代表；并非所有人都可以参加展会，每一位专业观众都需要预先注册，通常情况下要支付一定的费用，在展会期间佩戴展会入场证件才被允许进入展场。

一般来说，专业观众都是与展出行业相关的专业人士或者用户，一般有着较强的采购需求和采购目的性，根据来源来分，专业观众可以分为参展商邀请、展会主办方邀请和自发前往，即参展商的现有客户、潜在客户和合作伙伴；主办方邀请的，来自专业市场、行业展会的观众；未受邀请而自发前往展会的专业观众。

专业观众是参展企业的心头好，也是展会签单的“主力军”。由于来自行业相关的企业或者市场，专业观众的特点非常显著，采购需求非常强烈。许多专业观众是公司的采购员或者采购经理，他们的采购需求比普通观众要高得多。目的性都比较强。一般来说，专业观众逛展会的目的无外乎发掘新品，采购产品，市场调研，与厂家交流这四个。签单率较高。如果遇到合适的产品，专业观众会倾向于在展会现场签单或与参展商达成意向。

在国内外展览行业的实际操作中，有些展会只对专业观众开放，不允许普通观众进场参观，如广交会，所有的展览时间都不允许普通观众入场。也有些会既允许专业观众进场参观，也允许普通观众进场参观，但对普通观众的参观时间加以限制。在一些专业的展会，展会专门为专业观众开辟通道，指定专业观众日，为了更好地促进企业进行商业性的营销展示、市场拓展、业务合作、提高知名度、放大影响力，品牌镀金等。专业观众日，是指行业专业展会和大型展会，在展会开幕后第一、二天设立的为行业内配对的行业参观商参观日。一般这样的展会的性质，主要交流、贸易性展会，非展销会和现场出售产品的展会。被熟知的国内四大车展，都会指定专门的专业观众日，就是从观众的专业性考虑，出于不同的目的而专门指定（见图 5-1）。

AUTO SHANGHAI 2023 拥抱汽车行业新时代

展会日程：

媒体日：2023年4月18日 - 19日
专业观众日：2023年4月20日 - 21日
专业、公众观众日：2023年4月22日 - 27日

展会地点：

国家会展中心（上海）

参观时间

日期	类别	入馆-闭馆时间
4月18日（周二）	媒体日	09:00-18:00
4月19日（周三）		09:00-18:00
4月20日（周四）	专业观众日	10:00-19:00
4月21日（周五）		10:00-19:00
4月22日（周六）	专业、公众观众日	10:00-19:00
4月23日（周日）		10:00-19:00
4月24日（周一）		10:00-19:00
4月25日（周二）		10:00-19:00
4月26日（周三）		10:00-19:00
4月27日（周四）		10:00-15:00

图5-1　2023上海车展日程表

（资料来源：上海车展官网）

与专业观众相对应的是普通观众，也就是除专业观众以外的其他观众，普通观众有以下特点：他把参加展会看作一种娱乐方式；具有一定的购买欲望，普通观众通常会考虑在展会上购买展示的产品或者服务，一边比较一边采购，并获得一些建议，从

会展经理和参展商的角度来看、理想状态就是在展会上购买。

相较于专业观众，普通观众则是与展出行业关联性不大的观众。这类型的观众对与消费端（C端）关系较大的展会更感兴趣，如车展，家具展，书展。具体来看，普通观众可以分为消费者、展会爱好者和凑热闹者，即想在展会中购买产品的消费者；没有特定目的，就是喜欢逛展会的观众；临时起意逛展会的观众。

每个展会的所属行业各不相同，需要的观众类型也有所不同。美食节、书展、车展、漫展等展会需要更多的普通观众，而日用百货展、酒店用品展等专业展则更侧重于专业观众。

拓展阅读

关于参展观众的注意事项

“这届展会有什么值得留意的新产品？”

“新走势如何解读？”

“展会上的这款产品运用了哪些技术？”

“如何运用到设计上？”

“展会人多不多啊？”

……

现今，一个展会的观众动辄上万人，一些大型展会的观众数量甚至可以到达十几万。如此大规模的人群规模，展会观众无疑是可以发掘无限商机的群体，仅仅满足这样规模的食住行等基本需求，其经济效益就不可小觑。从中找到合适的客户，既是参展商的头等大事，也是展会配套企业的大事，更是组展企业的头等大事。

然而现阶段，我国绝大多数会展城市的会展观众服务意识淡薄，观众服务配套设施水平较低且不足仍是通病。服务质量高可以形成口碑——会展主办单位形成的核心竞争力之一，不仅稳固了老观众，并且吸引了新观众。从城市会展业发展的长远考虑，展会观众这一环必须重视。

TIPS：

观展目的

普通观众去展会凑热闹好玩，专业观众去考察市场签单采购，不同的观众类型不同的观众目的，观众观展的目的可归纳为以下几点：

普通观众

1. 凑热闹好玩，无聊打发时间看个新鲜
2. 一些车展、漫展等售票展会
3. 来展会（展销会）买东西的

专业观众

1. 出于考察，观望等目的（如以便于判断下届展会参不参展）看展会本身的举办情况：展馆布置、展区内人流情况、参展商家数及展位数等；哪些展位人流大，效果好；哪些特装新颖别致，有创意；又有哪些不好，可以吸取经验。

2. 到展会上考察业内市场行情：看参展客户的数量和质量（在展会中能获得多少客户，有多少客户有用，从这些客户中能够得到多少订单，在展会中取得效果如何，哪些该重点跟踪，哪些可以稍后跟踪等）、研究行业竞争对手产品特性、目标市场人群等；了解自己产品的市场，以及产品走向的趋势。

先后主次问题：在有目的性地参观展会之后，不要忘了多看看与自己当前的事业可能并没有直接关联的展商，拓宽自己的视野和行业人脉。

现场可以看到很多新趋势，让人眼界大开的东西，可能会与很多人交换名片、微信，可能和意向的合作伙伴、朋友有过简单的沟通交流，但最重要的是展会结束之后，一定不能忘了跟进参展时获取的有效信息。

（资料来源：中国会展研究经济会）

二、有效观众与无效观众

除了对专业观众和普通观众的划分以外，还可以将到会参观的观众分为有效观众和无效观众。

所谓有效观众，是指来观展的专业观众及会展参展商所期望的具有潜在价值的观众。这是具有一定质量的观众，对展会来说不可或缺。所谓无效观众，就是指参展商所不期望的观众，他们对展会来说是可有可无的。有了有效观众和无效观众的区分，就可以看出，并不是所有的观众对展会来说都是有用的，展会往往更需要有效观众。

拓展阅读

有效观众是展会展台搭建的垫脚石

随着经济的发展，现在展会越办越多，在展会上，新技术、新产品竞相登台露脸，供需直接碰头洽谈，展会已成为人们接受最新信息、把握商场趋势的载体，随之而来的各类观众，也成为展会不可小觑的力量。

展会成功与否的要害，某种程度上取决于观众的质量，犹如一部电影吸引观众就有票房收入相同，展会不只需要观众，而且要看吸引了哪些观众，展会上人头攒动，展台前被观众围得风雨不透，但多是领小礼品和纸口袋的，这些观众只是凑热闹，而不是参展商所需要的。

展会需要专业的有效观众，他们是主办者的政策观众，是参展商的潜在客户，参展商参展首要是为了拓展销路和市场。假设观众少，质量不高，参展公司没有取得参展效益，下次就不会再参展。已有知名度的展览公司，不愁找不到参展商，而是要在组织观众上下功夫，展商希望见到有效观众，只有这样的观众才会给展会带来价值。

专业展已成为展会的趋势，市场细化的结果是，参展商更要明晰产品的市场、客户的定位，没有必要哪个展会都去。主办要非常明晰展会主题，知道要聘请哪些参展商，并为他们聘请相应的有效观众。这方面，香港贸发局建立了世界一流的厂商资料库，依据不同专业将厂商分类。举办展览时，向相关厂商发出邀请，给获邀厂商寄送条码磁卡，凭卡出入，这样就将随意的或是凑热闹的参观者挡在了展会门外。

有效观众更是展会的垫脚石，展会成功依据有效观众的数量。现在一些展会主办单位建起了观众数据库，常见到一些展会设了观众登记处，但这个作业还需要科学翔实地进行下去，这样展会观众才能得到保证。

（资料来源：意飞逊会展）

对于一个专业展会来说，如果无效观众过多，就可能给展会的正常商务活动带来不利的影响。如展会现场太拥挤，会导致秩序混乱、展会现场太嘈杂，从而影响商务谈判等。因此，如果允许普通观众入场参观，展会就要努力使有效观众在到会观众总量中保持一定的比例，一般来说，这个比例不能低于30%。也就是说，有效观众的数量占到会观众的总量的比例不能低于30%，如果低于这个比例，展会在观众方面就会只有数量而没有质量，展出效果将难以保证。

从另一个角度来说，无效观众对展会来说也是有用的。事实上，只要数量适中，他们对增加展会人气、活跃展会气氛、扩大参展商的广告效应和知名度是有很大作用的。只不过无效观众的数量不能太多，否则展会效果将大打折扣。此外，根据来源地的不同，观众还可分为本地观众、外地观众与海外观众，或国内观众与国际观众。

三、会展目标观众数据库

与展会招展需要有目标参展商数据库一样，展会招商也是建立在完整而实用的目标观众数据库之上的。一个好的目标观众数据库是进行展会招商策划和制订展会宣传推广方案的重要基础，也是策划和制作展会通讯和观众邀请函的基础。

一般而言，展会的目标观众的范围比其目标参展商的范围要广，其涉及的行业也多。所以，我们在进行展会招商时，不能把目标观众的范围仅仅局限在展会展览题材所在的行业，还要考虑其相关行业和产品的各种用户所在的行业。如体育用品博览会的目标观众除了体育行业内的人士以外，还有众多的健身休闲产业、房地产行业、会所等相关行业的人士。

会展项目管理人员要更好地吸引会展参观观众，做好招商工作，首先应确定会展项目目标观众群体（专业观众和有效观众），收集基本信息，建立目标观众数据库。

所谓目标观众数据库，就是利用计算机软件，将已掌握的所有目标观众的各类信息按照一定的规律整理并保存在系统里。目标观众数据库中除了有目标观众的名称、联系方式等基本信息外，还要有目标观众的产品需求倾向，同时还需及时建立并更新会展观众数据库。因为目标观众是可以培育的，可以从外延的观众群逐渐培育为核心的目标观众。

目标观众数据库是会展招商方案制订和执行的重要基础，也是进行会展宣传推广的重要基础，是会展项目招商工作重要的信息来源。收集目标观众信息的渠道和收集目标参展商信息相似，可以通过以下渠道进行（见表 5-1）。

表5-1　会展项目目标观众收集途径

序号	收集途径
1	通过行业企业名录收集，注意不要仅仅局限于展览题材所在的行业，还要收集相关行业的信息。
2	通过行业协会和商会收集，包括展览题材所在行业及其相关行业的商会或者协会。
3	通过政府主管部门、外国驻华机构等行政机构收集。
4	通过参加同类展会或查阅同类会展资料收集。
5	通过各种行业、专业网站、专业报纸杂志等收集。
6	通过自办网站收集。主办单位除了与国内外众多专业网站进行合作宣传所办展会外，还应致力于建设一流的自办展会门户网站，以使网站能成为主办单位与展商和海内外观众交流沟通的大平台。

建立目标观众数据库要遵循一些基本原则：数据库要有一定的数据量，以保证招商时有一定的目标客户来源；分类科学合理，以便于查找；数据真实可靠；便于查找和检索；及时更新与修改；数据库的用户界面要友好、简洁、一目了然；数据库支持多用户同时使用；对数据库基本修改要有一定的权限限制，不能人人都可以对数据库的数据进行修改；目标参展商数据库与目标观众数据库之间，应建立一定的联系。

展会目标观众不是一成不变的，它还是展会潜在参展商的一个重要来源。有些人在这一届展会可能是观众，但下一届展会可能是参展商，当展会越办越好时，这种转变就尤其明显。因此，目标观众数据库既是展会招商时目标观众的重要来源，也是展会招展时目标参展商的潜在来源。在建立目标观众数据库时，要充分考虑这种转变，不要将目标观众数据库和目标参展商数据库截然分开，而要让它们两者保持某种联系，以便于对它们加以充分利用。

每个会展项目都应该建立自己的目标观众数据库，充分收集和了解目标观众的背景材料，利用现有信息手段来核实其信息，以保证信息的有效性和真实性。

拓展阅读

如何做好专业观众的数据库管理？

做好观众数据库管理，将获得很多直接的好处，比如，展会规模的良性扩展、展会质量的提升、为展商和专业观众提供更好的服务、提升展会的品牌形象、进而增加展会主办单位的收益。

很多国内的展会主办单位并没有从观众数据库管理中受益，更加严重的是，甚至还没有这方面的管理意识，这也就进一步拉大了与外资展会主办单位的差距。

大概在 12 年之前，还没有多少展会主办单位会特别重视观众资源的邀请和管理，而把着力点放在展商的邀请和管理上，这在当时是可以理解的。然而近几年来，展览市场竞争越发激烈，希望国内的展览公司也应该与时俱进，加强观众数据库的管理，不然将无法在竞争中获得优势。

观众数据库管理的本质就在于：每一条观众数据背后都是一个个活生生的人，这就意味着你应该动态地管理好观众数据库，提升老观众的忠诚度，降低观众的流失比例，并能更多地挖掘新观众。

动态管理需要根据观众数据库的变化及时调整思路，在管理上要快速适应这种变化。比如说，对于那些连续多届参观的老观众，或者一家公司有很多人前来参观的企业，主办单位要给予 VIP 服务。

观众的信息如果有变化，要及时在数据库内更新，观众的手机、电话、地址、邮箱、职位等都需要数据管理部门在电话邀约时发现这些细节问题。

所以说，观众数据库虽然看起来只是电脑里的一个系统或者一个 EXCEL 表格，但其实这个数据库是由真实的人组成的，要负责做好这些专业观众的服务，提升他们的满意度，让展会能够得到这些专业观众的长期支持。

建立好自己展会的观众数据库，并做好常态化的动态管理，可能是展会主办单位最快最容易提升展会质量和规模的途径。主办单位花些小钱，其收益，将是长期的，稳定的，更大的。

（资料来源：搜狐网）

任务二　会展招商内涵

会展招商就是指通过各种方式，将那些对拟办展览会所展示的产品有需要及感兴趣的采购商和其他观众引进展览会，邀请他们到会参观。

展会成功与否取决于两大要素：第一是参展企业，第二是专业观众。参展企业的数量和质量取决于招展力度，而专业观众的数量和质量取决于招商力度。一般来说，“招商比招展更重要”，会展成功的关键在于招商。观众是会展成功举办不可或缺的重要因素，一定数量和质量的有效观众是“品牌展”的重要标志之一。

拓展阅读

全国糖酒会招商成功的经验与失败的教训

有外商这样形容全国糖酒会，他说，“中国糖酒会是在最小的空间，最短的时间，最低的成本，做最大的生意，糖酒会无与伦比，我从来没有参加过这么大规模的会展……”

但与此同时，我们也听见了关于糖酒会的其他声音，比如，糖酒会一年不如一年；不参加糖酒会后悔，来了更后悔；糖酒会已经招不到商，完全是盲人摸象等。

以上两种截然不同的糖酒会体验其实一点也不奇怪，任何事物都有成功和失败的可能，但实事求是地说，全国糖酒会的最大功能就是能够把全国最主流的酒类食品企业和全国主流的经销商，在同一时刻吸引到一个地方聚会，这就是糖酒会最大的成功。

糖酒会招商成功一定有成功的经验，失败也一定有失败的教训。根据标普信息数据分析，凡在糖酒会招商成功的大都是年轻、外向型的企业，年轻的企业家，而失败的往往是20年以上的传统、保守的企业。

卖方案永远比卖产品更成功

糖酒会招商成功的企业都有一个共同点，企业家年轻，大都在30~40岁，有现代营销思想和完善的策划方案，他们认为，在产品过剩和产品同质化严重的市场上，主张除营销优质产品外，更重要的是营销优秀的策划方案。

相反，在糖酒会招商失败的企业，企业家往往在50~60岁，他们认为，糖酒会就是摆摊设点，靠产品质量赢得经销商，从而固守传统营销模式。殊不知，来参加糖酒会的企业，哪家产品不优质、不优秀？经销商除了重视优质产品外，当然更应注重企业给他们提供的优秀营销方案。

双线营销永远比单线营销成功

招商成功的企业一般都是线上线下双线营销和招商，他们线上有企业官网、企业官方商城、手机网站、官方微信、企业微博，甚至淘宝、天猫、京东等销售平台。无论消费者还是经销商通过什么形式都能够第一时间找到企业，从而了解企业和企业产品。

相反，失败的企业往往招商手段单一，在网上找不到他们的任何企业信息和产品信息，没有企业官网、没有企业微信，没有企业商城等。有的企业经营者甚至害怕网络，认为他们的产品一旦上网就泄露“机密”，天真地在互联网时代的今天还封锁自己的信息，幻想靠过去信息不对称做生意。

更可怕的是，他们还投巨资来参展糖酒会，想在糖酒会上仅凭三言两语就征服经销商。他们完全没有想到，在互联网时代的今天，哪个消费者在购买商品前不去网上搜一搜，哪个经销商在确定经销一款产品前，不去网上查一查详细了解一下。但是，最要命的是，经销商一上网，搜索出来的全是“竞争对手”同类的产品，你在糖酒会上的所有努力全部帮“竞争对手”做了工作。

以上就是企业在全国粮酒会招商成功与失败的最主要原因。糖酒会招商平台没有问题，问题在于你如何去利用全国糖酒会这样的招商平台。就像你如果在CCTV做广告，如果广告投放出去没有效果，你应该检查自己，而不应该去责怪CCTV广告平台。

（资料来源：成都糖酒网）

一、会展招商特点

展会招商和展会招展是互相影响、互相作用的。一方面，如果展会招商效果好，到会观众多，质量上乘，参展商的展出效果就有保证，企业更愿意来参展。反之，如果展会招商不理想，到会观众较少，或者无效观众很多，参展商的展出效果就难以保证，企业参展的积极性就会降低。另一方面，如果展会的招展效果较好，参展企业尤其是行业知名企业较多，展品新、信息集中，观众到会参观就会更踊跃。会展起步招商是基础，会展要强大还须“守商”，专家认为，招商、务商、守商是会展品牌化的必由之路。

会展招商相较于招展，也具有自身的特点，即经济的间接性、工作的隐形性、效果的滞后性。

经济的间接性。会展企业通过拓展参展商能够带来直接的经济效益，而招商却不能带来看得见的经济收益。经济的间接性使会展企业在运作时出现“重招展、轻招商”的错误倾向，减少甚至不做招商方面的投入。当展会是由几个单位联合举办时，就会出现大家争着去招展而展会招商却无人重视的局面，结果使得展会开幕后到会观众不理想，展会质量不能令人满意，展会发展受到影响。

工作的隐形性。招展投入的多少，可以通过展位的预订情况得知。而参展的观众却往往不会提前向会展企业预订，这就使招商工作具有一定的隐形性。工作的隐形性会使会展企业的招商工作无法控制过程，无法迅速地反馈，导致招商工作的各种策略无法根据招商工作的变化而及时调整，并且这种隐形性会使各单位的招商工作出现步调不一致的混乱局面。

效果的滞后性。招商效果的好坏要到展会举办期间才能知道，这时参展商的展位费等各项费用都已经缴纳。即便参展商抱怨招商效果不好，也无法改变。效果的滞后性会使一些运作能力差或资金不足的会展企业减少或者不做招商投入，其间到会观众很少，门庭冷落，出现参展商所说的“骗展”。

二、会展招商价值意义

展会是一种联系买家和卖家的理想纽带，“买家”是指专业观众或中间商，“卖家”是指参展商。展会的目的是有效地把买卖双方组织到一起，促进和提高买卖双方信息交换率和交易成功率。展商满意了、观众满意了，主承办单位也满意了，才能说展会成功了。因此，招展招商工作都是至关重要的。目前，认同“展会成功的关键在于招商”这一观念的展览公司越来越多，一些以往只注重招展、只紧盯展位收益的公司也逐渐改变思路，不断加大招商力度，把工作的重点放到参观观众的组织上来。会展招商的价值和意义可以从以下几个方面来理解。

吸引目标观众，以实现参展商的目的。展会对于一个产业来说，是企业进行市场招商、产品交易、品牌展示、市场营销的好机会，也是商家采购产品、寻求代理、了解产品、企业、行业发展趋势的最好机会。在上下游厂商供求信息不对称的情况下，展会就是一个巨大的信息交流平台，只有展会上有大量的目标观众，参展商才能借展会达到自己的目的。专业观众是展会的生命线，参展企业花了很多经费参加展会主要是为了拓展销路和市场，如果专业观众很少，或者专业观众的质量不高，参展公司就不会再次参展。据悉，具有知名度的展览公司，是不愁找不到参展商的，就怕专业买家的数量少、质量低。从某种意义上讲，买家客户是展会的生命线，展会的成功与否，主战场应是观众的组织，而不单纯是寻求参展商的数量。

提高展会的服务水平。参展商是展会的基础，没有参展商就没有展会。为了吸引参展商，办展机构总是想方设法提供优质服务。而邀请更多高质量的目标观众到会参观，才是办展机构为参展商提供的最好服务，这项服务的重要性是其他任何服务都无法替代的。如果办展机构不能很好地提供这种服务，那就会失去参展商。

扩大展会的社会影响。通过展会的招商宣传，展会及办展机构的社会知名度将大大提高。这有利于办展机构在该产业举办相似题材的展会或是转向其他行业举办展会。

树立展会的品牌形象。品牌是展会宝贵的无形资源。办展机构要想在一个产业中将一个题材的展会持续办下去，获得长久和利益，就必须创立自己的品牌，如“广交会”“西博会”等。而为展会招商的过程就是办展机构在大众心目中树立品牌、提升形象的机会。

三、会展招商主要方式

现代展会的招商工作可以通过多种方式展开。各种方式有各自不同的特点，适用于不同的情况。办展机构应该了解各种不同招商方式，并在实际工作中灵活地运用它们，发挥它们的协同效应，以圆满完成展会预期的招商目标，为展会的成功举办打下坚实的基础。展会举办机构常采用以下三种招商方式。

（一）直接招商

这是一种目前会展企业普遍采用的招商形式。主办机构委托协办单位或设立专门的部门完成招商工作。通过各种招商宣传推广渠道，直接与目标观众和普通观众接触。这种方式的优点是办展机构可以直接掌握整个招商过程的进程，使它与整个展会筹办工作协调进行。同时，办展机构对展会本身的熟识程度也将使宣传工作更具针对性，更加到位。但是，展会招商工作是一项复杂、耗时、专业性很强的工作，办展机构要想完成这项工作，首先要拥有一个具有这方面专业知识技能和实战经验的工作团队。他们熟悉基本的招商程序，了解各种招商渠道的特点，并能够结合展会自身的特点制订合适的招商方案。

（二）代理招商

如果办展机构是不具有实战经验的工作团队，招商条件不具备的情况下就可以选择寻找专门的招商代理公司，帮助自己完成整个或部分招商工作。专业的招商代理公司通常在人才信息及渠道资源上与普通办展相比有明显的优势。但是，这种方式的不足之处主要是费用较高，办展机构无法将这部分工作纳入整体规划当中，发挥它的适时协同作用。

（三）品牌招商

要理解品牌招商，先要了解品牌展会。所谓品牌展会是指具有一定规模，能代表这个行业内的发展动态，反映这个行业的发展趋势，对该行业有指导意义并具有较强影响力的展览会。一个展会经过营造，具有自己的品牌定位、内容、优势与个性，得到目标观众的一致认可，那就成为品牌展会了。品牌展会越来越受到参展商和目标观众的重视，既是办展机构的一面旗帜，也是展会竞争优势的重要来源。当建立起品牌进行招商时，办展机构不用在每次招商工作中都投入大量的资金与人员，就可以达到令人满意的效果。

并不是每个展会都是品牌展会，品牌展会需要办展机构的不懈努力，不断培育，形成品牌展会。建立品牌展会的主要途径包括以下四种。

自我培育。选择能代表某一行业先进水平或某一领域发展方向的展览主题，充分体现展会具有前瞻性、专业性强和涵盖面广的特点，对这种展会经过数年培育，可以使之成为品牌展会。例如，深圳的“高交会”和中部地区的“中博会”，虽然举办的历史较短，但是“政府搭台企业唱戏”的运作方法已使展会名声大增。同样，“大连国际服装博览会”目前已成为国内举办时间最长、国际化程度最高的交易会。

实施联合策略。品牌展会的一大特征是规模与质量，因此，办展机构可以根据实际情况，把同类或相类似的展会进行整合，实行同一主题或相关主题展会的联合。这些展会无论在国际化、专业化还是品牌化都已初露端倪。

品牌移植。通过品牌移植，塑造品牌展会。目前国际知名展览公司逐渐进入我国，也带来了国际知名的展览会。我们可以借帆出海，不失为国内展会品牌化的一种方法。办展机构通过自身的品牌招商，能吸引大量的目标观众。

以商带商。以商带商就是借助参展商来完成招商工作。参展商一般都有自己的客户群、合作伙伴群及市场关系网络。办展机构应该充分利用这种关系资源与信息资源，使自己的招商工作产生辐射效应，达到事半功倍的效果。

任务三　会展宣传推广

展会如何宣传推广？展会宣传与推广的方式有哪些？这个问题对于那些即将参展的企业来说非常关键，因为企业如果宣传得好，就可以把企业的品牌形象推广出去，让更多的客户了解。那会展宣传推广与招商之间是何种关系呢，是同一项工作，同一性质工作，还是互不相关？这都需要厘清两者的关系，看清实质，这样才能让两项工作产生合力，为展会增光添彩。

一、会展宣传推广与招商关系

会展宣传推广与会展项目招商关系密切。在展览业的实际操作中，很多时候都是将会展的招商方案和会展的宣传推广方案合二为一，作为一个方案加以策划和实施。

（一）联系

两者互相影响，互相促进。在具体实施过程中，尽管会展宣传推广各阶段的主要目的不同，但它对会展项目招商都有影响，在很多时候还能直接促进会展项目招商；尽管会展项目招商的主要目的是吸引更多的观众到会参观，但从某种意义上看，其招商的具体过程也是间接地对会展进行宣传推广的过程，有时候它还是直接的会展宣传推广。

两者互相补充。会展宣传推广与会展项目招商在具体实施时经常是互相补充的。有些渠道如果进行会展宣传推广往往成本过大，这时可以用会展项目招商活动来弥补，通过招商活动来间接地对会展进行宣传；反之，有些渠道通过会展宣传推广比仅进行会展项目招商效果更好，这时，通过会展宣传推广来进行会展项目招商更能吸引观众。

两者共同为会展成功举办服务。尽管各自的具体目标不同，但会展宣传推广与会展项目招商的共同服务对象是相同的，那就是促进会展的成功举办。所不同的只是会展宣传推广是从招展、招商、树立会展形象等多方面来促进会展的成功举办，会展项目招商则主要是从吸引更多的观众到会参观这方面来起到促进作用。

（二）区别

会展宣传推广与会展项目招商又是有重大区别的两个范畴，在策划其各自的方案和具体实施其方案时不能混为一谈。

任务不同。会展宣传推广的目标不仅仅在于会展项目招商，它是为了整个会展服务的，它最为核心的任务有三个，会展项目招商只是其中之一；会展项目招商核心的任务只有一个，就是吸引更多的有效观众到会参观。

实施步骤不同。会展宣传推广是一个连续的整体，系统性很强，在具体实施时，应根据会展筹备的实际需要，分阶段、有步骤、有计划地实施，并且各个实施阶段的重点目标有所差别。会展项目招商的阶段性较弱，在具体实施中，其主要目的也始终不变，那就是吸引更多观众到会参观。

实施渠道不尽相同。会展宣传推广的渠道主要借助于一些公开的媒体如报纸杂志网站等。会展项目招商除了借助于这些公开的媒体外，还有其他的专项渠道如直接邮寄、合作营销和人员推广等。从总体上看，会展宣传推广的渠道基本可以用于会展项目招商，但会展项目招商的渠道却不一定都适用于会展宣传推广。

二、会展宣传推广渠道

展会推广的范围可以覆盖已知的和未知的所有目标受众，这是覆盖面最广，同时也是耗费资金最多的宣传手段。因此，必须目标明确，根据需要、意图和实力有效地宣传推广，做到精准投放。要选择合适的宣传渠道：包括传统媒体和新媒体，比如报纸、电视、广播、短视频、自带流量的"垂直网红"等。一般来说，会展常见的宣传渠道有以下几种。

专业媒体。在专业杂志、报刊及国内主要行业网站上刊登广告；在指定专业媒体进行特别报道、专题采访、评述等。

公众媒体。组展方与公众媒体结成同盟，投放大规模广告宣传，并通过相关专业网站向国内外厂商及用户发布展会信息及参展商资料等。

专业观众数据库。从往届展会观众数据库中，挖掘专业观众，以发邀请函的形式继续邀请他们参观本届展览会，他们是展会主要的目标受众。

行业协会。行业协会往往在行业内有较高的知名度与影响力，掌握着大量的信息是组展方理想的招商合作伙伴，可以通过行业协会向专业观众发出邀请。

政府主管部门。政府主管部门在行业的影响力更大，与其合作能掌握大量的信息带来诸多方便。

国外驻华机构。若举办国际性的展会，可通过国外驻华机构，因国外驻华机构熟悉中国及展会举办地的情况，由这些机构发出的通知，对国外观众具有较强的说服力，能吸引更多的专业观众来观展。

展览会的专门网站。建立展会的专业网站，并将其与大型的门户网站相链接，以更好地宣传、推广展会，让更多的专业观众了解展会。而且自办的专业网站还能成为主办单位与展商和海内外观众交流沟通的大平台。

通过展会宣传。可通过不同地区或不同国家的其他展会进行展会宣传。通过境外贸易观众较为集中的著名品牌展览会来推广展览，已成为我国办展机构有效组织观众的重要途径。

通过参展企业宣传。参展企业，特别是有一定知名度的大企业，其客户群比较庞大，展会为他们提供了一个交流和联络的有益平台，通过这些知名企业的宣传，会带动一大批目标观众前来观展。

流量导入宣传。这是近几年随着网红效应而产生的，通过邀请自带流量的"垂直网红"来宣传，通过导入外部流量，为展会活动增加人气。

总之，展会宣传不能只在一种媒体上做，而是要形成一个传播矩阵，选择有效的渠道进行组合，根据宣传投放的时间、投放的地点、投放的受众进行不同渠道的有机组合，形成展会宣传的全媒体矩阵，尽可能扩大宣传的覆盖面。

拓展阅读

如何有效达到展会的宣传效果?

展会作为一种优质宣传渠道，一直以来都颇受各行业参展商的重视。一方面，参加展会可以精准触达目标客户带来可观的成交量，另一方面，展会也是参展商展示产品、提升品牌知名度的重要途径。

但如果展会自身的宣传做得不到位，就会直接影响参展观众人数，同时也会使参展商的参展效果大打折扣。那么如何才能做好展会宣传呢?

1. 合理利用外部宣传渠道

外部宣传渠道既包括传统媒体，如广播、电视、报纸、杂志等，也包括新媒体，主要指以互联网为基础的各种传播渠道。传统媒体更权威，更适合为展会做品牌背书，而新媒体更多元化，覆盖面更广，尤其对年轻人的覆盖力更强，更适合打造品牌知名度。具体如何组织各种媒体资源，需要结合展会性质、展会目的、展会规模、展会目标受众以及受众媒体使用习惯、展会风格与调性等多种因素综合考量，并选择与之相匹配的媒体组合形式。

2. 搭建展会自媒体矩阵

外部媒体是提升展会知名度不可或缺的传播渠道，而自媒体矩阵则是展会主办方发布展会动态新闻、全面展示展会信息、及时传达最新消息的重要窗口。展会官网、微信公众号、微博、抖音，甚至电子海报、H5、电子邀请函等都是可利用的信息载体。自媒体平台间如果能形成联动效应，就更为理想了。

3. 提前准备传播内容和传播节奏

一场展会的完整传播节奏应该覆盖到展会筹备期的预热宣传、展会期的集中引爆宣传和展会后的复盘宣传等。不同的传播阶段需要提前准备好不同的传播内容，并随时积累更新视频、图片等新的传播素材。

4. 流量运营与定向邀请要到位

有经验的主办方往往善于导入外部流量，为自己的展会增加人气。一方面，可以邀请自带流量的嘉宾参与活动，请覆盖受众重合度较高的垂直领域网红配合做宣传；另一方面，也可以通过有奖转发展会信息等形式，充分利用好既有观众的私域流量。此外，对于已经取得联系方式的目标受众，还可以采用定向邀请的方式，提前一个月对其发送纸质或电子参会邀请函。

（资料来源：知乎）

三、会展宣传推广阶段

会展宣传推广涉及招展、招商在内的展会全面营销，因此需要进行全面的布局。如前所述，展会宣传渠道众多，展会分期宣传有其不同的侧重点，因此，需要根据展会的不同阶段，进行不同媒体的组合推广，也就是要制定在何时何地投放何类广告吸引何类人群的方案。办展机构在宣传推广的时间上要做好安排，展会所处的不同阶段，宣传推广的目的和侧重点有所不同，通常可分为以下几个阶段。

（一）会展前期宣传推广

在会展筹备阶段即展前阶段，主要是为会展造势。在筹备的最初阶段，宣传目的主要是提示性宣传，告诉专业人士和众多观众有这样一个展会，向社会大众介绍展会的主题，树立展会的市场形象，提高展会的社会知名度。在会展筹备前期，宣传的目的重在促进招展。随着展会筹备工作的进一步推进，展会的宣传推广工作可以进一步展开。特别是在会展招展任务基本完成时，宣传目的重在招商，即招目标观众。这时处于展会筹备的中期，招商的宣传推广工作将完全展开，主要通过专业媒体、网站、招商代理等渠道，对目标观众展开宣传攻势。宣传的内容可以更加详细具体，但应将重点放在展会的进程安排、服务等项目上。

展会筹备的后期，宣传工作进入收尾阶段。在对目标观众的宣传工作基本完成的情况下，可以将宣传的重点转向普通观众。

总之，展会开展前的观众宣传推广至关重要，通过各种媒介、专业市场目标数据库、与观众面对面的推广活动等，能提高目标观众对展览会的关注程度和参与的积极性。

（二）会展期间宣传推广

会展期间的宣传推广重点是促使参展商和观众获取更大的经济效益。办展机构这一时期的主要宣传活动就集中于会展的新闻报道，充分利用专业和大众媒体，对会展情况进行详细报道，以利于参展商和观众获取更多的会展信息，挖掘更多的展会资源。

展会期间，办展机构也要做好一些增值服务，这样会起到潜在的宣传推广作用。办展机构可通过举办各类对参展观众的增值服务与论坛活动，加强目标观众观展的兴趣与积极性。如快速办理观众注册、行李寄存、住宿、订票服务，以及提供展览向导、城市地图、参展商查询等现场增值服务；免费上网、免费电话的贸易增值服务；为观展的专业观众提供参展商产品发布会、行业研讨会、专业发展趋势论坛、下届展览新闻发布会、专业观众与展览组织机构的座谈会等增值服务。

（三）会展后期宣传推广

在展后阶段，宣传活动则更多的是展后跟进工作，即通报会展的效果，对会展活动的评估工作进行相关报道，让广大观众了解本次会展的盛况，也为下次会展宣传做准备。对于办展机构而言，展后的观众组织推广工作是一项最有效、最有价值的观众组织工作。办展机构应当及时整理历届展会的观众资料，向到会的重要目标观众发感谢信并邮寄展会的相关信息与最新的评估资料，使目标观众能直接感受办展机构的精心服务。同时，对于本地的目标观众可以召开观众座谈会，利用座谈会与观众面对面地交流观众组织活动中的细节问题，以及如何提升展会现场观众的接待与服务工作，巩固与专业观众的良好关系。如果时间允许，也可邀请外地的目标观众一起参加座谈会；若时间不允许，可采用邮件或二维码的方式，了解外地目标观众对本次展会的看法及建议。

拓展阅读

常见线上展会营销方式

社交媒体推广展会：使用各种社交媒体平台，如 Facebook、LinkedIn 和 Twitter，为您的展会进行宣传。宣传形式如推广即将举行的展会、更新展会的最新消息以及分享展会现场的照片和视频。

在线直播展会：使用线上直播平台，如 YouTube 和 Facebook Live，为客户进行现场直播。这样，即使不在现场的客户也同样可以体验展会的氛围；提升客户信任度。

创建展会独立页：为展会创建独立页，并向客户提供有关展会的所有信息，如展位图、参展商列表、日程安排等。

发布电子邮件通讯：向客户发送电子邮件，介绍展会的详细信息，并鼓励客户参观。

发放线上优惠券：向客户发放线上优惠券，鼓励他们参观展会并购买产品。

（资料来源：编者整理）

任务四　会展招商方案

招商的目的是吸引参展商需要的贸易观众前来参观并进行贸易洽谈。它是展览会的生命线。招商有很大的随机性和不可控性，多数情况下双方“门当户对”的概率并不很高。但事先明确自己的目标招商群，招商对象、重点区域、资质要求、审核细则、帮控措施等相关条款，并能通过有效途径加以传播，招商工作就能更加清晰明确、有的放矢，减少不必要的周折和投入。因此，会展招商方案是展会整体策划诸多方案中的核心方案之一，也是为展会邀请观众而制订的具体执行方案。会展招商方案在充分了解展会展品需求市场的基础上，合理地安排招商人员在适当的时间里通过合适的渠道进行展会招商活动，是对展会招商活动进行的总体安排和把握，目的是保证展会开幕时能有足够的观众到会。

一、正确对待招商工作

正确客观地认识招商工作的特点，才更有力地进行招商方案的撰写和推进，避免认知的错误而让工作无法推进。

经济利益间接。不同于招展工作，每招到一个参展商立即获得展位费带来的直接经济利益，招商招到观众却不能带来看得见的经济收益。也正是这个原因，使得很多会展企业在运作时出现“重招展、轻招商”的错误倾向，减少甚至不做招商方面的投入。

工作成效隐形。招展投入的多少，可以通过展位的预订情况得知。而招商工作投入后，许多参展观众却往往不会提前向会展企业预定，使招商工作成效难以度量。且招商工作缺乏过程控制，缺乏迅速的反馈，进而使得招商工作的各种策略不能根据招商工作的变化而调整。并且这种隐形性会使各单位的招商工作出现步调不一致的混乱局面。

工作效果滞后。招商效果的好坏要到展会举办期间才能知道，这时参展商的展位费等各项费用都已经缴纳。参展商如果发现招商效果不好，也无可奈何。

二、招商方案的目标和原则

（一）确定招商方案目标

1. 明确招商活动的具体目标，确定目标观众

明确本次展会招商活动的具体目标是什么，对目标观众的数量与质量有何要求。每一个展会都会针对一个具体的观众群体，即目标观众。目标观众能够给参展商带来即时的或未来的经济收益。因此，展会招商工作应该主要围绕目标观众展开，在经济条件与精力允许的情况下兼顾一般观众。

2. 招商组织工作如何与招展组织工作相配合、相支持

展会招商和展会招展工作是互相影响、互相作用的。一方面，如果展会招商效果

好，到会观众多，质量上乘，参展商的展出效果就有保证，企业就更乐意来参展；反之，如果展会招商不理想，到会观众较少，或者无效观众很多，参展商的展出效果就难以有保证，企业参展的积极性就会降低。另一方面，如果展会的招展效果较好，参展企业尤其是行业知名企业较多，信息集中，观众到会参观就会更踊跃。因此，很多办展企业在进行招展的同时进行招商宣传，同样，在进行招商的同时进行招展宣传。

3. 采用何种措施能使招商组织的工作目标得以实现

会展招商方案的目的是邀请更多高质量的目标观众到会参观洽谈，以达到办展者和参展商双赢的目的。因此，展会采取何种措施进行招商，应达到什么样的效果，这些具体目标一定要明确。只有目标明确，才能按既定的目标组织和完成招商工作。

（二）招商方案的制订原则

在招商方案的制订中，要注意方案制定的五性，即可行性、可操作性、可改变性、周密性、创造性。

可行性指具体的招商方案要切合实际，具有可行性，能够通过各部门的协同作战、上下努力最终实现。切忌脱离实际，主观臆断，制订出无法实现的招商方案。可操作性指招商方案在具体实施过程中具有可操作性，能够顺利完成招商任务。可改变性指会展市场环境和条件是在不断变化的，专业观众的构成和要求也在不断变化，即便是举办同类展会，不同的时间与地点，招商方案都应根据实际情况进行调整与改变。周密性指制订方案一定要根据实际情况尽量详细周密，方案的详细与否直接影响招商效果。创造性指制订创造性的招商方案，会达到意想不到的招商效果。

三、会展招商方案制定程序

编制会展招商方案是会展项目管理人员进行会展招商策划的最终成果，一般来看，编制招商方案的具体程序如下。

（一）收集会展招商依据

会展项目管理人员首先应收集会展项目招商的依据，保证会展招商策划符合会展项目的实际情况。一般来说，会展招商方案编制的主要依据包括：展品的主要消费市场的地域分布状况和需求情况；展览题材所在行业及其相关产业在全国的分布状况；相关产业在各地区的发展现状；各有关产业的企业结构及分布情况。

（二）进行会展招商分工

会展项目管理人员应根据会展项目实际需要和项目计划，对会展招商工作进行分工安排，包括：对各办展单位之间的招商分工安排，对项目团队内部招商人员及工作分工安排，对各招商地区进行分工安排，等等。会展的招商工作应做长期考虑，做可持续性发展的考虑。如果会展的招商工作不到位，会展的长期发展肯定会受到极大的影响。

同一展会有多个主 / 协办方，可能会出现大家争着去招展但展会招商却无人重视的局面，如果展会的招商工作是由各办展机构共同负责的，就必须明确各办展机构之间的招商分工。各办展机构合作的会展的招商分工应明确共同遵守的招商原则，做好各单位的招展地区或行业及重点目标观众的划分、对招商费用的预算和支付办法的规定、对重点目标观众的邀请和接待安排等。

单个组展方负责，要做好会展项目团队内的招商分工，主要包括：确定招商人员的名单，明确各招商人员负责的地区范围和重点目标市场，制定各招商人员的信息沟通和工作协调办法，并对重点目标观众制订统一的接待安排计划。

（三）选择会展招商渠道

会展项目管理人员应根据会展招商工作的实际需要，提出会展招商计划使用的各种招商渠道，并针对不同招商渠道制订可行的招商措施。会展项目招商的主要渠道包括：有关行业协会或商会、国内外同类展会、专业报纸杂志、参展商客户关系、政府有关部门、大众媒体、网络招商、会展期间举办的活动、各种招商代理。

（四）招商宣传推广计划

会展项目招商宣传推广是为促进会展更好地招商，而有目的有针对性地举行的一些宣传推广活动，这些宣传推广活动围绕着会展招商的目标而制定，有很强的目的性和配合性。会展的宣传推广是会展招商成功的一大保证。会展项目管理人员应对配合所做的各种招商宣传推广活动做出规划与安排，并体现在会展招商方案当中。

在会展项目招商方案里，要提出会展项目招商宣传推广计划，包括宣传推广的策略、渠道、时间和地域安排以及费用预算等。招商宣传推广的策略，包括宣传推广的出发点、主题、亮点等。在策略上要注意紧扣会展的定义和主题，突出会展的优势和个性化特色，从客户的角度出发，处处为客户的利益着想。招商宣传推广的渠道，可以根据招商工作的实际需要来选择和组合利用。招商宣传推广在时间的安排和地域的分布上要注意与招商的实际工作紧密配合，并且要走在招商实际工作的前面，为招商工作造声势、造知名度。宣传推广在时间上要连贯，要有统一的理念和策略作指导：在地域上要因地制宜。在重点招商的时间段和重点招商的地区，要加大宣传推广力度，增强宣传推广的针对性（见图 5–2）。

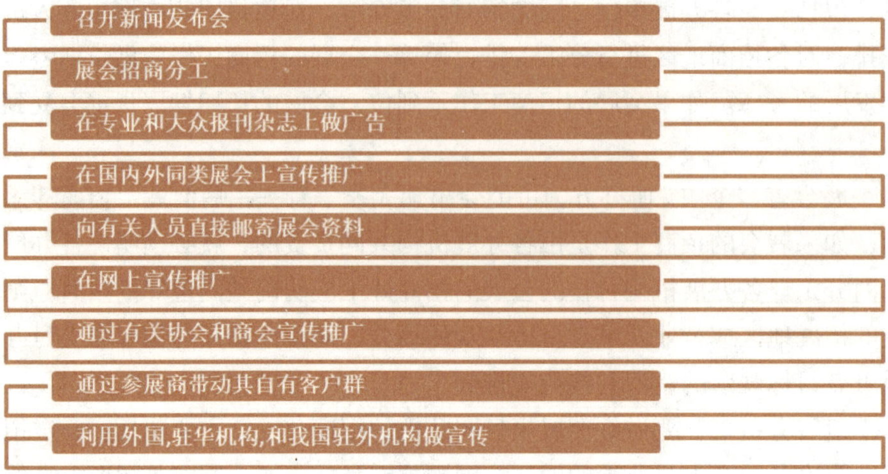

图5-2 会展招商宣传渠道

（五）会展项目招商预算

财务是会展项目中重要的一步，会展项目管理人员应对会展项目的各项相应费用支出作出初步预算，以便及时合理地安排招商所需资源。

招商预算是为招商各项工作顺利进行而做的费用支出预算，它是在各项招工计划基本已定的基础上，对会展招商可能需要的费用支出作出的整体安排和具体计划。编制招商预算，应从招商工作的实际需要出发，本着统筹安排、合理利用的原则实事求是地进行。会展的直接招商费用主要包括：招商人员费用，包括招商工作人员的工资、差旅费、办公费等；招商宣传推广费用；招商代理费用；招商资料的编印和邮寄费用；招商公关费用；其他不可预见的费用。

招商预算的编制要本着节约的原则。只有确实需要支出的费用才进入预算支出，这样可以严格控制会展项目招商成本。招商预算还要编制得细致，费用支出安排要合理，能满足招商工作顺利开展的需要。费用支出安排要注意在时间上与招商工作的实际需要相配合，不能出现开始时费用充足而最后费用不够，或者是开始不愿支出而最后拼命追加费用支出等不良现象。

（六）会展招商进度安排

会展项目管理人员应对会展项目的各项招商活动的进度做出总体规划和安排，确定招商工作日程，合理控制会展招商工作的进程，确保届时会展有足够数量和一定质量的观众到会参观。会展招商工作阶段性和实践性都很强，招商进度计划表严格按照时间进度安排及时监测工作成效，及时发现问题并采取相应的措施进行调整。实际操作中，招商和招展工作同时进行，因此，更需要招商进度计划，以确保招商工作的独立性和计划性，兼顾与其他各项工作的配套和合理安排，使招商工作能顺利完成会展项目。招商方案编制完毕后，应交由会展项目主管领导进行审批，批准后发给招商项目各部门及单位，作为会展招商工作的执行依据。

因此，在制定招商策略和方案时，要清醒地了解自己的资源、优势和能够给予应招者的条件，并与应招者共同探讨总体的市场策略，告知真实的市场支持，才能让双方长期合作。举办招商会，建议通过正规的招商引资机构进行策划和组织，这样能保证受众的确定性而不会盲目。

四、观众邀请函

观众邀请函是会展项目组织根据会展实际情况编写的，专门针对会展目标观众，尤其是专业观众而发送的会展招商的一种宣传函件。在以前，观众邀请函主要用于邀请专业观众到会参观，在会展开幕前一个月由会展企业向目标观众邮寄，若专业观众为国外观众，则要提前 3 个月邮寄。由于信息技术的发达，现在的邀请函都是以电子邀请函的方式进行转发，对时间的要求并没有做强制性的规定，以提前、实时为佳。

会展项目管理人员编制观众邀请函的内容要简单明了，吸引观众来参观会展，主要对会展的主题、特点、优势、展品和参展商进行介绍。会展项目观众邀请函的主要内容包括以下四个方面。

会展的基本内容。会展的基本内容包括会展的名称、举办的时间和地点，办展机构、会展的 Logo、本会展简单介绍，如会展的特点和优势等（见图 5-3）。

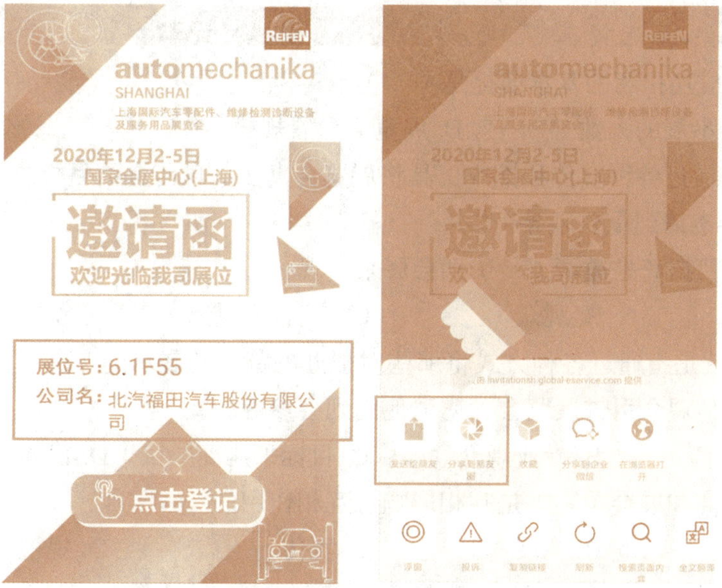

图5-3 上海国际汽车零配件、维修检测诊断设备及服务用品展览会邀请函

（资料来源：上海国家会展中心官网）

会展招展情况。会展的招展情况包括展出的主要展品、参加展出的新产品和会展招展情况，一般还会将一些行业的知名企业参展情况进行重点通报。

会展期间计划举办的相关活动。列举会展期间举办的相关活动的时间、地点和主题，以方便观众提前安排时间与准备。

参观回执表。参观回执表上附有参观申请的联系方法和联系人等，方便观众预先登记。

可以看到，观众邀请函和招展手册有很多的共通之处，都需要对展会背景、情况做基本介绍。不同的是，招商在招展之后，因此招展的情况可以在观众邀请函中进行详细的介绍，对展会进行预期规划，同时随着展会执行的推进，很多活动或细节都较招展手册更为具体和准确。有些展位，为了达到更好的现场效果，也会针对专业观众，为自己展位设计专门的展位邀请函。

项目学习小结

本章主要讲述了会展招商的相关内容。会展招商的对象是观众，观众有专业与普通之分，有效与无效之分，因此建立会展目标观众数据库非常重要。会展招商有其自身的价值，与招展既有联系又有区别，常见的招商方式包括直接招商、代理招商和品牌招商。会展宣传推广和会展招商关系密切，需要明确其推广渠道和推广阶段。会展招商方案是招商工作的纲领性文件，有其制定的目标和原则；编制招商方案要严格按照具体的程序进行；会展招商中通常会用观众邀请函来邀请专业观众。

单选题

1. 展览会成功招商的基本前提是（　）。

A. 展览会参展的人数　　B. 展览会参展规模

C. 组展商通过各种宣传和推广工具将展览会真实信息传递给目标参展商

D. 展览会邀请到重要领导

2. 会展项目招商是邀请（　）到会展来参观。

A. 参展商　　B. 观众　　C. 广告商　　D. 领导

3.（　）就是指通过各种方式将那些对拟办展览会所展示的产品有需要及感兴趣的采购商和其他观众引进展览会，邀请他们到会参观。

A. 会展招商　　B. 专业观众　　C. 目标采购商　　D. 普通观众

4. 展会招商和展会（　）是互相影响、互相作用的。

A. 策划　　B. 招展　　C. 宣传　　D. 规模

5. 目前会展企业普遍采用的招商形式是（　）。

A. 直接招商　　B. 代理招商　　C. 品牌招商　　D. 间接招商

6.（　）是会展项目招商工作重要的信息来源，收集目标观众信息的渠道和收集目标参展商信息相似。

A. 目标观众数据库　　B. 目标参展商数据库　　C. 目标采购商数据库

7.（　）是展会的基础。

A. 专业观众　　B. 数据库　　C. 参展商　　D. 工作人员

8. 会展活动中什么是核心资源（　）。

A. 政府　　B. 客户　　C. 自己　　D. 别的会展商

多选题

1. 会展通讯一般包含（　）。

A. 招展情况通报　　B. 招商情况通报

C. 市场信息和行业动态　　D. 相关活动情况通报

2. 会展项目招商常用的渠道有（　）。

A. 专业媒体　　B. 行业协会和商会　　C. 国内外同类展会

D. 招商代理　　E. 国际组织

3. 会展招商相较于招展，也具有自身的特点，即（　）。

A. 经济的间接性　　B. 工作的隐形性

C. 效果的滞后性　　D. 规模的庞大性

4. 展会举办机构常采用以下几种招商方式（　）。

A. 直接招商　　B. 代理招商　　C. 品牌招商　　D. 间接招商

5. 办展机构在宣传推广的时间上要做好安排，展会所处的不同阶段，宣传推广的目的和侧重点有所不同，通常可分为以下几个阶段（　）。

A. 会展前期宣传推广　　B. 会展期间宣传推广

C. 会展后期宣传推广　　D. 展会中期总结工作

6. 会展招商的对象是（　）。

A. 专业观众　　B. 普通观众　　C. 有效观众　　D. 无效观众

7. 招商的价值在于（　）。

A. 吸引目标观众，以实现参展商的目的　　B. 提高展会的服务水平

C. 专业观众是展会的生命线　　D. 扩大展会的社会影响

E. 树立展会的品牌形象

复习思考题

1. 简述会展项目招商的概念。

2. 会展目标观众的信息可以通过哪些渠道来收集？

3. 会展通讯包含哪些内容？
4. 观众邀请函主要包括哪些内容？
5. 会展项目招商方案主要包括哪些内容？
6. 会展招商有什么意义？招展和招商的区别是什么？
7. 会展项目观众邀请函的主要内容包括什么？
8. 展会宣传与推广的方式有哪些？
9. 招商的目的是什么？直接招商的优点是什么？
10. 会展招商方案制定有哪些程序？会展招商方案编制的主要依据包括什么？

项目六　会展相关活动策划

学习要点

1. 掌握会展活动策划开幕式、同期活动的基本概念与内容；
2. 了解会展活动开幕式各项策划的基本内容；
3. 了解会展活动开幕式策划的基本要素；
4. 认识在会展活动中常见的一些同期活动；
5. 了解不同会展同期活动策划的原则；
6. 正确理解会展旅游的特征；
7. 掌握会展旅游的概念、特征以及会展旅游策划的原则。

案例导读

亚洲时尚（泰国）展活动精彩回顾

亚洲时尚（泰国）展现场活动精彩纷呈，现场人流如织，一个个活动将展会现场气氛推向高潮，下面就让我们一起看看现场的精彩活动吧！

1. 开幕式

在盛大的开幕式上，广东琦亚展览有限公司总经理易强致辞，一众嘉宾领导进行了剪彩，亚洲时尚（泰国）展正式拉开帷幕。

参展商、买家和行业专家齐聚一堂，共同见证了这一值得瞩目的时尚盛事。喜庆的氛围环绕在整个场馆，为接下来三天的展会注入了激动人心的动力。

2. 亚洲时尚秀

亚洲时尚秀共有四场，13 日与 14 日各两场时尚 T 台秀，分别为上、下午场。亚洲时尚秀作为本次亚洲时尚（泰国）展的亮点之一，邀请了泰国当地的靓丽模特以炫目的 T 台秀展示了来自不同优质企业的箱包时尚产品。模特们在 T 台上展现出傲人身姿和优雅台步，力求展现箱包时尚单品的各种搭配可能性，使用方式和高品质，吸引了众人的眼光，为整个亚洲时尚泰国展带来了不少的气氛和人气，激发了现场观众的购买热情。

3.“中国皮具之都”推介会

亚洲时尚（泰国）展特别推出“中国皮具之都”专区的推介会，讲述了花都狮岭的独特故事，展示了花都狮岭皮具产业的创新成果和独特魅力，让现场的买家和观众更加了解花都狮岭，了解中国皮具的发展历史，更好地在东南亚的市场上打造出中国皮具之都高品质的时尚标签。同时，我们也邀请了来自花都狮岭皮具产业的领军企业展示了其最新设计，优质产品和工厂实况，向展会的专业买家递出了中国皮具之都的邀请函。

4. 对话 RCEP · 时尚产业高质量发展

2023 年 1 月 1 日，区域全面经济伙伴关系协定 RCEP 正式生效实施两周年，据海关总署统计，2022 年我国对 RCEP 其他 14 个成员国出口 12.95 万亿元，增长 7.5%，占我国外贸进出口总值的 30.8%，对 RCEP 其他成员国出口增速超过两位数的达到了 8 个。其中对印度尼西亚、新加坡、缅甸、柬埔寨、老挝进出口增速均超过 20%。

随着中国与 RCEP 的关系日益密切，问题逐渐变成了我们该如何更好地接轨 RCEP，走向世界？

疫情的控制，经济的复苏，政策的放开，一切向好的迹象都表明我们是时候向世界迈出新的步伐，迈上新的台阶了。

亚洲时尚（泰国）展的论坛活动聚焦于 RCEP 时尚产业的高质量发展，共融时尚促发展，共谋产业兴未来。本次出席该项活动的分享嘉宾分别是中国轻工工艺品进出口商会副会长李文锋，广东琦亚展览有限公司总经理易强，印度尼西亚零售企业家协会会长 Mr.Roy，马来西亚礼品与赠品筹委会主席 Choong Bon Keong 钟先生。行业专家共同探讨了时尚产业的未来发展趋势，讲述了时尚产业在 RCEP 框架下的蓬勃发展，为参展商以及观众带来了全新的视角和观点。

5.“亚洲时尚（越南）展”启动仪式

2023 亚洲时尚（越南）展正式启动，一步接着一步，琦亚不会停下打造东南亚时尚展会的步伐，再接再厉，亚洲时尚会展将会更加辉煌。2023 年 12 月 20—22 日亚洲时尚（越南）展将在越南胡志明市举行，琦亚助力企业充分抓住 RCEP 生效实施为契机，助力企业积极打造优势互补的新产业链，以产业合作推动产业结构优化和产业升级。亚洲时尚（越南）展将会成为琦亚下一个高光时刻！

6.“数字播贸通 Patrichoor”首发亮相发布会

数字播贸通 Patrichoor 首发亮相。琦亚利用新技术推进展会服务创新、管理创新、业态模式创新，加快培育行业发展新动能，以数字化智能化在不同领域为时尚产业供需提供服务。数字播贸通 Patrichoor 平台坚持以创新服务，助力企业发展为理念，开发了 9 大服务，为企业赋能。在全球 30 余个国家和地区的服务项目（展会）上积累了丰富的经验：已成功服务超万家箱包鞋服工贸企业，积累百万家国际精准买家资源，组织千万次贸易撮合，拥有成熟的运营团队，并获得各地政府和行业高度认可和支持。

7. 国际商协会推介会

亚洲时尚（泰国）展有幸邀请到马来西亚针织厂商会到场为各位参展商和观众分享来自马来西亚针织厂商会走过了近五十年的故事，共同交流探讨国际贸易合作与发展的新机遇，推动跨国企业的合作与发展，力求为工厂开发及开创市场机会，解决工业所面临的问题，向到场的参展商和观众伸出橄榄枝。

在各方同仁伙伴的支持下，亚洲时尚（泰国）取得了巨大成功，为回馈广大展商的热心支持，我们会细心总结本次展会的成功经验，重新出发，在即将到来的2023亚洲时尚（越南）展和2024年亚洲时尚（泰国）展，我们将继续为您带来更精彩的时尚盛宴！

（资料来源：琦亚智能会展官微）

任务一　会展活动开幕式

开幕式是展会的重要仪式，是标志开启展会的仪式，又称为开幕典礼。举办开幕式的主要目的是制造气氛、扩大影响，提高展会的知名度，吸引更多的观众来参展，是展会宣传推广的一个重要组成部分。参展商和参展观众都是从会展的开幕式上得到对展会的第一印象的，举行开幕式是办展机构的重要工作，策划一个盛大的开幕式是办展机构能力的体现，并起着预示会展成功的作用。然而，由于展会开幕式涉及的层面较多、事务十分复杂，因此要成功举办一次开幕式，事前必须进行精心策划。

一、开幕式策划意义

开幕式是一个展会成功举办的良好开端，它在整个展会活动中发挥着十分重要的平台作用。对一个展会来说，开幕式的积极作用主要体现在三个方面。

（一）宣传推广

展会开幕式标志着一个展会的正式开始，通常展会的开幕式都会很隆重，需要请专业的展览设计公司为展会布置拱门、气球、地毯、礼花、音响设备等，根据展会的要求还可以请明星名人表演、讲话调节展会的气氛。这样的环境不仅仅是吸引周边群众的注意，更是为参展企业提供一个宣传交流的平台，一些参展企业会利用展会作为平台进行企业的推广，建立企业的品牌形象。为展会进行“冠名”宣传，也可以利用发放纪念品、播放宣传片、拉企业横幅或是在开幕式现场摆放醒目广告牌来提高企业在群众心中的认知度进行品牌推广。

（二）提高参展企业员工士气

在展会开幕当天参会的企业代表均会到达，人员比较集中。开幕式热烈的气氛，能够带动参与者各种积极的情绪，让参与者沉浸在良好的气氛之中，不但活跃了整个展会的喜庆气氛，而且可以促进参加展会人员的进取心，营造展会的气氛，鼓舞员工的士气。一个成功的展会中，参与展会的所有工作人员必定是需要一个良好的工作氛围，需要通过激励的方式来带动他们的工作热情。

（三）为参展企业提供拓展人脉的平台

一个公司的发展前景是否良好，人脉是不可缺失的重要环节。在展会开展当天，企业高层代表和相关政府部门领导都会到场，这对于所有的参展企业都是一个很好的机会。他们可以与同行企业领导或是相关行业领域的专家进行交流和咨询，或是向管理部门负责人提出企业在发展中遇到的问题，寻求帮助和支持。企业的负责人可以凭借展会为企业带来更多的客户，拓展企业的人脉关系，完成企业发展的必要准备。

二、开幕式策划要素

开幕式是展会正式开始的标志，同时也是主办单位向公众展示展会规模和实力的良好机会，因而必须受到重视，更不能有任何差错。要办好展会的开幕式有几大要素要充分考虑，否则开幕式就会适得其反。

（一）主题

开幕式也应有主题，并且开幕式的氛围、表现形式都应该围绕一个鲜明的主题来开展。一般来说，这个主题与本届展会的定位是一脉相承的。明确了开幕式的主题后，活动程序、领导发言稿和新闻通讯稿的撰写、表演活动等便有了基调和依据。

（二）时间和地点

展会开幕式的时间应有严格的控制，应遵循“三不宜”原则，即不宜过早、不宜过晚、持续时间不宜过长。因此，大部分展会都将开幕式的时间定在早上，根据开幕式的流程确定具体时间，一般来说，早上 10 点较为普遍。至于地点，则一般选择在场馆前的广场上举行，舞台往往需要临时搭建，如果遇到比较正式和规格较高的展会，一般会选择专门的会场进行开幕式。另外，确定开幕式的时间和地点时，主办单位应根据具体情况充分考虑当天的天气状况。如果恰逢天气炎热或雨天，应提前通知嘉宾、媒体记者等做好相应准备。

（三）现场流程

开幕式会要制定一个清晰的流程，这个流程一般会提前对外发布，作为宣传的一部分。一般来说，展会的开幕式的程序有一些共同之点，开幕前气氛渲染；由礼仪小姐引领嘉宾走向开幕式主席台就位；主持人宣布仪式开始并介绍到会的各位嘉宾；举行升旗仪式；嘉宾致开幕词；剪彩或开幕式表演活动；主持人宣布展会开幕式结束；由工作人员带领、主办单位负责人陪同嘉宾进展会现场参观。有时候，展会主办单位还会在开幕式当天举行晚宴或酒会，以答谢主要参展商和相关人士。

拓展阅读

一、准备检验阶段	
8:00—9:00	1.筹备组工作人员对现场进行巡视，查验现场各项目情况，对场景进行最后的验收和维护、各方工作人员进入工作状态，音响DJ调试设备，播放迎宾曲，保安维持现场秩序 2.礼仪小姐化妆、整理着装，确认出席活动的嘉宾和领导、摄影师，摄像师寻找最佳摄录点，对活动进行拍摄
二、迎宾、签到阶段	
9:00—10:00	6名礼仪小姐负责活动门口迎宾、把主要领导引到接待室休息交流

三、仪式程序					
时间	项目	主持	礼仪	音响	摄影摄像
10:00—10:10	礼仪小姐引领主要领导入场	主持人提醒活动准备开始，请领导嘉宾入场	礼仪小姐站在主背景两侧准备开始活动	准备开场曲	拍摄贵宾入场及现场情景
10:10—10:30	主持人宣布仪式开始，介绍本次仪式来宾名单及活动意义		6名礼仪小姐在背景板两侧站立准备引领贵宾讲话，4名礼仪小姐在舞台两边站立	播放开场曲	拍摄现场情景
10:40—11:25	领导讲话（初定3名）		礼仪小姐配合	配合现场	拍摄现场情景
11:30	主持人宣布仪式结束		礼仪小姐配合	播放激昂音乐	拍摄现场情景

（四）VIP 接待

一般情况下，展会主办方会邀请行业主管部门的领导、行业协会的主管人员、外国驻华机构代表和专家及其他相关人士作为嘉宾出席开幕式。对于所有应邀嘉宾，展会主办方应该提前沟通并确认，落实好接待人员、翻译人员、礼仪人员以及嘉宾在开幕式主席台上的位置等事宜。

（五）讲话稿和新闻通稿

展会开幕式上，主要领导的讲话稿和主办单位的新闻通稿，是媒体及广大公众全面了解本届展会基本情况的重要材料，且往往是新闻媒体报道的基调，因而必须认真准备，并且提前反复确认。领导的讲话稿和新闻通稿在核心内容上大同小异，两者都会说明本届展览会的亮点、创新之处以及对整个行业发展的重要意义。但相比较而言，前者更加口语化，而且可以带有个人的感情色彩；后者则会对展览会进行全面的介绍，可为新闻记者提供一些背景资料。

（六）应急预案

展会主办方在策划开幕式时要充分考虑天气状况，可求助当地气象部门预测当天的天气状况。对出现意料之外的情况，要预先策划好，以保证开幕式的圆满成功。

拓展阅读

习近平在第五届中国国际进口博览会开幕式上的致辞（全文）

新华社北京11月4日电

共创开放繁荣的美好未来

——在第五届中国国际进口博览会开幕式上的致辞

中华人民共和国主席　习近平

尊敬的各位国家元首、政府首脑，

尊敬的各位国际组织负责人，

尊敬的各代表团团长，

各位来宾，

女士们，先生们，朋友们：

大家好！我谨代表中国政府和中国人民，并以我个人名义，向出席第五届中国国际进口博览会的各位嘉宾，表示热烈的欢迎和诚挚的问候！

5年前，我宣布举办进博会，就是要扩大开放，让中国大市场成为世界大机遇。现在，进博会已经成为中国构建新发展格局的窗口、推动高水平开放的平台、全球共享的国际公共产品。

开放是人类文明进步的重要动力，是世界繁荣发展的必由之路。当前，世界百年未有之大变局加速演进，世界经济复苏动力不足。我们要以开放纾发展之困、以开放汇合作之力、以开放聚创新之势、以开放谋共享之福，推动经济全球化不断向前，增强各国发展动能，让发展成果更多更公平惠及各国人民。

女士们、先生们、朋友们！

中国共产党第二十次全国代表大会强调，中国坚持对外开放的基本国策，坚定奉行互利共赢的开放战略，坚持经济全球化正确方向，增强国内国际两个市场、两种资源的联动效应，不断以中国新发展为世界提供新机遇，推动建设开放型世界经济。

——中国将推动各国各方共享中国大市场机遇，加快建设强大国内市场，推动货物贸易优化升级，创新服务贸易发展机制，扩大优质产品进口，创建“丝路电商”合作先行区，建设国家服务贸易创新发展示范区，推动贸易创新发展，推进高质量共建“一带一路”。

——中国将推动各国各方共享制度型开放机遇，稳步扩大规则、规制、管理、标准等制度型开放，实施好新版《鼓励外商投资产业目录》，深化国家服务业扩大开放综合示范区建设；实施自由贸易试验区提升战略，加快建设海南自由贸易港，发挥好改革开放综合试验平台作用。

——中国将推动各国各方共享深化国际合作机遇，全面深入参与世界贸易组织改革谈判，推动贸易和投资自由化便利化，促进国际宏观经济政策协调，共同培育全球发展新动能，积极推进加入《全面与进步跨太平洋伙伴关系协定》和《数字经济伙伴关系协定》，扩大面向全球的高标准自由贸易区网络，坚定支持和帮助广大发展中国家加快发展，推动构建人类命运共同体。

女士们、先生们、朋友们！

“山重水复疑无路，柳暗花明又一村。”路就在脚下，光明就在前方。中国愿同各国一道，践行真正的多边主义，凝聚更多开放共识，共同克服全球经济发展面临的困难和挑战，让开放为全球发展带来新的光明前程！

谢谢大家。

（资料来源：新华社）

拓展阅读

开幕式活动的组织措施

制定组织工作方案 。开幕式活动一般是在展会开幕的当天上午举行，而且是在展会开馆之前举行，由于邀约出席典礼的嘉宾较多、现场观礼的人群聚集，加之诸多议程需要在短时间完成，故而组织工作并不轻松。因此，需要预先制订方案以避免工作不落实或“打乱仗”。开幕式的组织工作方案包括举办时间、场地及布置要求、邀约嘉宾、活动议程等内容。开幕式场地一般选择在参观者进入展馆正门的室外广场，也有选择在展馆之内的序厅。举办开幕式的时间不宜太长，一般控制在30分钟左右。超过一小时，会对观众进馆参观造成不利影响。

抓住重点工作。开幕式活动组织工作方案确定后，须明确专人负责抓落实。其重点工作包括五个方面。

一是邀请嘉宾。要根据展会礼仪或宣传需要，拟定出席嘉宾名单。可以通过电话、信函甚至登门发出邀请。接受邀请的嘉宾，应发送请柬。邀请高级别嘉宾的工作，须按规定程序提前进行（如邀请国家级领导人，须按相关规定逐级请示）。对于外地或境外的嘉宾，要在对方接受邀请后落实接待安排。

二是确定开幕式议程。一般包括主持人介绍出席嘉宾、主办方代表致辞、嘉宾代表致辞、参展商代表致辞、嘉宾宣布展会开幕、嘉宾剪彩等议程。议程设置可根据主办方的需要而增加，如播放宣传展会的视频短片；也可以简化，如致辞只安排一位嘉宾。在确定议程时，要确定主持人。

三是对接服务商。对接搭建公司，提出典礼台及背景板的制作要求，审查设计效果图，督促其按时搭建，监督工程质量。对接礼仪公司，确定开幕式气氛营造、礼宾接待事宜。

四是代拟致辞稿和主持稿。为致辞的主办方代表或嘉宾代表代拟讲稿，为主持人提供主持稿，在开幕式的组织工作中比较多见。

五是把控嘉宾服务的导引环节。在开幕式活动中，导引嘉宾有两个重要环节：一个是嘉宾登临典礼台，一个是开幕式结束嘉宾进馆参观。前者要导引嘉宾及时登台，并站位无误；后者要导引嘉宾分流参观，并导引高级别嘉宾参观需要推广的展区 / 展台。此两个环节的导引须事先计划，安排人手负责导引。高级别嘉宾参观环节的导引，应由主办方负责人担任（陪同）。其需在陪同参观过程中向嘉宾介绍展会、引见知名参展商代表。在高级别嘉宾参观展会后，主办方负责人应亲送嘉宾离开展馆。

此外，开幕式现场的影像摄制也不能忽略。

做好现场调度与服务。设置开幕式活动总调度（类似文艺演出的舞台总监），下设嘉宾接待、典礼音响、气氛营造、媒体接待等各项工作的负责人，根据开幕式组织工作表的安排，各司其职开展工作。开幕式组织工作表由总调度提前编制，并组织参与人员讨论细节，明确职责。

高级别嘉宾出席的开幕式，须提前组织彩排。彩排应请相关政府部门领导审看，以确认相关工作流程，查找存在的问题。彩排中，要重点演练嘉宾到达展会现场、临时休息、登上典礼台、典礼台站位、开幕式结束后进馆参加（参观路线）、离开展馆以及维安工作等环节。

针对开幕式中易于突发问题的环节，如音响、电子屏幕、典礼台嘉宾站位、礼宾人员服务、天气变化（下雨）、宣布开幕后观众涌入展馆等，制定应急预案，防止关键时刻“掉链子”导致的尴尬或失礼场面。

（资料来源：腾讯新闻）

三、开幕式创意策划

（一）开幕式形式创意

开幕式是展会最为常见的配套活动，但并非必备活动。从营销角度看，展览新项目举办开幕式的作用大于老项目。显示仪式感和礼仪性是策划展会开幕式活动的要旨。因此，创意开幕式活动的重点不是内容而是形式。随着时代的跟进，不同的形式不断地被引入并创新。

拓展阅读

10种会展创意签到

1. 许愿树签到

特点：由众多灯球组成灯云树，在夜晚分外吸引眼球，来宾可亲自点亮云树上的每个灯球，再现璀璨星光。

2. 点灯签到

特点：以灯管的形式进行展示，嘉宾在灯管表面或者下方签字，是非常契合活动主题的一种签到方式。

3. 胶囊签到

特点：根据主题，给来宾发放胶囊，分别让嘉宾填写自己的关于活动主题的文字，插在造型上，团结一致。

4. 围棋签到

特点：围棋签到，极具中国传统文化艺术感，多用于中式风格活动。

5. 幸运球签到

特点：以五角星模型为载体，来宾到场后可自行投入幸运球，时尚大气，常见于时尚会展。

6. 瓦片签到

特点：事先将瓦片组合成指定形状，嘉宾用金色签到笔，在瓦片上签名。适合地产交房，业主答谢活动签到，以增加嘉宾的体验感。

7. 盲盒签到

特点：来宾获得神秘小礼品后，投入签到容器，给予神秘的期待感。

8. 魔棒签到

特点：嘉宾领取魔棒，在不同的主题字上进行穿插组合，直到填满主题字，寓意着在各位来宾的支持下，活动圆满举办。

9. 手环签到

特点：嘉宾到现场领取手环进行签到，手环上有对应的数字，在活动中可以进行抽奖和游戏互动。

10. 绿植签到

特点：准备不同的绿植，让嘉宾身处园林中，嘉宾选择任意绿植，最终通过拼接，完成与主题相关的图形。

（资料来源：小红书App）

传统形式上开幕式创意集中于场地布置、气氛营造、剪彩形式三方面。

场地布置。主要是典礼台搭建和背景板制作。在设计上通常强调大气、庄重或热烈。

气氛营造。指采用搭建拱门、施放气球标语、安排乐队演奏或鼓乐表演、燃放烟花以及组织观众观看等方式，用以渲染开幕式活动的热烈气氛。

剪彩形式。除请出席嘉宾用剪刀剪断彩带、以示展会开幕之外，还可创意多种方式。如2012年9月25日开幕的第9届中国—东盟博览会，时任国家副主席的习近平与东盟各国领导人等14位嘉宾在典礼台上共同拉开系在画卷上的红绸，一幅描绘中国与东盟合作成果和前景的电子图画徐徐展现，瞬间就吸引了全场的目光。

总之，开幕式活动的创意应符合展会主办方的意图，审美应切合展会主题。一般而言，越是创意新颖且技术手段运用复杂的开幕式活动，投入就越大。

拓展阅读

剪彩小常识

1. 剪彩历史

剪彩的来历有两种传说。一种传说，剪彩起源于西欧。古代，西欧造船业比较发达，新船下水往往吸引成千上万的观众。为了防止人群拥向新船而发生意外事故，主持人在新船下水前，在离船体较远的地方，用绳索设置一道“防线”。等新船下水典礼就绪后，主持人就剪断绳索让观众参观。后来绳索改为彩带，人们就给它起了“剪彩”的名称。

另一种传说，剪彩最早起源于美国。1912年，美国圣安东尼奥州的华狄密镇，一家商店将要开业，店主威尔斯为了阻止闻讯蜂拥而至的顾客在正式营业前闯入店内，将优惠的便宜货争购一空，便随便找来一条布带子拴在门上。不料，这项临时性措施更加激起了挤在店门之外人们的好奇心，促使他们更想早一点挤进店内。事也凑巧，正当店门外的人显得迫不及待的时候，店主的小女儿牵着一条小狗从店里窜出来，无意中将布带子碰落在地，人们鱼贯而入，争相购买货物。小店的生意红火得难以想象。店主进行了反思，最后他确定，自己的好运完全是由那条被女儿小狗碰落在地的布带子所带来的。此后，在他旗下的几家“连锁店”陆续开业，他如法炮制。他的这个“发明创造”经过他和后人的不断“提炼升华”，逐渐成为一种仪式，慢慢在世界上传开。人们效仿此法，又用彩带取代了色彩单调的布带，并用剪刀剪断彩带，有的甚至用金制剪刀。这样一来，人们就正式给这个仪式起了个“剪彩”的名称。

这一形式后来风靡了全世界。如何剪彩不仅是买卖开张时要搞的仪式，而且连工程开工、落成等许多事情也都要剪彩。近年来，隆重的剪彩仪式在我国也随处可见，许多知名人士、影视明星都当过剪彩人。

2. 剪彩程序

剪彩的过程必须有条不紊，在正常情况下，剪彩仪式应在行将启用的建筑、工程或者展销会、博览会的现场举行。正门外的广场、正门内的大厅，都可优先考虑。在活动现场，可略作装饰。在剪彩之处悬挂写有剪彩仪式的具体名称的大型横幅，更是必不可少。

一般来说，剪彩仪式宜紧凑，忌拖沓，在所耗时间上愈短愈好。短则一刻钟，长则至多不宜超过一个小时。按照惯例，剪彩既可以是开业仪式中的一项具体程序，也可以独立出来，由其自身的一系列程序所组成。独立而行的剪彩仪式，通常应包含如下六项基本的程序：

第一项，请来宾就位。在剪彩仪式上，通常只为剪彩者、来宾和本单位的负责人安排座席。在剪彩仪式开始时，即应敬请大家在已排好顺序的座位上就座。在一般情况下，剪彩者应就座于前排。若其不止一人时，则应使之按照剪彩时的具体顺序就座。

第二项，宣布仪式正式开始。在主持人宣布仪式开始后，乐队应演奏音乐，现场可燃放鞭炮，全体到场者应热烈鼓掌。此后，主持人应向全体到场者介绍到场的重要来宾。

第三项，奏国歌。此刻须全场起立。必要时，也可随之演奏本单位标志性歌曲。

第四项，进行发言。发言者依次应为东道主单位的代表、上级主管部门的代表、地方政府的代表、合作单位的代表等。其内容应言简意赅，每人不超过三分钟，重点分别应为介绍、道谢与致贺。

第五项，进行剪彩。此刻，全体应热烈鼓掌，必要时还可奏乐或燃放鞭炮。在剪彩前，须向全体到场者介绍剪彩者。

第六项，进行参观。剪彩之后，主人应陪同来宾参观被剪彩之物。仪式至此宣告结束。随后东道主单位可向来宾赠送纪念性礼品，并以自助餐款待全体来宾。

3. 剪彩的做法

进行正式剪彩时，剪彩者与助剪者的具体做法必须合乎规范，否则就会使其效果大受影响。

当主持人宣告进行剪彩之后，礼仪小姐应率先登场。在上场时，礼仪小姐应排成一行行进。从两侧同时登台，或是从右侧登台均可。登台之后，拉彩者与捧花者应当站成一行，拉彩者于两端拉直红色缎带，捧花者各自双手捧一簇花团。托盘者须站立在拉彩者与捧花者身后一米左右，并且自成一行。

在剪彩者登台时，引导者应在其左前方进行引导，使之各就各位。剪彩者登台时，宜从右侧出场。当剪彩者均已到达既定位置之后，托盘者应前行一步，到达前者的右后侧，以便为其递上并剪刀、手套。

剪彩者若不止一人，则其登台时也应列成一行，并且使主剪者行进在前。在主持人向全体到场者介绍剪彩者时，后者应面含微笑向大家欠身或点头致意。

剪彩者行至既定位置之后，应向拉彩者、捧花者含笑致意。当托盘者递上剪刀、手套，亦应微笑着向对方道谢。

在正式剪彩前，剪彩者应首先向拉彩者、捧花者示意，待其有所准备后，集中精力，右手持剪刀，表情庄重地将红色缎带一刀剪断。若多名剪彩者同时剪彩时，其他剪彩者应注意主剪者动作，主动与其协调一致，力争大家同时将红色缎带剪断。

按照惯例，剪彩以后，红色花团应准确无误地落入托盘者手中的托盘里，而切勿使之坠地。为此，需要捧花者与托盘者的合作。剪彩者在剪彩成功后，可以右手举起剪刀，面向全体到场者致意。然后放下剪刀、手套于托盘之内，举手鼓掌。接下来，可依次与主人握手道喜，并列队在引导者的引导下退场。退场时，一般宜从右侧下台。

待剪彩者退场后，其他礼仪小姐方可列队由右侧退场。

不管是剪彩者还是助剪者，在上下场时，都要注意井然有序、步履稳健、神态自然。在剪彩过程中，更是要表现得不卑不亢、落落大方。

（资料来源：百度文库）

（二）开幕式创意方法

好的开始是成功的一半，一个设计巧妙、新颖独特的开幕式能给主管领导、参展商和专业观众耳目一新的感觉。展会的开幕式应该不断创新，这种创新可以是形式上的，也可以是内容上的，甚至是文化上的。概括而言，展会开幕式创新设计有一些可以参考的做法。

拓展阅读

N种创意活动会展启动仪式你喜欢哪种?

1. 撒金粉启动

特点：提前准备好活动主题，当领导撒下手中金光闪闪，尊贵大气的金粉，主题图案立刻显现出来，这种仪式是大型企业的首选启动仪式。

推荐指数：★★★★★

2. 气球启动

特点：活动倒计时开始，启动开关，气球缓缓飞上天空，适合派对、周年庆、开业。

推荐指数：★★★★

3. 浇水启动

特点：在活动舞台上放置植物，领导围绕植物四周开始缓缓浇水，适合环保公益类活动。

推荐指数：★★★

4. 触控启动

特点：提前在舞台上放置手触台，当嘉宾将手触碰到台时，产生光电反应，同时主题文字加亮并发光，适合发布会、嘉年华。

推荐指数：★★★★

5. 卷轴启动

特点：提前准备卷轴，领导上台在卷轴上盖印，盖印过程中通过冷焰火或气柱烘托氛围。

推荐指数：★★★

6. 大屏互动启动

特点：用手机扫一扫大屏上的启动码完成登录，领导上台按压启动键，可以很好地调动现场氛围，做一个完美的开场，适合科技公司。

推荐指数：★★★★★

7. 炫彩启动

特点：先揭开水晶球上的幕布，然后将手安抚在水晶球上，水晶球出现活动主题。

推荐指数：★★★★

8. 破冰启动

特点：手持破冰道具，砸向台上的冰雕，通过破冰行动完成启动，可自行制作冰雕形状。

推荐指数：★★★★★

9. 水墨启动

特点：在特制的墙面提前勾画好图案，嘉宾手持特制笔将勾画好的图案涂上颜色。

推荐指数：★★★

10. 舞狮点睛启动

特点：提前准备好舞狮道具，在道具上贴上活动主题，领导用特制笔在主题上绘制属于自己公司风格的颜色。

推荐指数：★★★★

总之，通过启动仪式可以把活动推向高潮，让人们产生深刻的印象，除了上述推荐，推拉杆启动、扬帆起航启动、注酒启动、电影启动、多米诺骨牌启动也是人们常用的方式。

（资料来源：小红书App）

1. 名人效应

以名人的出现达成引人注意、强化事物、扩大影响的效应，或人们模仿名人的心理现象的统称。名人效应在生活中的方方面面产生了深远影响，比如，名人代言广告能够刺激消费，名人出席慈善活动能够带动社会关怀弱者等。尽管现代会展业已发展到一定的水平，但邀请名人出席开幕式仍旧不失为一种很好的方式。这种通过政府或行业名人的影响力来提高展会的关注度的方法不失为一种高明的营销手段，无论是从吸引参展商或专业观众的角度出发，还是从争取更多媒体报道的角度出发，都能给人不错的“第一印象”。

2. 制造新闻事件

由于出席嘉宾层次较高、潜在新闻集中且信息量大等原因，开幕式往往会受到众多媒体记者的关注。因此，主办单位应该充分利用这个机会，适当制造一些事件，以吸引媒体注意，大力宣传展览会的形象。

拓展阅读

制造新闻热点，吸引话题

第六届中国住交会（全称为“中国国际房地产与建筑科技展览会”，缩写为“CIHAF”）上，主办单位邀请农民工作为开幕式的剪彩嘉宾和颁奖晚会的颁奖嘉宾，引起了媒体的广泛关注和积极报道。对此，有专家这样评价：长期以来，广大农民工为城市建设作出了巨大贡献，但他们的社会地位很低，中国住交会组委会邀请农民工参加开幕式和颁奖晚会，不仅向社会发出了倡导尊重农民工的呼声，也增添了展览会的人文色彩。

（资料来源：大释界传媒官网）

3. 情境设置上创新

在竞争日益激烈的当今时代，展会开幕式要塑造个性独特、新颖的形象，必须坚持求异创新原则。有了详尽的展会开幕式策划方案，还必须有新颖的表现形式、活动手段，才能吸引参展商和观众，扩大影响。开幕式创新策划，可在情境设置上紧扣本土文化主题，深挖本土文化的深刻内涵，突出展会举办地独特的地域特点和文化特色，塑造展会的品牌。

拓展阅读

女神“元启”亮相！2022成都创交会开幕

2022 年 11 月 21 日上午，2022 成都全球创新创业交易会（以下简称：2022 创交会）——第二届国际区块链创新应用博览会在成都天府国际会议中心开幕。

本届创交会以“链接产业生态·赋能城市发展”为主题，以“区块链+”场景落地为导向，通过“会+展+赛+交易”形式，呈现 6 大板块 11 场主题活动，旨在链接一批优质企业、招引一批高能级产业项目、吸引一批国际国内领军人才、助推一批资本投资合作、促成一批技术成果交易，促进各类创新要素聚集，助力成都产业建圈强链和“智慧蓉城”建设，持续提升创交会品牌影响力和全球创新创业号召力。

“大家好，我是元启，很荣幸主持这一次开幕式。”开幕式上，基于 AI 驱动的创交会虚拟“数字人”元启，通过 3D 立体成像技术出场。在元启和主持人的共同主持下，此次创交会开幕式向全球展示了“超级节点”“链启万物”“共创未来”三个篇章。

开幕式上，GIEF 元宇宙正式上线

点开手机屏幕，就可以身临其境参加一场沉浸式的元宇宙人才展会，向自己心仪的企业投递简历。这就是此次创交会上亮相的 GIEF 元宇宙品牌，给予的沉浸式云端参会体验和更多元的多场景互动参与渠道。

为了讲好元宇宙故事，成都提出开展“六个一”活动：发布一个顶层方案、打造一个城市品牌、开展一次沉浸体验、推出一批创新产品、布局一个产业承载地、讲好一次成都元宇宙故事。

在线上，观众可以通过手机端和 PC 端，进入 GIEF 元宇宙，并化身为实名虚拟“数字人”，以第一视角观展参会、互动交流、体验活动，在虚拟空间实时实景

感受创交会的魅力。此外，创交会邀请了媒体大V以数字人身份集中探访GIEF元宇宙并进行直播推荐，参与话题互动，共享探索新世界的乐趣。

在线下，创交会设置成都首个元宇宙线下互动体验展区，以“工作、生活、社交、漫游、城市”为主题，环绕布置19个元宇宙产品，包含虚拟会展平台、虚拟办公舱、数字气味、数字文博、沉浸式云游、虚拟演唱会、品牌营销、虚拟治理、虚拟偶像、社交游戏、数字城市等内容，通过VR、AR、XR、MR、无线动捕、气味设备、实物模型等十余种元宇宙体验方式，全面复刻展现GIEF元宇宙线上场景。

“元启”的诞生，背后少不了成都大力推进“建圈强链”带来的支撑。据悉，GIEF元宇宙通过组建联合攻关体的方式进行平台开发。其中，《成都商报》、万物数创、山海互动、创禾聚力、极光社5家成都本土中小企业联合进行整体策划、技术开发、场景建模、小程序集成、虚拟人设计，中科曙光、蚂蚁链、腾讯云、微众链4家头部企业无偿提供硬件基础设施、区块链服务及云计算服务，“5+4”共同呈现“运维本地化、场景本土化、内容特色化”的“成都味”元宇宙产品。

场景超级对接会、线上线下融合招商活动助力“区块链+”场景落地

在为期两天的创交会上，邀请了国内外区块链领域的顶尖专家学者、商业领袖、核心城市、投资机构、创新载体、产业园区等参加，打造兼具高度与温度、深度与广度、共建共享、协作协同的创新创业交易盛会。

创交会上，紧扣“产业建圈强链”和“智慧蓉城”建设，设立兴业、惠民、善治3大展区，包括京东、华为、蚂蚁、中电数据、百度、万向区块链6家链主企业，比昂科技、中创五联、宜泊科技等30家链属企业进驻展场，构建出23个应用场景，让参会者充分体验到“区块链+”带来的城市新场景和产业发展新趋势。

同时，3场场景超级对接会将通过机会清单发布、新品发布、项目路演，进一步释放政企资源，拓宽市场渠道，促成“区块链+”场景建设需求方和企业、投融资供需方、链主企业和配套企业的对接和合作，形成成渝地区双城经济圈联动，助力场景落地和企业发展。

此外，大会通过成都数字经济全球交易日，邀请了30个国家或地区数字经济领域的重点企业，以及深创投、IDG英特尔资本、银行等30家金融机构参会，聚

焦区块链、大数据、人工智能三大赛道，开展3场线上线下融合的招商活动。

大会期间，各种大赛更是如火如荼。包括：围绕攻防竞技、安全工具开发及优秀应用评选，开展区块链系统攻防比赛、区块链安全工具设计比赛、国产原创自主区块链平台应用评选比赛，聚力打造中国网络信息安全之城，吸引网络人才构建“白客”之城；开展金熊猫全球创新创业大赛，设置8大赛区和3大云端领域赛，面向全球选拔一批顶尖科技创新团队、科研机构项目或符合“高层次四派人才”项目落户成都。

此外，大会还将发布《成都市培育元宇宙产业行动方案（2022—2025年）》（征求意见稿），提出20条具体措施，未来将逐步打造元工业、元消费、元医疗、元教育、元文旅等五大场景，力争到2025年，成都元宇宙产业体系初具雏形，构建起完整的成都元宇宙产业链。

（资料来源：成都日报锦观、红星新闻）

四、开幕式酒会策划

开幕式酒会是展会的一项重要的公关活动，它可以很好地促进办展机构与参展商、行业领导和其他有关方面的关系。办展机构要事先策划安排好酒会举办的地点、时间、出席酒会的人员范围、酒会的标准等。

开幕酒会是展会联络各方感情，与各方进行面对面沟通交流的一种非常好的方式，因此需要精心筹划以达到目的。策划开幕酒会时要注意以下几个事项：举办的地点最好安排在离展馆不远的酒店里举行，选择酒店时要考虑到酒店的接待能力、嘉宾到酒店的交通便利情况以及酒会的安全等因素；举办的时间可以根据实际需要安排在中午或晚上，若酒会安排在晚上，开始时间要适宜，不宜太早或太晚；出席酒会的人员范围可视展会需要确定，展会组委会应事先通知他们有关酒会的情况，并发出正式邀请，派专人跟踪落实他们的到会情况；开幕酒会的方式可以采用冷餐酒会和鸡尾酒会的形式；开幕酒会可以由展会主办单位领导致简短欢迎词，并安排其他有关领导发表简短讲话。

拓展阅读

会展业取消开闭幕式是否矫枉过正

近日，2013年中国公益慈善项目交流展示会主办方宣布，第二届慈展会本着勤俭办会原则，取消开闭幕式。对于会展活动开闭幕式是否可以取消，本届慈展会取消开闭幕式会成为个案还是会展业的一种趋势，业内人士表示，对于不同类型、不同诉求的会展活动“一刀切”取消开闭幕式或许有些矫枉过正。针对“会展开闭幕式是不是要取消”的问题，北京商报记者对话会展专家、会展场地经营者以及会展服务供应商，业内人士给出了自己的观点。

1. 开幕式的设置要有明确目标

对于展会来说，开闭幕式并非必不可少，而且有多种形式，关键在于开幕式要达到什么目标？有些参展商希望通过开幕式增加展会的权威性，也有的专业性展会是直接促成专业买家在这里配对、谈判、成交。所以，开幕式的设置与否，取决于展会具体需求。目前，政府主办的展会更加注重务实，取消一些不必要的开幕式也成为趋势。成功的开幕式可以把展商推到买家和媒体面前。此次慈展会取消开闭幕式的诉求，是反对形式主义、铺张奢靡。

一些国外展会也保留了比较隆重的开幕式，如汉诺威的展会开幕邀请时任德国总理默克尔等国家领导人出席，借展会达成一些政治经济目的。所以开幕式的关键是避免形式主义，不能一概而论。

此外，主办方和承办方要注重性价比，取消相应的环节，如果对买家参展商收费不变，要提升其他环节的服务。

2. 会展环节的设置和取消要具体问题具体分析

开闭幕式能否取消？既要分行业，又要参考会展品牌的相关情况。对于不少新展览品牌，开闭幕式在品牌塑造、宣传推广等功能上是很有必要的。对于一些并不十分专业的观众和买家来讲，需要接触参展商，而开闭幕式的互动和展示、交流活动，为这种接触提供了平台。从展会的贸易功能和交易职能角度来看，开闭幕式没有必要做得过于华丽，但是对于一部分新的展会来说，为了打造展会品牌，需要一些必要的造势。

当然，过于隆重的开闭幕式中，无关会展活动和买卖双方交流的环节，还有简化空间。除了开闭幕式，会展的其他环节也要视情况而定，如茶歇环节一般联谊功能性很强，取消以后可能失去一些好的交流机会；又如颁奖环节，质量高、有公信力的颁奖对业界的优质企业、个人是一种激励，无可厚非，但如果奖项水分大，评奖透明度、公信力有限，则没有必要。

3. 开闭幕式将从复杂化走向简约化

如果取消开闭幕式成为一个潮流，那么对于专门做开闭幕式的会展服务供应商会有一定影响。但是影响应该是短期的，是对相关企业创新适应能力的考验。比如，高端餐饮业务量下降，一些餐饮企业就要转型谋求生存。

这次展会取消开闭幕式，有节约成本的考量。国内一些形成规模的展会，如政府主办的高端展会，开闭幕式投资可达一两百万元，还附带有论坛、演出；一个中小型的展会开幕式，可能只需投入几十万元，通常的形式是邀请一些媒体，做一个剪彩仪式，花费容易控制。目前，德国、美国等会展业成熟的国家，展会无论大小，开闭幕式都比较简约。国内会展业因为背景和功能不同，虽然在开闭幕式上的投入差别很大，但总体上看，也会朝着“简约”方向走。毕竟一些展会存在面子工程严重的问题，但是全部取消有点矫枉过正。

4. 取消开闭幕式和会展职能矛盾

一般来说，开闭幕式承担让外界了解会议、展览概况的职能。所以，从议程上来讲，开闭幕式的设置很有必要，取消这么重要的议程和会展职能是矛盾的。

对于取消开闭幕式，是在政府提倡节俭后，一些企业过于积极的做法。因为一些品牌展、需要向公众或者业界宣传的会展活动，他们的开闭幕式的职能很难移植到会展活动的其他环节中。开闭幕式可以简单，但取消有些过分。在做会展的过程中，主办方、承办方要分清哪些是必要的，哪些是可以简化甚至舍弃的。随着会展活动的市场化，主办方都很注重压缩成本，大部分现有的环节如餐饮环节、茶歇环节虽然存在浪费现象，但是不能简单地取消，因为他们作为会议议程本身，具有其特殊的职能。

总之，开闭幕式是会议前奏曲，取消开闭幕式属于个别现象，不会成为会展业的趋势。

（资料来源：《北京商报》 转载：中国经济网）

任务二　会展同期活动

现代参展商越来越追求在有限时间内得到最大的价值回报，因此，会展同期活动的策划作为增强会展竞争力的手段之一，已经成为一个成功的展会不可缺少的部分。

一、会展同期活动类型

会展同期活动紧密服务于会展项目，推进其贸易、展示、信息和发布四大基本功能的最大限度的实现。它们可以是会展办展机构主办的，也可以是参展企业或其他有关单位主办的。根据会展策划和营销的需要，在此主要讨论由办展机构主办的相关活动。从会展同期活动主办者的角度看，在展会期间举办的相关活动一般有会议、评奖活动、表演活动和其他相关活动。

拓展阅读

走进世界房车中心：2023杜塞尔多夫国际房车展览会即将开幕

移动旅行——不仅仅是度假。越来越多的人正在亲身体验这种生活态度。2023 年 8 月 25 日至 9 月 3 日，全球最大的房车、旅居车贸易展——杜塞尔多夫国际房车展览会（CARAVAN SALON DÜSSELDORF）又将成为世界房车的中心，吸引全球房车爱好者的目光。

在 250000 平方米的展区内，720 多家参展商将集中展示各种风格、各种价位的房车、旅居车及露营车。此外，观众还可以在 16 个室内展厅和室外场地一站式饱览各式车辆底盘、配件、可拆卸部件、帐篷、度假目的地、露营地及房车营地等产品。

为期十天的时间里，CARAVAN SALON 将成为移动休闲领域最重要的国际销售平台，也是全球房车爱好者的年度盛会。除了种类繁多的产品和选择广泛的服务外，展会还将组织与移动休闲所相关的一系列充满乐趣的同期活动，适合全年龄段的观众前来参观。CARAVAN SALON 同时也是全球行业专家和行业协会的重要对话平台。

现场亮点剧透

1. 可持续发展、数字化和信息化——推动行业前进的动力和方法

德国目前有近 4700 个房车公园，71000 多个车位，但仍无法满足不断增长的房车数量。这使得越来越多位于偏僻地区的房车停放点走入人们的视野，越来越多的营地和房车公园有机会从房车的热潮中获益。

在此背景下，德国房车工业协会（CIVD）、德国汽车协会（ADAC ）和德国旅游协会（ DTV ）联合，将于 2023 年 8 月 28 日（ 星期一 ）在 CARAVAN SALON 期间举办第三届德国营位日（Deutscher Stellplatz-Tag），活动主题为“可持续发展、数字化和信息化——推动行业前进的动力和方法”。该活动特邀业内资深专家和科学家参与，他们将就自然旅游项目、房车公园和露营地充电基础设施的盈利能力、客人对过夜住宿的期望以及 Z 世代对房车旅游的看法等话题发表独特的见解。

2023 年，CIVD 将再次于 10 号展厅和 17 号展厅之间的室外空间举办一场特别展览，展示与房车营位建设技术和基础设施相关的创新解决方案。专家和制造商将通过实际案例，展示如何成功规划和运营房车营地。可持续发展和电动交通将是此次展览的重点。观众将有机会在现场获得专家的建议。

2. 感受自然：探险、户外运动和可持续旅游

越来越多的人希望在大自然中度过闲暇时光。对于许多旅游地区和相关业者来说，这一趋势是绝佳的机会，可以将自然保护和优质旅游与可持续发展的理念结合起来。

但是，可持续旅游项目在实践中是如何运作的？户外运动如何与自然保护联系起来？以“感受自然：探险、户外运动和可持续旅游”为主题，来自政治、商业、科学和运动领域的代表将在 2023 年 8 月 29 日（ 星期二 ）举办的“自然·旅游·未来”研讨会上深入探讨这一话题。与会者可以观摩行业的最佳实践，并就可持续发展问题进行积极交流。

3. CIVD 推出新的培训课程

首个专门针对行业的学员课程是房车行业的一个重要里程碑。新设立的“房车工程师”专业，旨在培养制造、维护和修理房车的专业技术人员。通过这一举措，房车行业正在积极应对对熟练劳动力的巨大需求。2023 年，CIVD 将在 CARAVAN SALON 的室外场地为这一新的专业专门设立一个独立展台，行业代表将向潜在学员及其家长介绍培训内容以及房车行业的美好职业前景。

4.“2023 年度露营者”评选

“2023 年度露营者”评选 由 ADAC 主办。全国总决赛将于 9 月 2 日星期六（上午 11:00 至下午 4:00）在 10 号展厅前的户外场地举行。在 6 月份的 ADAC 露营日期间（或凭外卡获得决赛资格）脱颖而出的来自德国各地的八名“移动之家”选手将展示各自在不同驾驶领域的技能，并完成一系列特殊任务。除了极具娱乐性之外，本次大赛也特别关注道路安全方面的问题。

5.“Starter World”——房车新手的必修课

将在 7 号展厅举办的“新手世界（Starter World）”为所有房车新人提供购买或租赁房车的关键建议。对于新手来说，获得客观而独立的建议是重点。专家们将随时解答任何问题，并提供一对一的定制解决方案。此外，这一演讲区还将为移动休闲领域的新手提供内容丰富、主题广泛的活动。

6. 房车改装大冒险

在 13 号和 14 号展厅前的室外场地上，将由“Explorer / Vanderlust”与 Martin Kreplin 合作举办“房车改装大冒险（Self-Conversion Adventure）”。改装爱好者们可以在此学习到车辆改装的实用技巧。针对初学者、进阶者和专业改装者的每日讲座内容各不相同，包括电力和能源供应、材料科学、取暖和烹饪、起居空间和细木工、窗户和舱口以及隔热或房车布局规划等主题。

7. 3 号展厅：装备与户外以及旅游与自然

3 号展厅是户外活动爱好者的天堂——从山间的徒步旅行、田园诗般的高山湖泊泛舟、激流勇进的漂流，到平静河流上的休闲桨板冲浪。在“旅游与自然”和“装备与户外”的主题之下，观众可以尽情憧憬下一个山间或海边的房车度假。这里有传统的以及另类的露营地和房车公园、最具吸引力的地区和最丰富多彩的休闲活动；世界各地的众多旅游景点也将为观众提供一年中最美时节的绝佳目的地信息。此外，这一展区还将提供关于选择正确户外运动装备的灵感和建议。帐篷、折叠式房车、房车和露营配件供应商也将展示他们的各种产品。位于 3 号展厅中心的、名为“旅游与自然的连结”的舞台还将为观众带来精彩的娱乐节目，以及有关装备、休闲活动和旅游目的地的介绍。

8. 电动自行车赛道

自行车是许多房车爱好者最喜爱的运动之一。电动自行车尤其受欢迎，经常被用来完成从露营地到目的地的“最后一英里”。在 15 号展厅前的室外场地上，电动自行车赛道（E-Bike Parcours）可以让观众在专用赛道上体验电动自行车和电动滑板车的操控性能。

9. 梦想之旅和激情的 EOFT 电影

在 1 号展厅 1 楼的梦想之旅影院（DreamTours Cinema），观众将再次体验到激动人心的房车旅行目的地。Konstantin Abert，Janette Emerich 和 Uwe Hamm 将带领房车迷们前往或远或近的各个梦幻目的地，为观众带来精彩的表演。在 9 月 1 日（星期五）举行的欧洲户外电影巡回展（EOFT）上，观众可以欣赏到精彩的户外和探险电影。在 3 号展厅的“旅游与自然的连结”舞台上，EOFT 的摄制组将带观众领略户外运动电影化的未来。无论是在丛林深处、冰雪洞穴，还是在环游世界的“途中”，银幕上的专业人士都将展示世界和我们每个人心中所蕴藏的无穷灵感。

10. 儿童体验活动

在 3 号展厅，德国漫游者协会（Deutscher Wanderverband）和杜塞尔多夫展览集团公司将组织别开生面的儿童探险活动，确保在整个展会期间孩子们也有特别的体验。孩子们可凭特别通行护照在展馆内自由探索，在各参展商处解开小谜语，或在各种实践活动中证明自己。CARAVAN SALON 一直为青少年和儿童提供丰富的探险和运动项目，孩子们将在这里大显身手。与往年一样，孩子们也可以在室外场地上参加一系列丰富多彩的活动和趣味游戏。

11. 预先采购日

8 月 25 日（星期五）为“预先采购日”，观众将在相对安静的环境中率先参观展会。由于当日发放的门票数量有限，观众可以更轻松地参观展位、寻找创新产品，并从展商那里获得有价值的建议。

12. 房车中心

如果想在展会期间小憩片刻，可以前往位于展会 P1 停车场的、广受欢迎的房车中心（Caravan Center）。这里是欧洲最大的房车公园，拥有约 3500 个营位，在展会期间，这里将会聚来自各地的车友。由于需求量大，营位很快就会被“抢购一空”，有需要的车友请及早在官网 www.caravan-salon.de 预订。

13. 门票及价格

成人单日票价：周末 19 欧元，周中 17 欧元

优惠票（大专院校学生、CARAVAN SALON & boot 俱乐部会员、ADAC 会员）：周末 16 欧元，周中 14 欧元

儿童（6 ~ 12 岁）单日票价：周末 8 欧元，周中 6 欧元

周一至周五（下午 2:00 至 6:00）的下午成人票价：10 欧元

预先采购日（8 月 25 日）成人票价：35 欧元（折后 30 欧元）

预先采购日（8 月 25 日）儿童（6 ~ 12 岁）票价：8 欧元

（一）会议

会议是展览期间最常见的相关活动。现代会展越来越重视展览和会议的并重，办展机构在展览期间往往会组织各种与展览题材相关的会议，并邀请一些著名学者、专家、企业和政府官员参加。通过举办各种会议，交流行业内的最新信息和动态，传播新技术，介绍新项目，提倡产业内发展的新理念和新思维。会议是帮助会展加强行业信息交流，增进友谊，设桥梁的纽带，它对提升会展档次，增进会展质量和扩大会展影响力有重要的促进作用。根据组织会议的目的和参与人员的不同，可以将会展期间举办的会议分为很多种类，如以学术交流为主要目的的专业研讨会，以技术交流和技术合作为主要目的的技术交流会，以发布新产品为主要目的的产品发布会，以推介新产品为主要目的的产品推介会等。

（二）评奖活动

在会展期间，众多的观众聚集，展览使得某一行业的有关企业齐聚一堂，在此期间举办一些评奖活动有诸多有利条件，也会在行业内和社会上产生较大影响。

首先组织各种比赛和评奖是一项比较吸引人的活动，评奖活动对于活跃会场气氛和吸引潜在观众也有较大帮助。其次，有些关于参展展品的专业性评奖活动有时会引起行业和新闻媒体的极大关注，因此，这类评比活动对于参展商来说也有一定的吸引力。

（三）表演活动

举办各种与展览主题或展览题材相关的表演也是一种常见的会展同期活动。在展会期间举办的表演活动可以分为三种：

一是文艺性表演活动。这类表演活动基本上是为了活跃会展气氛和扩大会展影响而举办的。例如，有些会展在开幕晚宴或闭幕答谢晚宴时会策划举办一些文艺表演助兴，还有些会展在办展期间专门组织有著名歌星或影视明星参加的文艺晚会。

二是营销性表演活动。这类表演活动大多是为了帮助产品营销和提升企业形象而举办的，并且举办者多为参展企业。例如，在汽车展等展会上，很多大型的参展企业都会在自己的展位里设立表演场所，并定时地举办表演活动。

三是程序性表演活动。这类表演活动很多是依照行业惯例并按行业程序举办的。例如，很多办展机构会在开幕现场举办一些表演活动等。

（四）其他相关活动

除了最为常见的会议之外，有时候还会在办展期间举办一些其他相关活动。其中，有些活动是与展品无关的娱乐性活动，主要目的是扩大展会的影响，吸引更多的观众到场参观，增加展会的轰动效应；有些是与会展有关的经营性活动，这些活动的主要目的在于使展会更加专业、更有吸引力，如群众性参与活动，明星及公众人物与大众见面活动、投资项目招商洽谈活动和项目（产品）招标活动等。

二、会展同期活动作用

展览会与各种活动相互配合，使得整个会展成为新的亮点。对于参展方而言，这些活动能满足参展企业与专业观众达成交易、获得信息等多种需求。对于办展企业而言，这些活动能使展会的影响力，知名度提高，作用很大。

（一）拓展会展的展示功能

展会是企业产品的重要展示平台，许多参展企业参加展会的目的就是在展会上充分展示形象，树立品牌。相关活动能很好地扩展会展活动的展示平台功能。例如，在展会期间举办的创新产品评比活动，给企业及其产品提供了绝佳的展示机会和平台并为企业的未来宣传提供素材。

展会如果单纯以展示和会议的形式来传播相关信息，促成交易，就不能够完全地体现一个大型会展的魅力所在。而策划活动的目的就是丰富展会功能，为不同层次、不同专业的展会策划出不同的活动，针对会展本身的不足之处，用活动来弥补，完善的会展是活动存在的本质。

（二）强化会展的发布功能

会展活动人群密集，信息传播范围广、速度快，因此被许多企业作为新产品发布的场所。会展企业可以为个别新展品举办专场新闻发布并设计个性化专题活动，使新产品的发布以更新颖，灵活的方式展现在人们面前。例如，结合新产品的特点来设计相关的表演活动，使新产品的优势得以更好地呈现，增强发布效果。

（三）延伸会展的贸易功能

很多企业参展的主要目的是贸易成交，许多观众参展的主要目的是寻找合适的供应商，展会因此也成为一个重要的贸易平台。适当的活动能延伸会展的贸易功能。例如，展会期间举办产品订货会，产品推介会，项目招标活动等，能促进贸易成交，延伸展会的贸易功能。

（四）活跃会展的现场气氛

如果在一个枯燥的会展现场，即便观众对会展主题再热情，他们也不会停留很久。如果利用不同的传播方式把会展信息传达给他们，他们会对接收的信息印象深刻，并且会把这个好印象连带作用在这个会展品牌上。当然前提必须是好印象，如果活动过于喧宾夺主，造成负面影响便得不偿失了。

一些富有观赏性的表演活动以及一些大众参与性较强的比赛活动，能极大地调动现场观众的积极性，使会展现场气氛活跃，为企业创造良好的会展现场氛围。

（五）吸引更多潜在会展客户

会展的举办不一定能够吸引到对于会展信息不十分热衷的潜在观众、企业，对于这些对象，策划一个具有吸引力的活动是再好不过的方法了，可以把会展信息带给观众，从而把他们吸引到会展现场来。

组织完善丰富多彩的活动能为会展增加亮点，增加吸引力，还能为参展商和观众留下好的回忆，提高满意度；而良好的口碑效应会增大会展企业对潜在参展商和观众的吸引力，是建立长期会展品牌的重要因素。

三、会展同期活动策划原则

会展同期活动对于提高展会的含金量具有举足轻重的作用，但又不能画蛇添足、喧宾夺主，所以，如何策划才能使得展会本身与这些活动相得益彰就显得尤为重要。会展同期活动的举办是为展会服务的，因此一定要符合展会的需要。国外高水平的展会同期活动的策划，一般要求同期活动具有专业性和前瞻性。如在行业内具有权威性；活动时间的策划安排合理，能实现活动与活动之间的时间错位与功能互补；活动具有趣味性和参与性，能够吸引大众的兴趣，积极获得体验感。一般而言，会展同期活动的策划需要遵循以下两个原则。

(一)主题与形式必须符合展会的需要

同期活动不仅要富有创意，可以吸引观众的注意，而且要与会展的大环境保持一致，否则将会导致脱离展会背景，更可能造成观众对会展注目度的抽离，甚至带来隐患，以展会背景为前提是策划活动的首要原则。

(二)活动本身要能产生较好的效果

活动本身要策划得当、组织有力、秩序井然，是人们喜闻乐见的，并能产生良好的效果。例如，专业研讨会要能紧紧抓住行业的热点和难点问题，群英集聚，智慧激荡，要有助于拓宽视野、更新知识、拓展思路、表演要富有观赏性等。如果活动本身不能产生良好的效果，则活动的存在就是一个问题，更不用说借助配套活动来促进展会的发展。

拓展阅读

2022共享潮流·中国国潮展览会

(一)同期活动一览表

时间	活动名称	地点
2022年7月1日 9:00至10:40	开幕式“进击吧，国货”	中国西部国际博览城9号馆
2022年7月1日 13:00至15:40	国货说	中国西部国际博览城9号馆

时间	活动名称	地点
2022年7月1日 9:00至12:00	国潮指数发布	14号、15号连接馆
2022年7月2日 13:00至15:00	young青春，国潮有范	14号、15号连接馆
2022年7月2日 13:00至15:30	秀出非遗彩	14号、15号连接馆
2022年7月3日 9:30至17:00	我是非遗守护者	15号、16号馆
2022年7月1日至3日	我就是国潮达人	室外展区

（二）活动详情

活动一：开幕式“进击吧，国货”

展会官网、小程序趣味体验国潮品牌、中国文化

1. 活动时间：2022 年 7 月 1 日 9:00 至 10:00

2. 活动地点：中国西部国际博览城 9 号馆

3. 活动简介与目的：

“进击吧，国货”是展会开幕式同时也是一项与展会搭配的活动。参展商和观众可以通过展会小程序、App 或者展会官网上传展会现场的精彩图片或视频，通过点赞数量来现场换取不同的奖励。观众也可以在平台上互相交流，我们也会定时邀请专业嘉宾来做一些讲座。我们希望通过这种方式来增加展会现场的体验感，增加展会的趣味感。并通过专业的讲座和学术交流让群众更加了解中国品牌文化，中国文化。

活动二：国货说

感受国牌魅力，增强文化自信

1. 活动时间：2022 年 7 月 1 日 13:00 至 15:40

2. 活动地点：中国西部国际博览城 9 号馆

3. 活动主题：国潮出征，商战里的中国史

4. 活动目的：

当代一些年轻人对国外一些潮牌非常痴迷，却摈弃一些中国品牌。活动的目的是通过一些知名国货品牌企业家分享品牌理念，品牌发展故事以此来讲述品牌故事中国故事。让青年人了解中国品牌的改变和创新，明白国潮的背后是文化自信的“回潮”。

5. 活动流程：

13:00 会议主持人成都文创局局长王进宣布活动开始并致辞

13:10 至 13:15 华为川藏政企业务总经理梁艳

13:15 至 13:30 华为川藏政企业务总经理梁艳

13:30 至 13:45 李宁电商会总经理冯晔总

13:45 至 14:00 花西子联合创始人飞慢

14:00 至 14:15 鸿星尔克副总裁吴荣照

14:15 至 14:30 王者荣耀品牌负责人张易加

14:30 至 14:45 李佳奇

14:45 至 15:00 成都文创局局长王进

15:00 宣布活动结束

活动三：国潮指数发布

见证国潮活力，洞察国潮前景

1. 活动时间：2022 年 7 月 1 日 9:00 至 12:00

2. 活动地点：14 号、15 号连接馆

3. 活动主题：国朝当道，文化回潮

4. 活动目的：

围绕国货国潮近年来的销量以及热点词汇，用一种新颖的方式来增进国货与青年人之间的距离，使国货潮起来，火起来。

5. 活动内容：

活动主要 4 大板块，分别为年度最受喜爱国货排名、年度国货推荐品牌、国潮星推官、年度国潮词汇。

（1）年度最受喜爱国货排名、年度国货推荐品牌：活动从前期展会宣传阶段开始，通过大众投票以及国货年销售量排行榜，综合排名出年度最受喜爱国货品牌，并进行现场颁奖活动。

（2）国潮星推官：通过微博、抖音等平台热点话题讨论，由大众投票选出一名最受欢迎的国潮星推官，通过前期抖音国潮热点话题制造，打造国潮创意视频，由大众点赞选拔，点赞最多的媒体人可认定为另一位国潮星推官，并在现场进行颁奖仪式。

活动四：young 青春，国潮有范

感染青年一代，潮有范

1. 活动时间：2022 年 7 月 2 日 13:00 至 15:00

2. 活动地点：15 号、16 号馆

3. 活动主题：年轻新态度，国货正当潮

4. 活动目的：

通过表演和走秀穿插的模式，来体现年轻人眼中的中国艺术文化与国货的朝

气。活动演员、设计师、和幕后工作者均是当代青年人，通过这样的表演，来感染更多的青年人，让观众看到，国货也可以潮出新花样。

活动五：秀出非遗彩

沉浸体验蜀国亮彩非遗

1. 活动时间：2022 年 7 月 2 日　13:00 至 15:30

2. 活动地点：15 号、16 号馆

3. 活动主题：展非遗风采，秀文化色彩

4. 活动目的：

通过大型非遗活动展演，让大家身临其境，现场领会非遗的震撼力和独特魅力。

活动六：我是非遗守护者

代入自我，守护非遗

1. 活动时间：2022 年 7 月 3 日　9:30 至 17:00

2. 活动地点：15 号、16 号链接馆

3. 活动主题：传承非遗，我是非遗守护人

4. 活动目的：

通过抖音短视频的达人来推动非遗文化的传播，利用抖音的高额用户，让越来越多的年轻人，了解非遗文化，传承非遗文化。

5. 活动内容：

（1）非遗文化传播：优选出 6 组非遗文化传承人和抖音红人，通过产品展示和，视频讲解来宣扬传统文化。

（2）非遗文化体验：在早上盛典结束之后，在 15 号馆特色馆，观众可以到场近距离体验非遗手艺，抖音达人也在相应的展厅和非遗传承人一起讲解非遗文化。

活动七：潮流街拍“我就是国潮达人”

沉浸国风文化，留下美丽瞬间

1. 活动时间：2022 年 7 月 1 日至 7 月 3 日　9:30 至 17:00

2. 活动地点：室外展区

3. 活动主题：国潮时尚，我就是国潮达人

4. 活动目的：

通过室外展区搭建固定场景，邀请摄影爱好者在现场进行室外街拍，以吸引国风爱好者以及更多观众来到展会现场。

5. 活动内容：

摄影爱好者和国潮爱好者进行街拍摄影活动。

（资料来源：2022共享潮流·中国国潮展览会官网）

任务三　会展旅游活动

作为会展和旅游的结合物——会展旅游，从20世纪60年代伴随着现代会展业的出现而初露端倪。会展旅游是一种高级的、特殊的旅游活动方式，是会展经济发展的必然产物，是会展产业链的一个重要环节。

世界上许多国家将会展旅游作为一种高产出的旅游项目予以大力扶持和发展，有的国家还利用开发会展旅游产品来抵消其他旅游产品的下滑给本国旅游业和经济所造成的影响。可以说，会展业的繁荣带动了旅游业的发展，而旅游业的进步又促进了会展业的发展。两者相得益彰，相互促进，共同带动了举办地经济的发展。

拓展阅读

众多会展选择这里，被偏爱的MICE之都究竟有啥魅力？

作为亚洲中心地带的全球枢纽，通往快速增长的亚太地区的门户，新加坡金融、制造、医疗等特色产业发达，其“总部”经济闻名全球。在会议、会展与奖励旅游方面，新加坡一直拥有独特优势。而地理条件便利、营商环境优越，产业资源、政策扶持、文化环境、城市设施等方面的综合作用，更让新加坡成为亚洲首屈一指的优质会奖旅游目的地。在边境全面开放之后，新加坡MICE行业迅速恢复，持续发力，重回领先队列。而随着中国边境的开放，新加坡在MICE行业里凸显的全面优势，又促使中国公司企业与新加坡MICE行业之间不断上演着一场场“双向奔赴”。3月下旬，中国机电产品品牌展览会（新加坡机电展）在新加坡成功举办，这是新冠之后新加坡迎来的首个高规格、大规模中国贸易投资促进团组活动，广受各界好评。而6月中旬，中国媒体机构疫情后首次在海外举办的国际商业峰会——首届亚洲愿景论坛（Asia New Vision Forum）又在新加坡隆重举行，400余位来自全球的政策制定者、商业决策者和资深学者齐聚狮城，“锚定未来”。

这些高规格活动和会议的成功举办，不仅标志着新加坡MICE活动的强劲回归，也再次肯定了新加坡对中国商务会议和活动的吸引力，以及新加坡作为全球及亚洲商业节点的重要位置。为了增进中国旅游业界对新加坡会奖资源丰富并多元的认知和体验，新加坡旅游局近期邀请了多位中国业者共赴新加坡沉浸式考察当地的MICE资源和产品，共同探讨会奖业的“新”未来，激发“新”的商机。

经典地标：升级、提高，脚步不停

新加坡会展生态丰富，覆盖工业、医疗、金融、化工、通信等高速发展的产业，拥有众多在国际上有深远影响力的展会。新加坡是会奖旅游及商务旅游的重要目的地，会展业已成为新加坡旅游业和经济的重要组成部分。这里的国际展会规模次数居亚洲第一位，在世界排名第五。在滨海区坐落着滨海湾金沙会议展览中心、圣淘沙名胜世界会议中心、新加坡博览中心及新加坡体育中心等诸多经典优质的会展举办场所，设施齐全现代且环境优美。

炙手可热——滨海湾金沙

作为东南亚地区的新地标，滨海湾金沙无疑是各种展览、会议、演唱会等活动举办地的热门首选。滨海湾金沙会展中心总面积超过12万平方米，在新加坡的会展场馆中，规模最庞大、功能最为齐全。每年这里举办的各种会议活动多达3000个。会展中心共有5层，250间会议室可容纳多达45000与会者。金沙拥有亚洲最大的宴会厅，可举办8000人出席的活动，也可拆分为16个不同的区域用于举办小型宴会。另外，金沙还把酒店、博物馆、剧院及国际著名餐饮、零售和娱乐中心融为一体。3座55层的摩天酒店大厦傲然耸立，一座美丽精致的“空中花园”在200米高空横跨大厦顶层，被无数人追捧的高空无边泳池更是必去的网红打卡地。

不同凡响——名胜世界

圣淘沙名胜世界是新加坡最大的综合娱乐度假胜地，它以新鲜独特的会奖配套，吸引国际业内人士的眼球。名胜世界拥有6家独特主题酒店，4个世界级景点和49万平方米的活动空间。参会人员可以在环球影城的纽约大道上或者未来水世界内开展研讨会或团建增进彼此感情，还可以包下整个海洋馆，在海洋生物畅游间举办各种发布会或者总结会，独特新鲜的会议场地和设施，有助于激发出更多创意灵感。名胜世界会议中心拥有新加坡最大的无柱宴会厅和先进的270°沉浸式投影屏幕，可以容纳4000多名员工与家人在这里欢聚一堂，听取振奋激昂的演讲，助力企业树立良好形象。入夜后可以在五光十色的好莱坞大道举杯畅饮，再一起享受游乐设施的刺激。在工作之余，也能在这里与家人欢度假期，会议与奖励旅游从此就有了新定义。滨海湾金沙酒店和圣淘沙名胜世界这两处旅游地标，目前都在加紧扩建和改进中，以储备充足的力量来迎接MICE和旅游的需求。除此之外，还有经常举行政治性活动的乌节路香格里拉酒店、具有传奇色彩的嘉佩乐酒店以及地理位置极佳的滨海乐雅酒店。这些酒店的宴会设施很多都投入巨资重新装修，有的还升级了LED大屏以满足MICE的新需求。

新发现大不同：这些地方太“出圈”

作为奖励和商务会展旅游业的引领者之一，新加坡不仅在传统会奖旅游方面保持着一贯的优质服务，在创新体验方面也紧跟客户需求变化及发展趋势。随着Z世代和千禧一代逐渐成为商务差旅客源的重要组成部分，新兴消费需求也在催生传统 MICE 市场破局，商务会奖旅游业正从单一化向多元化、个性化发展。一些人逐渐不满足于传统的会议奖励旅游，想要玩出新意和不同。

艺术范——新加坡国家美术馆

占地 6.4 万平方米、收藏了 8000 余件国家藏品的新加坡国家美术馆坐落于新加坡两座庄严肃穆的国家古迹之中，由前市政厅和前最高法院改造而成。作为新加坡艺术桂冠上的一颗珍宝，新加坡国家美术馆是一座视觉艺术殿堂，收藏有新加坡及东南亚举世无双的现代艺术珍品。这个博物馆里能吃能喝还有的玩，这样高大上的场地，可以为会奖团队举办各种启迪性的体验项目和活动，让“艺术范儿”团队满意而归。

超浪漫——帆船巡游

47 米长的前桅横帆船“皇家信天翁”是一艘亚洲最大的商用豪华高桅横帆船，是一个注重奢华、服务和优雅的场所，配备了先进的灯光、视听设备，船上可以同时容纳多达 149 名客人和专业领航员。这艘船可以提供许多令人兴奋的独特用餐巡航和主题活动，还能为企业打造各种专属的发布会、推广会、团建和年会。

在亚洲首家体验式威士忌博物馆里举办会奖活动也是一次别具一格的体验。这家博物馆公开展示 7000 多瓶稀有及年份的威士忌酒，是亚洲规模最大的独家收藏。博物馆的酒窖里藏有一些最古老、最著名的老牌酿酒厂的珍贵威士忌。可以与这里的威士忌大使一起参观体验，探索威士忌历史和不为人知的威士忌故事。游览结束后，还可以品尝博物馆精心挑选的三款威士忌。这里可以举办 50~100 人的私人聚会或者团体活动，还可根据客户要求提供美食搭配美酒。

极高端——高尔夫俱乐部

球场挥杆是老板的休闲社交标配？但是在圣淘沙的高尔夫俱乐部可以让团队一起体验高尔夫的魅力。可以在这里举办一场企业高尔夫球赛，单人 PK，组队竞技，随意选择。海景环绕、阳光、草地、BBQ，想不高端都不行。除此之外，还有会议室满足各种会议活动与团建需求。

最热血——克兰芝赛马场

新加坡还有一处出乎意料的 MICE 场地是在新加坡克兰芝赛马场。这里的各种 VIP 包厢非常适合小型的答谢或者奖励旅游团，可以一边品尝美食一边观看赛马的速度与激情。不过这里的场地 2024 年 10 月就将关闭了。因为新加坡政府将收回克兰芝赛马场所在土地重新发展作公共住宅和休闲用地。

专业感——知名院校课程

新加坡的专业会展公司一般与当地的大学及私立学校均有良好的合作关系，可以为企业团建提供商务管理、金融、营销等培训课程的体验。坐在大学教室里，听大学讲师上一堂让企业和员工都受益的课程，也是另一种增值福利。在南洋理工大学体验了一堂《世界级管理体系》的课程，学业结束以后每个人都可以获得一份证书，仪式感满满。

高质量 MICE 活动理想之地

作为全球企业进入东南亚市场的重要窗口，新加坡有着稳定的经济发展、世界一流的基础设施建设、亲商的环境与政策、顶尖的人才储备，这些强大的基础条件使得狮城成为举办会展活动的优选。此外，新加坡还拥有丰富的旅游、生活方式产品，以及便利的交通，这些得天独厚的优势让这里成为高质量 MICE 活动的理想之地。新加坡旅游局会议与奖励旅游执行署长许文威博士表示，对于会奖商旅组织者来说，我们期望通过提供超值的整合服务，来让他们拥有绝对充足的理由选择新加坡。新加坡拥有“最佳国际会议城市”和“亚洲最佳会议城市”称号，作为最佳会奖商旅城市，新加坡展现的不仅是这个国家丰富的商务和娱乐休闲资源，更以个性化的贴心服务和丰富的创意选择，为客户创造最大价值。

新加坡的最大魅力之一，是其多元文化特色，来自不同国籍、种族及宗教的人士皆能和睦共处。新加坡的会奖资源历来丰富，新加坡的定位依然是物有所值，虽然近半年来新加坡的酒店价格比之 2019 年时涨幅不少，但基于安全，活力，软硬件实力等方面的因素，新加坡依然还是亚洲地区优选的会奖旅游目的地。新加坡旅游局预计，2023 年新加坡旅游业将继续保持增长势头，国际游客人数将达到 1200 万～1400 万人次，在航班和运力增加以及中国经济持续强劲发展的背景下，将迎来更多中国游客前往新加坡。因此，持续举办吸引中国商务旅客参与的商务会展活动，并争取更多中国会展组织者将 MICE 活动目的地选在新加坡至关重要。

（资料来源：旅行网官方公众号）

一、会展旅游的内涵

（一）会展旅游的概念

会展旅游是由于会展活动的举办而产生的一种旅游活动形式。从旅游需求看，会展旅游是指特定个体和群体，到特定地方去参加各类会议展览、奖励旅游、节事活动，及可能附带相关的参观、游览及考察内容的一种旅游活动形式；从旅游供给看，会展旅游是指特定机构或企业，以组织参与各类会展奖励旅游和节事活动为目的而推出的一种专业旅游产品；从旅游市场来看，会展旅游应是旅游市场中商务旅游市场的主要组成部分。

我们可以分别从狭义和广义上来界定会展旅游。狭义的会展旅游，是指不仅为会议和展览活动的举办提供会展场地，而且提供与旅游业相关的服务并从中获取一定收益的经济活动。从此定义可以得出，旅游业参与会展活动的目的是开拓旅游市场空间并获取一定的经济收益，而达到此目的的手段是根据参会者的不同需求，为其提供旅游企业所擅长的服务。因此，会展旅游的服务对象应该落实到具体参加会议和参观展览的人，并根据参加者参加活动类型的不同，将其细化为会议旅游和展览旅游两种。此种划分有利于旅游企业根据不同的活动类型提供不同的服务。广义的会展旅游，是指以参加会议、展览、体育运动会和节庆活动等为主要目的而进行的旅游活动。

拓展阅读

“广交会”对广州会展旅游的影响

举办“中国第一展”的广州进出口商品交易会举办地广州市，一直被视为南方会展业的代表城市。广州是华南政治、经济、文化的中心枢纽，也是国内会展旅游发展最早、会展经济最活跃的地区之一。展览的数量、展览面积、展览规模和影响，都位居全国前列。据不完全统计，在广州地区每年举办各种展览会有上百个，其中国际性展览占三分之一。既有“中国第一展”的广交会，也有后起之秀的广州博览会、美容美发博览会，广州的会展经济也可以说初具规模。

广交会参展企业和结构进一步优化，提高了国产商品在国际市场的竞争力。据了解，广州的会展业至今已形成大大小小的专业公司 400 多家。据统计，2003 年秋交会生产企业和外商投资企业的参展比例接近四成，由于这些企业产品的竞争力强，出口成交占了总成交额的二成七，比上届提高六个百分点。名优产品、高附加值产品、新产品成交势头旺盛，其中，家用电器成为第二大类商品，出口成交比重占总成交额一成多，比上届增长两成七，信息及通信产品成交非常活跃，增长两成二，扩大出口的潜力巨大。日用消费品中新款式、新面料的服装日用及工艺陶瓷等颇受客商欢迎。

广交会业内权威人士表示，在亚洲金融危机的不利影响下，在“非典”的影响下，广交会到会客商人数和成交量还在持续增长，并屡创历史最高纪录。以 2003 年秋交会为例，这次交易会就实现交易额近 205 亿美元，也说明会具有很强的生机和活力，因而对外商产生了很大的吸引力。

（资料来源：豆丁网）

（二）会展旅游的特征

会展旅游作为一种新兴的旅游项目，以其产业的结合性、行业的带动性、消费的集中性、收益的显著性、服务的关联性等优势，得到了旅游业的普遍重视。会展旅游具有如下六个特点。

1. 消费能力强，旅游行业受惠多

参加会展活动的公务人员及接受奖励旅游的员工一般职位较高，有一定影响力，其消费以公务消费为主。而且他们的食、住、行在一定程度上能显现出单位的实力，单位本身也希望通过代表者的活动来树立在同行中的形象，加强在客户心中的印象。因此，从可支配的购买能力的角度看，他们均是消费能力较强的商务客人，其消费档次高、规模大，开支均比普通旅游者要高得多，这一点在酒店业表现得最为明显。会展、节事活动的召开期间及在奖励旅游的过程中，所在地的酒店是直接的受益者，他们的入住率往往会在短期内得到提升，并会带动酒店的餐饮消费，商品的销售和对酒店商务设施、娱乐设施的使用，从而增加了酒店的收入。据统计，会展旅游人均消费是一般游客的 3~5 倍。

2. 停留时间长，出游机会多

会展旅游的时间安排依照会展活动的举办而定，一般持续时间比较长，短则三五天，长则七八天，有的时间跨度会更长，这就为参加会展活动的代表在工作之余进行休闲娱乐活动提供了机会。况且在紧张繁忙的公务交往中，代表们在精神上感到很累，持续的工作也造成了心理的压力，迫切希望寻找一个比较好的休闲的地方和放松的方式，到就近的旅游点进行参观游览往往成为代表们的首选。尤其是外地的代表，更是强烈地希望到当地有代表性的旅游风景区进行游览，以获得精神的放松，或是满足他们不枉此行的一种心愿。这就为旅行社和旅游景区进行市场开发提供了很好的机会。虽然在会展旅游中不存在旅游机会多的问题，但作为一种奖励，除了消费档次、服务水平高之外，奖励旅游在目的地的停留时间也比较长。

3. 出行人数多，但多为自行组团

会展所具有的行业导向，使其吸引了为数众多的参加者和观众。参加会展活动和奖励旅游的人数，常常要比旅行社日常的招徕方式组成的旅游团队规模要大，且组团容易、利润更高、时间固定、人员组成单一、双方沟通容易，这都为旅行社的介入提供了便利的条件。根据国际会议协会（ICCA）的界定，国际会议的与会人数应在 300 人以上。一般来讲，各类展览会、博览会、展销会等，其规模要大于会议。而影响会展活动举办效果的直接因素就是会展参加人气指数。一般被看好的、有良好发展前景的国家、地区、城市，历史悠久、特色鲜明、具有品牌和知名度的会展，大多能吸引众多团队和人士参与。

在实际运作中，虽然奖励旅游业务主要由旅行社负责接待，但具有组织接待优势的旅行社在会展召开的前后发挥的作用有限，并没有达到人们所预期的那样可以大规模地接团，长时间地为参加者提供出行服务和获得较高的回报。其原因是以下几点。

（1）作为会议和展览的主办方，在目的地选择的方面已经考虑到了进、出的便捷性。

（2）在招展和筹办会议的时候，主办方已经向诉求对象详细说明了进入举办地的

具体位置、交通方式、乘车路线和联系方式，并附有清楚的路线图。

（3）由于会议和展览出行的商务性质，参加者目的地明确，在出了机场或车站之后，立即到下榻的宾馆。

（4）由于商务的往来和同行的交往，商业伙伴或是有密切联系的同行会派人接待。

（5）在拥有了比较详细的信息和商务活动的外出经验后，会议或展览的参加者，就会选择自己来安排整个活动的出行方案。一是他们可以对变化的情况及时掌握，二是可以更加主动地对变化做出反应。

（6）自行组团的优越性弱化了旅行社在此方面发挥作用的功能，乃至将旅行社排除在整个活动之外，这一点在国内会议和展览中表现得更为明显。

4. 潜在的参加者多，实际的旅游者少

一次大型的会议展览，尤其是一些定期举办的国际性会议展览，出席会议的代表或参展商的人数动辄上千，再加上随行人员、新闻工作者及慕名而来的参观者，人数更是上万，但真正能转化为实际的旅游者则屈指可数。其原因有以下几点。

第一，会展的客体一般是机构组织，较少指向个人。尤其是展览（个人展除外），参加者的身份更是要求以机构参加为主（会议有时出于某种需要，会有以个人身份参加的代表者）。这种参加客体的机构化，使参加者的行程安排受到较大的束缚，在时间安排上往往要考虑到工作的需求，使他们不能参加当地的一日游或两日游的行程。这也就限制了他们转化为旅游者的可能。

第二，参加会议的代表一般都会得到主办者的旅游安排，会议日程中含有旅游参观的活动项目，但会议的规模相对于展览而言，一般较小。展览虽然人数众多，但主办者没有或很少为参展商提供相应的旅游安排，更是缺乏统一的旅游组织和安排，旅游业在此方面所做的工作也较少，使绝大部分的参展商没有转化为实际的旅游者。

第三，转化的效果也取决于当地的举办者是否主动推荐和介绍当地的旅游资源，当地的旅游企业是否依照会议与展览的主题设计了相应的旅游项目。因为常规的满足一般旅游者的旅游项目不一定能满足商务客人的特殊需求，虽然他们具有很强的消费能力，又有实现旅游的愿望和时间，但缺乏旅游企业的引导。

对旅游业来说，参加会议和展览的代表只是一个潜在的客源市场。一次会议或展览的举办，能有多少参加者转化为旅游者，其规模通常与会展的性质（国际还是国内）、类别（综合性的还是专业性的）、时间的长短、行业发展的前景等因素有关。当地的旅游业能获得多大的经济效益，这又和旅游业介入的深度有关，与旅游企业是否认真开发和重视这一市场有关。当然也取决于代表们对当地旅游资源的熟悉程度，而这种熟悉程度又与当地政府和旅游企业对旅游资源的宣传力度密不可分。

5. 文化主题突出、专业性强

一次会展活动的内容总是围绕一个主题进行，呈现出鲜明的专业性。无论会展主

题是什么，其举办原因都是以一定文化为基础的。而会展旅游活动往往是会展活动内容的延伸与深化，其产品不同于一般的普通观光旅游产品和休闲度假产品，专业性很强。如世界地质大会会后的会展旅游是专线地质考察活动，不是一般意义上的观光休闲。因此，会展旅游与滑雪旅游、游船旅游、沙漠旅游、生态旅游、农业旅游、工业旅游等一样，同属专项旅游产品。

6. 旅游者的文化素质高

参加会展旅游的人员，特别是参加大型国际会议或学术会议的人员，多数是某一方面的专家。即使是中小型会展活动，与会者也都是技术人员、知识界人士，文化素质很高。这在会展旅游过程中具体表现为旅游者的探索性强、知识面广、求知欲旺、审美情趣高，不满足于一般性的游山玩水。作为旅游服务企业，必须为他们提供优质的服务，以满足旅游者高层次的旅游需求。

拓展阅读

会展成“旅游+”链接中最大亮点

何谓“旅游＋会展”？顾名思义，在万物皆可“旅游+”的热潮之下，会展行业也融入其中以期来分得一杯羹。

会展业是集商品展示交易、经济技术合作、科学文化交流为一体，兼具信息咨询、招商引资、交通运输、城市建设、商业贸易、旅游服务等多功能的一种新兴产业。通过会展活动，能带动巨大的物流、人流、资金流、信息流，提升城市品位和知名度，进而推动经济和社会的发展。“旅游＋会展”正是在会议、展览、展销会、交易会、博览会等举办的前提下，延伸到旅游业的产物。

“旅游＋会展”为何会来势汹汹，有成黑马之势？这其实得益于文旅市场“大升温”的大环境和会展业本身的独特性以及与旅游业的适配性。“旅游＋会展”就在这样的大背景下让两者碰撞出的火花越来越耀眼。

“旅游＋会展”释放三大利好信号

为什么会展在“旅游+”链接中如此亮眼？于旅游行业而言，会展最初的意义在于拉动激活城市人口的流动，催生商务旅行需求。而随着会展与旅游行业融合度的进一步提升，“旅游＋会展”开始释放出更大的经济、社会效应，让人对其刮目相看。

最为直观的莫过于经济效应。“如果一个城市办会展，就相当于一架飞机在这座城市上空撒钞票。”这是一位德国经济学家对会展经济做的生动比喻。以将在上海盛大召开的首届上海旅博会为例，其由上海国际酒店及商业空间博览会HOTEL&SHOP PLUS、上海国际酒店及餐饮业博览会HOTELEX、上海国际游艇展及生活方式上海秀 The Boat & Lifestyle Show 与上海旅博会主题展一起构成，超过 5000 家展商的规模、观众预计将达到 40 万人次。这些因旅博会而来的流动人口，所产生的住宿、餐饮、交通、零售、物流、旅游等需求于上海经济发展而言无疑是一大利好。

紧跟其后的是“旅游＋会展”于旅游行业的积极效应。展会于行业而言，能够推动商业进程、实现快速对接资源、帮助参观者早知道行业趋势并完成品牌的高效传播。上海旅博会的系列展之一——上海国际酒店及商业空间博览会（以下简称：HOTEL&SHOP PLUS）于行业而言，就是具备积极效益的一场“盛宴”。数以千计的展商，为参观者呈现出更多灵感，赋能行业。

最后是“旅游＋会展”对城市发展的利好影响。早在 1851 年首届世界博览会开幕之时，现代会展业就开始向城市展现自己独特的魅力，深刻地影响着一座城市乃至一个国家的面貌。“会展之都”城市名片的成功打造，一方面有助于城市品牌的发展，另一方面增加了城市旅游的更多可能。

会展经济是河北省廊坊开发区文旅产业的重要支柱，为了打造全省会展旅游业发展的风向标，廊坊开发区从 1998 年开始，先后建成了廊坊国际会议展览中心、京津冀大数据创新应用中心、丝路中心等一大批现代化展馆，打造了中国·廊坊国际经济贸易洽谈会、中国（廊坊）农产品交易会、中国国际管道大会等一大批国内外知名的展会品牌，形成了会展经济与旅游产业相互助力、互为支撑的良性循环。廊坊国际会议展览中心是开发区当之无愧的会展经济“主力军”。该中心是由两个会议中心、5 座国际展览馆、两座五星级酒店和绿地、花园、广场组成的会展综合体，其中国际展览馆的展览面积总计达 4.2 万平方米，可同时容纳 2500 个国际标准展位，在国内展览日趋专业化、品牌化的新形势下，备受业界青睐。作为廊坊国际会议展览中心唯一运营商，廊坊国展集团从 2002 年起开始独立策划组织展览项目，主办中国（廊坊）渔具展、中国（廊坊）有机食品展、京津冀智慧城市博览会等多个自办展览会。2019 年，他们组织策划展览展示活动 40 多场，客流量近百万人。会展活动的举办带动了开发区会展经济蓬勃发展，为全区文旅产业的快速发展做出了贡献。

此外，“旅游＋会展”作为会展业和旅游业融合发展形成的一种新业态，与传统观光旅游相比较而言，具有消费档次高、规模大、停留时间长、产业关联性强等优点。根据学者对会展客商的意愿研究表明，67% 的会展客商在参展期间有旅游的意愿。但与传统旅游者相比，会展客商更倾向于关注展会举办地的整体经济活力，比如，展会的品牌、服务和设施以及城市整体形象等。

（资料来源：文化在线官微）

二、会展旅游策划原则

与策划传统的大众旅游产品有所不同，会展旅游作为特殊的旅游项目，一般来说，应该有其独特性，也有一定的原则。会展旅游项目策划必须以会展的主题为中心展开。大型的会展活动一般都有一个特定主题。为了能够吸引更多的参与者和参观者，同时也为了对项目及产品进行推广，在进行旅游项目策划时，必须对会展的主题有一个正确而充分的认识，这才是会展中心思想的旅游项目的要点。以下几个要素需要在会展旅游策划的过程中注意。

注意选择景点。会展旅游一般为当日往返的短线旅游，参展商的观光、休闲旅游倾向于城市周边景点。

注意挖掘会展旅游项目的文化内涵。会展旅游项目既然是源于会展事件的旅游项目，就应该充分挖掘其文化内涵，如啤酒节的文化核心应该是“啤酒文化”，民歌艺术节主要以“民歌和艺术”为中心思想。现在参展商的文化素养越来越高，所以策划应该以深层次文化内涵为挖掘的重点，才能更好地吸引与会者。

注意对会展旅游服务人员的培训。会展旅游服务的专业性、针对性较强，这就对服务人员提出了更高的要求。服务人员的素质、能力和专业性的提高对会展的成功是重要的辅助要素。因此，对会展旅游人员进行综合的、有针对性的培训是十分必要的。

区别参展商和普通旅游者。进行策划时，还应明确区分不同的旅游群体，即以参加会展为目的的参展商，和出于好奇等原因而前往会展举办地的普通旅游者。这两个群体的消费特点具有明显的差别。一般来说，会展旅游者对于某些工业旅游项目比较感兴趣，而普通旅游者在会展旅游中更加倾向于感受热闹、繁荣的气氛，注重活动的参与性。

拓展阅读

城市会展旅游开发成功案例

1. 瑞士小城的会展奇迹

达沃斯人口仅 1.3 万，是瑞士知名的温泉旅游、会议、运动度假的胜地，因世界经济论坛（WEF，World Economic Forum）（又称达沃斯论坛）而闻名于世。每年都有数千名国际重要的政、商、学界著名人士来到小城达沃斯畅谈世界政治经济要事。慕名而来的记者、游客更是数不胜数，达沃斯成了一个世界级的会展旅游城市。30 多年来，一年一度的论坛年会规模越来越大，发展中国家的政治经济要人也逐渐被邀请参加。每届年会都有数十位国家元首和政府首脑、数百位部长和两千余名来自世界各地的政治、经济、金融、财政、文化、艺术、教育、新闻等领域人士参加。近 10 年来，凡是世界上发生的重大政治、军事、安全、社会事件都在论坛上得到反映，讨论的政治色彩也越来越浓。世界经济论坛主张自由经济和经济全球化，近年来越来越遭到反全球化组织和人士的批评。尽管如此，世界经济论坛年会已成为世界政治、经济界决策人研讨世界经济问题最重要的非官方聚会和进行私人交往、商务谈判的场所。

2. 戛纳国际电影节的会展旅游狂飙

戛纳小城只有7万居民，却凭一年一度的戛纳国际电影节而受到国际瞩目。第55届戛纳国际电影节给这座仅有7万人口的法国南部小城带来了1.1亿欧元的财富。一年后的第56届戛纳国际电影节上，戛纳市政府仅为举办电影节花费了500万欧元，在12天的时间里却有总共1.2亿欧元的财政收入进账。据估计，每年的戛纳电影节创造的直接和间接经济价值高达9亿欧元。

3. 博鳌小镇会展传奇

博鳌镇地处万泉河入海口，博鳌小镇面积仅40平方公里、人口万余，拥有独特而丰富的旅游资源，万泉河口风光秀美，景色宜人，南海气势恢宏，海水清澈，海域平缓，黄金海岸长达8.5公里，是旅游度假、休养的理想之地。本是穷乡僻壤的博鳌自建成国际会议中心后，以其良好的生态、人文、治安环境，吸引了众多海内外会议组织者，仅2005年第一季度，就有100多个国内外会议选址博鳌，而每天前来旅游度假的人更是络绎不绝。博鳌会展业的成功为整个海南的会展的举办奠定了强大的基础，其后期的旅游、航空、交通、住宿都快速发展，并带动了海南其他会展品牌的形成与发展，使得会展旅游成为整个海南省经济发展的新增长点。

4. 亚布力小镇的故事

滑雪旅游小镇亚布力借鉴达沃斯的发展模式，于1996年成功举办了第三届冬亚会，以此扩大了知名度；在东亚会的基础上，亚布力小镇2001年又召开了中国企业家论坛首届年会，力图以会展带动地方经济发展，逐步打造独特的城市名片，自此滑雪胜地亚布力通过中国企业家年会永久性会址这一高端会议品牌逐渐向国内著名冬季滑雪旅游目的地进发，并迅速取得了重大旅游突破。

（资料来源：挂云帆学习网）

项目学习小结

本章主要讲述了会展相关活动中开幕式、同期活动、旅游活动的策划。会展活动开幕式意义特殊，要对其主题、时间和地点、现场流程、VIP接待、讲话稿和新闻通稿、应急预案等基本要素进行策划，开幕式需要与时俱进，不断地进行形式创意；会展同期活动包括会议、评奖活动、表演活动和其他相关活动，是成功展会不可缺少的部分，策划中需要契合主题，丰富功能，吸引观众和活跃气氛；会展旅游是会展产业链的一个重要环节，有其自身的特点和策划原则。

单选题

1. 采用搭建拱门、施放气球标语、安排乐队演奏或鼓乐表演、燃放烟花以及组织观众观看等方式，用以渲染开幕式活动的热烈气氛的是开幕式创意中的（　）。

A. 场地布置　B. 气氛营造　C. 剪彩形式　D. 宣传策划

2.（　）是展会的重要仪式，是标志开启展会的仪式。

A. 宣传活动　B. 开幕式　C. 氛围　D. 剪彩仪式

3.（　）是展会的一项重要的公关活动，它可以很好地促进办展机构与参展商、行业领导和其他有关方面的关系。

A. 开幕式酒会　B. 开幕式舞会　C. 开幕式剪彩仪式　D. 开幕式宣传

4. 开幕式创意方法不包括（　）。

A. 故事　B. 名人效应　C. 制造新闻事件　D. 情境设置上创新

5.（　）作为增强会展竞争力的手段之一，已经成为一个成功的展会不可缺少的部分。

A. 展会开幕式　B. 展会宣传　C. 展会规模　D. 会展同期活动的策划

6.（　）是企业产品的重要展示平台。

A. 展会　B. 宣传活动　C. 策划　D. 展位

7. 会展同期活动紧密服务于会展项目，推进其贸易、展示、信息和（　）四大基本功能的最大限度的实现。

A. 名誉　B. 发布　C. 经济　D. 政治

8.（　）是一种高级的、特殊的旅游活动方式，是会展产业链的一个重要环节。

A. 会展旅游　B. 会展购物　C. 会展活动　D. 会展设施

9. 从旅游市场来看，（　）是旅游市场中商务旅游市场的主要组成部分。

A. 旅游商品　B. 会展旅游　C. 旅游购物　D. 旅游住宿

10. 旅游业参与会展活动的目的是开拓旅游市场空间并获取一定的（　）收益，而达到此目的的手段是根据参会者的不同需求为其提供旅游企业所擅长的服务。

A. 社会　B. 环境　C. 政治　D. 经济

多选题

1. 开幕式策划的意义有（　）。

A. 起到宣传推广的作用　B. 为参展企业提供拓展人脉的平台

C. 请出席嘉宾用剪刀剪断彩带　D. 提高参展企业员工士气的作用

2. 传统形式上开幕式创意集中于（　　）三个方面。

A. 场地布置　　B. 气氛营造　　C. 剪彩形式　　D. 场外宣传

3. 会展同期活动策划原则是（　　）。

A. 主题与形式必须符合展会的需要　　B. 活动本身要能产生较好的效果

C. 组织完善丰富多彩的活动　　D. 企业参展的主要目的

4. 会展同期活动作用包括（　　）。

A. 拓展会展的展示功能　　B. 强化会展的发布功能

C. 延伸会展的贸易功能　　D. 活跃会展的现场气氛

E. 吸引更多潜在会展客户

5. 会展同期活动包括（　　）。

A. 会议　　B. 评奖活动　　C. 表演活动　　D. 其他相关活动

6. 在会展旅游项目策划的过程中注意以下几点（　　）。

A. 参加会展旅游的人员　　B. 注意选择景点

C. 注意挖掘会展旅游项目的文化内涵　　D. 注意对会展旅游服务人员的培训

7. 广义的会展旅游是指以（　　）等为主要目的而进行的旅游活动。

A. 参加会议　　B. 展览　　C. 体育运动会　　D. 节庆活动

8. 会展旅游作为一种新兴的旅游项目，以其（　　）等优势，得到了旅游业的普遍重视。

A. 产业的结合性　　B. 行业的带动性　　C. 消费的集中性

D. 收益的显著性　　E. 服务的关联性

复习思考题

1. 开幕式策划要素是什么？请列举三种会展创意活动启动仪式，并说出你最喜欢的一种及原因。

2. 请列举几种会展活动创意签到形式，开幕式能否取消？

3. 会展同期活动策划的作用和原则有哪些？

4. 会展同期活动的种类有哪些？

5. 阐述会议策划的内容和流程。

6. 简述会展旅游活动策划的内容。

7. 在展会期间举办的表演活动可以分为哪三种？

8. 为什么要开展会展同期活动？

9. 什么是会展旅游？狭义的和广义的会展旅游分别是什么？

10. 会展旅游的特征是什么？

11. 简述会展旅游活动的策划内容。

项目七　会展服务策划

学习要点

1. 了解会展服务中展会搭建、后勤、物流服务等工作；
2. 了解展会搭建服务工作内容及流程；
3. 正确认识展会搭建服务中搭建商的重要性；
4. 理解展会中物流服务对展会的重要性；
5. 了解展会物流服务中展品运输的服务要求；
6. 正确认识国内外的展品的运输服务；
7. 了解展会后勤服务内容。

案例导入

做超大型展会主场服务，智奥中智兴别具匠心

展会主场服务，是展会服务与管理的升华，涉及的工作从前期的策划设计、展商服务、报馆审图，到中期的场地划线、工程搭建、安全管理，再到后期的撤展管理、数据报告及展后服务等各个方面。

如果没有一个经验老到、细致认真的服务商，可能会降低客户的参展参观体验，甚至出现较为严重的安全问题。

而对于超大型展会，其主场服务更是千头万绪，往往需要针对不同展会特点和场馆情况，提前进行大量的筹备工作。也需要很强的现场统筹协调和应变能力，让展览场地在有限的时间内，从一片“空地”变为功能齐全、展商汇聚、买家云集的高端平台。

而 ITES 深圳工业展正是这样一个超大型展会。

作为本届深圳工业展的唯一主场服务商，以及深圳国际会展中心的水电气接驳、吊挂的官方驻场服务商，智奥中智兴表现出了很强的职业素养、统筹协调和执行能力，助力展会从展前服务、布展、开展到撤展全过程的安全顺利、有条不紊。其出色的服务表现和自成体系的工作方法，得到了主办方、展商和场馆等各方的高度赞赏。

之所以智奥中智兴所服务的主场项目，能够如此安全、顺利和高效，完全是因为智奥中智兴有着自己的一套主场服务体系，以及经验丰富的项目团队。

严谨高效，抓好提前量——科学合理的统筹规划是主场服务的核心

为充分做好主场服务工作，智奥中智兴提前规划，多措并举做好进场前的各项筹备工作：提前两周进行实地划线；提前一周压实团队分工安排；结合往届服务经验，提前制定各类现场措施及应急预案；提前收集展商进场时间、设备要求等数据进行研判……所有的一切，都是为了能够结合本届展会的实际情况，对主场服务工作进行科学的全盘谋划，确保布撤展及展期的高效和安全。

值得一提的是，智奥中智兴通过自主研发的主场信息化服务工具，包括网站、手机小程序等，提供便捷的报图报电、展具租赁、费用缴纳等会展服务，提升服务效率和满意度。面对施工时间紧（只有 2 天）、大型参展设备多、吊顶要求高、搭建标准严等布展挑战，智奥中智兴在严格把关好自身每一个工程落地环节，做到保质保量按时完成的同时，确保其所管理的整个展会的布展工作安全顺畅。展位规格、吊挂参数、展商楣板、设备尺寸、水电气点位、到场离场时间等各类原始数据将经过多轮核查，以提高其准确率，避免从源头上出现问题，让现场服务能够更加精准高效。同时，结合主办的现场搭建要求以及展商的报图情况进行实时优化。根据整理出的精准数据，智奥中智兴制定了科学、缜密的参展商搭建图纸审核流程和标准、参展设备进场顺序表、各展位水电气接驳路线图、搭建进度表以及吊顶定位图等前期的统筹规划工作。

本次深圳工业展，智奥中智兴承接了数十家参展商的吊挂服务，布展时间紧凑，为保证整体布展进度，他们在每个展馆现场同时配备了多名专业人员管控吊顶结构、监督进度、保证吊顶安全，协助搭建商按时按图完成吊挂工作。

此外，智奥中智兴还为本届深圳工业展提供了氛围和功能区设计搭建、标摊和展团搭建等服务。值得一提的是，在标摊搭建过程中，智奥中智兴充分考虑各展商参展设备的尺寸问题，对于超大尺寸的设备，采用布展完毕后再安装标摊配件的方式进行搭建，有效避免了重复拆装，加快了整体的搭建时间。

在合理的工作计划、针对性的保障方案和严谨的执行下，智奥中智兴最终顺利完成了各项工作任务，助力深圳工业展顺利闭幕。

保进度，也不忘安全——安全永远是展会的关键诉求

安全管理是展会现场的重中之重。为确保展会全流程的安全顺畅，智奥中智兴通过信息化审图系统，严把前期的图纸安全关。同时，在搭建商办理入场手续时，将再次对展台、参展设备、用电情况等是否符合报馆情况进行审核。

同时，智奥中智兴还会在每个所负责的场馆配备两名专业安全巡查人员，并结合信息化工具，不断巡回检查展位现场搭建情况，如吊顶是否被私自调动、现场搭建是否符合搭建图纸、搭建情况是否符合进度等，最大程度助力现场安全施工。

电力安全方面，智奥中智兴也在其服务的场馆，于布撤展、展期每日安排专人巡查，压实“1 人 1 馆责任制”，以便现场遇到突发情况时能够快速响应，充分保障现场用电安全。

没有意外，只有预案——越充分，越从容

“计划永远赶不上变化”。面对十多万平方米的展会面积、超千家展商的展会规模，尽管提前做好各类方案和计划，但也会因为现场各种突发因素给主场服务工作带来很大挑战。

但对智奥中智兴来说，所有变化都并非意外。之所以这么有底气，完全是因为其在前期做了大量的准备工作和预备方案，以应对各类情况的发生。这就是专业和经验铸就的可靠性。

由于深圳工业展的特殊性，展商布展、设备入场等基础工作，也有着较大的随机性，设备没有按既定时间到达等问题也时有发生。

智奥中智兴项目总监林伟娜说：“有时候某个参展设备的迟到，会对整个展馆其他的展位搭建进度造成很大影响。比如，位于展厅靠内展位的大型设备一旦迟到，那么就要在已经搭建好的周边展位中给它拆出一条路进去，这时候我们会根据现场搭建情况，迅速做出最快捷、最低成本、最高效的整改。”

“类似这样的意外事件还有很多，我们会迅速根据现场状况，调配所有能用的力量来协助，保证整体的布展进度。”

因为卓越，所以信赖——卓越源于专业，专业造就价值

智奥中智兴主场服务因其专业、安全、高效而备受主办方推崇。

除本届深圳工业展外，智奥中智兴在 2023 年 3 月完成的主场项目就达 10 余场，服务面积近 70 万平方米，如 3 月在深圳举办的九州汽车展、深圳家纺展、纺织制衣工业设备展、深圳国际宠物用品展、深圳国际传感器与应用技术展等。

（资料来源：智奥中智兴官微）

任务一 展览搭建服务

展位搭建的好坏会影响到展会的整体形象和参展商的展示效果，进而影响参展商的参展效果。而展览的搭建服务既包括为展会所需提供的搭建服务，也包括为展会搭建展台提供的服务。

一般来说，展览搭建服务有两种情况。第一种情况，办展机构趋向于交给专门从事展会服务的搭建商负责展会展位的搭建装修工作，自己则集中精力做好展会的招展、招商和组织协调工作，因此，选择信誉高的展位承建商是一项关键的工作。第二种情况，办展机构不进行搭建商的指定，由各个展位自行进行展台的搭建，为了保证展会的安全，避免展台搭建引起的混乱，办展机构会对展商提出一定的要求，进行统一管理。因此，规划好展会搭建指南（或注意事项）是非常重要的。

一、指定搭建商服务

（一）指定搭建商的职责

为什么要指定搭建商？这一直是主场搭建改革的一部分。指定搭建商，结束了展会搭建无政府状态，消除了展览会展台搭建环节存在的种种隐患，避免了现场搭建过程中产生安全问题，减少了搭建商与厂家之间的纠纷，有效杜绝了欺诈事件。参展商与搭建商能够更好地配合，满足了各参展商的参展要求和展台搭建效果；同时，集中搭建能预留充足的时间，降低成本。

在筹备展会时，主办方都要事先选择一家或几家符合资质的搭建企业或公司来具体负责这项工作，通常把主办方选定的承建商称为展会的“指定搭建商”或叫“主场搭建商”。在有些大型展会中，为了严格区分职责，采用“主场搭建商＋指定搭建商”更细化的模式，也就是展会主办方会在保留一家展会主场搭建商，主要负责为参展商提供标准展位的搭建，水、电气等动力设备的预订与安装，拱门、指示牌、名录板及广告牌等的制作，展具租赁等服务。还可满足参展商提出的一些特殊要求，如提供的标摊变异（变异的标准展台）、紧急加装、撤展等服务。在此基础上，再指定具有一定实力的搭建公司为展览会的指定特装搭建商，各参展商可以通过在这些公司中经过招标的方式，确定自己特装展位的搭建商。

拓展阅读

2023年ChinaJoy指定搭建商招标工作正式启动

中国国际数码互动娱乐展览会（ChinaJoy）是全球数字娱乐领域最具影响力的

年度盛会之一，也是世界前三大数字娱乐产业展会之一，并以 IP 为核心，覆盖游戏、动漫、互联网影视与音乐、网络文学、电子竞技、智能娱乐软件与硬件以及新生娱乐业态等数字娱乐多领域，目前已成为我国及全球数字娱乐产业发展的风向标。

主题为："科技创梦乐赢未来"的 2021 年第十九届 ChinaJoy 已于 7 月 30 日至 8 月 2 日在上海新国际博览中心圆满落幕。同时，还同期举办了：第六届国际智能娱乐硬件展览会（eSmart）、第八届中国国际动漫及衍生品授权展览会（CAWAE）、第二届 ChinaJoy 潮流玩具展（CJTS）、第二届 ChinaJoy Plus 线上嘉年华。作为当今全球数字娱乐领域最具知名度与影响力的年度盛会之一，2021ChinaJoy，共包含上海新国际博览中心 12.5 个展馆，展出面积达 15.6 万平方米。其中，BTOC 展商共计 300 余家，展馆面积达 14 万平方米。BTOB 展商共计 200 余家，展馆面积达 1.6 万平方米。其中外资参展企业超过 100 家，约占 30%。十九年来，ChinaJoy 展览会已从早期单纯的游戏展会，发展成为最具权威性、专业性、国际性的产业功能服务平台，进而成为举世瞩目的中国创造的知名国际数字娱乐产业大型活动品牌之一。

为了贯彻组委会关于消除展览会展台搭建环节存在的种种隐患，避免现场搭建过程中产生安全问题的指导思想，同时也为了更好地配合、支持各参展商的参展要求和展台搭建效果。组委会从第四届中国国际数码互动娱乐展览会开始，在保留展会主场搭建商的基础上，每年均指定若干家国内具有一定实力的搭建公司为展览会的指定特装搭建商，各参展商可以通过在这些公司中经过招标的方式，确定自己特装展位的搭建商。

2023 年第二十届 ChinaJoy 将于 7 月 28 日至 31 日在上海新国际博览中心隆重举办。作为当今世界顶级的数字娱乐展会，ChinaJoy 以"推动数字娱乐产业发展、促进国际交流合作共赢、加强知识产权保护、引导大众健康消费观念"为办展宗旨，将继续倡导正能量、弘扬主旋律与核心价值观、传承中华优秀传统文化，进一步深耕数字娱乐，树立数字娱乐"精品化"发展方向，集聚品牌国际影响力，呈现品牌发展新高度，在展馆规划及细节上继续推陈出新，提供更加完善的观众现场体验形式和商务合作服务，相信定会给海内外各家参展商与数十万现场观众奉献又一场精彩的业界盛会！

2023 年 ChinaJoy 指定搭建商的招标工作现已开始，为提高展会现场整体搭建水平，为参展企业提供更优秀的搭建供应商，更为重要的是确保展会展台搭建的安全性，第二十届 ChinaJoy 展会组委会将继续提高投标搭建公司的基本资格水平，公司成立时间超过六年（包含六年）且注册资金在 300 万元（包含 300 万元）人民币（以投标公司营业执照为准）的企业方能参与投标。

组委会郑重声明：非展会指定特装搭建商不得进馆搭建施工。

2023 年展会将继续施行 ChinaJoy 展台施工监理制度，监理公司将对本次展会所有特装展台从资质审核、图纸审查、预搭建检查、现场监督和撤展监督等各环节进行全面监理。

（资料来源：chinajoy官网）

指定搭建商负责展会展位的搭建，要同时对主办方和参展商负责，展示效果是观众对展会形象的第一印象。所以，展位外观设计效果的好坏，在很大程度上会影响到展会的整体形象和参展商的展示效果，进而会影响参展商的参展效果。参展商在很多时候都把主场搭建商所提供的服务，看成展会组展工作服务的有机组成部分，因此，主办方在选择主场搭建商时一定要全面考察，以确保其能够胜任展位搭建工作。一般来说，为了保证搭建的效果，主办方和搭建商都将通过合同来约定相关的搭建事宜。

拓展阅读

展会搭建合同协议书

甲方：________________

乙方：________________

______（以下简称甲方）委托______（以下简称乙方）完成_______展会展位搭建项目。

经双方友好协商，达成以下协议：

1. 项目内容：乙方为甲方搭建本次展览会展位（详见双方确认效果图）。

2. 工程地点：___________。

3. 工程总价：RMB___元，即人民币_______。详细名录见附件报价单。

4. 付款方式：

1）合同签订日，甲方支付给乙方 RMB_____元预付款，（即人民币____整）。以电汇 / 支票方式付款。

2）尾款 RMB_____元（即人民币_______）在展会布展完毕后（____年____月____日前）一次性付清。

5. 搭建时间：____年____月____日—____年____月____日。

撤展时间：____年____月____日。

6. 施工工程要求：

1）按照双方确认的效果图，在合同规定的时间完成制作搭建。制作内容以效果图和施工图要求为准，如有新增内容，费用另计。

2）乙方负责制作、搭建、拆展及展期维护工作。

3）由于甲方原因造成加班，费用由甲方承担；由于乙方原因造成加班，费用由乙方承担。

7. 设计变更：

1）双方对会审后设计进行变更，需经双方同意，并形成书面材料，做追加处理。因此而产生的增加费用由甲方负担。

2）甲方在施工进行过程中提出设计变更要求，乙方原则上予以最大程度配合。是否变更视时间、工程量等实际情况，双方协商而定。

8. 双方职责：

1）甲方职责：应及时向乙方提供所做展厅所需要的资料，并按约定及时付款。否则影响展位的施工进度由甲方负责。场馆方面所收的特装管理费、电源接驳费由乙方负责。其他均由甲方负责。

2）乙方职责：在施工过程中应确保周围的原始环境，如有破坏性施工，应征得甲方同意，否则由乙方负责赔偿。负责展位搭建、运输、加班一切费用。展览期间，乙方必须派专人在现场维护。乙方在特装施工期间的安全由乙方负责，如发生安全意外与甲方无关。

9. 验收：

乙方保证在搭建时间内按照展馆要求及时搭建完毕，施工结束由甲方验收，甲方必须在施工结束后 2 小时内按双方确认图纸，进行验收，现场效果与效果图一致；如有问题须当场向乙方项目负责人员提出，以便双方提出整改方案；如没有问题，则须在由乙方提供的工程确认单上确认签字。如甲方无人在现场验收，展会正常举行，即默认验收满意。

10. 撤馆时乙方提供的所有材料均由乙方收回。

11. 违约责任：

1）本合同受已公布和生效的中国法律约束。另如任何一方违约（包括质量、期限、付款）。若发生争议属合同未提及的条款，甲乙双方应尽量立足于解决问题，以友好的态度协商解决。

2）未办理验收手续，甲方提前使用或擅自动用工程成品而造成损失的，由甲方负责。

3）因一方原因，造成合同无法继续履行时，该方应及时通知另一方，办理合同终止手续，并由责任方赔偿对方合同款的 100% 作为违约金。

4）甲方未按期支付工程款的，每延误一天向对方支付合同总价 5% 的滞纳金。

5）乙方需在上述限定时间内完成工程搭建，展台搭建效果应达到设计方案的要求，若达不到要求导致效果不满意，乙方应尽力修改，直至客户满意。

6）由于甲方现场临时变更或修改项目材料，造成工期延误，以及增加费用由甲方负担。在施工过程中有增加项目，由乙方做出预算经甲方确认后，进行制作安装。如甲方不认可，乙方有权拒绝增加项目和安装。

7）合同争议的解决方式 双方发生争议协商解决不成时，应在乙方所在地人民法院起诉解决。

12. 本合同一式两份，双方各执一份。合同一经盖章、签字、乙方收到预付款，即刻生效。工程结束且款项全部结清后，本合同自行失效。

13. 本合同传真同样有效。合同未尽事宜，双方协商解决。

备注：若由不可抗力因素导致的展会搭建无法进行，乙方不承担责任。

甲方：	乙方：
盖章：	法人或代表签字：
法人或代表签字：	盖章：
日期：　年　月　日	日期：　年　月　日

（资料来源：编者整理）

（二）指定搭建商的要求

由于展台搭建工作一直都是展会配套服务工作中极其重要的一环，对展会形象有直接的影响，主办方在选择指定搭建商时，要全面考察。从目前市场角度，指定搭建商都是通过严格的招标程序，比选产生，招标方会对搭建商的资质、经验、诚信、报价等多个方面进行全面的考察，最终确定最终搭建商中标名单。一般来说，指定搭建商应该具备以下条件：

1. 必须具备合法的经营资格

具备展览工程施工资格；具备专业施工安装技术队伍，有固定从事展览工程业务的人员；同时应确保有足够的人力、物力能在规定时间内完成各项布展、撤展工作。

2. 专业技术和知识比较全面

主场承建商不仅能为展会设计和审核平面图，还能承担展会的会标、展会登记处、办公区、开幕仪式、招待区域和指示牌等布置工作。主场承建商的专业技术队伍应全面掌握室内设计和装潢技术、工程结构知识、绘图绘画和模型知识、展具展架和施工方面的知识，以及供电、供水、机械、消防等方面的知识和技术。

3. 要有丰富的经验

每个展会展馆的布局以及组展商的要求是不一样的，有经验的承建商能够根据展馆的布局和组展商的意图，处理好设计搭建方面的问题，使展位的设计与搭建既实用又美观大方，而且能突出展会的主题，保证了展位设计的目的性和艺术性。

4. 熟悉展览场地及其设施

展会布展、撤展时间有限，在短时间内要完成布展和撤展任务，尤其是布展任务完成的同时，还要达到预期的效果，这就需要既有经验又熟悉展览场地的承建商。

拓展阅读

为什么要选择大型展览搭建公司作为指定搭建商？原因来啦！

展览搭建过程中要考虑很多东西，整体上看展览搭建是一个既复杂又烦琐的过程。商家若要在参展过程中达到一个很好的展示效果，那就必须在展会搭建工作上多花点心思。这段时间肯定少不了找展会搭建公司来帮忙搭建，不过在找展会搭建公司的时候，一定要选择大型展会搭建公司，下面具体说一下原因。

理由一：有良好的资质

为什么在展会搭建的过程中，一定要选择大型的展商公司，就是因为这种公司的资质特别可靠，他们有相应的实力和背景，而且注册资本比较多，公司的实力也很强。和那些小企业相比，这类公司的信誉要高一些。

理由二：过去的案例很多

一个展览会搭建公司之所以能成为一个大型的展会搭建公司，就是因为其过去的案例非常丰富。对这个方面的展会搭建很专业，能为客户提供非常专业的展会搭建方案，根据客户的不同要求定制设计，以保证展会能顺利完成。一句话，选择大型展会搭建公司不必担心公司的专业性问题，不管有什么要求，都能解决，整体上还是非常高的。

理由三：项目预算合理

对于大型展览搭建企业的项目预算是非常透明的，而且此类企业为了展示自己的实力，在整个项目预算上都是非常严格的，绝对不会在某些细枝末节上欺骗参展商的资金。

总之，如果想做一个展会搭建的话，最好选择大型的展会搭建企业，这样就不用担心预算以及专业度的问题，可以让自己的参展活动更加顺利。

（资料来源：编者整理）

5. 价格合理

承建商提供的价格关系到组展商和参展商两者成本的高低，对于组展商而言可直接影响招展价格，进而影响参展商的利益。因此，组展商在对承建商进行考察时，价格因素是考察的重点因素之一。组展方要求展位承建商提供合理的价格，但不是越低越好，价格合理的前提是搭建质量和服务有保证。

6. 遵守展馆的规章制度

承建商要熟悉并遵守布展、撤展、施工管理规定，自觉服从组展者现场工作人员的管理。对于展馆的一些限制性要求，如展位的高度、展具展架的使用、通道和公共用地的限制、消防和安保方面的限制和要求等，必须了解清楚才能进行展台和展位的搭建，以保证搭建的顺利进行。撤展时要注意撤展时间，标准展台必须在参展商全部离开后才能撤展。

7. 提供展位的维修保养服务

展位搭建好以后，承建商还应对展位承担维修和保养的服务。如果参展商对展位有改进和调整的要求，只要这些要求是合理可行的，承建商都应提供相应的服务。

二、展台搭建统一管理

承建商选定以后，就可以进入布展的现场管理，对于组展方而言，要严格监督，确保布展工作按照规定安全、有序地进行，对展台很多方面都有严格的规定。

（一）展台规定

1. 高度限制

展览会对展架及展品都有限制规定，尤其对双层展台、楼梯、展台顶部向外延伸的结构等限制更严，限高往往不是禁止超高，如果办理有关手续并达到技术标准，有可能获准超高建展台、布置展品。一般而言，标准展位搭建高度为 3 米（包括地台高度）以下，在施工和技术条件允许的情况下，特装展位的建筑高度不超过 8 米（包括地台高度），超出此规定高度的展位，需申请批准。

2. 开面限制

很多展览会禁止全封闭展台，如果展台封闭，展览会就失去展示作用，参观者就会有抱怨，但是展出者需要封闭办公室、谈判室、仓库等。因此，协调的办法一般是规定一定比例的面积朝外敞开，这个比例一般是 70%，允许 30% 以下的面积封闭。

3. 悬挂作业

屋顶的悬挂作业只能由展览场馆工作人员或经授权的专业人士完成。未经许可，任何单位和个人不得在展览场馆从事任何形式的物品悬挂作业。展览场馆的屋顶悬挂作业一般会限于广告条幅和指示性轻质标志，不允许在展馆里面悬挂重物或作为展位结构的牵引之用。悬挂作业需要预先申请，在申请中列出悬挂物品的名称、尺寸大小、材质、重量和内容（广告或标志），并注明需要悬挂的平面位置和高度。

4. 楣板设计

标准展位的楣板文字（参展单位名称）经组展公司核对，由指定承建商统一制作。参展单位未经组展公司审核批准，不得擅自更改，如确需更改，可在筹展期内到服务台与指定承建商联系。

5. 特装展位规定

特装展位的布展，参展商对所有报送备案的内容不得自行更改，如需要更改的，需在指定日期前向组展商重新报送。特装展位的设计与施工，其垂直正投影不得超出预留空地的范围。特装布展的参展商负责自己展台内的地毯装饰，所有地毯和地面装饰可使用双面胶纸固定。施工单位应将“施工许可证”挂放在展位醒目位置，严格按图施工。特装展位的维护由施工单位负责，由该展位所属的参展商负责监管。

拓展阅读

展会设计搭建要点

许多人认为展会设计搭建工作非常简单，只需搭建一个展台就可以，这绝对是错误的想法。若设计搭建不能做到以下几点，则达不到展会的预期效果。

突出表现主题：各种展览会都有自己的展示主题，只有具有突出主题的会展设计才能打动观众，这是展会设计中引人注目的关键。

搭建应清除异味：展览会现场一般都是人比较多，所以展会的设计和搭建不仅要带来比较好的视觉效果，而且异味也要清除掉，不能有刺鼻的味道，因为没人愿意待在气味刺鼻的环境里。

突出企业形象：把握机遇，提升宣传企业形象，让观众对企业有更深的印象，在客户心中留下自己的位置，这也是参加展会宣传的目的之一。所以，在展览设计与建造的整个过程中，要体现公司的核心理念和优势。比如，突出名牌标志，在展示设计中融入知名品牌的文化艺术元素。

用多媒体介绍产品：通过声音、图像和操作，将比较容易吸引参观者的注意力，而这种展示形式当然也更容易引起采购商的注意。但是音量不能太大，以免引起观众的反感。

顺从听众的偏好：展览设计不仅要独树一帜，而且要服从大多数观众的喜好。要不然，企业的自我感觉再好也无法为公司带来经济效益，这样的会展设计也没有实际意义。所以，在搭建展台时，要站在观众的立场上，考虑观众的喜好、情感的变化以及如何提高观众的购买欲。

使顾客能听懂：展会的设计和建造要用顾客能理解的语言，切忌过度使用“专业术语”，如果客户不能理解您想要表达的意思，这种设计就是失败的。此外，过于专业的术语会使顾客感觉过于复杂，会降低他们的购买欲望。

展示空间的合理布局：展览设计要方便观众四处参观，因此展示空间的布局设计很重要。除展示的产品和道具外，还需在展台上安排合适的洽谈区域和储物室。

注意展台照明温度：展会现场将通过灯光营造舒适的气氛，用来更好地展示商品的特色。所以做好灯光设计很重要，比如，灯光温度过高会让展台上的人非常不安。因此，尽量选择冷光源。此外，光线的色度需要较高的亮度，这样能使展台显得更加明亮，观众也能更好地欣赏您的展品。

上面介绍的这些都是会展设计搭建的基本知识，在此基础上自主创新，才能使展会效果更好。

（资料来源：搜狐网）

（二）展馆使用规定

1. 水、电、气的使用

不得损害展览现场的任何设施。所有水、电、气源配置必须向展览场馆预定。

2. 禁止操作的项目

严禁使用双面或单面胶等材料在展览场馆通道的柱子上粘贴任何物品，不得在墙面、地面打孔、刷漆、刷胶、粘贴、涂色。严禁锯裁展览场馆的展材、展板，不得在展材、展板上油漆、打钉、开洞。

（三）展览用具的规定

1. 展架展具材料的限制

在很多国家，展览会规定必须使用经防火处理的材料，限制使用塑料，限制危险化学品。

2. 电器的规定

绝大部分国家的展览会对电器都有严格的规定，所用电器的技术指标必须符合当地规定和要求。

（四）人流的规定

走道限制，主要是对走道宽度的规定和限制，为保证人流的畅通，展览会规定走道宽度，禁止展出者的展台、道具、作品占用走道；电视、零售商品往往造成堵塞，因此也有相应的要求，比如，电视不得面向走道，柜台必须离走道一定距离等。

（五）消防的规定

与消防设施保持距离，展位搭建必须与消防栓四周至少保持 1 米距离，以留出取用通道。如果是大面积的展台，必须按展馆面积和预计的观众人数按比例设紧急通道或出口并设标志。必须配备消防器材，有些展馆会要求展台指定消防负责人，并要求全体展台人员知道消防规定，了解紧急出口的位置等。

（六）有关展品的规定和限制

展品的尺寸和重量限制，主要是针对异常展品（包括超高，超重展品）的规定。只要采取适当措施一般都可以解决。比如限高，只要展馆高度足够，就可以与展馆商量解决；超重展品可以使用地托，分散单位负荷。最难解决的问题是展馆卸货大门的尺寸，这是自然限制。超高超重展品一般需要先于其他展出者的展品进馆。如果遇有任何难以解决的问题，要尽早与展馆会组织者或展馆所有者商量。

拓展阅读

展会展台搭建有什么需要注意的事项吗?

第一，安全第一。任何展会最重要的还是安全，安全第一。不管追求怎样的设计效果，展览搭建时必须把安全放在第一位。展馆开展的时候，人员密集，流动性大，要保证安全，例如，消防安全。展馆对使用的材料是有严格规定，尤其是一些容易燃烧的材质，比如说塑料板、泡沫板，展馆是严格限制使用甚至禁止使用的。因此，防火材料使用得最多，而且一些材料也要经过防火处理。

第二，要熟悉展馆情况。展览搭建要熟悉展馆情况。目前中国的展览行业蓬勃发展，各大城市都有大大小小的展览馆，其中尤以珠三角、长三角和京津一带最为密集，举办展会也最为频繁。如果缺乏布展经验，那么就很可能在布展时间内为小的失误疲于奔命，为大的错误改变施工方案。有的参展商在布展期间要求增加项目，这样就要加班。也许参展商不在乎增加的场地租金和工人的加班费，可是参展商如果事先和施工企业在设计和施工方面多一点沟通，不仅可以节约资源，还能树立起参展商和施工企业“高素质、高效率”的形象。这些展览馆可能会有不同的参展规则或者是展览搭建准则。要对展览场馆的规则有透彻的理解，要遵守主办方和展馆的规定，在展览搭建的时候不要存在侥幸心理。否则等到方案设计好的时候，展台不符合相关规定，又要拆了重建。这样一来不仅浪费了预算，还可能会耽误了参展进程。

第三，提前做好申报。展览搭建的过程中如果要实现特殊的效果，比如说加高或者是搭建某些比较特殊的组件，可以与主办方或者是组织方提出申请。为了使展览搭建工作的进展顺利，最好提前向展馆提出申请。这样一来，展馆方也有充足的时间处理文件。不要等到搭建工作将近结束，审批还没有下来。当然，要打造独特展台形象，给人以冲击、震撼、刺激，令人过目不忘，发挥最有效的市场作为的做法。虽涉及很多方面，但只要能充分保证安全，并且不会对其他展台造成不好的影响，展览馆一般都会批准申请的。前提是展览搭建公司的技术首先也要达到标准，也要遵守相关规定，必须在申请批准的范围内进行工作，不要从事协议上未经批准的设计。

（资料来源：百度文库）

（七）环境的规定

1. 音量限制

背景音乐由展览会组织者安排，展出者的声像设备的音量必须控制在不影响周围展出者的范围内。

2. 色彩限制

若展会组织者想取得协调效果，往往会提出色彩要求。要求展出者使用某种基本色调或标题色调。展会还可能会提出标题字形、大小，这方面的规定大多比较宽松。展出者只要遵守规定，并不干扰周围展台（比如，噪声太大），展出者一般可以任意设计展台形状、摆置展品、使用颜色。

拓展阅读

会展环保怎么做？未来展会搭建可能要变了

“会展业面临高速发展，高消费、高污染、高危害的状况日趋严重，绿色展台少、污染严重；浪费严重、回收利用率低；处理不环保、环境压力大；扶持力度不够、标准不完善等诸多问题涌现。”这其实是会展业的一种无奈，对于搭建商来说，一个展台的搭建材料费就是一笔不小的支出，再加上人工等杂七杂八的费用，实在是没办法使用价格高昂的环保材料。

绿色展会将会是以后展会搭建的一个重点。随着全世界对社会环境问题的重视增强，各行各业的公司都必须更加重视“环境保护”。将展台拆分成一个个小的零件，进行拆装和组合的可重复利用展台，将是未来的趋势之一。

1. 可以重复使用的展台，性价比将会变高。在不影响展台质量的情况下，每使用一次展台都会增加展台的价值。

2. LED 灯也有多种方式可以融入解决方案中——例如，利用编程软件，展现瀑布式的灯光。

3. 可拆分互换的结构，意味着多个展台零件可以组合成一个全新的展台。同一个展台的原料，可以在多场展会使用，却可以给观众带来不同的感观。

4. 要把展台零件做得轻巧和柔软。这样才能让零件更安全地存放和运输。

5. 将展台拆分成小的零部件后，会更方便运输，同时减少碳排放。

6. 更有环保意识的商家还会提供回收服务，将回收到的零件发往制造厂商，二次回收利用。

7. 未来随着发展，展台零件将会更加多样，展台的易用性也将会更加丰富。

目前来看，高昂的环保材料，似乎有些不适合当前的会展行业。但可替换、可重复利用的展台设计，对参展商来说或许是一种更有性价比的选择。

（资料来源：简书）

（八）手续的规定

1. 手续办理

展会大多要求展出者将设计送审，并要求展出者在施工前办理手续，一般需要提前申请。

2. 证件管理

面对众多的人员，证件是唯一身份识别的标志，因此证件管理异常重要，从布展之日起，所有施工人员应佩戴相关证件，服从并配合保安的检查，证件不得转借给他人和带无证人员入馆。

三、智慧场馆搭建管理系统

会展场馆建设是城市对外展示良好形象的重要名片。“智慧场馆”的建设与“智慧城市”的发展相辅相成。以“智慧场馆”为核心，由点到面，进而推动整个会展行业的智能化和标准化建设。“互联网 +”行动计划的发布与实施、“互联网 + 会展”概念的提出，进一步推动了会展业朝智慧化发展的转型升级。

展会主场搭建管理系统将是未来智慧场馆建设的重要方向。展会主场搭建管理系统将连接主场服务各方，打造智能主场服务体系。使主场搭建管理有章可循，有据可依，将是展馆、主场服务商管理的法宝，一个功能全面强大的系统可以提升展会管理水平，提高信息化效率，优化资源配置，使展会全程实现智能化管理，从而降本增效。

根据目前的系统设计，主场搭建管理系统能够将会展项目前期备案、现场服务及展后结算等营运服务全阶段进行整合，以数字化为抓手，构建出包括展会资料备案、施工资料备案、施工证的申请、搭建商资质报馆、参展商资质报馆、服务租赁申请、展位申请、人员通行证申请、车辆通行证申请、开票申请、押金支付管理、费用单管理、开票记录管理、附件管理等多个功能在内的展馆一站式服务全场景。简单来说，组委会、主场搭建商、相关服务商等通过系统注册账号，审核通过后就可以在线下单购买展位、申报图纸、办理证件等业务；展馆根据内部流程，在线完成收费、审批、结算等功能。各方能够通过电脑网页或手机移动端完成在线办理并实时看到自己的办理进度，实现运营服务“设备智能化、流程规范化、管理精细化”。这套系统更能为展馆提供便捷可查、动态实时、数据翔实的管理平台，构建起线上与线下融合的大场景。

拓展阅读

展会主场搭建管理系统， 让主场服务更智能，让管理更轻松

展会主场搭建管理系统可以帮助展会实现各流程节点记录跟踪，沉淀供应商信息数据库，使管理有据可依，为展会工作的进行降本增效。

主场搭建管理：集中统一管理，规范展会搭建流程

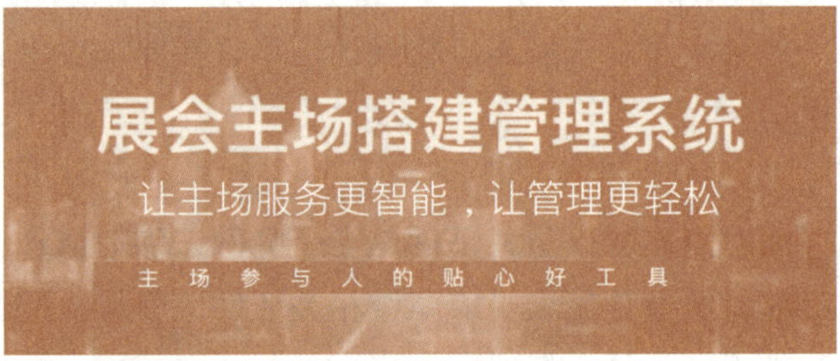

在线申报 | 简化流程：搭建商可全程在线自助填写相关信息以及上传和下载资料，使操作更加便捷，精简了流程。如搭建商注册、在线报馆、在线报图、提交施工人员信息等。

采购租赁 | 便捷高效：展具、水电、网络服务等在线租赁，并支持线上、线下多种支付方式。可在后台进行订单查询与管理，极大地提高了参展体验感。

动态展位 | 即时查询：可以实时查看展会整体搭建状态，搭建中、搭建已完成、未搭建。并且可以在线实时查看配电箱位置等。

制证服务 | 安全便捷：集成多种类型的证件（人证、车证等）在线申请及管理，并支持追溯数据导入及查询。全面的服务令搭建管理更加轻松。

财务管理 | 协同增效：搭建商可在线申请发票及查询发票进度信息、退押金信息，上传缴费凭证并对账。

主场服务运营：使主场管理有章可循，有据可依

审批管理 | 轻松审核：在线查看搭建商信息并进行审批，提升主办方管理效率、优化展商进场体验。

搭建巡查 | 可移动管理：搭建制度及通知、巡管督查拍照上传、拍照取证及查询、线上提交罚单及警告等功能，让展会实现线上线下同步监管，并可对服务进行评分，使管理平台开放透明。

商品管理 | 一键发布：主场可进行商品线上发布管理，如水、电、租赁、押金缴纳等。

车辆管理 | 智慧调度：货车申报、扫描入场、车牌识别、实时监控查询、进出馆路线等功能，为安保、物流、交通管理等一系列工作的顺利开展提供有力保障。

主办管理平台：集中管理后台，展会全方位掌控

一体化管理 | 灵活搭配：可实现多展会、多展馆等多功能模块一体化后台管理。优化了管理流程和资源分配，实现关联信息的互通互联，消除冗余数据，实现充分共享，大大提高了工作效率。

权限配置 | 私有化部署：主办可在后台进行各主场的角色分配及权限配置。各主场均为独立维护管理，项目之间不会互相影响。能够在数据隐私、个性化定制服务、提高工作效率等方面提供最有效的保障。

财务管理 | 管理便捷：系统对展会的收款 / 发票进度进行全面监控管理。且对接企业自有财务系统，财务可在系统中查看发票申请信息，避免了信息的错漏。

系统管理 | 实时通知：系统初始化、节点审核、公告通知、群发短信、数据导出、数据分析等系统管理功能。

（资料来源：搜狐网）

任务二　会展物流服务

一、会展物流特点

会展物流作为现代物流行业的一个重要分支，比一般运输、配送具有更高的专业性和服务性，属于高端物流。高端物流代表高质量的专业服务，服务对象一般是高端产品。高端物流服务管理体系与运作模式具有高附加值、高利润、高效率、高技术标准、高风险的特征。

会展物流，是为满足参展商展品展览的特殊需要，将展品等特殊商品及时准确地

从参展商所在国家（地点）转移到参展目的地，展览结束后再将展品从展览地运回的过程，包括展览前后的仓储、包装、国内运输、进出口报关和清关、ATA 报关、国际运输、展览中的装卸、搬运，以及在此过程中所需要的信息流动。与传统物流体系相比，现代会展物流模式具有如下特点。

（一）服务的专业性

会展活动的特点要求为其提供物流服务的会展物流服务商，必须具有较高的专业化管理水平，必须拥有具备会展物流管理专业技能的人才、畅通的物流渠道、有效的物流配送手段和功能齐全的货物转运与仓储中心、完备的信息网络平台和信息技术作为支撑。因此，专业化程度相对较高是会展物流一个最为显著的特征。

（二）流程的时效性

会展物流活动过程控制非常复杂，在时间上具有很强的阶段性，在空间上具有突发的集中性，在需求上具有双向性和不确定性，这就要求会展物流服务商提供更高层次的快速反应服务。如何在特定的时空里，满足参展商的多种应急需求，是会展能否成功举办的关键。

（三）展品的安全性

确保物流过程中的物品安全是会展物流的第一任务。会展活动所需的设备、物品一般由会展组织者采购，而参展商展销产品的运输则在会展组织者的统一调度下自行负责。承运人员在运送过程中要保证物品不发生霉烂、破损、水渍等损害展品原有使用价值的事故，避免因此而造成的供货质量问题导致的会展准备的中断。因此，会展物流服务商必须确保所运送物品不仅及时而且安全地到达目的地，通常还需再返回原地。

（四）信息的实时性

信息化是我国会展产业与国际接轨的一个重要衡量标准。信息传递与共享是保障会展物流管理高效协调运行的重要基础。在会展物流的组织与管理过程中，会展主办方、参展商与物流服务商信息的实时沟通，为会展活动提供高效的物流服务支持，是会展物流服务商的重要目标之一。会展组织管理者应会同各参展商与物流服务商，不断对各种相关信息进行实时监控，并根据反馈信息及时调整会展物流过程中的具体行动措施。

二、会展物流服务项目

会展物流的特点是多品种、小批量、多批次、短周期，而且运输环节多，这就要求物流企业或展品运输代理，必须把改善服务方式、提高服务质量作为赢得竞争的关键。

会展物流服务项目的主要内容包括:（1）展品包装与装箱。（2）展品运输代理从参展商处提货，或在车站、货场、机场提货。（3）物流仓库装卸、集结、仓储。（4）选择合理的长途运输方式，接运和交接。（5）市内卡车运输。（6）会展中心卸货区搬运展品至展位。（7）提供机械和人工。（8）包装及展品开箱就位。（9）包装材料保管。（10）展品全程运输，包括来程运输和回程运输。（11）代办展品保险。（12）办理国际参展品手续，包括海关报关等。在这些会展物流服务项目中，展品的包装、展品运输和运输代理的选择及保险等在整个服务中占有重要地位。

（一）展品包装与装箱

展品包装与装箱是保证整个展品顺利运输的第一步，展品包装与装箱主要包括以下几个环节。

1. 展品包装分类

在这个环节中，要针对不同的工作要求对展品进行分类包装。用于销售的包装，要注意两点：一是保护功能，主要指在运输过程中对产品的保护；二是艺术功能，放在展台上吸引观众。用于运输的包装，多是木箱或纸箱，运输包装应以结实、耐用为原则，还要注意包装的尺寸，要能够出入展场的门和电梯。此外，在展品的包装和装箱方面，对集装箱或木套箱、包装衬垫物等也有一定的要求，而且在国际展中，展品包装在海关将受到严格的检查。

2. 包装箱标识

运输包装箱要按规定标识。标识的主要内容有：运输标志、箱号、尺寸或体积、重量，以及参展企业的名称、展馆号、展台号等。对于易碎物品要打上国际通用的易碎的标志——“玻璃杯”，作特别标记。

3. 装箱单和展品清册

展品运输的特点之一就是杂，任何一个环节疏忽，都可能造成麻烦和混乱。要防止漏装、错装、装箱不符的情况。装箱后，须制作装箱单和展品清册，以确保准确无误。

拓展阅读

出国（境）文物展品包装工作规范

为保证出国（境）文物展览包装工作规范化、科学化，保证文物赴国（境）外展出过程中安全无损，制定本规范。本规定所指“文物展品”，是指出国（境）文物展览中所展出的经文物部门注册、登记、确定级别的文物。

展品包装工作的要求是：结构合理、坚固耐用、拆卸方便、复位容易、美观简洁、一目了然，适合集装箱（车、飞机）装载，适于长途运输。凡经国家文物局批准的出国（境）文物展览的展品必须按照本规范要求进行内、外包装。

包装单位和人员

（一）举办出国（境）文物展览的单位，必须指定专门的从事文物展品包装工作的单位或由专人负责包装工作。

（二）国家文物局认定有能力的单位可以从事专门的文物展品包装工作。从事包装工作的人员，必须经过国家文物局（或由国家文物局指定的培训机构）举办的专业技术培训班培训，并经考核获得资格证书后，方能从事文物展品包装工作。

（三）包装工作人员应热爱本职工作，爱护文物，具有强烈的责任心。

（四）未经国家文物局特别许可，外国团体、法人、自然人不得在文物展览单位从事文物包装工作。

外包装箱制作要求

（一）常规式外包装箱的制作要求

外包装箱应具有坚固性及较强的防震、防冲撞、抗压和防水性能。

1. 尺寸规格：按照运输方式不同，外包装箱的尺寸规格可分为空运、陆运两种。

空运外包装箱的尺寸规格：（长 × 宽 × 高 单位：厘米）157×105×160、157×105×80、79×105×80

陆运外包装箱的尺寸规格：（长 × 宽 × 高 单位：厘米）不超过 1190×220×225、590×220×225

2. 箱体材料：多层板

3. 箱内壁防震层厚度应达 2~5 厘米，防水层所使用的塑料布应在 0.05 毫米以上。

4. 箱外表显著位置要有防倒置、防雨、易碎标识并标明箱号。

5. 外包装箱与内包装箱之间应用防震减压的填充物填实，不得留有空隙。

6. 外包装箱表面不应该有突出的锁扣等装置，以避免箱体移位时发生拉挂等现象，影响箱体安全。

（二）直接式外包装箱的制作要求

直接式外包装指一些分量较重（如大型石雕、陶塑、青铜器等）、体积较大

（如屏风、宝座、家具等）的展品，需直接装箱运输。直装式外包装箱的制作要求与常规式有所不同。

1. 尺寸规格：应视展品的具体大小而定。但箱体的尺寸要比展品至少大出 5 厘米，以便防震层的制作。

2. 箱体材料：多层板。

直接式外包装箱应特别注意板材的选用，尤其是分量较重的展品，应选用质地坚实、承重力强的板材，复合板的厚度应达到 1.2~2 厘米。必要时可用木方作框架、横撑加固。避免发生包装箱变形，破损等现象。

3. 直接式外包装箱的防震层要加厚，四周及顶面应达到 3~5 厘米，底面应达到 7~8 厘米。

4. 其他要求与常规式外包装箱相同。

几种常用的包装方式

（一）悬空减震法：箱内立支架，将展品置于支架上架空，然后固定于其上。

（二）捆扎法：先将两块多层板做成直角形框，将展品放置其上，用带子把展品捆扎在背板上。

注意底板和背板均应粘贴较厚防震层，背板的防震层还应依照器物的形状镟挖出大致凹槽，增大接触面，以便增加固定效果。

（三）点式固定法：在箱内壁选两组对称点，粘贴高、中密度吹塑板块，以使展品固定于箱中。

（四）紧压法：选定若干个受力部位，用包裹海绵或粘贴绒毡的木方将物体紧压、固定于箱体上。

（五）镟挖法：依照展品的形状，在较厚的中密度板、海绵板上镟挖出凹槽，将器物放置其中，使之不移位。此种方法适用于小件玉器、瓷器、金银器，以及形状不规则的展品。

展品包装程序

（一）第一步，根据展品的质地、形状、大小，制作内包装箱（盒），包括制作箱体、箱内防震层等。

（二）第二步，展品外面可根据需要包裹一层棉纸，以起到保护器物表层、增加防震、防止移位的作用。注意不得使用报纸、牛皮纸等。

（三）第三步，选用适当的包装方法将展品固定于内包装箱（盒）内，直接式展品则直接固定于外包装箱内。

（四）将若干个内包装箱（盒）码入外包装箱盒内。

（五）填实空隙，固定、封箱。

包装质量监督

国家文物局可指定或委托有关单位为文物展品的指导、检查和质量监督单位，对出国（境）文物展览的展品包装进行质量检查，符合本规范要求的，方可出国（境）展览。

凡违反本规定进行操作，而使展品存在安全隐患的，一经查出，即令其重新包装；对仍达不到规范要求的，则禁止其出国（境）展览。

对不采纳检查人员意见，或弄虚作假而使不合乎包装规范的展品出国（境）展览，并导致展品损伤或损毁、给国家造成损失的，要追究单位责任人和有关人员的行政责任，给予处罚，情节严重者，应追究有关人员的刑事责任。

（资料来源：110法律咨询网）

（二）展品运输

展品运输可以分为三个过程：运输筹划、来程运输和回程运输。每一个过程在实际操作中都有一些特殊的要求。

1. 运输筹划

运输筹划的主要内容有运输调研、线路与方式的选择、日程、费用以及集体运输和单独运输的问题。

运输调研是运输筹划的基础和依据。运输调研的主要内容包括会展运输代理的选择、交通航运条件、可能的运输线路和方式，发送地和目的地，车船运输设施，港口设备和效率、安全状况、运输周期和班轮、班车和航班时间及费用标准，发送地和展出地对展品的单证和手续要求规定等。

运输线路和运输方式有着密切的关系。运输线路最简单的是门到门的运输，即卡车开到参展商所在地装货，然后再直接开到展场卸货的运输方式。

国际运输最常用的线路可以分为三段：一是从参展商所在地将展品陆运到港口；二是从港口将展品海运到展览会所在国的港口；三是从港口陆运到展览会所在地。运输方式的选择有水运（包括海运和河运）、空运、铁路运输、汽车运输、邮寄、快递、自带等。

在确定展品运输日程时，不仅要考虑运输所需的时间，还要考虑展品、资料等展览用品准备所需的时间以及办理有关单证和手续所需的时间，并且要协调好这些工作和时间。同时，要考虑会展运输代理的能力和信誉、装卸货的速度、运输过程中可能的延误包括发生故障、港口严重压港等情况。

为了避免运输代理乱收费，可以要求几家公司报价，从数家报价公司中选择一家。降低运输费用还有，诸如尽量使用正常的运输方式、用定期班轮、定期的铁路运输、避免使用加急运输方式等，这些都是在运输筹划中要考虑到的。

集体出展通常由组织者统一运输，不安排集体运输时则需要各参展商自行安排，单独运输。

2. 来程运输

来程运输是指展品自参展商所在地至参展所在地之间的运输。一个比较完整的来程运输过程大致可分为展品集中、装车、长途运输、交接、接运、掏箱和开箱等环节。

3. 回程运输

回程运输这是指将展品自展台运回至参展商所在地的运输或参展商指定的其他地点的运输工作，简称“回运”。不论是来程运输还是回程运输，都可能出现未运到、途中损坏、丢失等情况，因而，展品运输是一项需要重视并认真做好的工作。

（三）运输代理与保险

运输代理的选择对展品的运输至关重要，选择好会展运输代理后，参展商要和运输代理签署详细的合同，考虑到所有细节问题。国际展览运输协会（IELA）对会展运输代理的业务标准有明确的规定，后面将提到。

为确保展品安全准时到达，参展商除了与会展运输代理签署责任合同外，还应与保险公司签署保险合同。展览涉及的险别较多，包括展览会取消险、展会推迟险、雇工责任险、运输险、战争险、火险、盗窃险、破损险、人身伤害险、公众责任险、人身事故险、个人财产丢失险等。参展商可根据规定和需要选择险别投保。保险最重要的是单证和保险单，其他可能使用的单证有受损报告书等。

（四）展品装卸服务

展品的装卸可分为两种类型：一种是运输代理商直接装卸；另一种是参展商自行装卸。这里所说的展品装卸服务是指运输代理商进行的直接装卸服务。

运输代理直接装卸服务包括两个过程：一是指运输代理商从参展商处将展品装车，运往车站、码头或机场，准备实施长途运输；二是指运输代理商按照展品的进馆日期将展品直接运到展厅并卸货至展位的过程。这两个过程都使参展商不必操心展品的装卸环节。对于运输代理而言，承担的装卸运输服务可能不止一家，因此直接装卸服务对时间要求比较高，必须按照办展机构规定的时间安排为参展商提供装卸服务，参展商不能依照自己的时间来安排展品的装卸。

有时参展商会自行安排展品装卸，展馆会安排准备装卸展品所必需的机械设备，如叉式装卸机和手动的小起重车等供参展商租用，但参展商须提前申请，办理租用装卸设备的手续。采用这种方式，参展商支付的费用少，但也可能会因不够专业而承担相当的展品损失风险。

办展机构在指定国内运输代理时，还要考虑以下五个因素。

1. 时间安排

展品和相关物资的运输时间要提早安排，并向参展商公布。主要有以下时间安排：交箱日期、办理手续日期、发运日期、抵达目的地日期、到达会展场馆日期、回运日期等。展品到达时间过早，会产生额外的仓储费用；到达过晚，会延误展览日期。运输时间适当留有余地为好，多花仓储费总比耽误布展要好。

2. 运输路线和方式

办展机构有必要督促运输代理为参展商安排最佳运输路线和运输方式，尽量使用集装箱等安全的运输方式。此外，一定要明确不同运输方式到达的目的地。

3. 包装要求

由于在同一个大型展馆可能同时举办多个展会，为了在展览现场搬运和装卸方便，办展机构可以和运输代理一起安排好会展物资的运输包装要求，如包装标志要注明展会名称、展位号、收货人名称和地址等。

4. 费用问题

办展机构有必要让运输代理向参展商提供合理的运费和杂费的收费标准，防止运输代理收取的费用过高。要和运输代理商谈妥陆运、水运和空运的基本费率，以及迟到附加费、早到存放费、码头或机场费等附加费率、自选服务的费率，并明确告知参展商。

5. 保险

办展机构要督促运输代理提醒参展商在安排运输时需要投保的险别。

拓展阅读

展览品的运输、保险与展后处理

如何将展览品安全、准时、经济地运到展在国的展览馆，并复运回国？一般均全权委托外运公司进行（外运公司通常又与其在展出地国的运输代理公司合作进行）。按外运公司的要求，展览组织者应提供有关展览品的资料，展览会地址、日期、收件人，以及展览品箱号、唛头、卸装、尺码、毛重、净重以及总的体积和重量等。

应该提醒注意的事项有：

一、抵港时间，最好稍留有余地，以防港口至展馆途中的意外延误。但抵港时间亦不宜过早，一会增加仓储费用，二会增加展品受损的可能。

二、展览品使用出口包装，具备集装箱运输条件的，尽量使用集装箱运输方式；在散装出运时，尽量在配载时考虑到港后卸货的便捷。

三、唛头、箱号、装卸运输标志要力求明显，展览道具箱外唛头的拟定，一般以取展在国大写第一个字母，加上展出年，如，1988年赴意大利展览，唛头即可定为道具格外刷制的唛头及各类标志，通常为唛头、箱号、体积、重量、吊钩批示符号和防雨、易碎等安全标志。

需要加以说明的几点是：

一、送海关“一式两份”的展览品清单，样张应分类列出。通常分有展品清册、卖品清册、宣传品清册、展览道具清册；文种系展出国文种与展在国文种相对照；有些国家要求标明每件展品毛重、净重。

二、需交验本国出口商品检验局出具的展品与卖品商检证书。

三、对某些食品、毛皮制品等，须出具检疫证书。

（资料来源：搜狐网）

三、会展物流一般流程

会展物流因其特性，更注重科学的服务管理和物流操作流程。一次成功的会展，需要整个会展服务供应链中各节点，包括会展举办方、参展商、物流服务商、展馆方、展位设计服务商等，密切配合，相互合作，协调一致。优秀的会展物流服务商不但能够为参展商提供设计合理的实施方案，而且可以代替参展商完成参展样品的提货、运输、仓储、装卸、包装、搬运、布展，以及人员组织、调度、管理，设备的供给、保养、回收，保险等一系列服务。会展物流的操作流程主要包括以下三个环节：

（一）会展主办方指定物流服务商

提供会展物流服务的供应商一般都是由会展主办方指定。物流服务商根据会展主办方提供的信息与参展商联系，洽谈具体的物流服务需求。在这一阶段，参展商也可以与会展主办方进行沟通，自己选择物流服务商。

（二）物流服务方案的设计与完善

承担会展物流业务的物流服务商根据参展商的要求设计物流服务方案，包括了解展品的运输、保管、布展及回收等内容，如果是国际性会议还需要涉及国际保险、报关等服务。在这一阶段中，物流服务商需要与参展商充分沟通，才能保证方案符合参展商的需要。

（三）物流服务方案的实施

根据会展主办方的展会日程安排，物流服务商依据方案进行展品提货、运输、保管等物流作业，活动过程中要与会展主办方及时沟通。交付展品后，要由参展商进行确认，待展览结束后立即启动下一轮物流或展品回程运输。优秀的物流服务商，还可以为参展商提供布展、展览管理、展品回收处理等一揽子增值服务。

在现实会展活动过程的组织中，展品的运输组织模式主要有四种：参展商自行负责展品运输；参展商自选物流服务商进行展品运输；展览主办方指定会展物流服务商；参展商通过邮寄或快递。

值得关注的是，在实际操作中，参展商使用会展主办方指定的物流服务商效果最好。因为在通常情况下，由会展主办方指定的物流服务商大多是一些有会展物流经验、综合实力较强、知名度较高，能够全权代理展会的国内、国际展品物流服务的大型物流企业。与这样的物流供应商合作，服务质量、安全性有一定保障，可省去参展商的许多后顾之忧。如果企业自己联系物流服务商，最好找正规企业。否则，将会展物流业务交予缺少经验的物流公司难免会有一些意外状况发生，造成不必要的损失。

四、国际会展物流业务

（一）国际展览运输协会相关规定

由于运输有它自己的行业操作规范和工作技巧，国际展览运输协会（IELA）对会展运输代理的工作提出了两个方面的要求：第一是会展运输代理的工作准则，第二是报关代理的工作准则。也就是说在选择会展运输代理时，不仅要考虑到运输能力，还要考虑其海关报关能力。

1. 会展运输代理的工作准则

国际展览运输协会（International Exhibition Logistics Association，IELA）对现场运输代理（Site Agents）规定了如下业务标准。现场运输代理的业务在很大程度上依赖三个方面的有效管理：联络、海关手续、搬运操作。国际展览运输协会对三方面的最低要求如下。

（1）联络

联络的第一个要求是语言。国际展览运输协会的运输代理成员中必须会有说流利的英语、德语、法语和展览会举办国家或地区的主要语言的人，主要是为了保证运输代理和组办方、参展商能够很好地沟通和联络。第二个要求是运输代理必须在展览会场设立全套办公设施，如果会场不具备条件，要在合理的距离（步行距离内）设立办公设施，并配备常设的支持设备，以便与地方办公室及时联系。第三个要求是为了协助客户与运输代理的联络，必须配备以下设施：国际电话和国际传真。第四个要求是运输代理必须提供详细、有效的邮政地址，这一点对于临时在现场工作的代理非常重要。因为参展商会在展会前后把运输单证文件（提单、海关文件）直接寄给运输代理。

（2）海关手续

运输工作最关键的部分应该是办理海关手续。海关手续办理是否及时直接影响到国际参展商的展览计划，如果不能及时办理，就可能出现展会开幕而展品未到展场的情况。对此主要有两个要求：一是展会组织机构和代理共同为展会设立临时免税进口手续，根据海关的规定，对于有些题材如汽车展会，运输代理可能还需要担保或交保证金；二是要与海关商量妥当现场工作的时间和期限。包括正常工作之外的时间、周末和节假日等，以便有足够的时间办理海关手续。每天工作开始时间不得晚于 8: 00，工作结束时间不得早于 16: 30。在这个时间之外，如果有需要，仍可以找基干职员（Skeleton Staff）办事。

以下是办理进出口手续的一些时间标准。这些时间期限的前提条件是展出者提供全套、准确的文件，事先通知并准确地表述和申报。

进口手续的时间标准。①整车放行卸货：在预先通知的情况下，货车抵达后 6 小时；未预先通知的情况下，货车抵达后 24 小时。②空运货物放行：在预先通知的情况下，货车抵达后 8 小时；在未预先通知的情况下，货车抵达后 48 小时。

出口手续的时间标准。①包装检查。在预先通知的情况下，开始后 2 小时；未预先通知的情况下，申请后 8 小时。②装车检查、铅封、货车放行。在预先通知的情况下，装车后 3 小时；未预先通知的情况下，申请后 8 小时。③办理出口或转口文件。在预先通知的情况下，提交文件后 4 小时；在未预先通知的情况下，申请提交文件后 8 小时。

另外，需要指出的是，除进口手续未预先通知情况之外，所有手续都由同一海关官员在一个班次内完成。货车装货完毕等待文件和铅封不应过夜。同样，展出者要求海关检查掏箱装箱应该在同一天办理。但是如果货车在海关下班前抵达或装完，又未事先通知，便难免过夜等待。同样条件下，展出者临下班前要求海关检查也可能无法安排。

（3）搬运操作

国际展览运输协会对搬运操作的要求主要有以下几点：①协会代理必须熟悉现场并在展览施工和拆除期间能随时使用合适的设备和有经验的搬运工。有责任事先预计到非常规、大尺寸的物品的运输装卸问题，并相应准备好特殊设备。②运输代理要在现场安排仓储地，如果不可能，就在尽可能近的地方（不超过 30 分钟的路程）安排仓库，以存放易被盗或保密的物品。③空箱应当存放在现场或离会场尽可能近的地方，以备万一展出者将物品遗留在箱内需要寻找；另外，也为了展览会结束后能迅速运回空箱。如果有条件，空箱应当存放在室内。如果没有条件，必须采取措施保证空箱回运时与运出时状况一样。④空箱及时回运是展览会拆除成功的关键因素，使展出者能尽早装箱和装车，这有助于尽早清场。⑤如果展览会面积达到 10 万平方米，空箱全部回运时间最晚也不得超过正式拆除第一天的 12: 00，如果展出者或组织者同意，并更有利于拆除进度安排，空箱空运可晚一些运回。⑥如果展览会面积超过 10 万平方米，将视情况安排空箱回运时间。但是，在一般情况下，空箱回运工作必须在正式拆除第三天开始的时候全部完成。即使这样，运输代理仍必须合理安排，保证凡要求空箱回运的展出者都可以在正式拆除的第一天中午便开始收到部分空箱，其他空箱在以后陆续回运。在任何情况下，不允许发生有任何展出者一直等到拆馆的第三天才收到空箱的现象。⑦卸车和装车必须按预定的时间进行。以下时间适于 10 万平方米及以下的展览会。卸车或装车必须在同一天内尽快完成，条件是：车辆按施工 / 拆除计划时间抵达，或在工作日有足够的时间内抵达。如果晚到，在不影响其他按时抵达的车辆装卸的情况下，必须在第二个工作日一开始就装卸。另外，如果展馆只有一个运货门，那么为该门附近展台运货的车辆应当尽量安排在施工期最后卸车，并安排在拆除期最先装车。⑧协调好所有展出者的要求，并相应安排好搬运操作，就可以避免出现混乱。在现场设立仓库有利于解决问题，对各方都有益处。⑨运输代理在收到使用吊车的要求后，应当能够在第二个工作日提供吊车服务。在此期间，代理可以安排设备和劳工。如果展出者要求当天使用吊车，代理在可能的情况下应该尽量安排，最晚在第二个工作日的开始时应安排好。条件仍然是不影响周围展台、走道、运货门的正常工作。现场搬运操作的成功完全在于现场运输代理，现场运输代理必须事先协调好所有展出者的搬运要求，并提前将相应的安排通知组织者和所有展出者。这样就能够避免展出者提出工作计划之外的搬运要求，或提出临时遇到的难题。对于国际会展出口代理还规定了有关报关代理的工作准则。

2. 报关代理的工作准则

海关报关对国际参展商是非常重要的工作。国际展览运输协会（IELA）对出口代理的海关报关工作主要有以下六个方面的要求：联络、展前客户联系、单证办理及通知、最佳运输、现场支持、展后处理和回运。

（1）联络

有效联络的三个因素分别是语言、通信设施和明确的邮政地址。

①语言。为了进行有效的联络，协会成员都必须能够使用英语进行联络，所有代理都必须有员工可以说流利的英语。

②通信设施。所有代理都必须有常设的国际直线电话、电传和传真设备。一些发展中国家和第三世界国家政府可能限制使用传真，这种情况除外。在其他无限制的情况下，所列设备是必备的。

③邮政地址。所有代理必须有一个明确的邮政地址，因为代理可能还有其他业务和其他地址。

（2）展前客户联系

展前与客户联系是六个工作部分中最关键的一环。因为这一部分工作中任何一项未完全做好都会给展出工作带来麻烦。

作为国际展览运输协会会员的出口代理给展出者的要求必须是内容明确、简洁（展出者不会也不愿阅读空洞、冗长的词句），最重要的是不能有歧义。要求必须使用展出者的语言。出口代理有义务安排翻译基本运输要求，在任何情况下，不允许出口代理将运输要求原封不动地转给展出者。

当然，在一些情况下，如有语言障碍，在更多情况下，如缺乏地方和技术知识，使基本运输要求不易阅读。作为协会会员的出口代理要努力将要求翻译得清楚、全面，使展出者能读懂。

海关报关工作要求必须包括以下内容：

①单证文件。世界各地的现场代理需要办理许多不同的单证文件。因为需要准确的单证说明，最好有样本。要建议展出者利用ATA通关单证册以最大限度地减少单证文件，并出具授权签字和修改函。必须让展出者完全了解手续规定，包括从本国出口并进口到展览会所在国，以及办理手续所需的时间。

②包装、标识出口代理应当了解运输方式和路线，必须让展出者知道展览会所在国有关包装的规定，并注明对特殊货物的包装标准。出口代理必须确保所有包装都按基本要求印有标记。

③截止期必须明确并被执行，以便货物能按要求的时间运到目的地。截止期必须包括所有选择，也就是空运截止期、海运截止期、陆运截止期和铁路运输截止期，以及拼装或整装运输截止期。出口代理必须在展览会开幕前至少90天提出截止期要求。这对于需要远程海运的运输尤其重要。

④其他情况，还必须让展出者知道有关其产品和展览会所在国的任何特殊规定，也就是，限制的物品、随时携带的物品、进口特别要求或审查等。同时，对进口或重要的任何限制也应当告知展出者。

（3）单证办理及通知

货物启程时必须将展品情况和搬运细节用电信方式通知现场运输代理，如展出者、展台号、展品运到展台的要求时间、箱数、尺寸、毛重、净重、体积、CIF价格（即成本加保险费加运费价格）。运输细节也必须包括在内：航班号、提单、空运提单号、卡车货车、集装箱、铁路货车号。

获取发票、装箱单（或相同的文件）以及运输单证（空运提单、提单等）后必须尽快用传真发给现场代理。现场代理要求的可转让单证要按现场代理的时间表和基本运输要求的规定份数，分两份用航空快邮或航空快递发出。

作为国际运输协会会员的出口代理必须确保按基本规定提供正确、完整的单证，以避免办理海关手续的延误。

（4）最佳运输

考虑到货物的特性、预算和时间限制，作为协会会员的出口代理应当向展出者建议最佳的运输方式和路线。此建议的根据是前面所提到的标准，对展览会所在国的了解和基本运输要求。

（5）现场支持

出口代理对现场支持的主要目的是确保客户在运输和装卸各方面获得国际展览运输协会的专业标准服务。另外一个目的是帮助和支持现场代理，以使其顺利完成现场搬运工作。要达到现场支持的目的，出口代理可以作为客户和现场运输代理的协调人员，处理有关运输的事务。

在展览会搭建和拆除期间，出口代理将与现场代理的搬运人员建立密切的关系，帮助现场代理处理棘手问题。比如，吊运一件困难的物品，现场代理常常要等展出者的技术人员到场，而出口代理可以代为解决。出口代理可以随时协助海关检查货物，可以迅速安排空箱运出和运回、减轻现场代理的压力。

展览会期间，出口代理要巡视所有客户，以便收集展品处理或回运的要求，并整理成准确的、易读的表格转交给现场代理。简言之，出口代理将作为现场代理的一个成员，直接负责其所有运输客户的事务。

（6）展后处理和回运

出口代理将展品处理和回运的有关要求明确地交代给现场代理后，还应该监督所有搬运操作，以确保各项工作按时，并符合基本运输要求，使客户满意。

任何展品成为进口品，出口代理将为之办理所产生的当地税务。如果有任何物品改变流向，出口代理一般应当通过现场代理办理，交代交货条件、交货地点、销售条款。将海关和进口的所有情况通知现场代理，以便相应安排运输。

回运运输将由出口代理安排，通常自行办理运输手续。但是，仍要将有关货物和海关手续的全部要求告知现场代理，办理展览会所在国的再出口手续，避免延误报关，以顺利办理再进口手续。

现场费用，包括展览会闭幕后需要支付的费用，由出口代理承担，然后，折成客户所使用的货币，按出口代理的条款转到客户应支付账单上。

国际展览运输协会对会展运输代理和报关代理的工作准则是针对其会员单位的，对如何选择会展运输代理有很大的参考价值。

有些展会只指定一家运输公司作为代理，统一负责海内外的运输事宜。但对于国内运输和跨国运输来说，差别非常大。所以，有些组展机构通常分别指定国内运输代理和海外运输代理。

（二）国内运输代理

国内运输代理主要负责国内参展商的展品及相关物资的运输工作，有时也作为海外运输代理国内段运输的代理。国内运输代理主要分为来程运输和回程运输。

1. 来程运输

来程运输是指将参展商的展品及相关物资自参展商所在地运至会展现场。主要有以下几个环节。

（1）展品集中和装车

参展商将展品和相关物资，按要求的日期集中到统一指定的集中地点，由国内运输代理进行理货并安排运输路线和方式；确定后再将展品和相关物资装上运输工具，运往车站、机场或码头。

（2）长途运输

根据运送物品的特点，结合最佳运输路线和方式，长途运输可能会采用水运、空运、火车和汽车运输。如果是汽车运输，最好是安排从运输地到会展场馆的“门到门”运输，以减少装卸次数；如果是空运，要注意提前订舱；如果是火车和水运，则要注意出站和出港以后的运输衔接。

（3）接运和交接

对于空运、水运和火车运输，都存在一个中途接运的环节。例如，物品从船上卸下后再由汽车运到场馆等。接运要注意安排好时间，尽量减少接运次数。货物运到会展现场，要交接给指定的展台工作人员。交接中要注意列出相关工作和货物清单以便工作衔接。

（4）掏箱和开箱

掏箱是指将展品箱从集装箱或其他运输箱中掏出或卸下，并运到指定展位的过程；开箱是指打开展品箱取出货物。掏箱工作要准确有序，时间和人员要安排合理；开箱工作一般由参展商自己负责，要注意清点和核对货物。

经过以上运输环节，货物安全准时到达会展现场后，参展商就可以按照计划安排布展工作了。会展结束后，根据参展商的计划，有些货物需要运回参展商所在地，有些需要运给经销商等，这样就涉及回程运输的问题。

2. 回程运输

回程运输是指在会展结束后，将展品和相关物资自展位运至参展商指定的其他地点的运输工作。回程运输的目的地可能是参展商所在地、参展商指定的地点如经销商和代理商的所在地或另一展会所在地等。

回程运输的基本环节与来程运输相似。回程运输的时间要求虽然不高，但办展机构和运输代理应该提早筹备回程运输，以免引起撤展现场的混乱。

（三）国外运输代理

如果举办的会展是国际性的，那么就应当再指定国外运输代理来负责海外参展商的展品及相关物品的运输工作。尽管运输也是分为来程运输和回程运输，但其运输环节和手续的办理，要比国内运输复杂得多。跨国运输和国内运输最大的不同主要表现在以下三个方面。

1. 运输方式

跨国运输基本上都是国际联运，整个运输过程基本要经过陆运—海运—陆运，或者是陆运—空运—陆运等几个环节，参展的货物要从一个国家运到另一个国家才能完成。因此，海外运输代理必须清楚了解会展举办地所在国的海关规定、海关手续和进口税率，了解当地对展品进口的处理办法和规定，了解当地是否有免费进口宣传品和自用品的规定等，以免展品报关受挫。

2. 有关文件

由于跨国运输的货物要从一个国家运到另一个国家才能完成，所以运输过程中涉及的有关文件要比国内运输多得多，也复杂得多。一般来说，跨国运输需要准备的有关文件主要有以下几种。对于这些文件，运输代理要明确告诉参展商提供各类文件的具体时间和最后期限，以便及时办理有关手续。

（1）会展文件

会展文件是有关展品和相关物品的证明和文件，主要有展品和相关物品清单、展品安排指示书、需送海关审查的特殊物品样本和清单、发票等。有些国家可能还要产地证书、商品检验证书等文件。其中，展品及相关物品的清单最重要，一定要完整准确。

（2）运输单证

运输单证是办理货物运输所需要的证明文件，主要有装运委托书、装箱单、集装箱配装明细表、提单、运费结算单等。如果货物需要回程运输，那么还需要有委托回运通知书。

（3）海关单证

海关单证是办理货物海关报关时所需要的证明文件，主要有报关函、报关单、清册、进口许可证、发票等。

（4）保险单证

展览所涉及的保险，在运输过程中，险别比较多一般办理投保“一切险”，有时还会投保一些附加险。展览涉及的险别比较常见的还有展品的盗抢险和道具的火险、第三者责任险、展出人员险等。保险单证主要是保单，另外，还有受损报告书等。运输代理有必要了解会展是否有指定的保险公司，如果有就尽量按规定办理。

3. 海关报关

如果有回程运输，海关报关手续就有两次：一是来程运输时的货物进口报关，二是回程运输时的货物出口报关。相比较而言，来程运输时的货物进口报关对参展商来说更加重要。实际操作中，货物进口报关一般有以下三种办理形式。

（1）ATA 形式

ATA 形式报关是一种准许货物免税暂时进口的报关制度。国际海关合作理事会制定的《关于暂准进口的 ATA 单证册海关公约》（简称 ATA 公约）和《货物暂准进口公约》是这项海关制度的法律基础，国际商会和商会国际局在此基础上创建了国际出证和担保系统。使用 ATA 形式报关可以大大减少通关工作量，缩短报关时间，简化报关手续，还不用缴纳关税，并且 ATA 临时进口证在一年的有效期内，可用于一个以上的国家。ATA 形式只有在 ATA 公约的成员国之间才能使用，在展会结束后货物必须回运。中国已于 1993 年加入 ATA 公约。

（2）保税形式

如果展会是保税形式的展会，货物报关就可以采用保税的形式。保税形式报关手续要比一般报关手续简单，货物可以在展会现场再进行检查。如果是需要检疫的动植物物品不适用于这种报关形式。再者，采用这种形式报关，物品不能带出保税现场。

（3）再出口形式

再出口形式报关是提供相当于展品等物资进口关税相同金额的保证金，再办理报关手续使货物通关展出。这种形式是以展品等货物的再出口为前提条件，展品等货物再出口时必须与进口报关时完全一致。因此，使用这种形式报关，检验十分严格，展览时货物不能随便出售或处理。再出口形式报关手续较多，比较费时。

任务三 其他后勤服务

一、餐饮服务

展会活动不仅是为参会者提供展览或会议场地，还需要主办方为参会者及观众提供相应的配套服务，来支撑展会活动，如酒店和餐饮服务。随着大型展会活动举办的增多，对大型餐饮的需求与日俱增。展会餐饮服务是一项极为重要的工作，因为它不仅要解决工作人员以及参与者的饮食需求，还要应对短时间大量人员集中用餐的突出性问题。

（一）展会餐饮服务

餐饮服务是展会服务的重要组成部分。参加展会时，有时人们在餐饮上的花费甚至超过在住宿上的花费，且餐饮服务的范围广、形式多，如果这一环节很完美，展会就会增色不少。

对展会餐饮服务的考虑有两大方面的考量：一方面是参展商、观众等的用餐考虑；另一方面是特殊活动，如宴请、酒会、欢迎宴的用餐考虑。

在展会活动中，常见的餐饮服务类型有两种，即指定餐饮服务商（餐饮外包）和推荐活动的场馆及其周边的餐饮设施。绝大多数活动主办单位都倾向于指定一家餐饮代理商，负责供应活动筹备期间、举办期间及撤离期间的各项餐饮，提供现场餐饮服务。另外，展会场所也会设有餐饮服务设施或场地，如餐饮区、咖啡区，给展会参与者及观众营造良好的就餐环境。

（二）展会餐饮存在的问题

大型展会中，为了集中时间满足几千人甚至上万人用餐，用餐形式往往是快餐、盒饭、工作餐、自助餐等。一般来说，大型活动具有群众聚集性，餐饮服务的受众数量较多，餐饮卫生与食品安全成为展会餐饮的服务标准。然而展会上的餐饮价格高、品种少，餐食营养值较低是普遍存在的问题，这也是国内展会餐饮口碑好坏参半，被批评劣质敷衍的原因。

餐饮服务在物资供应方面最重要的作用就是给与会者一个休息的机会，即使在吃饭的时候有人发言，与会者也能够体会到一种积极的节奏改变。餐饮服务在会展中还可以创造社交机会，让与会者能够彼此增进了解。而且餐饮服务到位，能够加深参展商和观众对展会的良好印象。

拓展阅读

国家会展中心推进餐饮服务保障，放心餐厅将全面覆盖

为保障首届中国国际进口博览会餐饮服务“保供、安全、优质、价稳”，国家会展中心（上海）餐饮服务保障团队及青浦区市场监管局等相关部门正在全力冲刺推进保障服务工作，从丰富餐饮结构、严抓食品安全、提升服务体验等方面，多渠道保障盛会餐饮服务。

1. 丰富餐饮结构

目前，国家会展中心（上海）正在加快新店开业步伐，进口博览会期间餐饮店铺将增至100家。特殊餐饮纷纷入驻，引进清真、素食等多种餐饮，满足不同人群特殊需求。高端外烩餐饮服务也进驻保障，引进多家具有外烩餐饮资质的五星酒店，满足宴会及高端会务配套需要。临时餐饮备货充分，预备多个中西式快餐临时服务点，应对预计出现的超大客流。

2. 严抓食品安全

全面创建“放心餐厅”，提升食品安全规范化管理。“放心餐厅”即将全面覆盖，户户统一安装“明厨亮灶”，后厨情况一目了然、综合信息全面公开。食材来源、供货信息、留样登记、消毒情况、废弃物回收等信息数据全面实现可追溯。每家店铺均购买食品安全责任保险，健全风险管理和经济补偿功能。同时，建立统一配送体系，所有食材均从物流总仓经专业检查后发出，全程管控。

3. 提升服务体验

提前做好“定价审核”，所有商户提前申报菜单价格，签署价格诚信承诺书，确保餐饮价格稳定、透明。完善多种支付方式，支持现金、银行卡（包括境外信用卡）、支付宝、微信等多种支付方式。增设1000余套座椅，可额外提供6500个休息及用餐座位。餐饮一线人员全程微笑服务，现场志愿者还将提供英语帮助。据悉，只要下载进口博览会官方App，参观者就可一键查询商户信息、菜单价格、定位导航、排队时间等。

（资料来源：新浪网）

（三）餐饮服务方式选择

作为办展机构而言，在安排展会餐饮服务时，通常有以下三种选择。

1. 会议在与会者住宿的酒店举行

这种情况下的餐饮问题比较容易解决，只需要提前和酒店餐饮负责人联系，列出一份详细的会展项目清单，其中包括会展的主办机构名称、与会者人数、会展日期等基本信息，由餐饮经理具体安排就餐事宜。

2. 会议不在与会者住宿的酒店举行

在这种情况下，会展策划者应该考虑会展举办地点与酒店之间的交通问题，尽量选择最近的一家酒店就餐。

3. 大型会展中心配备专门的餐厅

在这种情况下，会展策划者一般把客人安排在该餐厅就餐，但同时也可增加自助餐服务、冷餐酒会和鸡尾酒会服务。

不管选择哪一种餐饮服务方式，办展机构都应该做好相应的餐前准备工作，还应做好餐前的全面检查。

如今，展会越来越贴近我们的生活，展会为企业及个人提供了一个开拓视野的平台，饮食亦是如此，美好的食物享用本身是一件非常惬意的事情，它内含于展会活动的服务质量当中。营养配餐是对各类人群所需的膳食营养素的参考摄入量进行评定，为不同人群定制合理的饮食方案。展会餐饮服务企业成立专业的营养配餐团队，结合当地食物的品种、生产季节、经营条件和厨房烹饪水平，为展会用餐者合理选择各种食物，达到平衡膳食。是对展会餐饮品质的提升，也是强力支撑展会承办与参与者体验的重要方面。

在我国，展会是为了各行各业展示产品和技术、促进销售、传播品牌、传播文化而进行的一种宣传活动，更是海内外同胞、国际友人等文化交流的集中地。饮食，作为人类共同的话题，能够促进跨文化交际，是有效建构跨文化传播的桥梁，中国饮食承载着中国人对传统文化的认同和对民族文化的自信心。对此，展会餐饮服务企业应重视营养配餐理念，利用中国饮食文化的地域特色与悠久历史，通过菜品创新拓宽展会餐饮经营思路。

拓展阅读

医博会停车难吃饭难，国家会展中心拿出整改方案

进馆、闭馆高峰时段，周边道路拥堵不堪，观众进不去、出不来；周边停车场标志不清楚，偌大的停车场中找车困难；午餐时间就餐人员爆棚……5 月 15 日至 18 日，医博会系列展在国家会展中心举办，由于到会参观者人数大大超出展会主办方和场馆方的预期，在展览举办过程中，展馆内外出现了一系列问题。昨天，记者从国家会展中心方面获悉，针对这些问题，他们正会同有关方面，吸取教训，举一反三，下半年，国家会展中心还将举办 4 场展览面积平均 20 万平方米以上的大展，通过整改，将以全新面貌接受展商和广大观众的检阅。

设计可容纳 40 万人次 / 日的国家会展中心，为何在进场人数最多一天也不过 17.3 万人的医博会上暴露出“进出难”“吃饭难”等问题？

上海博览会有限责任公司董事长王志平解释说，主要还是由于展会的主办方对参观者人数预估不足。医博会系列展从广州等地移师到国家会展中心，首次在上海举办。主办方缺乏在上海办展的经验，他们预测最高日参观者人数 11 万人左右，而实际的场馆安检人数达到 17.3 万人。

王志平也坦言，医博会暴露的这些问题，由于场馆周边的道路交通配套建设滞后所致。规划中与场馆同步建设完成的 5 个停车场和 2 个货车轮候区至今尚未开始建设。目前，国家会展中心周边公交系统运力相当不足。徐泾东站是目前国家会展中心唯一的地铁站，由于建站在国家会展中心建设之前，站台容量没有考虑巨大的展览人流，加上 2 号线本身运力有限，造成参观者闭馆时不能通过地铁快速离开。周边公共交通系统又缺乏，连接市区的公交线路少之又少。

大型展会越来越多，即将于今年9月举行的国际家具展，预计就将超过30万平方米。王志平表示，作为场馆方，他们正在加紧出台各项整改措施。其中包括，提早做好展会情况预测，要求主办方尽量上报准确信息，避免由于信息不对称而造成的运营风险。他们正在加快引入“App综合导览系统”，优化标识设施，增加告示类、公共服务类标识，突出出租车、接驳巴士、地铁、出口等指示功能，方便观众选择多样化的离场路径。据介绍，“App综合导览系统”第一步可实现“导航”到具体展馆，第二步可做到“导航”到具体展台。

针对“吃饭难”问题，他表示，将在严格把握供餐单位资质要求的基础上，采取向市场放开的措施增加供餐单位和点位，保证餐饮供应。另据了解，国家会展中心总面积达到3万平方米的商业中心正在加紧收尾工作，届时，将有80家到90家各式中西快餐、轻餐饮企业入驻。

（资料来源：新华网）

二、安保服务

安保是安全保护的简称，展会安保服务是指为保障会议场馆、展览场馆内人员、物品安全而进行的一系列的计划、组织、指挥、协调、控制等保安服务。一般来说，包括展会保卫方案制定、场馆内治安管理维护、消防安全维护、交通秩序维护、会场停车管理。

拓展阅读

“宝藏级”会展，安心式守护！

人间四月天，花重锦官城，随着气温的不断升高，成都人民对于“糖酒会”的热情也不断高涨。

如今，第108届全国糖酒商品交易会在中国西部国际博览城盛大开幕，让我们一起跟随成都天府公安的镜头体验，“天府模式”下的会展警务安保10小时！

本届糖酒会展览总面积达32万平方米，再度刷新了全国糖酒会展览规模纪录，也将成为2023年度全球食品和酒类行业规模最大的综合性展会。

精心组织，周密部署。早上7时，成都天府公安参加安保任务的民辅警整装待发在安保现场集结，开启他们为群众保驾护航的一天。

警种联动，认真履职。为确保展会安全有序进行，成都天府公安执勤警力及时了解、掌握现场和周边环境的安全情况，强化活动现场及周边社会面管控，防止各类安全隐患事故发生。

同心坚守，共筑平安。成都天府公安积极护航糖酒盛会，今日共解决群众求助 45 人次，帮助群众找回丢失物品 18 件。

交通引导，疏堵保畅。成都天府公安在总结历年糖酒会交通保障经验的基础上，科学管控、精细疏导，在展会开展前 2 小时，分别派出 40 名民警及辅警前往会场周边各点位放置好锥形桶、各类路面提示牌、指示牌，全力做好交通疏导准备工作，及时为前来参展、观展的商户和群众做好交通疏导和指引，最大限度地缓解和减少糖酒会对交通出行带来的压力，确保糖酒会期间新区道路交通的畅通有序。

安全至上，科学实施。近年来，成都天府公安结合“智慧公安”建设，不断加快大数据智能化在大型安保工作中的深度应用，创新打造“天府模式”会展警务模型，全面提升安全保障、秩序维护、政务服务水平，有力促进新区会展博览产业高质量发展。

截至 4 月 12 日下午闭馆，参展观展人流量突破 10.85 万人次，社会车辆达 16000 余辆。成都天府公安共投入警力 170 余名，组织社会安保力量 1610 余名，全力确保展会现场安全有序。

（资料来源：成都天府公安官微）

展览活动通常由政府组织或展览组织机构在特定时间内，由不特定多数人参加的公共活动，相关的活动内容还包括公关事件、文艺活动、展览、展销等。随着社会经济的发展，国际交往的扩大，展览活动与日俱增，规模也越来越大，安保工作显得十分重要。大型展览活动的特点也造就了安保服务的特殊使命。

一是展会规模大。参加的人员少则数千人，多则上万；活动内容多，地点多且分布广，有时多个活动同时在不同的地点展开。因此相较于一般的安保工作，工作内容烦琐庞杂。

二是规格高。大型展览活动一般会有地方党政领导参加，有时还有更高级别的国内外政要参加。消防安全、财物安全、人身安全、偷盗或破坏性活动防范都是展览成功的重要因素。由于治安形势的严峻，更要防范敌对势力利用人群高度聚集的场所制造枪击或爆炸事件，以此制造轰动效应，造成恶劣的社会和政治影响。

三是变数快。展览活动事先公开，透明度很高，但为了安全起见，展览组织机构事先不可能把具体时间、活动内容向目标参与单位和个人明确。尤其是涉及一定行政级别领导参加的活动，不确定性更高，往往会根据实际情况调整或改变预定计划，这些都不同程度地增加了展览安全保卫工作的难度。

展览活动是一个系统工程，安保工作是其中的一个子系统，同时也是展览活动能否有序开展的重要保障。在实际工作中，安保部门应紧紧围绕展览活动的核心内容，制定相关的安保方案，确保主办方的安全。展览活动开始前，安保部门应提前介入，主动向有关部门提供安全方面的建议或意见。会展公司应探索展览活动中安保工作的规律，制定符合活动特点的安保方案，为展览活动的顺利举行提供安全保障。

从目前市场化的展会来看，较大规模和规格的展会都会专门聘请专业安保公司，从展会的特殊性来制订专门的安保方案。

拓展阅读

中保华恒保安服务集团圆满完成“2023春季（郑州）第40届中原广告展”安保安检工作任务

2月15日至17日“2023春季（郑州）第40届中原广告展”在郑州国际会展中心隆重举行，中保华恒保安服务集团受主办方委托，为此次展会提供现场安保安检服务。

接到任务后，公司迅速组织召开专题安保安检工作部署会，周密部署、明确分工，从前期布展、观众入场、后期撤展等工作环节实地勘查现场，夯实各岗位工作职责，并制定详细的安保安检执勤方案和各类突发事件应急处置预案，为确保此次展会的安保安检工作有序开展打下了良好的基础。

根据现场安保任务工作需求，公司为此次展会提供通道式X光机6台，金属探测安检门12台，安保安检队员650人次，共对入场参展人员进行人身安全检查35000余人次，查验箱包17000余个。全体队员始终坚持饱满的精神状态，认真履行岗位职责，严格落实凡进必检的工作原则，既保证人员的快速有序入场，又严格执行了安保安检工作方案，圆满地完成了本次展会现场的安保安检工作任务。

（资料来源：中华网）

三、清洁服务

现在展会越来越多，人们对展会保洁的要求越来越高。开展期间，人流较多，环境嘈杂，办展机构更应该做好展会的清洁工作。清扫保洁工作是展会管理的重要一环。展台卫生状况如何，直接影响着潜在客户的第一印象，影响着参展公司的社会效益和经济效益。

一般来说，在展馆的公共区域，应设专门的保洁人员及时清扫现场产生的垃圾；对于各个展位的卫生保洁工作，应由各参展商自行负责。办展机构应做到定时检查，及时管理，以保证整个展馆的环境干净、井然有序，给人赏心悦目的感觉。同样，撤展时办展机构也应该做好展馆的清洁管理工作。

拓展阅读

展会保洁的步骤有哪些?

根据委托方的具体要求，展会保洁会配备与之相对应的人员、设备以及药剂，并且在最短时间之内临时组织人员，全面做到随时随地进行清洗保洁的服务。其中展会保洁指的是保洁公司安排专业保洁人员，进行全天候签约委托方提供的临时保洁服务。保洁公司根据委托方提供的地点和日期以及双方协商好的要求，来进行日常清洁工作，委托方应根据约定好的服务费支付给保洁公司，展会日常保洁会按照保洁员派遣形式分为临时定点日常保洁（在保洁完毕后即可离开），和日常定点保洁。

展会保洁之展厅外保洁：

定期冲洗车道：抹干净旋转门扶手以及扶手玻璃，而门外铺设踏垫应该每夜进行冲洗，白天应该派人用拖把擦洗并派员工维护大厅外围的卫生。

展会保洁之展厅内保洁：

VIP 室、办公室及财务室：对 VIP 接待室地毯吸尘，以及对 VIP 接待室茶几上的烟盅进行清洗。要求做到烟灰盅无烟、痰等杂物，办公室以及财务室要求收拾干净垃圾桶的垃圾，套好垃圾袋，抹干净桌面及扫干净地面。在夏天应该注意空调风口有无滴水现象。

洽谈区、会议室及影音室：擦干净洽谈区的茶几、沙发、木格等。对洽谈区地毯进行吸尘，要求做到抹过的地方无尘埃、无水渍。并对布艺沙发定期用毛刷清扫，而洽谈区墙面壁灯用干抹布擦拭灰尘。

大厅地面以及走廊：对大厅地面以及走廊地面进行全面推尘，并要扫干净边角位置，对大厅地毯进行吸尘，要求无尘埃。地面无水渍，无污渍。

卫生间：将“清扫中”指示牌立于门口、将马桶进行全面清洗和冲洗、洗刮玻璃镜面、清洗干净洗手盆、水龙头、对垃圾桶的垃圾进行清理并及时更换垃圾袋。检查并补充物品并喷适量的空气清新剂，视洗手间客人使用情况需要每隔三十分钟清洁一次。

展会保洁按客户性质分为大型展览会保洁、各种大型博览会保洁、公司会展保洁、单位展会保洁、博览会保洁、体育赛事保洁、庆典临时保洁、酒会保洁等一系列形式，以及还有车展保洁、时装展示保洁、花市博览会保洁、商品展览展示保洁、各种宣传展示保洁等。

（资料来源：清洁吧官微）

四、交通配套服务

在大型展会举办期间，会展现场交通将达到高峰，办展机构和展馆都应提前筹划，以避免严重的交通堵塞现象。在开展前，还需要联系当地的交通管理部门共同管理，根据展会参与的人数、规模、类别等制订交通管理计划，以协调场馆周边地区以及场馆内部的交通管理。有时甚至需要与交警部门配合，并需要交警全力参与执行。

（一）停车场管理

一般大型场馆都配备有大型停车场，以方便参展商和观众的停车需求。除了与场馆配套的固定停车场外，办展机构或场馆管理部门在大型展会期间还应与交通部门沟通，在场馆附近设置临时停车场。展会期间停车场的管理需要做好以下八个方面的管理。

1. 划分不同车辆停放区域，进行分区管理

可将展馆内部停车场和临时停车场划分为小轿车停放区、大中型客车停放区、大型货车和集装箱车停放区或卸货区等。对于有政府官员或其他贵宾参加的展会活动，要安排特别的停车区域，以保证这些车辆的无障碍出入。

2. 设置明显的交通指示标志

停车场的标志应清晰明了，以保证车辆的正常进出。这些标志包括车场进出标志、限速标志、限高标志、方向标志、停车线和禁停标志、车位标志、车道示宽标志、严禁烟火标志、车辆导向标志等。室外停车场要用临时胶带划分出停车车位。

3. 派专人现场指挥

进入停车场的车辆须按规定读卡交费，车辆管理员对车辆的停放进行指挥，维护场内车辆停放秩序和行驶秩序，制止车辆跨车位停放或超出停车线，杜绝事故隐患。

4. 现场车辆登记

可通过智能化停车场管理系统进行现场登记，也可以通过人工完成，当有需要时能及时与车主联系。

5. 配备安全防范设备

场馆内的停车场应配备必要的安全防范设备，如监控系统、防爆设备、防火设备等，以保证场馆的安全。

6. 安全检查

派专人对进入展馆地下停车场的车辆进行安全检查，以防止放置有易燃、易爆、剧毒等危险物品的车辆进入停车场，同时，防止车辆丢失、损坏。

7. 清洁管理

场馆内的地下停车场应禁止吸烟，设置禁止吸烟标志，不得乱丢垃圾杂物等。

8. 通行证和停车证管理

如果展会期间停车车位紧张，须提前通知进入展馆的车辆办理有关手续，如通行证和停车证。对于无通行证或停车证的车辆，不予通行或停放。

（二）现场交通管理

会展场馆的交通管理包括现场交通管理和现场交通突发事件管理两部分。在会展期间的现场交通管理应做到以下几点。

1. 设计车辆行驶路线

应提前设计好车辆行驶路线，将人流和车流分开，避免人流阻碍车速，或者车辆碰撞行人。要安排交通管理人员或交警配合进行人行方向的引导，防止行人乱穿马路和人群在交通要道上停留。为保证车辆进出通畅，统一流向，尽可能采用单向行驶。

2. 指示信号灯和指示标牌设置清晰

在通向展馆的重要道路入口和交叉口设置明显且足够多的指示信号灯和指示标牌，引导车辆按规定的路线行驶，必要时加派交警维持秩序。场馆内部应有足够明晰的交通图以指示一些重要的交通点的位置，如出租车等候点、大巴停放点、地铁站、地下停车场出入口、公交车站等，以方便展会参与者寻找到相应的交通工具。

3. 统一发放车辆通行证

为方便外地参展企业自带车辆在市区指定线路及会展场馆区进出，主办方或场馆管理部门应统一发放“车辆通行证”。无车辆通行证的车辆一律不准进入场馆区。

4. 及时疏通道路

严禁车辆乱停乱放，对于乱停乱放的车辆，应立即移走，以疏通道路。观众疏散道路应畅通，不可停放任何车辆。场馆入口处应留有疏散通道和集散场地，可充分利用场馆现有的道路、空地、屋顶、平台等地方。

5. 留有消防车通道

场馆周围道路应满足通行消防车的需求，净宽度不应小于 3 米。上空有障碍物或穿越障碍物时净高不应小于 4 米。场馆周围消防车道应畅通，消防车应可直接开入场馆建筑内部。

6. 派专人指挥大型机械工程车辆

对于大型工程机械车进出场馆要有专人负责指挥，以防止发生突发事件。原则上叉车由场馆方提供，各参展商可以租用叉车来往于卸货区和展览区搬运笨重货物，但叉车应按指定的路线行驶，以免碰撞或阻塞通道。

7. 做好安全管理工作

对于往来于会展场馆的车辆要密切监控，发现形迹可疑或者异常的车辆应该要求其停车检查，以防止恐袭事件的发生。

拓展阅读

第108届全国糖酒会——交通指南

第108届全国糖酒商品交易会将于2023年4月12日至14日在中国西部国际博览城国际展览展示中心（以下简称西博城）、成都世纪城新国际会展中心（以下简称世纪城）举办，展览面积32万平方米。开展期间，预计参展人数较多，展馆周边道路拥挤，停车位有限，建议您乘坐公共交通绿色出行，并尽量错峰观展。

西博城距离成都双流国际机场15分钟车程，距离成都南站20公里、成都东站、成都北站30公里；世纪城距离成都双流国际机场22分钟车程，距离成都南站6公里、成都东站16公里。

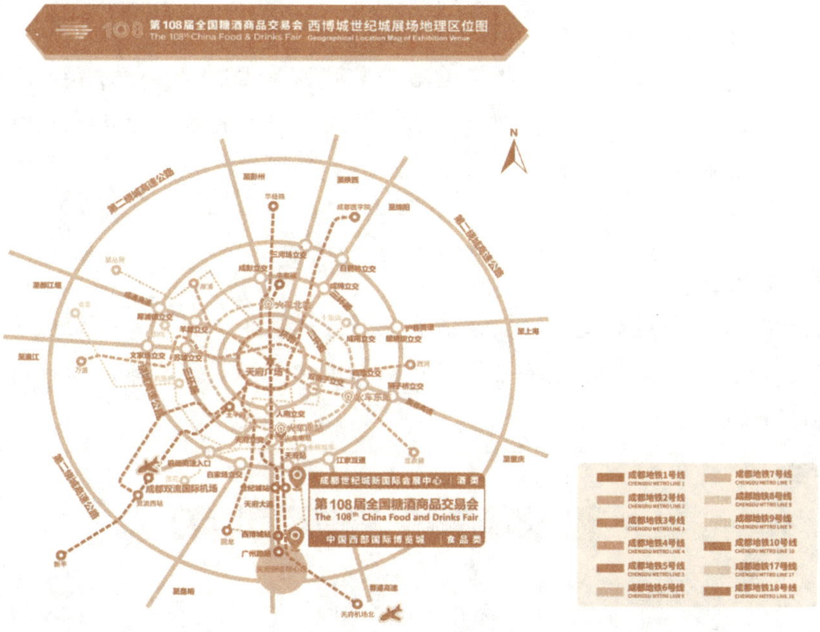

注：此图为示意图，仅供参考。

温馨提示：

1. 为确保您安全、便捷到达展会现场，请提前关注成都市轨道集团发布的相关信息，优先选择公共交通到达展馆。

2. 本届糖酒会停车场对所有参会车辆开放，请您根据自身需求提前到达展馆，避免因高峰期车位紧张、道路拥堵等情况给您的停车带来不便。

3. 工作日机动车尾号限行。

【限行车辆】所有“川A、川G”及外地籍小型、微型载客汽车。

【限行区域】成都市绕城高速公路（G4202）（不含）以内所有道路。

【限行尾号及时间】工作日7:30至20:00。敬请实时关注成都市尾号限行规定。

出租车站点

西博城：蜀州路设有会期出租车临时上下客点位。

世纪城：会展中心北门设有出租车临时上下客点位。

需乘坐出租车的观众可前往相应站点乘车。

展馆停车场

为了保障您安全顺利地停放车辆，糖酒会期间，西博城与世纪城展区分别设置了多处机动车停放区域，供社会参展车辆停泊。

西博城：西博城南广场、P3、P4、P5、东南广场、地下A/B/C区停车场；

世纪城：环球中心停车区（乘车人乘坐摆渡车往返展馆）

如遇停车高峰，西博城外围指定道路会采取临时占道停车的方式以满足参会车辆的临时停放。公安交管部门表示，如遇停车场饱和等情况，应听从现场交警指挥将车辆停放在指定区域内，切勿违停。

会期摆渡公交

为便于广大参会观众安全、快速抵达展馆，开展期三日内，世纪城展区设有免费摆渡公交，乘车人可将车辆停放于环球中心后，乘坐摆渡车往返展馆与停车区之间。

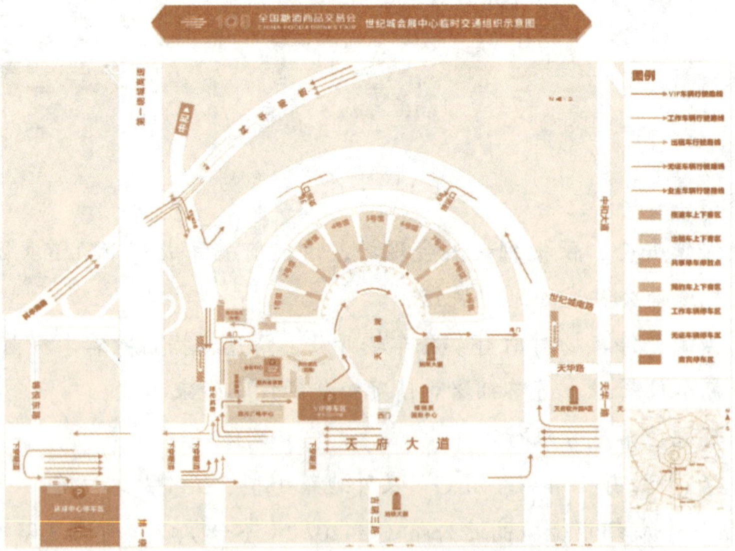

注：此示意图仅供参考，以展前官网和微信公众号及现场公布版本为准，敬请留意。

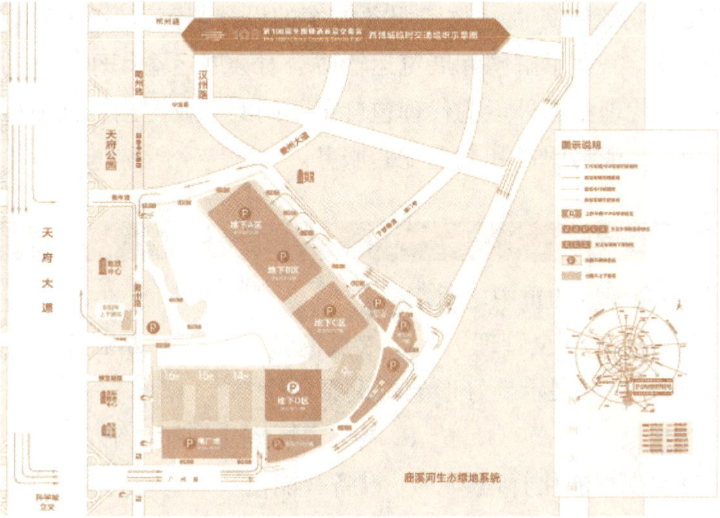

注：此示意图仅供参考，最终以现场公布版本为准，敬请留意。

（资料来源：全国糖酒商品交易会官网）

五、商务等其他服务

在展会中，除了以上服务，还涉及一些其他商务服务，比如，为参展商雇请翻译人员、讲解人员、服务人员、技术人员等，特别是国际会议上提供口译、笔译等翻译服务，方便参展商和客户之间的交流。展馆设立就餐中心，提供临时餐饮服务；设立休息场所、方便通道，在宽阔处和休息场所放置一些方便顾客休息的躺椅等；设置快餐厅、咖啡厅、商品屋等配套设施，满足展商及来宾工作洽谈、休闲娱乐、餐饮、购物等需要。

总之，随着我国会展业的飞速发展和展会品质的逐步提高，优质会展服务、特别是会展配套服务正日益成为各种展会间竞争最锐利的武器之一。展会配套服务是能够给参展商和观众带来某种利益或满足感的，可供有偿转让的一种或者一系列活动，它渗透到展会举办的方方面面之中，是展会不可或缺的重要组成部分。

项目学习小结

本章主要讲述了会展服务中常见的展览搭建服务、会展物流服务和其他后勤服务。对于展览搭建服务，指定搭建商服务是主场搭建改革的趋势，展会对指定搭建商有着严格的要求，对展台搭建进行统一管理，而智慧场馆搭建管理系统将是未来的发展方向。对于会展物流服务，具有与传统物流不一样的特点，会展物流服务项目包括展品包装与装箱、展品运输、运输代理与保险、展品装卸服务，会展物流的操作流程包括主办方指定的物流服务商、物流服务方案的设计与完善、物流服务方案的实施；国际会展物流业务，需要了解国际展览运输协会对会展运输代理提出的两个方面的工作准则，国内运输代理和国外运输代理包含了不同的专业内涵。其他后勤服务包括餐饮服务、安保服务、清洁服务和交通配套服务。

单选题

1. (　　) 是展会现场的重中之重。

A. 布展管理　B. 安全管理　C. 参展商管理　D. 办证管理

2. (　　) 是城市对外展示良好形象的重要名片。

A. 会展场馆建设　B. 展会主场搭建管理系统

C. 展会全程实现智能化管理　D. 设备智能化

3. 会影响到展会整体形象和参展商展示效果的是 (　　)。

A. 展位搭建　B. 展会服务　C. 展会设施　D. 展场安全

4. (　　) 是我国会展产业与国际接轨的一个重要衡量标准。

A. 产品化　B. 信息化　C. 物流化　D. 产业化

5. (　　) 是运输筹划的基础和依据。

A. 运输调研　B. 运输设施　C. 运输评估　D. 运输计划

6. 如何在特定的时空里，满足参展商的多种应急需求，是会展能否成功举办的关键这就是会展的 (　　)。

A. 信息的实时性　B. 服务的专业性　C. 展品的安全性　D. 流程的时效性

7. (　　) 是会展服务的重要组成部分。

A. 餐饮服务　B. 住宿服务　C. 休息区　D. 展会流程

8. 根据实际情况调整或改变预定计划，这些都不同程度地增加了展览安全保卫工作的难度是指 (　　)。

A. 展会规模大　B. 规格高　C. 变数快　D. 频率高

9. 会展策划者应该考虑会展举办地点与酒店之间的交通问题，尽量选择最近的一家酒店就餐适合餐饮服务方式选择中的 (　　)。

A. 会议在与会者住宿的酒店举行

B. 会议不在与会者住宿的酒店举行

C. 大型会展中心配备专门的餐厅

多选题

1. 会展主场服务的核心是 (　　)。

A. 严谨高效　B. 抓好提前量　C. 科学合理的统筹规划　D. 很强的职业素养

2. 通常把主办方选定的承建商称为展会的（　）。

A. 指定搭建商　B. 主场搭建商　C. 特别搭建商　D. 主管搭建商

3. 指定搭建商的要求是（　）。

A. 必须具备合法的经营资格　B. 专业技术和知识比较全面

C. 要有丰富的经验　D. 熟悉展览场地及其设施　E. 价格合理

F 遵守展馆的规章制度　G. 遵守展馆的规章制度

4. 会展物流的特点是（　）。

A. 服务的专业性　B. 流程的时效性　C. 展品的安全性　D. 信息的实时性

5. 展品运输的三个过程是（　）。

A. 运输筹划　B. 来程运输　C. 回程运输　D. 运输评价

6. 有效联络的因素分别是（　）。

A. 语言　B. 通信设施　C. 明确的邮政地址　D. 通信安全

7. 大型展览活动的特点有（　）。

A. 展会规模大　B. 规格高　C. 变数快　D. 现场服务要求高

8. 餐饮服务方式选择有（　）。

A. 会议周边　B. 会议在与会者住宿的酒店举行

C. 会议不在与会者住宿的酒店举行　D. 大型会展中心配备专门的餐厅

9. 其他后勤服务包括（　）。

A. 餐饮服务　B. 安保服务　C. 清洁服务　D. 交通配套服务

复习思考题

1. 为什么要指定搭建商?
2. 指定搭建商的要点有哪些?
3. 展会设计搭建要点是什么?
4. 展会展台搭建有什么需要注意的吗?
5. 展台的规定是什么?
6. 来程运输主要有什么环节?
7. 请谈谈你对回程运输的理解和来程运输的理解。
8. 会展物流的特点是什么?
9. 展会餐饮服务应该考虑哪些问题?
10. 安保服务应该注意哪些问题?

项目八　会展项目现场管理

学习要点

1. 了解参展商服务与管理的工具：参展商服务手册和智慧化参展商服务系统；
2. 能够为提升参展商参展效果出谋划策；
3. 了解展会观众服务与管理的工具；
4. 掌握观众观展常规流程，能够对专业观众进行现场服务管理；
5. 了解展会参与者的分类，掌握展会不同人群的统计与管理；
6. 了解风险及会展现场风险管理的概念；
7. 理解熟记会展现场风险的类型，掌握会展现场风险管理的四个阶段；
8. 掌握会展现场风险的特点、原则以及管理的内容，会展现场常见的风险事件如何处理。

案例导读

国际车展现场工作人员发生冲突

近日，呼和浩特市举办的国际车展现场发生了工作人员之间的冲突事件。据报道，当地一些摊位的销售人员在和现场保安员发生争执时，双方情绪激动，随后演变成肢体冲突，造成多名工作人员受伤。

这起事件说明了现场管理及安保措施存在不足，也提醒了相关部门对于活动策划、场馆维护以及安保工作等方面存在的问题应进一步加强管理。同时，也需要更多的教育引导，加强文明素质和职业道德建设，促进各类工作人员之间的和谐协作。

车展活动是一个极为重要的商业展示平台，除了推广产品，还有展示企业形象、吸引投资、扩大影响力等多重作用。因此，如何统筹好营销与服务、商业经营与社会责任，这些绝不能被简单化和片面化理解。唯有做到依法合规、讲究诚信、尊重消费者、回报社会，才能打造一个有利于商业乃至全社会发展的良好环境。

（资料来源：新车早知道官媒）

任务一　参展商服务与管理

经过前期的招商招展工作，参展商报名缴费参加展会，主办方在对参展商服务的过程中为其提供一系列服务工作，并对参展商的参展活动进行管理。展会现场对参展商的服务与管理是展会计划的具体落实和办展水平的直接反映，任何展会主办方都应该重视。在会展现场，为了更好地进行管理，我们一般会从参展商和观众的角度出发，进行相关规范的制定，对其行为进行相应的管理。

一、参展商服务与管理工具

展会对参展商的现场服务、沟通协调、管理控制工作内容庞杂、千头万绪，很容易出现“100−1=0”的负印象分。这便要求展会现场服务相关工作人员全面了解展会相关事宜，并能按要求完成参展商参展的所有服务与管理工作。参展商服务手册和参展商智慧化管理系统是展会主办方高效服务参展商的有力工具。

（一）充分使用参展商服务手册

1. 参展商服务手册的作用

参展商服务手册又称参展指南，其内容是办展机构将展会筹备、布展、展出、撤展的相关要求和规定，在参加展会期间住宿、娱乐、旅游等方面的信息，以及参展商参加展会时要注意的相关问题等内容汇编成册，以方便参展商进行参展准备及顺利参展的一本小册子。

使用参展商服务手册的目的是让参展人员及时了解展会的有关活动安排、相关要求与规定，以及举办城市的有关信息，以便参展商按照主办方的统一要求做好参展准备。参展人员从参展商服务手册中不仅能找到展会相关的各种信息，还能发现其他各种对顺利参展有用的相关信息。所以，参展商服务手册在编制时应遵循实用、简明扼要、详细全面的原则，同时美观与便携性、专业化与通用化相结合。

2. 参展商服务手册内容

参展商服务手册是展会主办方列出的一个参展前、布展期间、展出期间、展会撤展的各个环节流程安排，包含展位搭建、餐饮、展位家具租赁等一系列与参展相关的各项准备工作的时间表、供应商、联系人等信息。一般来说，参展商服务手册包括前言、展出场馆的基本信息、展位基本信息、规则、布展与撤展规定、展品运输信息、旅游信息、入境签证信息等方面的内容，具体实例，如图 8-1 所示。

《2022中国国际农业机械展览会参展商手册》

目 录

图8-1 《2022中国国际农业机械展览会参展商手册》目录

（资料来源：2022中国国际农业机械展览会官网）

参展商服务手册是参展准备的重要依据，熟读内容，掌握节奏，顺利参展，是展会完美呈现的保证，有时主办方会根据展会的情况进行调整，将一些重要、紧急、临时的通知和内容单列，因此，在设计和使用参展商服务手册时，还应该包括以下内容：

（1）致读者信

致读者信主要是简要介绍概况，该手册的使用原则和目的，提醒参展商在参展各环节要自觉遵守本手册的相关规定，牢记主办方和主场服务商的联系方式等。致读者信的语言要简练、亲切，篇幅不宜过长。

（2）重要提示

重要提示主要是针对本次展会的一些特殊且重要，必须在服务手册内容之前明确提出的重要信息，比如，疫情期间的防疫要求、战争状态的特殊规定、风险出现之前的保险购买要求等必须在事前加以提醒的注意事项。

（3）展览期间涉及的相关格式化文件及表格

展览期间涉及的各种格式化文件及相关表格是参展商使用频率非常高的文件，可以作为附件一并推送给参展商，让参展商明白参展需要哪些文件。同时，也将其内容制作成在线办公文件和表格供相关人员浏览、下载、在线填写并直接通过网络将其发给举办机构，具体实例，如图 8-2 所示。

第十八届中国西部国际博览会
The 18th Western China International Fair

第十八届中国西部国际博览会

参展商手册

尊敬的参展单位：

第十八届中国西部国际博览会（以下简称“西博会”）于 2021 年 9 月 16 日-20 日，在四川省成都市中国西部国际博览城举办。

为便于您做好各项参展准备，敬请认真阅读本手册，按要求做好相关工作，并监督搭建单位严格遵守大会《搭建商手册》所要求的“展位设计与施工规定”。

如果还有其他问题和需求，请与我们联系，我们会竭诚为您服务。

中国西部国际博览会组委会

组委会联系方式：
四川国际会展有限公司
网址：xbh.wcif.cn
联系电话：028-81262060
传真：028-86210127

主场服务商联系方式：
中展励德国际展览（北京）有限公司
网址：www.ciexpo.com.cn
联系电话：028-61555500
传真：028-61555500-8016

图8-2　中国西部博览会参展商服务手册——致读者信

（资料来源：中国西部博览会官网）

拓展阅读

中国西部博览会参展商服务手册——重要提示

一、为维护和保障第十八届西博会参与各方利益，紧抓安全工作，进一步完善安全管理体制，促进西博会持续健康发展，第十八届西博会要求所有搭建单位均须购买单个展台保额不低于人民币 500 万元的保险。其保险范围包括但不限于建筑物损坏、雇请工作人员及第三方人身伤害。

二、若参展单位所展示展品为大件红木制品或大型、重型机械，则需缴纳大件红木制品或大型、重型机械撤展押金后方可入场布展。（详见 第三章第四节五大

件展品管理办法）

三、凡在产品包装、宣传资料、展示模型等一切在展场出现的展示内容中涉及国家地图、边境范围、领土面积等数据、图片和文字等内容请使用中国国家测绘局审定的标准地图及相关数据，并提前 1 个月单独提交组委会审核。经相关部门审核后，若有需要更正的内容将书面通知，拒不更改者，组委会有权拒绝其展示。

四、展品运输及境外展品通关详见《第十八届西博会物流交通指南》。

五、9 号馆所有展位在搭建前须对展位区域采取保护措施：首先铺设一层保护地毯，再在地毯上铺设木板方可进行展位搭建。若造成场地损坏须照价赔偿。

3. 参展商服务手册优化

参展商服务手册在使用时常常因为内容过于繁杂，参展商没有真正认真阅读，在参展的筹备、布展、展出、撤展等各个环节遇事依然搞不清楚要怎么办。所以，在参展商服务手册的使用中应该注意以下几点。

参展商手册的呈现形式要多样化。除了传统的纸质手册以外，还应该准备电脑端和手机移动端的电子版参展商服务手册，方便有关人员能够实时便捷地查找相关内容。

增加参展商服务手册使用说明书。很多人拿到手册后会无从下手，因信息太多太杂而放弃使用手册。为了避免这一情况，在推送电子版的参展商服务手册时可以增加参展商手册的图文使用说明或视频使用说明，通过简明的使用说明快速掌握服务手册的使用方法，具体实例，如图 8–3 所示。

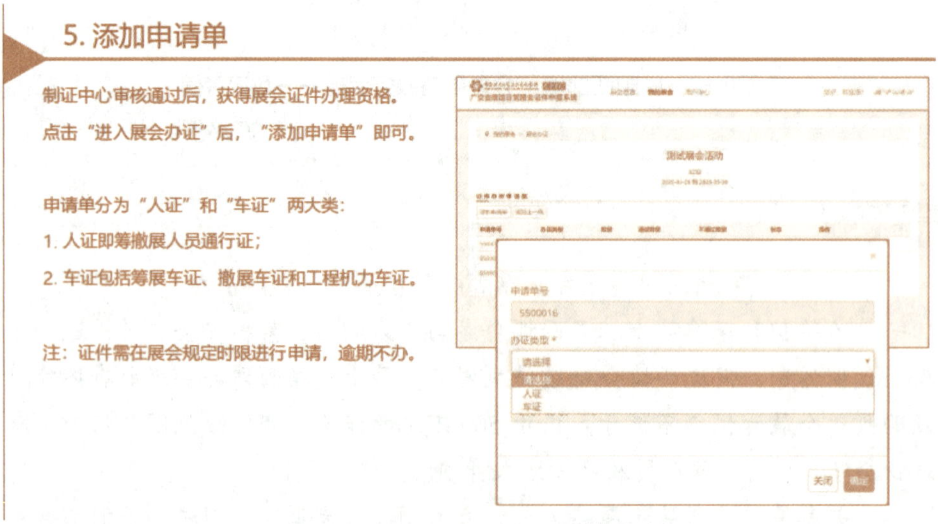

图8–3 广交会办证手册——使用说明

（资料来源：广交会官网）

参展商服务手册的版面设计更加人性化。公文格式的全文字手册让参展商很难找到自己需要的内容，参展商服务手册的版面设计应该更人性化，不同内容使用不同的颜色呈现，增加流程图、项目表格等图表结构展现形式，便于阅读者快速直观地找到内容，具体实例，如图 8–4 所示。

在线办公更方便快捷。将手册的附件文件和表格制作成在线办公文件和表格，供相关人员在线填写并直接通过网络将其提交给举办机构，以满足越来越普遍的移动端办公需求。

当然以上功能均可以移到展会官网，在网上实现参展商的参展服务与管理工作。

图8–4　广交会参展服务手册（电子版）——布撤展人员办证、车辆办证

（资料来源：广交会官网）

（二）全面使用参展商智慧化管理系统

近年来，会展行业发展迅猛，智慧会展成为会展产业未来发展的必然趋势，越来越受到展会主办方的重视。智慧会展就是以移动互联网技术为基础，在充分利用物联网技术、云计算、大数据分析等新一代信息技术的同时，建立一个以人为本的实时社交平台，是方便展会管理和沟通的全方位智慧化系统（见图 8–5、图 8–6、图 8–7）。

1. 展会智慧化优势

（1）主办方运用科技打造数字化的展会，为参展商提供方便快捷的参展商证件办理、进场、展期服务、租借物品、车证办理等服务工作。

（2）参展商借助智慧会展的数字化平台，迅速找到自己需要的信息，解决自己遇到的麻烦、完成参展的手续办理工作。

（3）主办方充分利用信息技术，建立一个以人为本的实时展示交易平台，帮助展商实现线上预约配对、贸易洽谈，促成线上线下贸易成交量增长。

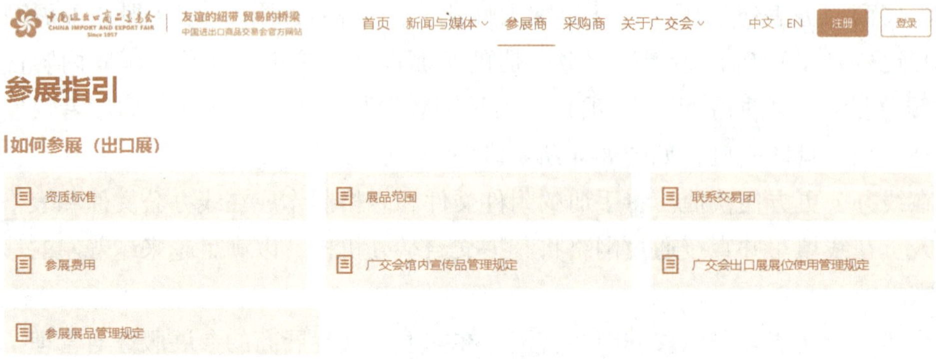

图8-5　参展商参展指引

（资料来源：广交会官网）

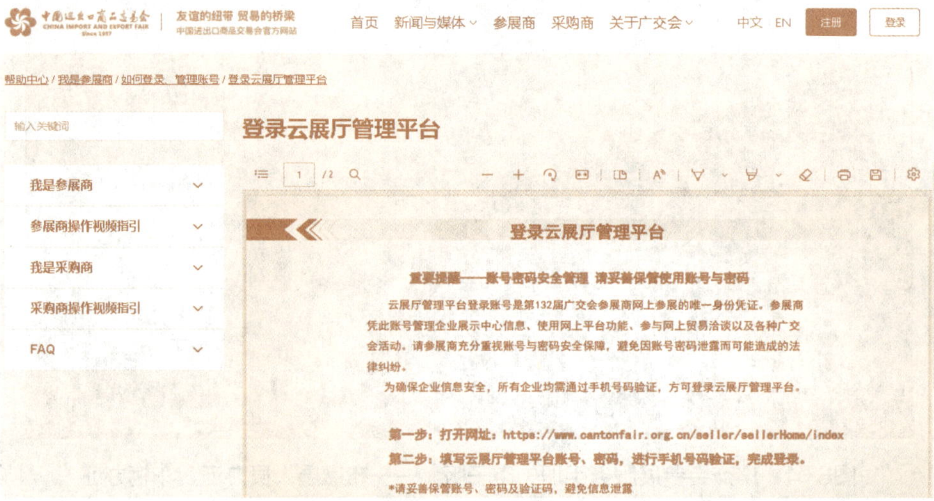

图8-6　参展商登录云展厅平台指引

（资料来源：广交会官网）

图8-7　参展商云展厅洽谈管理

（资料来源：广交会官网）

2. 参展商智慧化管理系统组成

（1）进出场馆门禁系统

长期以来，门禁系统的人工检票费用成本高，工作效率低，常常因过闸速度慢造成门禁闸机前排长队的状况发生。近年来，门禁系统智能化水平快速提升，大规模应用的人脸识别系统，能够在很短时间智能识别人像，大大提升智慧化门禁系统的通行检测能力，提升服务效率的同时有利于主办方统计参展商数量、进出馆时间频次等真实信息。

（2）展会信息服务查询系统

独立的展会信息服务查询系统可以设置在展厅的进出口处，也可以以智能机器人的形式移动在主入口附近或其他人流集中的区域。方便参展商随时随地获取展会介绍、现场活动、主承办支持机构资料、展会公告、展会指南、展位图、周边配置等信息。

（3）场馆定位及导航系统

参展商可在用户智能终端查看展馆布局、周边设施、实时车位等信息，同时，可以根据用户的兴趣或时间，定制合理高效的个性化参观线路。展会主办方可利用定位和导航系统对车辆进行监控调度，对工作人员进行管理，为参观者提供定位和导航服务。

（4）展会互动营销与服务系统

通过移动应用平台、智能终端等完成展会互动，如可通过现场抢红包、“摇一摇”等系列互动营销活动在招展期、展会现场，通过线上线下互动分享，实现会展活动的宣传互动。移动互联网和电子商务具有天生的默契，智慧会展平台结合展会的特点和需求，还可以提供线上门票购买、展会现场促销和团购、现场订单、现场支付、酒店餐馆预定、机票查询预订等服务。

（5）数据分析系统

参展商可通过对参观者订单信息、参观轨迹、展位停留时间等数据分析，获得客户的兴趣和意向，及时判断出潜在客户，为客户量身定做营销方案。主办方可通过参观者的兴趣点、成交商品类别、参展商的受欢迎度等信息决定下届展会的主题、组织方式，同时促销下届展会。一方面，主办方通过用户的行为分析，如浏览记录、收藏记录、成交记录等，分析得出专业观众的兴趣点，从而向专业观众发送量身定制的营销信息，更好地为观众服务。另一方面，为参展商提供观展的用户数据，为企业决策提供支撑信息，便于参展企业开展营销工作。

3. 参展商智慧化管理系统工作场景

（1）展前现场准备

参展商的登记注册与验证可以直接在参展商智慧化管理系统中自助完成，并通过智慧化管理系统拿到自己的相关证卡，同时还可以通过系统申领展会资料、会刊（杂志和电子会刊）、参展指南、餐券、参展商调查表等资料。智慧化展会门禁识别系统进行高度智能化监控和安全预警管理，实时控制进出场馆门禁管理工作。有效地协助场馆方、主办方、参展商做好现场的统计、管理、控制工作，以便统计人流量信息、分析会展人流数据。

（2）展会现场管理

参展商报到时在展会参展商智慧化管理系统上自助办理相关手续和缴纳费用，在系统上就能够向主办方申请其他服务，如住宿、饮食、租用设备、停车等，避免了线下办理费工、费时、等待时间长的问题。展会期间，展会现场设置触摸屏参观导览系统和手机应用程序，帮助参展商咨询展会的任何信息，以及其他人员自助了解展会的相关情况与相关服务，提高参展商的满意度。

（3）展会后续服务

展后，参展商通过智慧化管理系统完成租借物品归还和押金退回，结算费用，多退少补。系统进行门禁流量、观众情况、观众调查表、财务项目等数据统计分析，提供数据分析报告。基于展会智慧化管理系统的数据分析生成会展评估和展后总结，通过统计整理工作资料，研究分析本次展会相关工作，为未来的工作提供数据、资料、经验和建议。

二、参展商培训

每一个成熟的展会都有一些新的参展商加入，有部分参展商虽然不是第一次参展，但之前的展出效果可能不尽如人意，所以参展商培训是每一届展会必须完成的工作。展会主办方对参展商的培训工作包括以下几方面：

1. 参展商服务手册的学习

参展商服务手册虽然在事前就已经发放给参展商，但开展前对其进行相应内容的培训是非常必要的，有利于参展商高效参展。在参展商服务手册的学习过程中特别强调本次手册与之前手册的不同之处，重点学习调整和修改的地方以及本次展会特别增加的内容。

2. 展台工作人员的配备培训

提醒参展商，展台人员的配备可以从人员条件、人员素质、工作量、工作性质等四个方面考虑人员种类和数量。对选配的工作人员进行必要的社交礼仪、销售话术、促销流程、展台展示工作技巧等方面的培训。选配和培训展台工作人员是一项认真严肃的工作，关系到展出效果的成败、企业形象的好坏，应该严格挑选和培训。

3. 展览展示效果提升培训

展览展示效果因参展商的经验、展品类别、现场互动设置等情况的不同而千差万别，不是每一家参展商的展示效果都会水到渠成。所以，需要对参展商的展品陈列、推广活动设计、场地安排等环节进行培训，尽量提升参展商的展示效果。

三、参展商展期服务与管理

在展会开幕期间，参展商的现场管理包括展台接待、展台推销、贸易洽谈、情况记录、市场调研等工作。

1. 展台环境管理

在开展期间，参展商要重视展台环境。展台体现着参展商的形象，应当保持展台呈现出陈列规范、干净整齐的状态。核对展位楣板上的参展商单位名称、展位号、企业标志或展品商标是否正确规范，如有错误应立即更改；展品、模型、图文、声像设备的摆放符合展会管理要求，不得超宽、超高、超越展台范围摆放，音响设备的音量不超过场馆规定的范围；检查展位现场用电、用火、噪声、电线电缆的安装和走向、灯光的设计和使用、标准展位的标准配置等情况，及时查验并督促整改，避免展会现场出现秩序混乱和安全隐患。

2. 参展商现场联络和服务

展览期间，所有的参展商都亲临展会，办展机构一般都会抓住这一机遇，亲自到各参展商的展位拜访参展商，或者邀请参展商座谈，与他们联络感情，了解他们的需求，征求他们对展会的意见和改进建议，及时为他们提供其需要的各种服务。

3. 为参展商提供后勤服务

展会现场，主办方还提供现场清洁、安全保卫、协助参展商租借物品等后勤工作。展览期间以及每天闭馆后主办方派相关人员清洁打扫展场公共区域（如通道等），展会一般不负责各展位里面的清洁工作，这些区域的清洁卫生工作由各参展商自己负责。展览期间的安全保卫工作主要是防止可疑人员进入展会，防止展品丢失和被盗、保障展会消防安全、协助参展商处理一些安全保卫方面的突发事件等。主办方在展览期间，自己或安排第三方出租商向参展商提供展具、办公设备、音响设备、安保设备等租赁服务。物品租用要事先申请，提前租定，按需填好租用表交与展具出租商，展具出租商按约定的时间将租借物品送到展位。展会结束后，参展商退还租借物品或出租商自动搬走出租物品。

4. 开展下一届展会招展预订

展览期间，行业内企业和人员大量汇集，展会的各合作单位和招展、招商代理一般都会亲临展会，办展机构需要与他们商谈下一届展会的合作与代理事宜，为下一届展会提前做好准备，也可以在大会现场设立招展办公室，负责为参展商预订下一届展会的展位。

四、指导参展商参展行为

（一）指导参展商如何接待客户

接待客户是参展商现场管理工作的关键，其主要内容是发现新客户并与之建立联系，以及保持、巩固与老客户的联系。展会客户可以分为重要客户、现有客户、潜在客户、普通观众等。参展商应重视重要客户的接待，维护好现有客户，积极拓展新客户。重要客户不论是现有的还是潜在的，都应列出名单告知展台人员，如果发现重要客户前来参观，要予以特别的接待；现有客户要接待好，维持好关系，可以视情况在展会现场和会后继续与现有客户保持联系；潜在客户接待是参展的最大优势、最大价值所在，积极接触新客户是展台最重要的工作之一，参展商应该花较多的精力在新客户的接待上。接待可以是随意的，也可以是预约的，最好将预约接待安排在参观者人少的时间，以减少会谈时被打扰，同时也避免占用接待其他客户的机会。

（二）指导参展商贸易洽谈

贸易洽谈是参展商现场管理的重要内容之一，其目的是推销企业产品，树立企业形象。有效的推销会使潜在客户对展出商品、服务产生兴趣，使现有客户对新产品产生兴趣和购买意愿，达到这一目的，就开始进入交易洽谈阶段。展会现场参展商应该保持谨慎态度同新客户签约大宗买卖，尽量签订意向性协议，在展会结束后再做市场调研，在掌握信息后再签订大笔订单和大项目投资协议。

（三）协助参展商开展展台宣传推广活动

展台资料发放和展台内相关宣传推广互动是参展商常见的宣传推广方式。展台资料包括企业介绍、产品目录、服务说明、展出介绍、价格单、展台人员名片等。展台资料尽量采用扫码、加微信等方式获取电子资料和联系方式，方便观众收集商家数据，避免纸质资料累赘且易丢失的不足。现场发放的纸质资料要精简，能够给观众带来重要信息，有效地发挥宣传、推销作用，避免被丢弃和浪费。为了吸引观众，参展商可以在展位内举办相关宣传推广活动，如小型产品讲座、免费试吃试用、抽奖活动、发送纪念品、文艺演出等。应在有限的时间、场地和经费预算内达到最好的宣传效果。

（四）开展现场数据统计

提醒参展商做好客户统计工作也是参展商现场管理的重点，它对参展商展后的评估和总结具有重要意义。现场统计主要是记录每天观众流量、人数、新客户名单、现有客户观展数量、现场调查问卷等内容。目前现场统计的方式多种多样，常用的有收集名片、使用登记簿、扫码关注电子记录等方式。

（五）协调参与展会同期活动

对于展览期间举办的会议、论坛、比赛、表演等同期活动，主办方要积极安排和协调参展商参加。同期活动是展会互动的重要机会，有利于参展商扩大知名度和传播影响力，提升企业品牌形象，参展商应该积极参加，如果机会难得，应该合理安排关联度高的参展商参加。主办方还应该积极吸引参展商一起主办、主持和赞助同期的会议、论坛，让参展商站在主场的角度参与同期活动，这样的同期活动更有生命力，也更加突出参展商的展会主体地位。

（六）重视重要接待和媒体采访

展会期间，主办方往往会安排一些重要的公关活动，如邀请重要领导视察和参观展会、接待外国参观代表团、行业协会和商会的考察、媒体采访等。这些公关和接待活动有利于展会和参展商扩大影响、树立展会良好形象，尽量提供机会给参展商，让参展商抓住展示产品和品牌形象的机会认真对待积极参与。另外，展会还可以通过展会的新闻中心有意识地对外发布一些参展商方面的新闻，以进一步扩大参展商的知名度。

拓展阅读

如何在展会上增强准客户的购买欲望

（一）促进贸易成交

推销产品和服务，洽谈、签订合同是展览的最终目的。在展会期间，向现有客户推销老产品和服务可能比较迅速，或许当场就能签约。但是，向现有客户推销新产品和服务，或者向潜在客户推销任何产品和服务，想进行贸易洽谈都可能比较费时，这需要在之后继续努力。展览后续工作的主要内容之一是将已开始的贸易谈判继续下去并争取签约成交，并对已显示出购买兴趣的客户继续做工作，引导其购买意向，争取洽谈成交。

美国的两项调查表明，如果在闭幕后继续与新建立关系的客户联系，参展企业的销售额可以多2/3。因此，美国著名展览专家阿伦·科诺帕奇博士（Allen·Konopachiph）建议展出者将预算的15%~20%用于后续宣传和后续工作，并在展览准备时就计划后续工作，而不是在闭幕后才考虑。后续工作可以安排长至

12 个月。要明确负责后续工作的部门和个人。一般情况下，展览部门不负责展览后续工作，而是由销售、技术部门负责。另外，还要分清代理、子公司和总公司之间的责任。

另一份由英康姆调研公司做的调查显示，由参观导致的实际成交有 20% 是在展览会之后 11~24 个月之间达成的。由此可见展览后续工作以及后续寄发资料工作的频率对成交有着相当大的作用。

（二）建立展台记录

在展览期间建立完善的记录非常重要，参观者接待记录是后续工作的基础。展台人员会接触很多客户，这些客户包括只留下名片的客户、交谈过的客户、表现出兴趣并索取报价的客户、表示要订货并开始谈判的客户等。这些客户应当按标准规格详细记录。获取客户的一些信息很重要，诸如成立年份、雇员人数、年营业额、银行名称和地址、财政状况及信用等级、其供应商和最终用户名称等。但是在展台接待中往往很难收集到这些信息，因为展台人员及参观者都非常繁忙，没有足够时间询问和记录，或者参观者本身可能并不掌握这些情况，尤其是大公司的员工。另外，若问得太细，可能引起参观者的不快而不愿意继续接触交谈。因此，在展会现场能收集到客户的详细资料最好，如果不能，应在后续工作时进一步收集，这些信息是判断客户类型的依据。

（资料来源：根据相关资料整理得到）

任务二　观众服务与管理

一、观众服务与管理的工具

观众是展会的重要资源，是展会举办是否成功的标志，展会主办方一般对观众到场观展情况极为重视。展会观众数量众多，如果没有专业的观众服务工具，观众服务难免有疏漏，降低观众的观展舒适度，降低展会评价满意度甚至出现负面评价。展会智慧化的观众服务系统是展会全心全意为观众服务能够事半功倍的有力工具。

（一）观众注册系统

观众注册系统是用来收集观众信息数据的一种问卷调查表，观众需要填写它才能取得进入展会参观的观展凭证。展会通过登记收集到场观众的信息，为以后展会调整经营思路、进行客户关系管理提供重要依据。

观众注册主要包括两部分的内容：观众基本信息和调查问卷。观众基本信息根据专业观众和普通观众的不同有所区别：普通观众通常收集个人人口特征、地理区域、简单观展意向等内容；专业观众的基本信息更为详细具体，包括企业名称、所属行业、职位、联系方式等影响购买行为的信息。调查问卷的问题一般包括五个方面的内容：调查对象所在单位的业务性质；调查对象感兴趣的产品和技术种类；调查参观本展会的主要目的；调查专业观众在产品购买中的角色；调查专业观众从什么渠道得知展会的信息等，对展会发展和销售渠道调整有建设性意义的信息。

（二）展会证件

展会开幕以后，办展机构一般对展会实行证件管理，有展会认可的证件才能进入展馆参观。展会相关人员的证件分为工作人员（含服务商）证件、参展商证件和观众证件三种。实行证件管理的目的在于维持展会现场的良好秩序，保证展会的安全和参展商取得较好的展出效果（见表 8–1）。

表 8–1　展会观众证件及车证种类

证件名称	注册主体	使用主体	权限
普通观众证	本人	普通观众	一人一次进出场馆有效
专业观众证	本人、主办方代注册、参展商代注册	专业买家、潜在专业买家	一人多天多次进出场馆
VIP客户证	主办方、合作方	重要行业买家、VIP客户	指定人员陪同
媒体观众证	新闻媒体	新闻媒体记者	根据采访需求使用
嘉宾证	主办方	政府领导、行业协会领导、其他重要知名社会人物	按需使用
车辆通行证	参展商、观展商或主办方	参展商、观展商或到会嘉宾等	供持证车辆在展馆通行，停车场停车使用

展会的观众证件相较于其他类型证件更为复杂，根据实际需要，展会一般要印制六种证件。普通观众证：供普通观众使用，普通观众进行在线注册预登记后取得本证，凭本证进入展馆，使用权限通常为一人一次进出场馆有效；专业观众证：供展会专业观众使用，专业观众进行在线注册预登记后取得本证，凭本证进入展馆，通常使

用权限为一人可多天多次进出场馆；VIP 客户证：供到会的 VIP 客户使用；媒体观众证：供各新闻媒体的记者及摄影等工作人员使用；嘉宾证：供政府领导、行业协会领导、其他重要知名社会人物使用；另外，观众使用的证件还有车辆通行证，供参展商、观展商和到会嘉宾的车辆进出场馆和在展馆停车场使用。

为了便于展会现场管理，展会一般要求所有进馆人员都必须将有关证件佩戴在胸前，并自觉配合展会保安人员的查验。所有证件都不许涂改、不许转让，也不允许一证多用。

（三）展会参观指南和现场导览系统

展会参观指南是展会编印，用来指引观众、媒体记者、特邀嘉宾参观展会的小册子。参观指南主要包括四个方面的内容：展会的基本内容，包括展会的 LOGO、名称、展览时间和地点、办展机构名称和展品范围等；展会的简短介绍，主要介绍展会的规模、参展企业数量和来源、展品特点、展会相关活动安排等；简明的展区和展位划分与安排；展馆位置及交通图、馆内服务网点的分布图等指示图表。参观指南的编写一切都是从观众的观展需要出发，应简单明了，条理清楚。

现场导览系统是更为详细的展区和展位划分与安排，主要包括展区展位划分图、各展区的位置和范围、各参展企业名单及其展位号一览表等；标注更为精细的展馆位置及周边交通图、展馆内部人流动线图、展馆内各服务网点的分布图等。现场导览系统更为详细精准，通常分布在展会现场入口、人流密集的区域起到指示、引导、疏散的作用。

随着人们越来越习惯从手机移动端获取信息，展会参观指南和现场导览系统应该设计在手机上就能够获取的电子版，方便观众及时获取展会信息。现场导览系统的发展趋势将增加精准定位功能（目前的定位功能在技术上还达不到展会运营研究需要的精准程度），精准的定位功能能够让观众获取更为精准的参展商和产品信息，参展商能够更为精准地进行营销推广工作，赋予展会更为真实的商业贸易配对能力。

二、观众观展服务基本流程

（一）观众观展常规流程

1. 观众预登记注册

观展人员需事前在线预登记注册，取得观展资格，在指定的观展日或展期前往场馆观展。部分展会针对不方便使用手机的观展者在展会现场设置观众购票区或观众登记处，普通观众也可以现场购票或注册取得观展资格进场观展，这部分主要针对普通观众，其他观众需要提前取得相关资格才能够进场观展。

2. 检查门票

大多数展会会查验门票，对观众门票进行查验是主办方进行统计的需要，也是保证现场安全的基本要求。其基本程序是：当观众从入口处进场时，工作人员要求其出示门票、证件或二维码，并使用检票工具对门票、证件或二维码进行扫描，以此在门禁系统中记录该持证人已经进入展馆这一行为；当观众离开展馆时，从出口处走出即可。当离开的观众重新进入展馆时，工作人员应要求其出示证件或二维码，并再次使用检票工具进行扫描验证，以确认该观众是否具有重新进入场馆的资格，并在门禁系统中再次记录该持证人重新进入场馆这一行为。

3. 引导参观

展会通常在现场的显眼位置设立适量的指示牌，以指引观众参观。观众也可以通过展会的网络应用程序、官方网站、官方公众号等途径获取电子版参观指南，通过电子版现场导览系统的指示引导观众进行有序观展。

4. 餐饮、休息和娱乐服务

在现场管理中，由于每次展会的观众人数众多，其餐饮、休息等服务安排也非常重要。观众会认为这些服务是衡量展会质量的主要指标，也是对他们重视程度的重要标志。现场的餐饮服务可以由主办方指定餐饮服务商，为参展商、观众以及工作人员等群体提供展期的各项现场餐饮服务，也可以与场馆签订餐饮合同，由场馆常设的餐饮服务设施或场馆指定的餐饮服务商提供展会餐饮服务。在提供餐饮服务时，应该有多种餐饮形式和就餐方式，套餐、小吃、方便食品、特色美食供应要充足，就餐环境宽松舒适，能够愉快进餐。

为了给参展商及观众营造良好的观展环境，大型展会的主办方还会在现场设置数千平方米的休息区和咖啡餐饮区（往往是搭建篷房的方式），可供几千人甚至上万人同时用餐、茶饮或休息、娱乐。

（二）专业观众现场服务管理

专业观众是展会的重要资源，专业观众在展会上能够收获什么、收获多少直接关系到参展商的参展效果、展会的成败，所以有必要为到达展会现场的专业观众提供更为周到的服务。

1. 现场咨询服务

在展会上，专业观众和参展商的要求以及所遇到的问题有明显区别。因此，主办方应该在现场设立单独的观众接待台，主要为专业观众提供咨询、处理投诉等服务，这种做法很受专业观众认可。

2. 领取参观指南和会刊

展会现场向专业观众推送参观指南信息或纸质参观指南，值得注意的是专业观众的参观指南应该单独设计，其内容比一般的展会指南更为详尽地提供参展商信息，提供具体的展会同期活动安排表等具体展会事宜，以便于专业观众找到自己需要的展会信息，顺利开展商贸洽谈业务，参加展会同期活动了解行业发展前沿信息。

赠送或出售会刊是专业观众和相关机构获取参展商资料的重要渠道。展会会刊一般通过两种方式对外发放：赠送和定价出售。赠送主要是赠送给行业协会和商会、外国驻华机构等组织以及所有的参展商，有些展会也赠送给部分专业观众。定价出售主要是出售给展会的专业观众。在展会期间，展会可以在专业观众登记台附近设一个专门出售点出售会刊。展会会刊是展会为参展商提供的一项宣传服务，有利于补充专业观众在展会上一时难以接触的参展商信息的不足，为参展商架起一座走向市场的桥梁。展会借此帮助参展商扩大宣传，专业观众可以凭该会刊寻找自己需要的产品供应商。

3. 商业对洽服务

参展商和专业观众参加展会最终都是为了实现商业配对洽谈甚至成交，越来越多的展会主办方为专业观众提供免费商业配对服务。这项服务的主要目的是使参展商和专业观众尽快地与其潜在的商业伙伴对接，确定现场洽谈的时间和地点。其基本内容包括：专业观众进行在线登录时，选择感兴趣的展品类别，展会主办方将根据他们的兴趣提供相应的参展商名单和产品信息；专业观众在展会网站上浏览参展商名单，寻找他们感兴趣的参展商和产品，随即可约定与某一参展商代表现场会谈等。

4. 组织参与展会同期活动

展期举办的会议、论坛、比赛、其他相关活动等同期活动，往往会发布产业现状报告、诊断产业遇到的问题并提出专业的解决方案，提前预测行业发展趋势等与产业发展息息相关的信息。这些都是展会的重要组成部分，是展会在行业中影响力的体现。参加展览期间举办的会议、论坛、比赛、表演和其他相关活动，是吸引专业观众进场的重点，有的专业观众甚至声称可以不观展但一定要参加同期活动。主办方积极安排和协调专业观众参加同期活动，利用展会同期活动的机会，让专业观众与参展商充分接触，互通供需双方的有效信息，发现新的贸易机会。甚至提供商贸对洽等直接促成成交的商贸活动，以利于专业观众高效完成采购任务。主办方还可以积极吸引有行业影响力的重要专业买家一起主办、主持和赞助同期的会议、论坛，让专业观众与参展商、主办方一起运作同期活动。三方的合作让同期活动更有生命力，也促进了产业上下游供需双方的共同发展。

三、观众统计

（一）展会参与者分类

展会运作过程中的主要参与者，即会展市场主体，主要有三个：展会组织者、参展商与观展者。展会现场涉及人员的类型中，主要包括以下人员（见表 8-2）：

展会工作人员：主办方工作人员、承办方工作人员等展会组织机构的工作人员，以及场馆方工作人员、第三方服务提供商工作人员、政府部门派驻工作人员、安保人员、保洁人员、志愿者、外协人员、其他工勤岗工作人员等，这些人员都是为了保障展会顺利召开开展职能工作和专业服务的工作人员。

参展商：参展商是受会展主办方邀请，通过订立参展协议书（或会展合同），于特定时间在展出场所展示产品或者服务的主体，参展商包括参展企业派驻的工作人员（参展企业的员工）、参展企业雇佣的人员（如展台促销员、展台表演人员、外聘参展商代表、翻译等）以及其他帮助参展商共同完成参展工作的人员，如车展中 4s 店的销售人员（汽车制造商是签订合同的参展商，4s 店的销售人员完成展台促销工作）。

观展者：即观众，是通过购买门票、提前注册入场参观资格或与参展商进行商贸洽谈的自然人、企业以及其他相关者。观众分为专业观众、普通观众和特殊观众。专业观众是指与展会上所展出的商品或服务相关的经销商、用户或专业人士，专业观众又称贸易观众。普通观众包括购票参观者、提前注册普通观众身份并到场参观者、凭免费邀请函或优惠券入场的参观者等，普通观众为数众多，占观众人数的绝大部分。特殊观众包括媒体观众（记者及协助采拍工作人员）、相关行业协会成员、相关专业领域专业人士、相关专业研究学者、政府人员等高度关注展会发展的相关人员。

表 8-2　展会参与者的分类

类型	主要人群
展会工作人员	主办方、承办方、协办方工作人员
	场馆方工作人员、第三方服务商工作人员
	政府部门派驻工作人员
	志愿者、其他工勤岗工作人员
参展商	参展企业派驻的工作人员（参展企业的员工）
	参展企业雇佣的工作人员
观众	专业观众
	普通观众
	特殊观众

（二）展会常规人数统计

展会通常会对入场人次、参观人次、观众人数等数据进行收集整理并进行分析。

入场人次：指在展会正式开放期间进入展会现场的人数。展会入场总人次等于展会开放期间通过入口处的总人次，统计对象包括展会组织者、参展商、专业观众、普通观众等所有通过入口处进场的人员。

参观人次：参观人次指代表着展会组织者和参展商所期望的市场诉求对象，凭入场证件在展会正式开放期间进入展会现场的人次。统计对象包括采购商、经销商等与参展商有业务关系的专业卖家，也包括参展商所在行业的终端消费者，对该展会感兴趣的普通市民，以及记者、专业人士等相关人员。

观众人数：观众指参观展览的人。统计对象不管参观多少次，只能有一次被计入观众人数。

重复参观：重复参观指第一次参观后的其他可以计算的参观次数。

展会对到场人数和观众人数进行统计，有利于主办方根据观众入场人次提供相应的服务项目和服务规模，提升观众观展的舒适度；观众人数统计有利于参展商为展台展示工作做好积极准备，提升展示和宣传推广效果；观众人数统计还客观反映展会规模和影响力，是吸引参展商继续参加下一届展会的有力方式。

另外，国际展览业协会 UFI 在展览认证时，只接受与“参观人次”或者“观众”有关的数据。所以有必要对入场人次、参观人次、观众等与观众相关的概念加以区分和明确，有利于展会接轨国际标准，逐步提升展会国际化水平。

（三）专业观众统计与管理

展会专业观众的数量和质量是判断一个展会生命力的关键要素，对专业观众的统计和分析是展会做好专业服务，保持展会可持续发展的重要战略。专业观众的统计和分析常使用以下专业化的可测量细化指标。

1. 专业观众观展行为

（1）平均停留天数：对专业观众在展会现场的平均停留天数进行统计，对展览举办天数的设置有一定参考价值。

（2）平均停留时间：统计每位专业观众在现场平均停留的时间，有助于展会主办方和参展商在专业观众停留的时限内开展有效的展示展览、沟通交流等互动。

（3）首次专业观众和重复参观专业观众比例：统计首次观展专业观众和重复参观专业观众比例，更进一步了解专业观众需求，以帮助主办方调整招商招展策略，帮助参展商调整展台促销方式和展示互动形式。

（4）每年只参加一个展会的专业观众比例：对于这部分每年只参加了一个展会的专业观众，展会主办方只有一次机会，主办方了解这部分专业观众的比例，强化到自己的展会来观展，能带给专业观众最大的价值，有利于形成垄断优势。

2. 专业观众采购行为

专业观众采购行为是站在参展商的角度来讲的，主要测量指标有：

（1）采购计划比例：专业观众计划在展后一年内采购所参观过的产品、技术或解决方案的比例。比例越高，对参展商而言展出效果越好，越愿意继续参加下一届展会。

（2）采购影响力：指对专业买家的采购行为有影响力的因素，包括专业观众是否归属采购部门，在采购决策中的地位，采购金额数量的大小，展会采购占企业采购的比例等要素。采购影响力越大，展会成交的额度越大，这个群体越是优质专业观众。

（3）采购意向影响力：指采购行为中对采购决策有影响力的因素，包括专业观众的归属部门、职位、在采购决策中的话语权、权威性和对采购过程的掌控能力。采购意向影响力越大，越有利于实现展会采购行为。

（4）新的商业机会：专业观众是不是新的顾客人群、新的消费方向、新的商业用途等新的商业机会。新的商业机会越多，参展商和展会的生命力越强。

3. 专业观众价值

（1）感知参观价值：认为展会值得花费时间、金钱和精力参观的观众比例。

（2）计划再次参观的比例：展会有参观价值，值得下一届展会继续观展的专业观众比例。

（3）净推荐指数：认为展会有参观价值，推介给他人的净值，净推荐指数等于愿意推荐展会的观众的比例减去贬低展会的观众的比例。

（4）教育价值：是专业观众感受到的展会的总体价值、展会上获取新信息和有用信息的程度。教育价值是展会吸引专业观众的重要因素。

感知参观价值、计划再次参观的比例和净推荐指数是从展会主办方的角度提出的，比例越大，展会满意度越高。教育价值是从专业观众的角度提出的要求，所以展会一定要注重技术论坛、新产品发布（演示）、培训等配套活动的组织，努力打造展会的教育价值。

（四）普通观众统计与管理

普通观众是相对专业观众而言的，大多数普通观众参展的目的仅仅是参观。现场对普通观众的统计管理工作，一般是根据现场售出或领取门票、线上预登记取得入场资格的人员情况进行统计，这样可以计算出普通观众的人数。随着线上预登记系统的普及，普通观众在申请入场资格时填写个人信息、观展目的、感兴趣展品类别等内容，普通观众的数据越来越丰满和专业化。

在普通观众的统计中，除了通过测评普通观众人数反映展会规模外，还有一项值得重视的工作，就是发掘可能成为展会参展商和专业观众的目标人群。这些人可能是该展会展览题材所在周边行业的人士，也可能是该展会所在行业有关联行业的人士，是展会参展商所期望的潜在专业买家，或通过观展考察参展机会的潜在参展商，是展会招商的主要目标客户。

展会潜在参展商和潜在专业观众的统计与发掘，通常依据观众办理登记手续的内容进行统计。线上预注册系统的观众信息登记有利于主办方筛选该客户是不是潜在参展商或潜在专业观众；展会还可以在观众进馆前设立观众登记处，进行专业观众的登记工作。在展会结束后就可根据观众登记资料进行专业观众的人数及其他信息的统计。

（五）特殊观众统计与管理

展会中特殊观众占比小，却是对展会发展非常关注的人群，有必要对特殊观众的到场情况进行统计。在展览期间，媒体记者的统计工作意义重大，展会主办方会邀请一些媒体记者对展会进行参观和采访，以扩大展会的宣传推广。目前，对媒体记者的统计常采用网上注册系统，媒体记者只需按照网上提示和要求，如实填写相关注册信息并上传相应证件的复印件，即可完成网上媒体观众的登记及注册。展会主办方根据网上注册系统所提交的信息进行核实和统计。其他类型的特殊观众，比如，相关行业协会成员、相关专业领域专业人士、相关专业研究学者、政府人员，因为对展会的顺利开展有重要影响，并且他们也高度关注展会的发展，所以也有必要做好统计与服务工作。

拓展阅读

31数智化解决方案，见证每一场盛会的高光时刻

2021初夏来临，万物盛开，各类会展活动已经迎来高峰了，我们一起来看看“31会议”参与的这些用了酷炫“黑科技”的活动吧！

2021上海伯克利校友招聘&职场分享会：分享会使用招聘交流活动微站，助力校友们一览活动信息，微站在手，消息我有。

Khronos·芯原技术研讨会：研讨会使用线上会议全流程解决方案，不仅使会议嘉宾能够有效参加，更保障了高新科技会议的现场安全。

第十二届西部钢铁经贸论坛：本次经贸论坛提供了数字化签到、现场抽奖等前沿科技应用，数字化签到提高活动现场管理效率，酷炫的抽奖环节把晚宴的氛围推向高潮，带给嘉宾不一样的参会体验。

第五届丝绸之路国际博览会暨中国东西部合作与投资贸易洽谈会：本届丝博会创新展会服务模式，赋能产业数字化转型，首次同步举办线上丝博会，并设立电商直播平台，形成“线上赋能线下，线下驱动线上，线上线下融合，数据驱动业务”的数字展会新业态。

线上丝博会平台聚焦“展、论、服、洽、管、营”六大核心要素，提供虚拟展馆、产品直播、在线论坛、在线询价互动、视频洽谈室、电子名片、商机智能匹配等一系列数字化服务，助力丝博会打造融合会展新标杆。

线上丝博会取得丰硕成果，累计在线观众人数41万余人，超400余万人次云端观展、观看论坛和展商直播，包括来自21个国家地区和全国各省观众，直播观看人数超62万人次，在线询盘31271次，交换电子名片43359次，展品收藏13285次，采购信息发送12911条。

（资料来源：31会议）

任务三 会展现场风险管理

会展现场是人流、物流密集的场所，会展现场任何风险事件的发生都会使它本身的影响扩大数倍，会对参展商、观众和展会本身造成人身和财产等有形损失，又对其声誉、口碑、社会影响力等造成无形损害。我国会展业还处于发展阶段，对展会风险的抵御能力和应变能力有待加强。因此作为展会主办方，要具备危机意识，把风险管理纳入会展管理的体系中，针对展会现场的风险要加强防范，提升会展现场风险管理能力，对出现的风险事件及时应对处置，尽量将会展风险带来的损失降低到最小。

一、会展现场风险管理认知

（一）会展现场风险特点

风险又称危机，是遭受损失的可能性，是对潜在的、未来可能发生有害后果的一种预期损失。风险管理是指对可能遇到的风险进行规划、识别、估计、评价、应对、监控的过程，是以科学的管理方法实现最大安全保障的实践活动的总称。会展现场任何风险都可能发生，因此，会展现场风险具有危害性、突发性、不确定性和紧迫性。

1. 危害性

会展现场的风险会给展会和参展商带来有害后果及损失，这种损失可能是有形的，也可能是无形的，其大小和程度是不可预估的。风险造成设施设备的损坏、房屋建筑的毁坏，导致的资金流失甚至人身伤亡等有形的损失可以衡量，其破坏性有时候会巨大，带来严重的危害。而风险使得展会或参展企业形象和声誉受损，导致整个市场低迷，由此给主办方或参展商带来的负面影响等无形的损失，在很长时间内都难以消除，其破坏力难以衡量。之所以要加强会展现场的风险管理，正是为了尽量避免风险的这种危害性。

2. 突发性

风险是偶发事件，一旦爆发，事物原有的发展格局突然被打乱，人们会无所适从。会展现场的风险是可控因素和不可控因素交织影响下产生的，有时可控因素占主导地位，让人感觉到风险是可控的，但更多时候是不可控因素和可控因素共同影响下导致风险的发生，让人无所适从。因此，会展现场风险的突发性尤为明显。会展现场风险事件中的混乱局面使人们丧失既得利益，又面临全新的不熟悉的环境，使人们更加强烈感受到风险是突发性的。

3. 不确定性

风险具有很大的不确定性，这是风险的本质特征，人们很难判断风险是否会发生，也很难预测它发生的时间。会展因为其技术含量高和复杂程度大，和社会经济运行中的方方面面都有千丝万缕的联系，无形中增加了会展现场风险的不确定性。即便人们依据以往经验作出风险预测，但有些会展现场风险只发生一次，人们依据以前经验和统计规律去判断，往往会作出错误的预测。另外，会展现场风险发生的情景也有很大的不确定性，由于风险的发展受各种因素的影响，特别是不可控因素的影响，所以其发展经常出人意料。随着各种变量因素的积累和变异，可能会产生各种难以预测和控制的后果，因而在会展风险事件中要密切关注风险的进展，降低会展现场风险的不确定性。

4. 紧迫性

紧迫性是会展现场风险的实践性特征，由于事发突然，要求相关方面及时作出反应和应对方案，因为任何拖延行为都会使风险事件带来的损失不可估量。而且会展现场风险发展进程也非常迅速，随着风险的发展，风险造成的损失会变大。所以在会展现场风险事件处置中，时间非常紧迫，对时间的把握很大程度上决定了会展现场风险事件管理是否有效。

拓展阅读

活动现场的突发事件

2004 年 2 月 5 日，在北京市密云县（今密云区）密虹公园举办的密云县第二届迎春灯展上，由于领导责任和管理责任不落实，导致彩虹桥（亦称云虹桥）上拥挤、踩踏，造成 37 人死亡、37 人受伤的特大伤亡事故。这起事件引起了国内社会各界的高度重视，从而将会展安全问题上升到法律的高度。2005 年 9 月 9 日由北京市人民代表大会常务委员会通过了《北京市大型社会活动安全管理条例》，该条例可以说是用血的教训换来的。

其实，这种展会危机事件在国外大型会展活动也一直存在。

2006年2月4日，巴西最大城市圣保罗因来自墨西哥的“反叛者”音乐组合签名活动，发生踩踏事件，结果造成至少3人死亡，33人受伤，其中多人伤势严重。

2001年在法国斯特拉斯堡的一场音乐节上，一阵暴雨将一棵树吹倒，压在了临时躲雨的人群上，造成11人死亡，80多人受伤。几乎全世界的媒体都报道了这场悲剧。也许有人会说，不是每个人都会这么倒霉碰上此类事件，但是选择一个风和日丽的日子举办活动，对参与其中的人而言是一件愉快的事情。特别是当有大型室外展示的时候，请教一下当地的气象部门，弄清楚特定时间内是否会出现影响活动举办的恶劣天气，其实非常简单——只要花费几分钟就可以了解到所有的信息。

（资料来源：豆丁网《会展风险案例分析》）

（二）会展现场风险类型

会展期间人们从四面八方相约而至，会展现场风险也就相伴而来。有必要认知会展现场风险的类型，以便有的放矢解决会展现场的风险问题。

1. 按风险发生的动机划分

按风险发生的动机划分为自然风险和人为风险。

自然风险指由自然因素引起的风险，诸如突然发生地震、台风、暴雨或洪水等重大自然灾害。这是展会无法抗拒的，当属不可控制范畴。为了防范这些风险，主办方一定要加强与政府相关管理部门的信息沟通，一旦获得消息，定要“宁可信其有，不可信其无”。会展活动要做好时间调整，及时更改会展日期或变更场地，甚至被迫终止而避开风险的发生。

人为风险是指风险事故的发生是人为因素或人的不安全行为所导致的，或是有预谋的危害事件，如恐怖袭击、爆炸、食物投毒、盗窃等，还有工作人员的疏忽因素导致的危害，如现场踩踏事件、工程事故、火灾等。

2. 按风险的类型划分

按风险的类型划分为医疗卫生型、安全事务型、政策和法律法规型、重大活动变更型。

医疗卫生型风险，如食物中毒，传染病疫情、群体性不明原因疾病；安全事务型风险，如火灾、盗窃、工程事故等；政策和法律法规型风险，如劳动纠纷、合同纠纷等；重大活动变更型风险，如疫情扩散要求暂停举办展会、嘉宾缺席导致活动无法进行等。

3. 按风险发生的状态划分

按风险发生的状态划分为可以控制型风险和不可控制型风险。

可以控制型风险，是展会主办方可以控制的风险，比如一些人为风险，如火灾、食物中毒、工程事故等风险事件；不可控制型风险，是展会主办方无法控制的风险，主要是一些外部风险，天气原因造成的展会负面影响、传染性疾病的社会面传播等风险。

自然风险都是不可控制型风险，人为风险中一部分属于可控制型风险，如食物中毒、打架斗殴等，人为风险中也有一部分属于不可控制型风险，如潜伏期长的传染病在展会现场的传播。

二、会展现场风险管理

（一）会展现场风险管理原则

1. 预防为主原则

预防为主的重点应放在展会现场风险管理的安全工作上，做到展前有风险管理计划和专项风险预案，制订完善的风险管理实施方案和措施，并举行风险防控工作演练；展中的布展、展期、撤展等环节有风险防控工作方案和具体实施的措施；会后及时总结经验教训，针对出现的问题调整预防措施，真正做到预防为主。

2. 快速反应原则

展会风险事件发生后，要及时准确地了解、把握事件的情况信息，分析发展动向，迅速启动处置方案和措施，快速反应，将风险带来的经济实物损失降低到最小。还要及时有效地控制事态发展，通过开新闻发布会、针对性公关等措施将风险带来的社会负面影响降低到最小。

3. 统一指挥，协调联动原则

专设的展会现场风险管理工作小组，在风险事件发生后，要充分发挥其专业性，加强沟通协调，搞好部门之间、展会与外界之间的衔接和配合，明确职责及时处置突发风险事故。展会参与者要服从统一指挥，协同作战，保证风险事件的处置工作有序高效运行。

4. 会展第一责任人，社会参与原则

会展现场出现的风险事件直接影响会展参与者的利益，给展会主办方、参展商、服务提供商和观众带来损害，降低展会的社会影响力和声誉。会展现场风险事件的处理，必须发挥会展主体的第一责任人作用，综合运用各种手段，将会展现场风险的损害降低到最小。当然会展作为第一责任人还需要调动社会各方面的资源投入，协调各部门配合，团结社会力量参与会展现场风险管理工作。

（二）会展现场风险管理内容

会展现场风险管理，是要先于展会开幕就应该进行的一项工作，大体应该完成以下内容：

1. 建立风险管理机构

会展现场风险管理应建立由展会展览组、安全保卫组、会务组、接待组、项目组、新闻组等有关小组领导、专家组成的展会现场风险管理指挥、协调联动的专项工作小组。该专项工作小组除对场地存在的风险进行安全检查外，还要制定周全的会展现场风险管理计划，将该计划嵌入整个展会项目的运营中，时时强调如何规避风险事件的发生；负责会展现场专项风险预案的编制和落实执行；负责对会展现场风险管理涉及的工作人员进行安全培训；以及负责常规风险事件发生后的应对处置演习实操。

2. 对场地设施进行安全分析

展会要在开展前就做好展会现场的风险管理工作，开展前要对场馆进行安保检查。检查的内容主要有：有无发生过火灾、盗窃事件；出入场馆的交通是否符合交通安全标准；场馆内的安全设施是否齐全等。在场馆的安保检查过程中，风险管理人员应着重检查用电安全监控系统和应急服务，反复询问大量有关安全的问题，直到觉得这个场所相对比较安全为止。

3. 制定规章制度和风险管理预案

为了保护会展工作人员和参与者，在布撤展、使用设施期间尽量远离风险，要制定必要的安全规章制度。这些规章制度包括场地风险和活动风险两大类。场地风险指的是那些直接与设施有关的风险。主办方制作安全小册子、标牌以及其他交流方式，以确保所有会展参与者和工作人员，都能读懂这些设施设备安全方面的规定和要求，例如，出口标志、急救标志、最佳撤离路线、警告标志、紧急救援电话号码等。活动风险指的是活动工作人员和参与者就大型活动的规章、制度及政策的理解不同而产生的问题。主办方要制定有效的活动风险管理预案和具体实施措施，以避免在活动中可能出现的风险。

4. 同当地的安全管理部门、媒体建立良好的工作关系

在开展前，要陪同消防和安保部门对所有的展位进行一次全面系统的安全检查，彻底清除可能的安全隐患，保证展会符合消防和安全要求。并与当地的安全管理部门、媒体建立良好的工作关系，确保会展现场出现风险事件时能得到相关部门的帮助。

媒体对会展现场风险管理的成效有重要影响，媒体可以帮助办展机构更好地处理危机，也可能给危机管理带来很多负面影响。因此，应多渠道与媒体保持沟通和密切联系，尽量提供真实的信息，不要和媒体发生冲突，适当地控制媒体的活动范围以便为风险管理赢得更多时间。

5. 督促购买保险

展会期间组织者会要求展会参与者购买足够多的保险来保护自己，避免可能发生的损失。主办方要求第三方服务提供商和参展商，必须购买保额足够的保险给参与展会活动的工作人员和企业本身，建议参展商和保险顾问联系，以获得现有政策或新的条款的详细说明来确保正确的责任范围。这种保险通常是定期保险，涵盖搭建、展览、撤展等特定时段的特定损失，以及在会展上遭到盗窃或破坏而蒙受的损失。主办方建议观众购买相应意外险，以保障自己的利益免受损失。

（三）会展风险管理阶段

会展风险管理的流程和普通风险管理的流程相同，包括预警阶段（readiness）、处理阶段（handling）、形象再塑阶段（remodeling）和评估阶段（assessing）四个阶段。

1. 预警阶段

风险发生之前，要建立预警机制采取措施防范会展现场风险的发生。首先，建立会展风险管理的机构，做好会前风险隐患的排查工作。其次，建立风险预测和分析系统，对会展风险事件进行分类、汇总，对可能出现的风险进行风险评估，找出会展现场可能面临的风险有哪些，分析这些风险发生的概率。并确认这些可能发生风险的性质，以便采取有效的管理措施来处理这些风险。再次，制订专项的预警方案，提出种种预防风险的对策，制定具体处理每一项潜在风险的措施。在制订风险应变计划时，可听取外部专家的意见，将有关计划落实到文字，尽量做到有备无患。最后，培训和预演，平时对有关工作人员进行特殊的风险管理培训和安全训练，对有关风险管理计划进行不断强化以灵活掌握，对消防、突发事件处理等重要预警方案要反复排查演习，让风险预案能够落地。

防范风险最主要的策略是防患于未然，购买保险是预警阶段需要完成的工作。展会期间要求展会参与者购买足额的、正确保险范围的保险来保护自己，避免可能发生的损失。

2. 处理阶段

（1）会展现场风险的监测：对会展活动的宏观环境和会展现场进行监控，防止盗窃、冲突、医疗卫生事件等情况的发生。借助现代电子装置时刻监控会展现场，风险一旦发生，及时了解情况，第一时间到达现场，启动会展现场风险处理程序进行处理。

（2）风险的处理：风险管理小组或风险控制检查专案小组立刻投入工作，保持冷静理性，迅速按照风险管理预案将所有人员布置到位、控制现场，按流程处理风险事件。采用公共宣传、新闻发布会、与相关部门沟通、主动说明和积极赔偿等手段，做好会展风险的应对，防止负面影响的扩散。会展现场风险处理过程中保持信息渠道的畅通，注意相关部门的协调配合，及时将现场情况以及处理进程与结果公布于众。

（3）调整预案：现场处理风险事件时要有一定的灵活性，做到临危不乱，灵活地处理突发情况将损失降到最少。必要时要调整风险预案使展会行为与公众的期望保持一致，重新确定可能受到风险影响的公众，调整信息传播的渠道及时有效沟通处理情况，最大限度地减少风险对展会声誉的影响。

3. 形象再塑阶段

会展的品牌影响力是会展得以长期生存的基础，对于会展主办方来讲，风险事件对形象和品牌的危害往往较财产安全要严重得多，展会现场的风险事件对展会形象的危害也是深刻长远且最难恢复的。

在风险发生之后，会展主办方立足于展会形象的维护，在风险管理的过程中，要努力减少给展会品牌形象带来的损失，争取参展商和观众的谅解、信任。通过及时高效处理展会现场的风险事件，重新树立展会对风险把控能力强、保护参展商和观众的相关利益、灵活处理突发情况将损失降到最小、能够完美抵御风险的正面形象。

会展现场风险事件对展会的确是一次品牌危机，但对受损会展品牌进行再塑造是“危险”中的“机会”。危机过后，会展主办方一定要抓住风险发生后的机会，趁风险事件的受关注热度还在，及时快速通过公众媒体告知大家风险事件对展会影响范围迅速缩小，展会状态恢复良好，继续正常平稳发展。同时，宣传风险事件后品牌新的亮点，企业新的战略发展计划等信息，提升品牌知名度，维护品牌形象。

4. 评估阶段

对风险事件造成的人、财、物的损失进行估价，对无形财产损失进行客观合理地评估，对事件做好记录。形成风险事件的评估报告，归档管理。

三、会展现场风险事件处理

会展现场风险事件多种多样，盗窃、食物中毒、火灾、突发疾病、工程事故、打架斗殴、对抗甚至是恐怖袭击等都可能出现。下面就几种常见的风险事件如何处理进行论述。

1. 盗窃

盗窃是在展会中经常发生的风险事件。由于展会的参加人数多、流动性大，对进入者的身份核查一般都是填写一份观众信息表，而表格的有效性难以核查，加上珠宝展、文物展、奢侈品展的兴盛，给盗窃犯罪分子提供了可乘之机。盗窃一旦发生，丢失的财物很难寻回。近几年，展会中发生的盗窃行为愈演愈烈，甚至有很多盗窃团伙、盗窃集团也把展会看成难得的“契机”。

预防盗窃事件首先要从展场出入口开始，实行实名制注册入场，确保观展人员身份合格，对有“前科”的人员要提高警惕，一旦身份核实，禁止其入场。对于安全标准要求较高的展会，一方面要加大安全支出预算，加大电子监控设施的监控力度，另一方面要加强对参展商防盗意识的培训，提醒参展商注意防盗。同时，在观展过程中通过语音和标识提醒观众保管好财物，注意防盗。此外，要强化安全保卫队伍建设和加强与当地公安系统的联系，发现盗窃事件，及时严格处理，对企图盗窃的犯罪分子起到威慑作用。

2. 食物中毒

在人群聚集的地方发生最多的人为灾难就是食物中毒。食品安全是一个全球性的问题，食物中毒几乎在任何时间、任何地方举办的任何会议和展览活动中都有可能发生。

展会想要避免食物中毒事件，最好提前作出规划，对会展项目管理计划中的食品安全部分进行有效的管理。如果食物中毒是由于食品和饮料的提供商的工作失误而发生的，就必须立即采取紧急措施防止和避免中毒事件的发生。在会展现场风险管理计划中，应该有处理食物中毒的预案，如果确有食物中毒事件发生，会展主办方应按照风险管理预案进行管理。

做好食品安全工作，对展会餐饮服务供应商要做全面调研，收集餐饮服务商在食品准备和处理方面的信息，告知展会对其提供餐食的标准和要求，保障展会现场就餐消费者的健康和安全。对会展场馆的厨房等能够实地检查的餐饮服务商进行全方位的现场检查，检查所有的餐饮准备是否规范，检查其是否符合公共卫生标准，检查餐食品类是否符合要求。

展会举办期间，对所有展会现场提供的餐食进行 24 小时留样保存，以确保出现食物中毒事件后能够进行食品溯源，尽快找到中毒食品源头和中毒种类，为对症治疗提供参考依据。对提供了引发食物中毒事件食品的餐饮服务供应商或场馆餐厅要停止餐饮合作，保留追究其法律责任的权利。

3. 火灾

火灾也是会展现场常见的人为灾难，大部分火灾都是人为因素造成的。展馆内电路复杂，稍有疏忽就容易引起火灾。展会现场的观展者对未完全熄灭的烟头处置不当也容易引发火灾。更为可怕的是，火灾发生后会引起人群恐慌，自然向出入口逃散，容易造成踩踏事故，并给消防灭火工作造成阻碍。

虽然会展现场还没有发生过严重的火灾事故，但对火灾的潜在风险依然要给予足够的重视。为了将展会现场火灾的风险降到最小，场馆方要将禁止吸烟等避免火灾的注意事项、主出入口及紧急出口等紧急逃散方式标识标注得明显醒目，方便发生火灾时及时逃生。主办方展前通过宣传手册告知参会者防火要求，在展会期间提醒现场所有人遵守公共场所的消防规定。当火灾发生时现场指导急救和逃生，组织人员有序撤离到安全地点。参展商不使用易燃材料搭建和装饰展位，合规用电，熟知消防器材的放置位置和使用方法，避免和防范展位存在的火灾隐患。观展人员不应在展会现场抽烟，了解消防疏散通道的位置和紧急撤离路线，保证自己的人身安全。

4. 突发疾病

展会现场是人流的聚集地，其中可能有传染性病毒携带者，但病毒携带者和展会组织者并不知情；拥挤或者过于激动可能造成突发性疾病或者晕厥；室外展区和空调系统功率不足的室内展览容易出现中暑等医疗卫生事故。所以每个展会活动都应采取基本的医疗救助措施来维护展会活动的正常进行。

展会对自己的员工及签约雇员进行事先培训，指导他们怎样应对紧急医疗事件。展会应当聘请合格的医护人员在展会期间现场值班，一旦个体突发疾病，应及时规范处置。在会展整体风险管理计划中，要对可能发生的传染性疾病、突发性疾病，制定预案和采取急救措施，一旦发生突发疾病事件，按照预案有序处置。如果展会现场出现传染性疾病和群体性医疗卫生事件，展会要及时上报疫情，请求当地医疗卫生系统专业化处置。同时，安抚现场人员，避免恐慌和不必要的违规行为出现。

5. 工程事故

由于展会现场中的展台和其他建筑临时搭建的情况较多，在活动结束后会被拆除，因而一些参展商为了节约成本，找一些非专业的搭建公司现场施工，所使用的材料及施工质量存在严重的安全隐患。为杜绝此类工程事故的发生，展会现场应当制定一系列的安全规定。例如，为了保证安全，展台搭建所用的材料必须具备防火功能；照明设备和材料必须符合当地安全标准；电源必须由展会指定的搭建公司持证人员负责安装。此外，还必须注意施工搭建时的安全，不能使用有安全隐患的工具和材料；在展出期间，要有专人负责检查展台及设备情况，以保证展台安全和设备的正常工作。

一旦出现工程事故，及时救助受伤人员，及时送医；协助事故受害者进行保险申报和理赔事务；对事故责任人进行一定的处罚，必要时协助公安机构完成事故的认定。

6. 暴力行为

暴力行为范围广，包括抢劫、打架斗殴、对抗、恐怖袭击等。展会举办前应了解会展举办地所在区域的犯罪率和以前会展期间发生过的犯罪种类，要对暴力行为发生的风险非常敏感，制订暴力行为风险管理计划，采取措施尽量避免抢劫、打架斗殴等一般犯罪行为的发生。对突发的对抗、恐怖袭击等群体性暴力行为，有必要向当地警方上报，请求当地警方出面干预，保障展会活动顺利进行。

这些暴力事件最典型的特点是影响面很大，处理这类事件除了及时与当地警方配合，尽快解决问题之外，还应该配备一个有经验的发言人或协调员，以防止事件扩大。同时，稳定观展者和外界的情绪，保证会展顺利进行。

项目学习小结

本章主要讲述了参展商服务与管理的工具：参展商服务手册和智慧化参展商服务系统，为参展商提供高效便捷的展会服务；通过开展培训，要求参展商认真学习参展商服务手册、培训展台工作人员、提升展览展示效果；对参展商展期进行展台环境管理、参展商现场联络和服务、后勤服务、下一届展会预订等现场服务和管理；对参展商参展行为进行指导，为提升参展商参展效果出谋划策。展会观众服务与管理的工具：观众注册系统、展会证件、展会参观指南和现场导览系统。观众观展常规流程：观众预登记注册—检验门票—引导参观—提供餐饮、休息和娱乐服务等后勤服务。对专业观众的现场服务管理，通过展会常规人数统计、专业观众统计、普通观众统计和特殊观众统计来进行展会观众分析，通过知晓会展现场风险管理的特点、类型、内容和阶段对盗窃、食物中毒、火灾、突发疾病、工程事故、打架斗殴等会展现场常见的风险事件进行处理。

单选题

1. 参展商服务手册又称（ ）。

A. 服务规范　B. 参展指南　C. 展会会刊　D. 管理手册

2. 展台接待中，不在重点接待范围的客户是（ ）。

A. 重要客户　B. 现有客户　C. 潜在客户　D. 普通观众

3. 参展商的现场管理不包括（ ）。

A. 展台接待　B. 展台推销　C. 展台搭建　D. 洽谈贸易

4. 参展商要重视展台环境保持体现在（ ）。

A. 展品、模型、图文根据参展商的需要确定摆放位置和范围

B. 为了展示效果好，音响设备的音量要开大声一些

C. 应当保持展台陈列规范、整齐干净的状态

D. 展位上参展商单位名称、展位号、企业标志不规范也没关系

5. 不属于重点指导参展商参展行为的是（ ）。

A. 指导参展商如何接待客户　B. 重视重要接待和媒体采访

C. 展台布置一定要绚丽夺目　D. 协调参与展会同期活动

6. 展商智慧化管理系统是（ ）。

A. 全方位智慧化系统　B. 门禁系统

C. 导航和定位系统　D. 数据收集系统

7. 办展机构一般对展会实行证件管理，有（ ）才能进入展馆参观。

A. 展会认可的证件　B. 专业观众证　C. 参展商证　D. 媒体记者证

8. 展会一般要印制（　）种证件。

A. 三　　B. 四　　C. 五　　D. 六

9. 专业观众观展行为的量化指标不包括（　）。

A. 平均停留天数　　B. 平均停留时间

C. 进场人次　　D. 首次专业观众和重复参观专业观众比例

10. 观众统计中，净推荐指数指（　）。

A. 认为展会有参观价值，推荐给他人的比例

B. 愿意推荐展会的观众比例减去贬低展会的观众比例

C. 认为展会有参观价值，推荐给他人的次数

D. 认为展会有参观价值的观众比例

11. 特殊观众不包括（　）。

A. 媒体观众　B. 相关行业协会成员　C. 相关专业研究学者　D. 市民

12. 专业观众又称（　）。

A. 参展商　　B. 贸易观众　　C. 特殊观众　　D. 凭邀请函进场的观众

13. 风险的描述不正确的是（　）。

A. 风险又称危机　　B. 是遭受损失的一种可能性

C. 风险的后果不一定有害　　D. 一种预期损失

14. 会展主办方建立风险管理机构是由（　）。

A. 展会主办方有关小组领导、专家组成

B. 政府委派的人员组成

C. 第三方专家组成

D. 主办方任意指派人员组成

15. 会展现场的盗窃事件属于（　）风险。

A. 自然风险　B. 人为风险　C. 不可控型风险　D. 重大活动变更风险

16. 传染性疾病不属于哪一类风险？（　）

A. 医疗卫生型风险　B. 人为风险　C. 不可控型风险　D. 自然风险

17. 督促购买保险应该是（　）阶段的工作。

A. 预警　　B. 处理　　C. 形象再塑　　D. 评估

18. 出现食物中毒风险事件后，不正确的是（　）。

A. 对展会餐饮服务供应商要做全面调研

B. 对能够实地检查的餐饮服务商进行全方位的现场检查

C. 提供了引发食物中毒事件食品的餐饮服务供应商可以继续合作

D. 对所有展会现场提供的餐食进行 24 小时留样保存

多选题

1. 参展商服务手册在编制时应遵循（　）的原则。
A. 实用　B. 简明扼要　C. 篇幅长大　D. 详细全面
2. 参展商在撤展阶段的工作主要集中于以下几点（　）。
A. 撤除展品　B. 退还展具和租借物品
C. 拆除展台　D. 展场清洁及安全管理
3. 展台人员的配备可以从（　）等几个方面考虑人员种类和数量。
A. 人员条件　B. 人员素质　C. 工作量　D. 工作性质
4. 观众观展常规流程（　）。
A. 观众预登记注册　B. 检验门票　C. 引导参观　D. 观展接送服务
5. 统计专业观众采购行为的指标有（　）。
A. 采购计划比例　B. 采购影响力　C. 采购意向影响力　D. 新的商业机会
6. 展会观众主要分类是哪两大类？（　）
A. 目标观众　B. 专业观众　C. 普通观众　D. 特殊观众　E. 有效观众
7. 会展现场风险的特点包括（　）。
A. 危害性　B. 突发性　C. 不确定性　D. 紧迫性
8. 按风险发生的状态划分为（　）。
A. 可以控制型风险　B. 自然风险　C. 不可控制型风险　D. 人为风险
9. 在会展现场风险处理阶段要做的事有（　）。
A. 风险的监测　B. 风险的处理　C. 风险评估　D. 调整预案

复习思考题

1. 办展机构如何对布展工作进行全方位的协调和管理？
2. 简述如何指导参展商参展行为。
3. 简述从哪些方面为专业观众提供现场服务。
4. 简述专业观众价值包括哪几方面。
5. 简述会展风险管理四阶段。
6. 简述会展现场风险管理的原则。

项目九　会展项目后期管理

学习要点

1. 了解会展后续工作的必要性；
2. 掌握会展后续工作的内容；
3. 了解会展项目评估工作的主要内容；
4. 熟悉展会预期成果评估、展会效益评估、展会管理评估工作；
5. 掌握会展评估的步骤；
6. 了解会展报告的编写要点；
7. 理解会展报告编写的内容；
8. 掌握会展报告编写中常见的问题。

案例导读

全面解读2023北京建博会

01 展会·回顾

2023 年 3 月 22 日，由中国国际展览中心集团有限公司、法国智奥会展集团主办、中国建筑金属结构协会联合主办，中展智奥（北京）国际展览有限公司承办的第三十二届中国（北京）国际建筑装饰及材料博览会（2023 北京建博会）以超高人气完美收官，展示面积 10 万平方米，参展企业 1500 余家，累计参观人次超 15 万。

作为家居建材领域颇具影响力的行业盛典，北京建博会聚焦家居建材产业迭代升级新风向和高质量发展新动能，在多元展示、分享和思考中，绘就大家居建装行业发展蓝图。

人气爆棚 High popularity

2023 北京建博会观众覆盖经销商 / 代理商、制造商 / 厂家、房地产 / 建筑工程公司、装饰装修公司、设计师等领域，展会期间累计参观人次达 150622，观众总量已恢复至 2019 年同期水平，行业回暖迹象明显。虽然家居建材行业经历房地产下行、疫情等诸多考验，但庞大的存量住宅，将为大家居消费市场输送源源不断的需求，2024 北京建博会观众数量和质量将有望进一步提升。

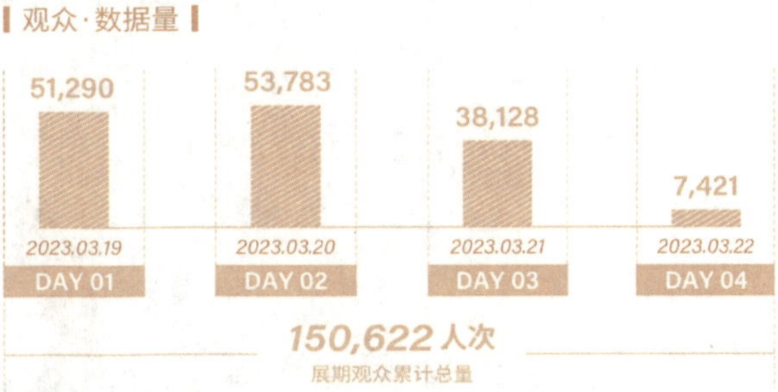

展品多元 Variety of exhibits

经过 30 余年的稳步发展，北京建博会已经从单一建筑材料延伸至涵盖建材领域上下游链条的多类产品。2023 北京建博会展品类别覆盖 8 大核心板块，多品类融合打造一体化设计、一站式购齐的整体家居空间解决方案，以展会为桥梁，提升产业链和供应链的韧性和效率。除了主打产品，观众希望补充增加的产品包括：新型建材、陶瓷卫浴、户外遮阳、家用电梯等产品。

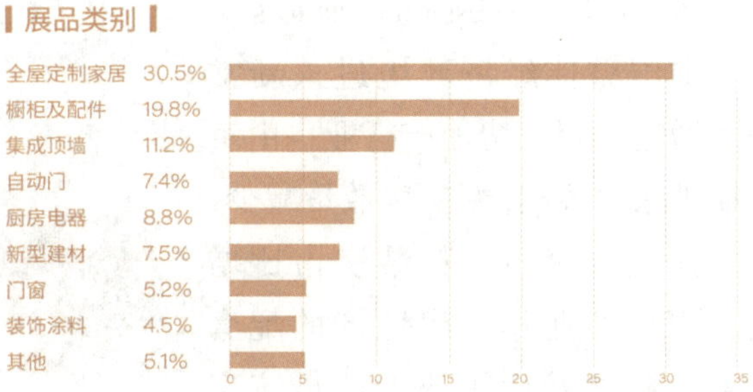

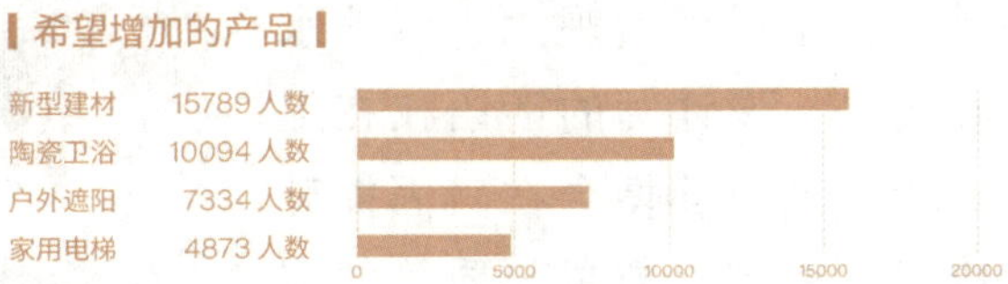

辐射全国 Nationwide influence

北京，不仅富有活力和创造力，更具影响力。2023 北京建博会国内观众遍及全国 400 多个城市和港澳台地区，同时，汇聚了包括俄罗斯、澳大利亚、加拿大、韩国、阿尔巴尼亚、新西兰在内的 20 多个国家和地区的海外观众到场共同见证了本届盛会的精彩，智慧融合叠加为中国家居建材行业发展注入新动能，北京建博会用实际行动诠释了展会立足华北、辐射全国、放眼国际的市场定位。

观众·区域分布

华北地区	52.5%
华东地区	22.1%
东北地区	12.8%
西北地区	4.2%
华南地区	3.0%
华中地区	2.9%
西南地区	2.3%
港澳台及海外	0.2%

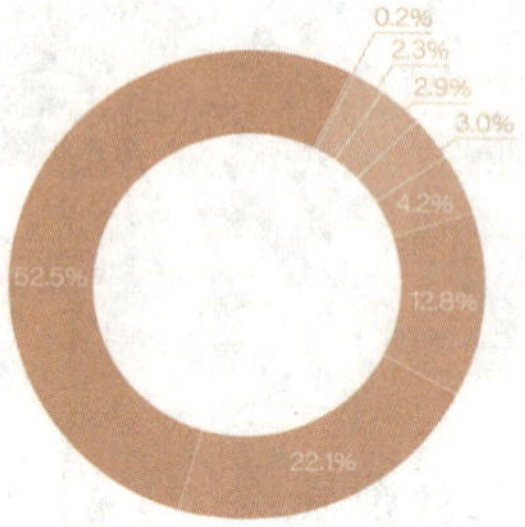

展商·区域分布

华北地区	43.5%
华东地区	30.9%
华南地区	13.8%
东北地区	5.7%
华中地区	3.2%
西南地区	2.2%
西北地区	0.7%

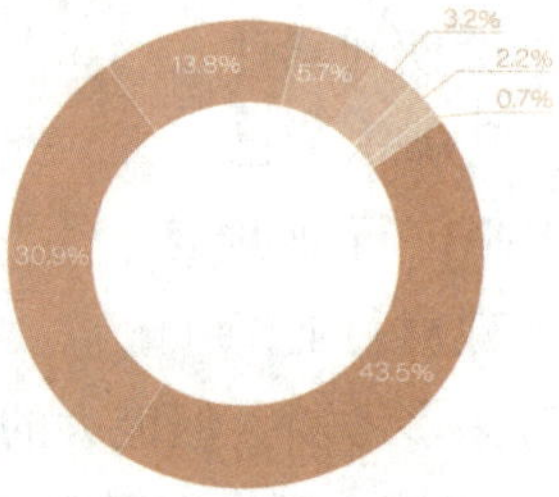

客户精准 Professional visitors

中国整体经济环境进入新常态，增速放缓，房地产行业也由黄金期进入白银期，新交房数量减少，存量房达到高位，精装房占比增高。家居产业作为房地产的配套产业，随之发生了改变，传统实体店的客流减少；网络消费成为新动力；全民消费观念、审美水平在提高，设计师的话语权在提升。2023 北京建博会在巩固提升传统经销商观众数量与质量的同时，大力拓展设计师 / 设计机构、装饰工程公司、电商及酒店 / 医院等板块，帮助企业进行渠道升级变革，应对市场变化。

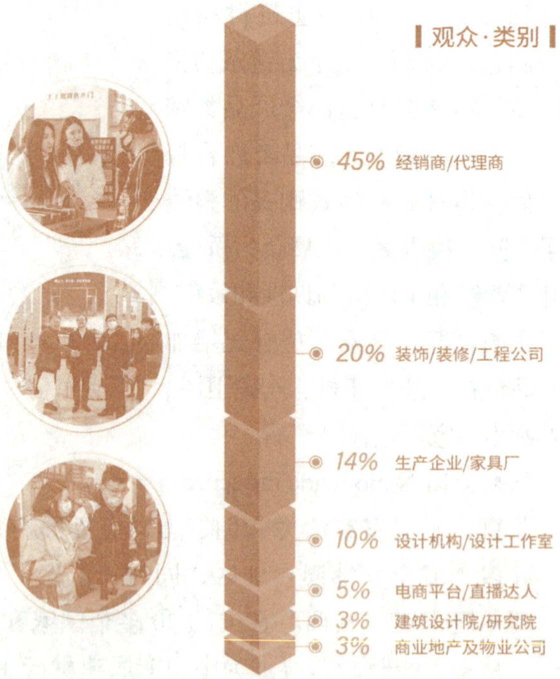

关注成交 Match-making oriented

北京建博会一直致力于整合家居建材上下游资源、促成产业合作、助力参展企业达成交易，也正因为如此，获得了业界和客户的广泛认可和赞誉。据展会期间调研结果显示，64% 的观众来此建立新的商业联系，54% 需要进行经销 / 代理洽谈。在所有参观者中，最终决策和参与决策过程的人占比 93.3%。

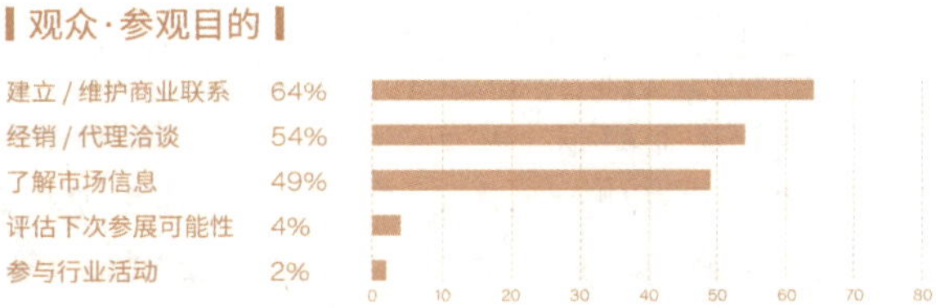

活动赋能 Concurrent activities

2023 北京建博会紧扣家居建材行业发展脉搏，联合行业组织、媒体、知名企业、专家学者等，举办了一系列富有行业影响力的研讨会及高峰论坛等活动，深入思想交流、思维碰撞，为大家居行业的高质量发展助力。据统计，展会期间多场论坛活动累计超过 3500 人参会，线上直播累计超过 155 万人次观看。

超出预期 Rave reviews

客户评价是展会效果最直观的体现。展会期间，组委会对 54 平方米以上的 500 家特装企业进行了调研，结果显示 91% 的企业对于本届展会整体效果表示满意，78% 的企业表示通过展会期间的展示、交流为其带来了理想的收益，96% 的企业有意参加下一届展会，86% 的企业愿意将北京建博会进行分享推荐。对观众信息的调研表明，86% 的观众对于本届展会整体效果满意，84% 的观众表示愿意将展会推荐给商业伙伴或同事。

▌参展企业·对展会的评价与反馈▐

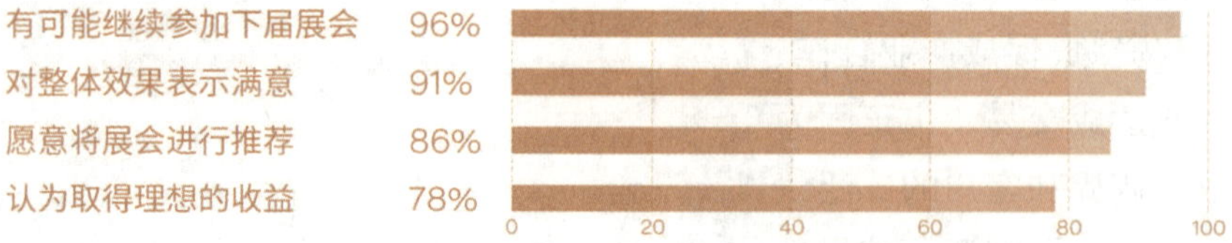

▌行业观众·对展会的满意度及推荐度▐

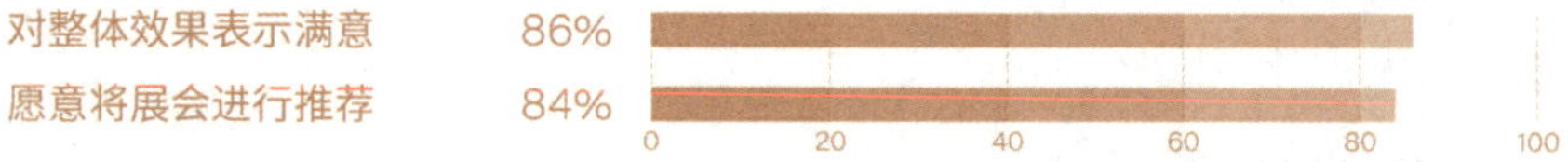

02 趋势·探寻

全屋整装是未来，整家定制成为发力点

Whole house customization is becoming the way of Whole-Decoration

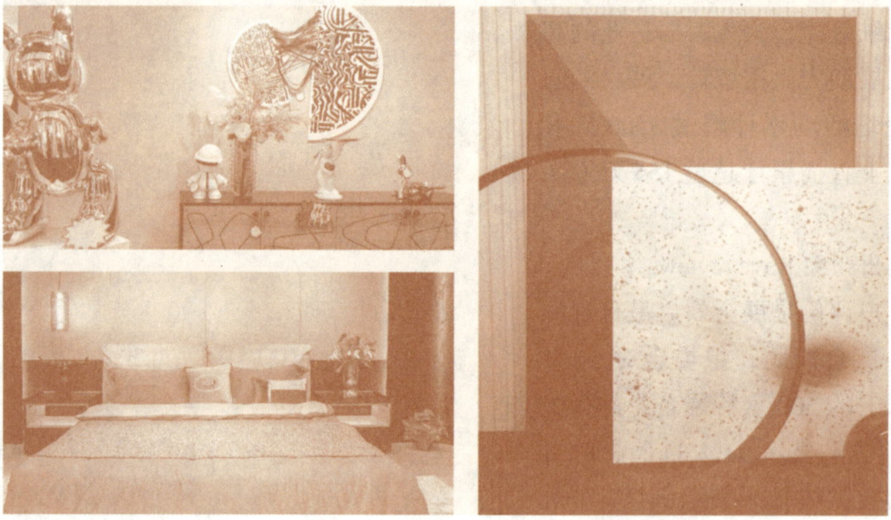

全屋整装模式优势明显，但落地难度很大。因为整装业务与传统业务区别较大，从业务结构、组织人员、管理机制、运营成本、运营方式以及分利模式，都存在着极大的不同。而整家定制，一般不包括硬装部分，主要是成品家具、定制家具以及软装等一站式配齐。整家业务较为成熟之后，切入整装赛道就显得顺理成章。

在北京建博会历年参展企业中，整家定制企业比例增幅较大，比如，门墙柜一体化、顶墙一体化、橱衣木一体化等。

万物互联，智能引领未来生活

AI is to guide the future life

智能家居经过 20 年的发展，已形成了多个细分品类，北京建博会展示品类包括智能门锁、智能门、智能晾衣架、智能窗帘、智能照明、智能扫地机、智能新风、智能净化器、智能安防、智能家居、智能家电等。有关数据显示，目前智能家居市场规模约 2970 亿元。

中国消费品质量安全促进会、智能网联产品联合会执行秘书长陈军介绍，按照市场发展规律，预估智能家居市场规模平均每年 30% 增长，未来三年市场规模至少达到 6500 亿元。

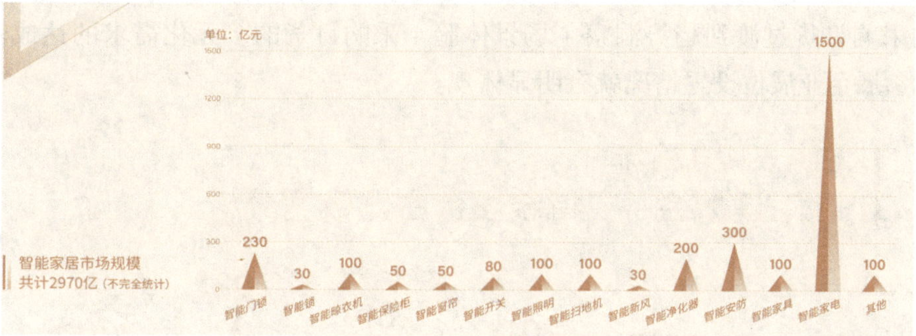

渠道变革，主线是多元化

Distribution channel is becoming more and more diversified

据北京建博会观察，参展企业在渠道层面随着市场需求不断发生变化。

从直营、经销商双轮驱动的探索，到传统经销商为主、加大装饰工程公司合作的渠道体系变化；

从零售到工程 + 零售的格局调整；
从线下到线上线下融合的打法升级；
从优势渠道到全渠道部署的扩张等，主线就是多元化。

2016—2023年 行业受众需求数据分析

	2016	2017	2018	2019	2021	2023
经销商/代理商	71.5%	66.0%	63.3%	63.4%	53.7%	45.0%
装饰/装修/工程公司	6.0%	8%	6.7%	11.1%	17.0%	20.0%
生产企业/家具厂	11.5%	12.0%	15.8%	12.9%	16.0%	14.0%
建筑设计院/研究院	4.0%	3.6%	3.7%	3.1%	2.0%	3.0%
电商平台/直播达人	—	—	—	—	0.3%	5.0%
设计机构/设计工作室	2.0%	5.1%	6.5%	6.1%	8.9%	10.0%
商业地产及物业公司	5.0%	5.3%	4.0%	3.4%	2.1%	3.0%

看展需求 = 选品选材 + 场景体验

Professional visitors pay more attention to scenario experiencing except for seeking materials and products

北京建博会从 1992 年创办，至今已成功举办 30 余年。企业的参展形式也在随着时代发生着变化，从以前的单品陈列到家居空间为主体的场景化展示；从产品讲解式的销售，到场景体验 + 产品讲解 + 设计方案输出的顾问式销售。观众参观目的也由原来的采购订货过渡到趋势洞察 + 场景体验 + 采购订货的多元化需求的达成。这一趋势从参展企业展位设置情况就有明显体现。

2016—2023年 北京建博会——特装展台占比数据分析

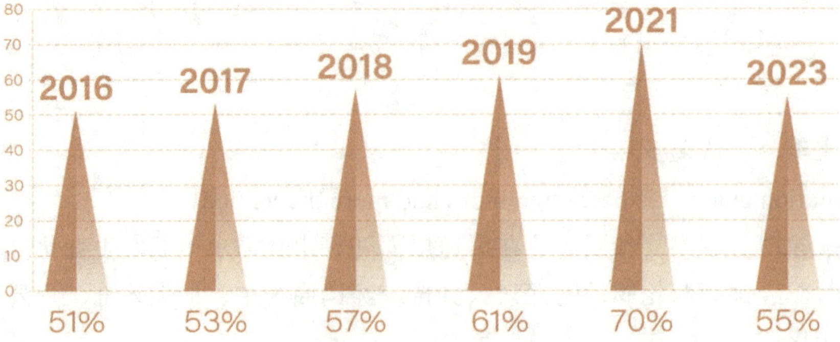

03 未来·规划

全产业链布局，龙头企业示范引领

Inviting leading enterprises to make demonstration of their success

北京建博会 30 年来见证和陪伴众多优秀企业成长，霍曼、凯必盛、锐泽、索菲亚、欧派、艾依格、易高、顶固、亿田、火星人、浙派、蓝炬星、鼎美、顶善美、奇力、法狮龙、艾特等，都曾在北京建博会取得亮眼收益。

2024 北京建博会将加大与建材家居各细分领域头部企业合作，促进南北融合，缩小区域产业差距，发挥大企业引领示范作用，实现全行业高质量发展，持续打造北方地区建材旗舰大展。

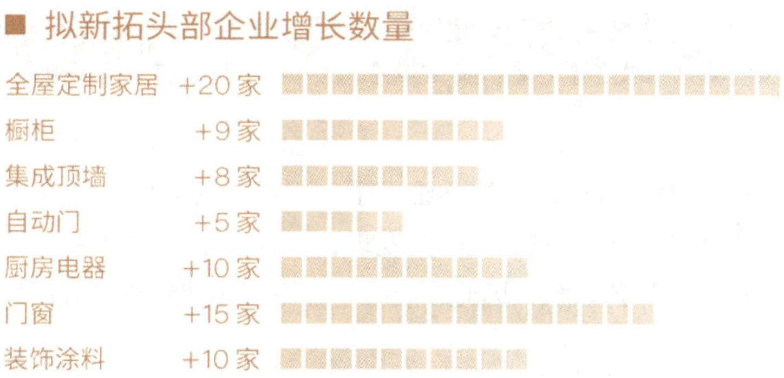

多渠道资源整合，赋能成长型企业

Integrating resources to empower growth corporations

极具向上生长动力的成长型企业一直是北京建博会的中坚力量。2024 北京建博会将与搜狐、网易等行业主流媒体合作，通过活动、奖项、广告资源倾斜等方式，对参展企业进行展会以外的多渠道赋能，帮助企业快速向第一梯队进发。

推出整家定制馆，强化核心竞争力

launching new hall of Whole Home Customization to strength the core competitiveness

当下市场存在供需结构矛盾，大的消费需求对应了小的整装占有率。2024 北京建博会将重磅打造整家定制馆，让企业通过自己独特的产品和空间解决方案展示，强化差异性和人群定位，构建独有的价值和内涵，攫取市场先机。

打造智能生活方式，智赢未来

Cooperating with smart companies to make a smart life-style

标准不统一，产品质量参差不齐、渠道成本高、项目单量少、利润微薄等是智能家居面临的困境。北京建博会将发挥展会平台的资源整合能力，串联智能门锁、智能门、智能晾衣架、智能窗帘、智能照明、智能厨房、智能新风、智能安防、智能家居等产品，打造智能生活方式，促进标准统一。同时，借助传统家居产品的渠道资源，让智能产品更轻松地走进生活。

2024 北京建博会招商启动!

明年 3 月 6 日至 9 日

北京·中国国际展览中心(顺义馆)

期待您的到来

黄金展位有限，预订从速!

任务一　会展后续工作

展会闭馆撤展，对于观众来说展会结束了，但对于展会项目运营而言并没有完全结束，还有一些后续工作需要完成。研究发现，观众在展会闭幕后 3 周内对参观情况的记忆由 100% 迅速下降到 60%，因此，展会主办方应趁热打铁，开展展会后续工作。

一、会展后续工作的必要性

会展活动是一个综合服务体系，对会展项目好坏的评定，除了要看展前和展中服务外，展后服务也是不可或缺的一项因素，因此，展后提供一些服务工作是非常有必要的。

(一)有利于保证展会服务质量

参展商对一个展会项目的评价，从第一个营销电话开始，到最后的展后反馈结束，是一个全过程评价，任何一个环节都是评分点。展后服务是离参展商做出最终评价最近的服务环节，是为参展商提供优质服务的代表，对前期的工作有弥补或锦上添花的作用，为了保证会展项目展前展后服务质量始终如一，非常有必要做好展后服务工作。

(二)为挽留参展商提供机会

对主办方而言，搞好展会结束后到下一届展会开始前的客户联系、增加与客户沟通等客户关系工作是贯穿始终的一项重要任务，有了完善的展后服务，也就意味着下一届的招展工作成功了一半。在展会结束后，开展对参展企业的数据调查和反馈，是展会主办方搜集信息和了解客户意见及需求的有效途径，也有助于提高参展商的再次参展意愿，为挽留参展商提供机会。

（三）展后服务专业化有利于提高竞争力

随着会展市场竞争愈演愈烈，以前被忽略的展后工作逐渐受到重视。通过后续服务专业化，对展会进行差异化定位，展会主办方可以集中有限的资源和实力，取得局部市场上的相对优势，参展商必然会选择这样符合自己需要的展会。提供专业化展后服务是主办方强有力的竞争手段，后续服务专业化对于竞争力弱小的展会项目更加有效，已经成为展会发展的必然趋势。

（四）网络化保障展后服务

随着互联网的日益普及，以前很难完成的展后服务的一些重要内容，现在在网络上可以更为便捷地实现。利用互联网和参展商、专业观众进行互动式交流，可以贯穿展前展中展后全过程，实时并充分了解参展商需求，及时发现展会中的新商机。网络化让参展企业在展会闭幕后仍然享受“参展”时的贸易交流机会，让展会服务在网络上得以延伸。展后服务网络化在扩大展会影响甚至改变会展格局方面起着越来越重要的作用，网络成为诸多展后服务得以便捷实现的保障。

二、会展后续工作的主要内容

（一）处理展会现场遗留问题

展会期间，由于时间有限，事务繁杂，可能会遗留一些问题。展会闭幕后，主办方要组织力量，及时处理展会遗留问题，尽量不要将这些问题拖到下一届展会，更不能让这些问题影响到下一届展会。展后遗留问题的处理有：

处理展品。有的参展商展品还没有处理完毕，主办方要及时协助其尽快处理。参展商还要的展品，要协助其尽快打包运回。参展商不要的展品，如果有使用价值，经参展商同意可以用于其他途径；有回收利用价值的可当废品卖给回收站，如果无法回收利用可以当垃圾清运出场馆。

协助商务考察。展后有些参展商还需要进行商务考察，告知有需求的参展商与主办方有合作协议的旅行社、旅游集团的联系方式，由参展商自行联系商定出行事宜，明确告知参展商是否有价格优势或其他优惠，其他事项主办方应尽到提醒义务。

处理投诉。处理未解决的投诉问题是展后服务的重要工作。由于时间匆忙，在展会期间的一些投诉没有来得及处理，展后应该跟进这些投诉，给投诉方提供合理的解决方案。如果是因为时间匆忙服务不周的投诉，主办方要再次给客户真诚道歉并保证以后不会出现；如果是对第三方（场馆、其他服务商等）服务方面的投诉，要让第三方了解情况，一起解决投诉；如果是主办方的问题，主办方应该深刻反省自己的做法，找出问题根源，给出合理解决方案并进行合理赔偿。

（二）费用结算

1. 与场馆、服务商结算费用

展会闭幕前主办方要派出专门人员与展馆场地部门核对展会租用面积、参展类别和各项服务收费标准，与展具租赁、安保、保洁、地毯等第三方供应商、服务商核对产品数据和服务标准，准备相关资料，为结算做准备。展会闭幕后主动与相关各方联系，及时核算数据，积极结算账目，按约定付清钱款。

2. 向参展商催收尾款

每个展会的利润都是有限的，展会的召开意味着绝大部分的成本已经投入，所以尾款的回收、到账情况直接关系到展会项目最终利润水平，是展会主办方必须重视的工作。展后，主办方指定专人负责参展商、广告商、赞助商尾款的催收事宜，催收工作责任到人，催收人员应主动有理有据地开展催收工作，将坏账的比例降到最低限度，尽量减少主办方的利润损耗。

（三）客户联络反馈工作

1. 向客户发送会展总结并致谢

展会闭幕后，要及时给所有参展商和专业观众发送会展总结，并对他们参加本展会表示真诚的感谢。会展总结不仅要发送给现有的参展商和专业观众，对于那些暂时还没有来参加展会的目标参展商和目标专业观众也要发送，为下一届展会的招展和招商做准备。展会的致谢函可以只发送给现有的参展商和观众，但对于那些曾经帮助过展会筹办的机构和个人，如各协办单位、支持单位、消防安保部门等也要致谢，对于一些重要的客户和机构，主办方还可以派人亲自登门致谢。

2. 更新客户数据库

一届展会闭幕后，主办方的客户数据库可能会发生很大的变化，包括老客户的流失、新客户的加入、部分客户信息发生变更等。主办方更新客户数据库既包括对参展商数据的更新、目标观众数据的更新，也包括对各种展会服务商及业务代理资料的更新。不断更新客户信息，才能够及时调整客户工作的方式和方向，为下一届展会做好服务。

3. 发展和巩固客户关系

成功的展会往往是那些客户工作做得出色的展会，展会期间，尽管主办方有机会和客户进行面对面交流，但由于各自的时间都很紧张，业务繁多，双方很多时候都未能进行很好的交流和沟通。展会闭幕以后，主办方要继续保持与客户的关系，继续加强与客户的交流和沟通，发展与巩固客户关系。对于一些重要的客户，主办方还要亲自登门拜访，以巩固客户关系，加深了解，保持进一步的合作。

（四）启动下一届展会准备工作

1. 进行会展总结性宣传

展会闭幕以后，可以就展会情况进行一次总结性宣传，主办方可以就展会的开展情况准备一份总结性的新闻稿，提供给各新闻媒体，让展会有始有终。很多办展机构都不重视展后的总结性宣传，其实，展后总结性宣传不仅是将本届展会的举办成果对社会和客户作一个交代，更是为下一届展会做舆论准备。

2. 准备下一届展会

如果展出效果好，参展商可能希望继续参展，主办方一定要趁热打铁，在参展商感兴趣的时候与参展商进一步接触、商谈，促成其提前申请下一届展会。提前提出申请的优势是：展会主办方更容易熟悉参展企业，参展企业有机会优先挑选场地位置，主办方可能在其新闻稿中提及最先申请的公司，这也是公司扩大影响的机会。

拓展阅读

中国进出口商品交易会会展总结

专业化展览布局助推外贸转型——第 130 届广交会 · 出口展区精华汇

忽如一夜春风来，千树万树梨花开。转眼半载，全球最大规模的国际贸易盛会——第 130 届中国进出口商品交易会（简称“广交会”）于 10 月 15 日至 11 月 4 日分三期举办。这里汇集 16 大类商品、50 个展区，展览面积达到 119 万平方米，展位总规模超过 6 万个，蕴含无限商机！接下来，请您跟随我们的镜头，看看第 130 届广交会出口展区有哪些精彩亮点。

快照一：迈向专业化，紧跟需求优化、培育展览题材

专业化是新常态下会展业的发展趋势。为顺应展览市场规律，提升参展体验，第 130 届从优化展区设置、培育展品专区和培育新题材入手，巩固、深化近两届广交会在专业化发展上的成果：

在优化展区设置、增设展品专区方面，除了将第三期的医药保健品、医疗器械 / 耗材 / 敷料展区合并为医药保健品及医疗器械展区外，第 130 届广交会在前两届的基础上，全面推广、优化展区内展品分类，集中摆放，把设置展品专区的展区范围扩大至 23 个，覆盖第一期大多数展区，以及第二、三期部分展区。同时，加强新能源、宠物用品和户外水疗新题材的培育，面向市场筛选出众多的优质企业，许多行业龙头积极报名参展，大大提高了新题材的档次。

快照二：推进制度化，完善制度推动组展优化

规范管理，制度先行。第130届广交会继续在制度建设方面务实耕耘，出台了《广交会出口展组展业务线上管理规范》，推进无纸化办公，简化办事流程，为参展企业提供更便捷的服务；修订《广交会出口展展品质量及贸易纠纷投诉监控办法》，促进企业规范签约行为，完善监控办法，打造一个祥和有序的展会环境。

快照三：提升国际化，中外产品同台竞技

在上届基础上继续推动进出口融合，第130届广交会第一期展馆A区5.2展厅，以及第三期展馆C区15.1展厅，分别有境外的家用电器、家用纺织品参展企业，与境内同题材参展企业相邻展出。中外企业同台互动交流，激发出更好的展览效果，身处其中，亲身领略到全球产品琳琅满目、尽收眼底的绝妙体验。

快照四：服务精细化，加强宣传、促进信息交流

为配合全面推广展品专区，第130届广交会加强配套宣传与现场导向指引，首次在导向手册中增设展品专区示意图，改变了以往分散发放的做法，有的放矢、集中宣传，让采购商一册在手，一览无遗，从而极大地促进供需对接、提高采购效率。

另外，第130届广交会开展行业信息和亮点展品资料的收集、宣传工作，为采购商和参展商提供全面的资讯服务。这里有最前沿的行业发展动态和产品信息，为广大参展企业营造一个重视品牌建设和转型升级的“软环境”。

第131届广交会依然会亮点纷呈，将奉上更多细化的新题材、优质企业、亮点展品。欢迎广大采购商、参展商持续关注第131届广交会，转动这个世界，获得全球性商机！

（资料来源：中国进出口商品交易会官网）

任务二　会展评估工作

展会闭幕并不意味着展会项目的一切工作就此结束，主办方有必要对展会进行评估与总结，撰写展会分析报告。通过展后的评估与总结，既肯定成绩，又能找出不足，为下届展会积累经验，同时，会展报告中的一系列数据的展示，又会对下一届展会起到重要的宣传作用。

大数据时代，就是一个不断产生数据、整合数据、积累数据的时代。会展活动的主办方从来没有像今天这样可以从这么多渠道获得大数据，从 App 数据到门禁统计、观众流量，直至社交媒体。“大数据 + 会展”为展会项目提供了充分且可靠的数据来源，为展会的评估工作提供了客观真实的数据基础。

一、会展评估的作用

会展评估又称展后评估，评估是根据一定的法则用数字对事物加以确定。会展评估是指在展会闭幕后，对本次展会的目的、执行过程、效益和影响进行全面系统的分析，以期比较客观地说明展会的成功性。同时，及时发现展会举办过程中存在的相关问题，为展会的未来发展提供依据。这对展会项目的运营与发展有重要作用。

第一，通过系统的调查、统计与分析，主办方可以对展会的整体效果做出真实的评价。这有利于改善展会项目的市场开发和运营管理，及时调整运作方式，扬长避短，不断提高办展质量和服务能力。

第二，通过对展出效果、成交额、观众结构和买家反映等多个层面进行综合、详细的数据分析，可以帮助参展商或观众更科学地分析参展或观展的得失。科学、透明的数据是参展商在制定下一届展会的参展决策时的参考依据和数据支撑。

第三，展会评估工作至关重要，特别是一届比较成功的展会更应借助良好数据开展宣传促销，为下一届展会争取更多的参展商与观众。

第四，大型展会的结果对展会行业管理机构也具有重要意义，它们能为政府主管部门制定产业政策，为市场进行宏观调控提供依据。

二、会展评估的内容

会展评估工作的开展主要有两种方式，一种是由展览会主办方自行组织，另一种是委托第三方评估机构来完成。从公信度的角度来说，由第三方机构所得出的展后评价结果更为可信，但从对展会详情的了解程度来看，自行组织的评价往往更为具体。因此，展会主办方可以采取两种评价工作相结合的方式开展工作。展会项目的环节多、涉及面广，会展评估内容丰富，具体包括：展会预期成果评估、效益评估和管理评估。

（一）展会预期成果评估

通过展会收益率、实际参展商数、到会观众人数、参展商及观众满意度、成交额等比较容易得到的主要参考指标进行分析，对比展会结果与展会举办前的预判的差距，看是否达到预期效果（见图 9-1）。

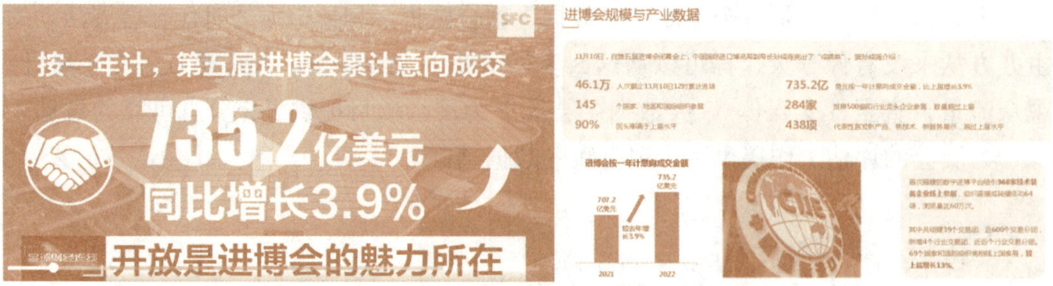

图9-1　2022年第五届进博会会展报告

主要参考指标有：

（1）展品范围分析：展品数量、种类；展品选择是否合适；市场效果是否令人满意；展品运输是否按时、顺利；增加或减少某种产品的建议及原因等（见图 9-2）。

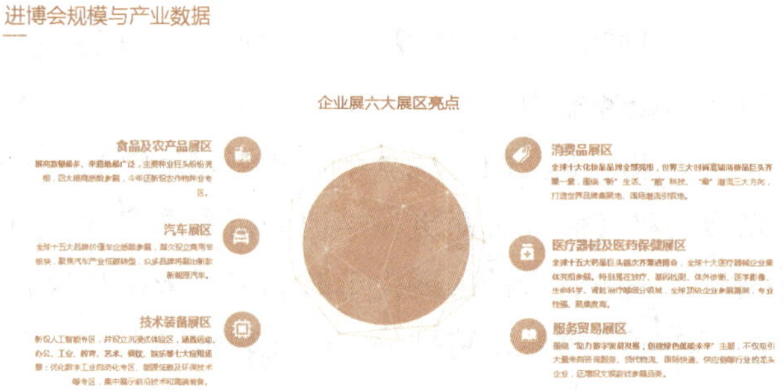

图9-2　2022年第五届进博会展品范围

（2）参展商分析：参展商数量、境外参展商比例、客源地分布、行业占比、参展商满意度等分析数据（见图 9-3）。

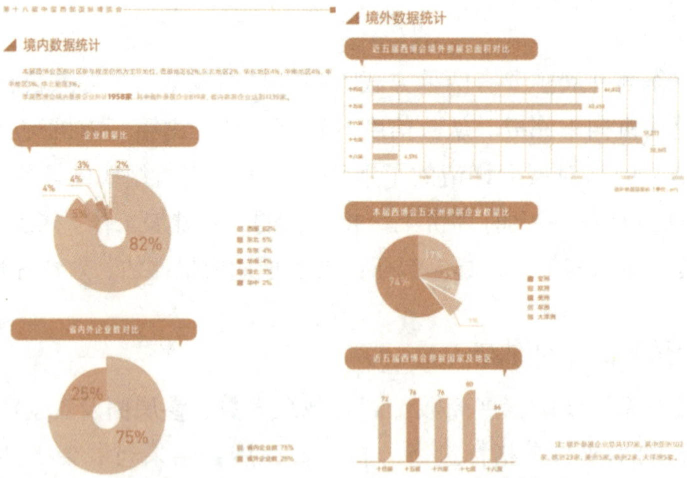

图9-3　第十八届西博会展会参展商数据

（3）观众分析：观众数量、专业观众占比、观众年龄性别等基本信息分类、专业观众所属行业、职务、购买决策权限、观众的兴趣、观众参观目的、观众满意度等分析数据。

（4）展会成效分析：展会面积、参展商与观众增减比例、展会成交数量或成交额等体现展会成效的数据（见图 9–4、图 9–5）。

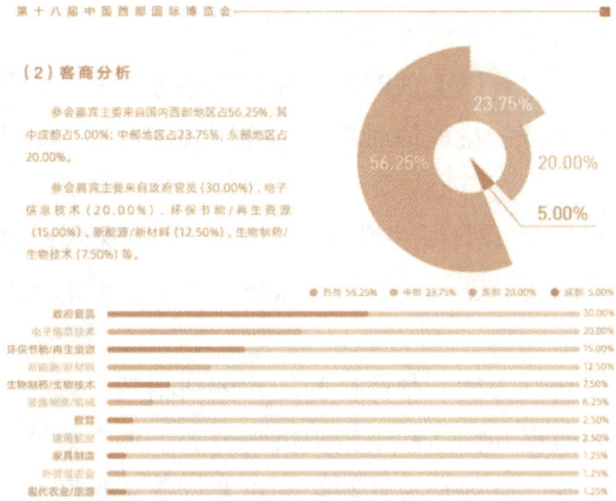

图9–4　第十八届西博会展会观众数据

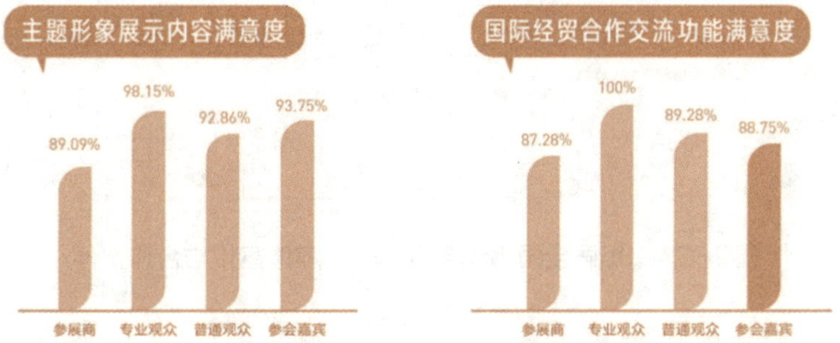

图9–5　展会满意度数据信息

展会预期成果评估是对展会的面积、展品分区、参展商、观众等客观数据的评估，是基础指标，展会预期成果评估指标是展会是否成功举办的根本性指标。展会数据具有独立、片段、不连贯的特点，展会预期成果评估指标分析要将先进的门禁技术、现场人流监控技术、智慧场馆平台技术等多种现代技术融合，对展会数据信息进行整合。使各种数据能够有效地为展会主办方所利用，提供有效针对展会项目自身特征、提高展览效率、展览质量和展览满意度等方面的评估数据。通过相关展会数据分析、评价当前的展会市场环境和走向，经过持续性的展会经验总结、积累与持续改进，及时调整展会发展方向、运作管理方式来完善展会品牌的建设与维护。

（二）展会效益评估

展会效益是展会整体工作的评估指数，有经济效益评估和社会效益评估两个维度。通过经济效益评估，对比发现是否到达当初的预期成果收益，是展会成功与否的客观标志。只达成经济效益目标的展会表明当届展会是成功的，但其展会不一定具备发展的可持续性，因而一些展会项目为了展会的长远利益，牺牲当前的经济效益，更为看重和打造展会的社会效益。所以，展会的社会效益评估也非常重要，社会效益也是展会项目是否达标的另一个重要评估标准。

经济效益评估：主要包含以上预期成果评估的指标，是从经济收益的角度对展会效益进行评价，展会的经济效益评估通常有具体客观的数据作为支撑，是展会效益的数字化表现。

社会效益评估：社会效益评估主要从参展商评价、观众评价、展会的行业影响力、对当地经济的推动效用、新闻媒体报道数量和内容、政府或行业评价等评价指标进行评估。

展会效益评估是展会全方位、整体性的工作评估指数，是对项目的全面总结和评价，通常以较为客观的数据和描述性结论提供给外界。展会效益评估的数据和信息以定量和定性两种方式呈现，是展会成功与否的重要标志（见图 9–6）。

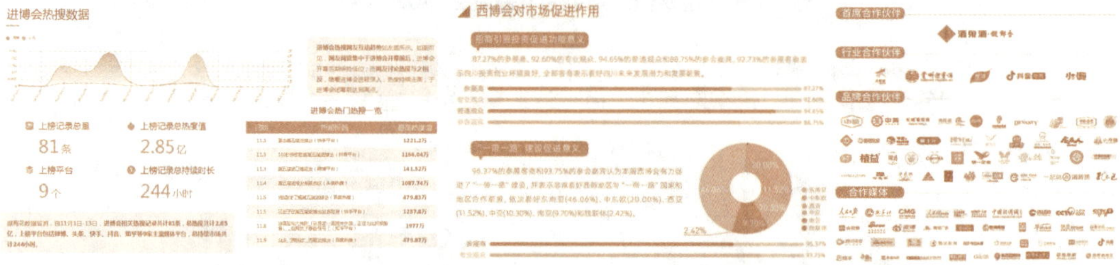

图9–6 105届全国糖酒会报告——媒体宣传与合作伙伴

（三）展会管理评估

除了以上向外界发布的展会数据和结论，展会项目结束后还需要自我反省和总结，需要对自身在展会管理中的表现进行评估。

1. 展出目标评估

评估展会的展出目标是否合理，需要对展会的经营方针和战略、市场条件、展览情况等进行评估。

2. 展会人员评估

展会工作人员的表现包括工作态度、工作效果、团队精神等方面，这些不能直接衡量，一般是通过展会观众的评价来了解和统计，也可以评估工作人员每小时接待观众的平均数来衡量工作效率的高低。另外，通过观察法、访谈法等专业调研方法了解展会工作人员组合安排是否合理，效率是否高，言谈、举止、态度是否合适，展会工作人员工作总时间多少，展览人员工作轮班时间过长或过短等内容，了解展会工作人员的工作状态。对展会工作人员的评估一般被认为是秘密材料，限内部使用，不宜公开。

3. 管理工作的评估

管理工作的评估主要包括：展会筹备管理的质量和效率，展台管理的质量和效率，管理工作有无疏漏，尤其是培训、评估及后续工作等。展会项目的管理工作评估通常是为内部提供参考的数据，不会对外公开数据。

4. 费用评估

展会项目开支是一个争论比较多的评估内容。对于绝大部分展会主办方而言，展会直接开支并不是其展会项目的全部开支，展会的隐性开支可能更大，要计算准确比较困难。但是，展会开支仍要计算并评估，因为展会开支是计算展会成本的基础，是一些重要指标的组成部分，评估人员必须了解这一情况。关于展会开支的评估，主要包括预算的制定是否合理、预算执行状况，超支的原因等内容。

通常情况下，展会预期成效评估和效益评估是会展报告的主要内容，是可以面向参展商和观众公开发布的数据；会展管理的评估数据一般被认为是秘密材料，在会展总结中呈现，限内部使用，不宜公开。为避免评估内容复杂化，在实际操作中，展会项目应该根据实际需要和条件选择使用最主要的几个指标。一般选择投入最大的方面（人力、财力、精力）及最主要的结果（成交、客户关系、成本效益）等作为评估内容。

三、会展评估的步骤

会展评估是一项复杂的工作，必须按照一定的方式科学地进行，会展评估是一个有计划、有步骤的动态过程，通常一项包含以下几个步骤。

（一）确立评估目标

会展评估的主要目标是了解展出的效率和效益。由于展会效果的评估涉及展会工作项目与工作成果之间的关系复杂，导致了评估目标的复杂化。所以，在进行会展评估时应该根据展出目标确立评估的具体目标和主要内容，并依据评估目标的主次，排列优先评估或重点评估的次序。

（二）选择规范的评估标准

会展评估标准包括整体成效、宣传效果、接待成果、成交结果等。评估时应该根据展出目标确定标准的主次。比如，展出目标是销售商品，就应该把成交结果作为主要评估标准。划定评估标准的主次以后，还应该使其规范化，评估标准的规范化是指评估标准必须明确、客观、具体、协调和统一，也就是明确评估标准的主次和重心；客观地制定符合实际情况的评估标准；量化评估标准，使之具体化、可操作性强；评估标准之间必须协调并能长期统一，使评估结果更为准确。

（三）制订评估方案

根据展会的评估目标及标准，确定各阶段具体的评估内容和评估方案，包括各阶段时间安排与抽样分布、评估的对象和方法、人员安排和经费预算等。制订评估方案应包括以下几点。

（1）根据评估项目、对象和方法制订评估方案，明确人员分工，安排各项必要措施。

（2）设计制作各种测评问卷及情况统计量表，如参展商问卷调查表、观众问卷表和展览会举办情况统计量表等。

（3）预调研评估，在正式调研评估之前进行小范围的预调研评估，发现问题及时纠正，为正式调研积累经验。

（4）确定测评对象，并尽可能通知对方做好测评准备。

（四）实施评估方案

根据不同评估目标、相应的评估标准，运用问卷调查法、观察法、实验对比法、访谈法等评估方法，对展会活动过程进行效果测评，汇总数据，运用专业分析方法对数据进行分析。包括：通过收集现成资料、拷贝管理系统数据、安排记录、召集会议、组织座谈、利用调查问卷向参观者收集情况等方式收集各种信息；整理收集的信息，分析处理数据；运用数据分析方法对数据进行分析汇总，提炼评估结论。

（五）撰写评估报告

汇总分析数据，编写评估结论，对整个展会活动过程的效果进行总体评价，写出评估报告。报告内容一般包括评估项目、评估目的、评估过程与方法、评估结果统计分析、评估结论与可行性建议及附录等。

拓展阅读

展览效率评估

展览效率是展台整体工作的评估指数。评估的方法有多种：其一是展台人员实际接待目标观众的数量在目标观众总数中的比例；其二是展台总开支除以实际接待的目标观众数量之商。后一种方法也称接触参观者平均成本，这是一项非常有价值的评估指数，只要有足够的成本支出，展商可以接触到所有潜在客户，但是，应当用最小的开支达到这一目的。还有一种评估展台工作的指标称为展览记忆率，这是一项能反映整体展览效果的专业评估指数，它是指参观者在参观展台后8~10周仍能记住展台情况的比例。展览记忆与展出效果成正比，反映展出者给参观者留下的印象和影响，记忆率高，说明展台形象突出，工作好；反之，则说明展台形象沟通一般。

（资料来源：百度文库）

任务三 会展总结报告

展会结束后，除了进行评估，还要形成相对完整的报告。报告是较为系统且客观的记录，涵盖展会的每一个环节，包括整个过程中展会取得的成绩，也包括展会存在的问题。一般来说，会展总结通过会展总结报告的形式来体现。

一、会展总结

会展总结又称展后总结，是会展项目的最后一个工作环节。它既是会展整体工作的回顾、分析或研究，发现反映市场状况的有关信息，得出调研结论和给出指导工作建议的会展评估活动过程，也是会展主办方就刚刚结束的会展项目做出的系统性回顾、分析和评价，从中得出规律性的认知用于指导今后工作的事务性文件。

（一）展后总结的作用

展后总结是会展项目管理工作的重要组成部分，通过展后总结，办展机构可以对本届展会的策划、筹备、招展、观众组织、宣传推广以及现场管理和服务等工作进行分析，总结工作中成功之处，为下一届展会积累好的经验。同时，找出工作中的不足，总结教训，以便在下一届展会中加以改进。只有这样，展会才能办得一届更比一届好。

（二）展后总结的内容

展后总结的形式一般是组织所有参加展会策划、筹备、执行和管理的人员召开一个总结大会，让大家就自己所负责的工作进行总结（也可以对相关工作进行评价）并最终整理成一份完整的总结报告。一般来说，展后总结包括以下主要内容。

1. 展会成效方面的总结

包括展会的举办时间、地点；展品范围、展会规模、办展机构组成、参展商和观众人数、成交金额、各方评价等客观数据。

2. 会展策划方面的总结

包括展会定位、展会价格、人员分工、展会品牌形象等定位工作；筹备的统筹协调工作；招商招展工作，如目标参展商数据库的建立和改进办法、展区和展位划分、展览题材的增减、招展价格的合理性、招展函的编印、招展分工、招展代理、招展进度安排等事项；招展宣传推广和招展策略，对观众组织和宣传推广工作等内容。

3. 展会现场执行方面的总结

包括展会现场的人员分工；展前、展中和展后各环节的服务质量与提供方式等展会服务工作；布展、开展以及撤展现场管理工作；指定服务商合作事宜等工作；各种展期举办的会议、表演、比赛以及其他相关内容等。

4. 展会管理工作的总结

对展会的管理办法进行总结即对展会的招展、招商、宣传推广、展会服务、筹展撤展以及展会整体时间管理等要素进行总结。对展会客户数据库的更新、投诉处理等客户关系管理措施进行总结；对预算、成本、费用支出时间安排、收益、收款状况以及其他财务问题进行财务总结。对于以上内容，不仅要总结出经验和不足，还要提出有针对性的意见和建议，供下一届展会参考。

拓展阅读

第130届中国进出口商品交易会已于2021年11月4日落下帷幕，相关信息如下：	
举办时间	第一期：2021年10月15日至19日 第二期：2021年10月23日至27日 第三期：2021年10月31日至11月4日
举办地点	中国进出口商品交易会展馆（广州市海珠区阅江中路380号）
主办单位	中华人民共和国商务部 广东省人民政府
承办单位	中国对外贸易中心
展出内容	电子及家电类；五金工具类；机械类；车辆及配件类；建材类；照明类；化工产品类；能源类；进口展区 日用消费品类；礼品类；家居装饰品类 纺织服装类；鞋类；办公、箱包及休闲用品类；医药及医疗保健类；食品类；进口展区
展览总面积	119万平方米

续表

总展位数量	60228个
出口成交	280.56亿美元
境外采购商	184801人
参展商数量	24713家境内外企业

（资料来源：中国进出口商品交易会官网）

二、会展报告编制

会展报告是会展总结形成的事务性文件，又称为会展总结报告。根据不同的用途，会展总结报告一般分为内部总结报告和对外总结报告两种。前者是供办展机构内部使用的，一般比较详细具体，反思问题和不足较多，对今后的工作提供了建设性意见和改进措施。内部总结报告通常关系到展会的发展方向和专业竞争力，一般为内部商业文件，内容不便公开。后者主要是供新闻媒体以及参展商和观众使用的，一般比较简单，为体现出其营销作用，语言也倾向于描述展会的成功性。

对外会展总结报告（即以下提到的会展报告）编写时，会展报告是展会项目主办方对展会成效和价值的总结，主要用于主办方对下一届展会的营销推广，受众主要是参与项目的客商和用户，这种报告必须具有对展会项目进行正面推广的宣传“软文”性质。所以，会展报告编写时在内容上要有选择性，通常选择正面信息反映主办方的成绩，达到宣传推广展会的目的，而不写不利于自身的负面内容。但会展报告不是无中生有的编纂，只是在所有信息中选择有利于展会项目的客观信息进行表达和有利于展会发展的观点进行陈述。

（一）会展报告的内容

具体到某次展会，会展报告的内容一般分为展会概况、本届特点、客商调查、下届预告等部分。

1. 展会概况

通过展会数据反映展会的经营规模和发展状态。会展报告正式公布当届展会的权威数据，包括展览面积、参展商数、现场登记观众数量等基本数据，以及参展产品、海外参展商、新参展商、展会同期配套会议活动、组团参观、到会媒体和展会期间贸易成交等体现展会特色和优势的数据。其中，海外参展商的国别统计、占比和成交额等数据作为展会国际化的标志性指标必须明确罗列。并将参展商、观众等数据与上届展会数据进行比较分析，展现展会项目的良好发展态势（见图 9–7）。

展会概况部分是参展商和观众最为关心的部分，是能否打动客户继续参与展会项目的关键部分。本部分不是无目的地罗列调查所获得的资料，而是通过梳理、分类、组合等方法，对已有资料进行选择、归纳、编排，以求呈现客户最希望看到的“数据效果”。

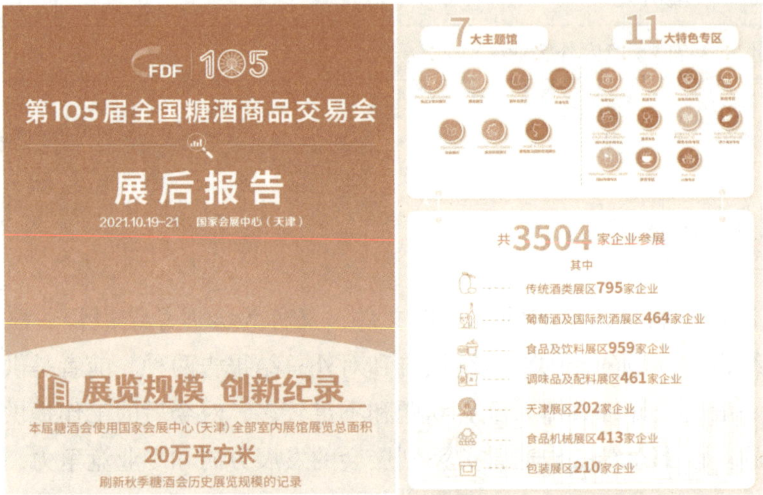

图9–7 第105届全国秋季糖酒会展后报告——展会概况

2. 本届特点

本部分要能够高度概括展会特色，意在反映展会的“亮点”。编写时要对展会项目非常了解，对展会项目的发展历程、项目所处的生命周期、与往届展会的差异点等方面了解透彻，才能够找准展会特色，归纳提炼精准，突出介绍“亮点”（见图 9–8）。

图 9–8 第105届全国秋季糖酒会展后报告——展会特点

3. 客商调查

客商调查及其反映分为展商调查、观众调查、买家反馈、组团反馈、国际观众寄语、展商寄语等多个方面。整理展会现场调查问卷所获信息，意在反映展会的效果和客商的好评。其中，展商调查、观众调查的数据及其分析，出自主办方在展会现场问卷或展后电话访谈所获得的信息；买家反馈、组团反馈、国际观众寄语、展商寄语的报道，来自主办方现场的采访（见图 9-9）。

图 9-9　第105届全国秋季糖酒会展后报告——参展商客商感观

4. 下届预告

预告下届展会的举办时间地点以及主办方联系方式，提醒客商参展观展，促进下届展会销售，报告尽量预告具体举办时间，详细罗列联系方式，以便日后的业务联系。

（二）会展报告编写要求

会展报告的内容大体可分为两大部分：一是数据信息的归纳呈现，二是展会反馈。不同部分编写要求不同。会展报告的编写要求有：

1. 语言简洁，有说服力

会展报告不要求面面俱到分析深刻，在众多展会数据中选择最被关注的信息简明呈现，语言要言简意赅，表达出编者意图即可。

2. 数据信息，表述专业

展会概况部分主要以客观数据为主，编写时要依据真实客观数据，反映展会情况；展会数据众多，选择最被关注的信息简明呈现；形式上尽量选择设计美观的图表加以直观呈现，配少量文字进行精准说明，图表结合让数据结果的视觉呈现更为直观；尽量使用规范的数据语言表达，以体现报告的专业性，比如数据统一保留到小数点后两位，统一使用万人、万元为单位，使用统一规范的图表说明等。

3. 展会反馈，精选内容

展会反馈是对客商调查内容的主观描述为主，本部分不是简单的客户表达内容的罗列，应该收集最能够代表主办方想说内容的发言，将收集到的客户反馈进行归纳提炼，有的放矢地在数据信息基础上，阐述主办方想要表达的观点和意见，是报告的“点睛之笔”。

4. 篇幅不大，条理清晰

会展报告因是提供给参与项目的客商和用户看的，通常文字篇幅不宜太大，千余字讲清楚要表达的内容即可。做到条理清晰、文字简明、要言不烦。同时，准确地表达报告撰写者的观点。

（三）会展报告编制中常见的问题

好的会展报告，大多数具有资料实用、观点明确、格式规范、言简意赅的共性，而不好的会展报告经常可见以下问题。

1. 文不对题，胡乱拔高

不要以为照抄党政文件内容、行业深度分析报告观点就能够显得“高大上”，编写会展报告时，引用党政机关文件、行业深度分析报告观点必须具有针对性。即便需要引用也不应连篇累牍照抄照转，缺乏针对性地引用只会增加报告篇幅，出现胡乱拔高的情况，文不对题会让阅读者找不到重点，浪费时间产生不悦。

2. 堆砌数据，面面俱到

大量堆砌展会数据，企图撑大篇幅，以为报告的页数越多越好。其实堆砌的数据会扰乱报告主题的逻辑关系，妨碍阅读者抓取会展报告真实意图。在能够反映情况、说明观点的前提下，报告所采用的数据资料越精越好，文字的篇幅适可而止。

3. 逻辑混乱，观点矛盾

在会展报告编写中一定要根据编写目的选择数据基础、解决问题、表达观点，避免数据和客商调查的描述没有条理，逻辑混乱，观点前后重复甚至前后矛盾。

4. 数据失真，分析空泛

会展报告在分析时所采用的数据不准确或没有注明数据来源，会给人以杜撰数据的猜疑。另外在分析论证缺乏数据基础，或以空泛的概念作为依据，导致结论观点空泛缺乏支撑，都很容易导致所编制报告的真实性被质疑。

项目学习小结

本章主要讲述了会展项目结束后的相关工作。后续工作非常重要，包括处理展会现场遗留问题，费用结算，客户联络反馈和启动下一届展会工作。会展项目评估包括展会预期成果评估、展会效益评估和展会管理评估。会展报告的内容一般包括展会概况、本届特点、客商调查、下届预告等部分。会展报告编写要求包括：语言简洁，有说服力；数据信息，表述专业；展会反馈，精选内容；篇幅不大，条理清晰。会展报告编制中常见的问题包括：文不对题，胡乱拔高；堆砌数据，面面俱到；逻辑混乱，观点矛盾；数据失真，分析空泛。

单选题

1. 研究发现，观众在展会闭幕后 3 周内对参观情况的记忆由 100% 迅速下降到（　）。

A.50%　　B.60%　　C.70%　　D.80%

2. 关于展后处理客户投诉，正确的是（　）。

A. 展期因时间匆忙服务不周的投诉，因为已经过去了所以不用再处理

B. 对第三方（场馆、其他服务商等）服务方面的投诉，展后不用处理

C. 如果是主办方的问题，主办方应该深刻反省自己的做法，找出问题根源，给出合理解决方案并进行合理赔偿

D. 如果是场馆方面的投诉，主办方自行解决投诉后，再次给客户真诚道歉并保证以后不会再次出现

3. 展后费用结算时，正确的是（　）。

A. 派专人与第三方供应商核对展会租用面积、物品类别和各服务收费标准等数据

B. 展具租赁在开展前已开具收据，费用结算时不用再核对数据

C. 与场馆、服务商结算费用时，收款方来催款再结算付款

D. 展会结束，工作人员很辛苦，所以催收尾款工作可以隔一段时间再做

4. 展后不需要更新客户数据库的内容是（　）。

A. 老客户流失后标注为流失名单　　B. 新客户加入新客户名单

C. 部分客户信息发生变更后及时更新信息　　D. 所有客户数据库都更新一次

5. 不属于参展商分析的是（　）。

A. 参展商数量　B. 境外参展商比例　C. 专业观众占比　D. 参商客源地分布

6. 新闻媒体报道数量和内容、政府或行业评价等评价指标是（　）。

A. 经济效益指标　B. 社会效益指标　C. 预期成效指标　D. 满意度指标

7. 展会管理评估的描述，正确的是（　）。

A. 展会管理评估是主观估算　　B. 展会不需要对展会管理进行评估

C. 展会管理评估的数据对外公开　　D. 展会管理评估的数据不对外公开

8. 展会评估的主要目标是（　）。

A. 了解展出的效率和效益　　B. 了解新老客户情况

C. 总结工作经验　　D. 给客户一个交代

9. 评估标准的规范化描述，不正确的是（　）。

A. 评估标准必须明确，客观、具体、协调和统一

B. 明确评估标准的主次和重心

C. 评估标准必须一成不变

D. 量化评估标准，使之具体化、可操作性强

10. 展会总结是（　）。

A. 是展会主办方就刚刚结束的展会做出系统性回顾、分析和评价，从中得出规律性的认知用于指导今后工作的事务性文件

B. 是展会运营过程中的经验交流

C. 是对外公开的数据文件

D. 展会总结客观提供调研结论，不需要给出指导工作建议

11. 一般公众看到的会展报告是（　）。

A. 内部总结报告　B. 对外总结报告　C. 专业会展报告　D. 普通会展报告

12. 供办展机构内部使用的，一般比较详细具体，反思问题和不足较多，对今后的工作提供了建设性意见和改进措施。这是指（　）会展报告。

A. 内部　　B. 对外　　C. 专业　　D. 普通

13.（　）是参展商和观众最为关心的部分，是能否打动客户继续参与展会项目的关键部分。

A. 本届特点　　B. 客商调查　　C. 展会概况　　D. 下届预告

多选题

1. 要处理的展后遗留问题主要有（　）。

A. 会展报告　　B. 处理展品　　C. 协助商务考察　　D. 处理投诉

2. 应向（　）等客户发送会展总结。

A. 所有参展商　　B. 所有专业观众

C. 目标参展商和目标专业观众　　D. 帮助过展会筹办的机构和个人

3. 展后应该更新哪些客户数据库（　）。

A. 参展商数据的更新　　B. 只需要加入新客户的数据即可

C. 目标观众数据的更新　　D. 各种展会服务商及业务代理资料的更新

4. 展会预期成果评估，主要考核指标有（　）。

A. 展品范围分析　B. 参展商分析　C. 观众分析　D. 展会成效分析

5. 展后总结包括以下（　）等主要内容。

A. 展会成效方面的总结　　B. 会展策划方面的总结

C. 展会现场执行方面的总结　　D. 对展会现场管理工作进行总结

6. 根据不同的用途，会展总结报告一般分为（　　）两种。

A. 普通会展报告　B. 专业会展报告　C. 内部总结报告　D. 对外总结报告

7. 客商调查中买家反馈、国际观众寄语、展商寄语等数据，通常来自（　　）。

A. 展会主办方主观估算　　B. 主办方现场的参访

C. 展会现场问卷　　D. 展后电话访谈

8. 尽量使用规范的数据语言表达，以体现报告的专业性，表现在（　　）方面。

A. 数据统一保留到小数点后两位。

B. 统一使用万人、万元为单位。

C. 使用统一规范的图表说明。

D. 图表选择越复杂越好。

复习思考题

1. 简述会展后续工作的必要性。

2. 简述会展评估的作用。

3. 展会评估包含哪几个步骤？

4. 简述会展报告的编写要求。

5. 会展报告编制中常见的问题有哪些？

项目十　会展客户关系管理

学习要点

1. 了解客户关系管理与会展客户关系管理的内涵；
2. 理解实施会展客户关系管理的必要性；
3. 了解会展客户关系的构成；
4. 了解会展客户关系管理的内容；
5. 掌握会展客户数据库的建立与管理；
6. 能够进行客户价值评估；
7. 掌握如何进行客户数据挖掘；
8. 了解如何维护和改善会展客户关系；
9. 掌握会展客户关系建立的目标；
10. 了解会展新客户开发策略和老客户维护策略；
11. 掌握会展新客户开发的流程；
12. 能够灵活应用吸引会展新客户的策略；
13. 理解会展老客户维护的重要环节；
14. 能够应用吸引会展老客户的策略维护会展客户的稳定。

案例导读

广交会展馆2024年客户答谢会成功举办

中国经济新闻网讯（记者张李源清）1 月 20 日，由中国对外贸易中心主办的广交会展馆 2024 年客户答谢会在广州市广交会堂成功举办。本次答谢会以“与世界共璀璨”为主题，旨在搭建政府、行业协会、展馆及合作伙伴多方交流平台，展示广交会展馆发展新面貌，共话会展发展新机遇，共谱高质量发展新篇章。

中国对外贸易中心党委书记、主任储士家，广州市副市长谭萍，广东省、广州市有关政府部门负责人和外贸中心班子成员，以及广州佳美展览有限公司、慕尼黑展览（上海）有限公司、汉诺威米兰展览会（中国）有限公司等有关行业协会、展会主办方、合作伙伴负责人出席。

储士家在致辞中表示，2023 年，春秋两届广交会成功举办，全面启用四期展馆，展览规模两度刷新，组展结构持续优化，境外采购商到会踊跃，成效远超预期，广交会金字招牌越擦越亮。广交会展馆运营再创佳绩，营销面积创历史新高，继续保持全国单个展馆办展规模第一名；各类专业展会大放异彩，广交会展馆朋友圈不断扩大。

储士家强调，2024 年是中华人民共和国成立 75 周年，是实现“十四五”规划目标任务的关键一年，也将是中国会展业加快发展的一年。作为中国会展业的“国家队”，外贸中心将以习近平新时代中国特色社会主义思想为指导，深入贯彻习近平主席致广交会重要贺信精神，落实党中央、国务院部署和商务部、广东省要求，坚持稳中求进、以进促稳、先立后破，做强广交会、做优展馆运营、做好展会服务、做活全产业链，推动会展业高质量发展。

谭萍在致辞中充分肯定了广交会对广州的重要意义和对经济发展的巨大促进作用，特别是第 134 届广交会，参展企业、展览面积、来穗境外客商数量均创历史新高，切实增强了外贸回稳向好信心，为国家开放型经济发展提供了强大助力。她表示，广州将锚定高质量发展目标任务，围绕落实省委“1310”具体部署和市委“1312”思路举措，持续改善营商环境、壮大产业链条、优化配套服务，加大城市品牌宣传，进一步扩大广交会溢出效益，有力推动广州社会经济高质量发展。

据介绍，第 133、134 届广交会规模两次刷新，创下了单届 155 万平方米的新纪录，境外到会客商重回 20 万人的历史高位。2023 年，广交会展馆共举办展会、活动 129 场，营销面积 784 万平方米。

（资料来源：《中国经济时报》、中国经济新闻网）

任务一　会展客户关系管理认知

会展企业作为独立的经济实体，在竞争日趋激烈的市场环境中，企业与市场的关系最重要、最根本地表现在企业与客户关系相处得如何。随着会展经济的快速发展，越来越多的会展企业开始重视客户关系管理在业界的应用，利用客户关系管理提高企业满足客户个性化需求的能力，进而全面提升企业的竞争力。

一、会展客户关系管理的定义

（一）客户关系管理

1. 客户关系管理的定义

客户关系管理（Customer Relationship Management，CRM），是指企业为提高核心竞争力，利用信息技术和互联网技术协调企业与顾客在销售、营销和服务上的互动，向客户提供创新式的个性化客户交互和服务的过程。

客户是企业的重要资产，企业通过与所选客户建立长期和有效的业务关系，在与客户的每一个“接触点”上都更加接近客户了解客户。客户关系管理的最终目标是吸引新客户、保留老客户以及将已有客户转为忠实客户，最大限度地增加利润提升市场份额，使企业在行业竞争中获胜。

2. 客户关系管理的内涵

客户关系管理是在收集客户信息、分析客户需求的基础上，通过整合资源，有针对性地对不同客户提供个性化的服务，与客户建立互利、互信和合作双赢的关系来促进双方合作关系的长期稳定发展。正确理解客户关系管理的内涵，需要把握以下几个方面。

客户关系管理是一种以客户为资产的现代企业经营管理理念。现代化的企业经营管理理念强调以客户为中心，客户和企业的设施设备、资金一样是企业的重要资源，为客户提供针对性个性化服务是企业在竞争中取胜的法宝。企业为提高核心竞争力，达到竞争制胜，快速成长的目的，必须树立客户为中心的发展战略。在企业经营过程中对市场进行更为有效的市场细分，提供针对个性特征的产品和服务，增加与客户之间的联络和互动，不断增加企业给客户的交付价值，提高客户的满意度和忠诚度，最终实现企业和客户的双赢。

客户关系管理是一种以客户需求为核心的企业营销策略。随着消费者主导地位的逐步提升，客户可以选择的产品和服务越来越多，企业需要不断地收集、整理客户资料，并且追踪分析这些信息资料。从中找到较为稳定的、可盈利的长期客户，并不断寻求这些客户的新需求，针对客户需求研究开发稳固这些市场的营销策略。尤其是对于一些重要客户实施具有针对性的差异化的“数据库营销”“关系营销”“一对一营销”等营销策略，以提高他们的满意度和忠诚度，进而带动其他潜在客户的购买，扩大销售，增加盈利。

企业客户关系管理需要互联网、数据库等相关技术支持。进入互联网时代，人们越来越多地依赖手机等移动端渠道获取信息，通过手机移动端企业与客户的互动也更为方便快捷，所以以互联网和数据库为基础的客户关系管理手段得以广泛应用。企业通过呼叫中心、工作流程管理、多媒体技术、数据仓库和数据挖掘等信息技术，可以更容易更准确更低成本地收集客户的消费信息；企业通过互联网更方便快捷地向客户提供宣传、沟通、促销等推广信息，与消费者实现实时互动；借助客户关系管理应用软件系统的支持，企业员工与主要目标客户实施有效的信息沟通，为客户提供针对性较强的个性化服务。

总之，全面实施客户关系管理是企业的一种先进的营销和管理手段。在宏观层面上，客户关系管理是一种现代的经营管理理念；在中观层面上，客户关系管理是一种新型的营销管理策略；在微观层面上，客户关系管理是一套新型的应用软件系统。客户关系管理就是将企业的客户（包括最终客户、分销商和合作伙伴）作为最重要的企业资源，通过完善的客户服务和深入的客户分析来满足客户需求，保证实现客户的终生价值。其实施要求以“客户为中心”来整合企业资源，建立能够对客户需求作出快速反应的组织机构，规范以客户服务为核心的工作流程，进行客户驱动的产品 / 服务设计，进而培养客户的品牌忠诚度，扩大可盈利份额。

拓展阅读

“熟客俱乐部”——星巴克的品牌传播集散地

星巴克的品牌传播并不是简单地模仿传统意义上的铺天盖地的广告和巨额促销，而是独辟蹊径，采用了一种卓尔不群的传播策略——口碑营销，以消费者口头传播的方式来推动星巴克目标顾客群的成长。星巴克的品牌推广活动主要是“熟客俱乐部”“咖啡教室”“咖啡一刻”。

“熟客俱乐部”是口碑营销的天然集散地。星巴克除了通过电子邮件和手机短信定期向俱乐部会员发送企业新闻外，还会为他们提供各类优惠券，开展有奖征文和免费讲座等活动。每一次讲座、每一篇新闻、每一个活动都可以成为塑造消费者体验的沟通介质，进而引爆口碑营销。这样做不仅可以带来直接的利润，而且可以提高公司的品牌知名度，美誉度以及增强顾客印象深度。

（资料来源：百度文库《星巴克咖啡案例分析报告》）

（二）会展客户关系管理

会展客户关系管理是指会展主办方以会展客户为中心，不断探究客户需求和行为偏好，有针对性地为参展商、专业观众等不同目标客户提供个性化会展专业服务，以培养客户满意度和忠诚度的一种经营理念和策略。

会展活动的客户包括参展商、专业观众、普通观众、合作伙伴、第三方服务商、赞助商等多种类型。其中，最为重要的是参展商和专业观众。大多数行业的客户购买最终产品和服务的目的是消费，购买中间产品的目的是生产投资，与这些行业的客户不同，会展主办方的主要客户参展商购买展位的主要目的是宣传、沟通、促销、交易等，专业观众参加展会的主要目的是了解行情、寻找合作伙伴、交易等。因此要求会展主办方能够根据不同客户的需求提供有针对性的服务。由于会展项目涉及的行业范围广，客户可能来自世界各地，客户的需求变化相对较快，会展主办方的员工与主要目标客户实施有效的信息沟通，才能够为客户提供针对性较强的个性化服务。

二、会展客户关系管理的必要性

网络思维与传统思维对待顾客的方式有很大的不同，传统思维侧重单向传播，被动对客服务，网络思维是多向交互，双向传播沟通。两者相比，会展主办方应该运用互联网思维方式，在与客户互动的过程中采用积极的客户关系管理策略，其必要性如下。

（一）客户在会展活动中的地位和作用特殊

会展业不同于其他行业，它所面对的客户来源极为广泛，随着会展经济的发展，会展主办方的客户还在不断增加变化。由于会展行业的竞争愈演愈烈，会展主办方对客户的掌控能力急剧下降，企业发展的管理基石逐步动摇，所以，如何向这些会展客户提供满意的产品和服务就显得极为重要。会展客户关系管理可以为会展主办方建立强大的客户数据库，帮助会展主办方树立以客户为中心的经营理念，培养以客户服务为核心的服务意识。随着会展活动发展趋势越发专业化，实施会展客户关系管理，能够提高企业寻求新的市场机会的能力。总之，客户在会展经济中扮演越来越重要的角色。具体而言，客户在会展活动中的地位和作用主要体现在以下几个方面。

1. 会展客户在会展价值链中处于核心地位

在会展价值链中，会展客户主要包括参展商、观众、会展服务支持者。如果没有这些客户的参与，就没有会展活动的连续顺利开展。在商业性会展活动中，主办方的经济收入主要来自参展商和观众。足够多的参展商和观众的介入，是会展活动得以运转的关键。虽然并不是所有的参展商和观众都会带来利润，但这也丝毫不会降低参展商和观众在会展价值链中的核心地位。

2. 参展商和观众的连续参与是会展主办者的利益所在

对于一个定期连续举办的商业会展项目来说，参展商和观众的连续参与十分重要。一方面，从新老客户开发的成本差异上来说，开发一个新客户的成本比保持一个老客户的成本高出五倍之多，如果能最大可能地保持原有客户，会带来会展收益的成倍增长。因此，保证会展利益的最理想方式就是保证参展商和观众的连续参展。另一方面，参展商和观众是否连续参加是一个展览举办是否成功的重要指标。会展主办方在展前、展中和展后为会展客户提供满意的服务，参展商和专业观众能够在展会中达成其参展目标，就会对会展活动给出肯定和认可的主观评价，他们也更倾向于参加下一届展会，从而形成连续参展。参展商和观众连续参展不仅是对上届会展成效客观评价的反映，也是会展活动再次进行宣传的重要资源，会展主办方充分利用这一点进行招商招展工作。

3. 参展商参展收益是会展效益的综合体现

会展的效益是综合的，包括经济效益和社会效益两大方面。参展商的经济效益包括销售产品金额、达成销售协议数量、增加新客户、联络老客户等具体参展收益；社会效益包括提高企业知名度、推介新产品、了解市场信息等具体内容。参展商的参展收益是会展效益的重要组成部分，参展商的参展收益越高，会展主办方的效益才会越有保障；参展收益低，就会削弱参展商再次参展的积极性，也会影响会展综合收益。所以在展会活动中要充分重视参展商经济效益和社会效益的实现，保护展会生存的命脉。

（二）现有客户关系管理中还存在一些问题

客户是企业的生存之本，尤其对于服务性工作为主的会展行业来说，客户是会展主办方的宝贵资源。随着会展业的发展，会展主办方现有的管理已经不再适应会展业长期健康发展的需要，会展主办方现有的客户关系管理中存在的问题主要有以下几个方面。

1. 会展项目展后信息反馈不足

在现有的展会管理中，"以客户为中心"的管理思想没有得到充分的体现。在很多会展活动结束之后，会展主办方主动与客户进行交流来获得反馈信息的意识不足。大部分企业只是整理好参展商和专业观众的名片以备下次再用，很少关心客户在这次会展中是否获得收益、收益状况如何，以及对本次展会有何看法和建议等，因而没有最大限度地提高客户的可信度和满意度。

2. 会展客户流失严重

会展业现有的管理技术还存在很多缺陷，导致巨大数量的客户管理现状与客户的个性化需求满足方面严重不匹配，花费巨资招徕的会展客户参加一届展会后就面临大量流失的风险。客户严重流失一方面会大量增加吸引新客户的营销成本，另一方面，新客户变化的新需求具有隐蔽性，在对其服务时增加了服务与管理的难度。更何况，流失的客户中如果是展会项目所属行业的龙头企业或标杆品牌，那么其损失对展会项目来说是致命的。

3. 会展客户关系管理流程缺失

在现有的展会项目的客户关系管理中，管理流程有缺失，如客户数据挖掘不充分，无法及时了解客户个性化、多样化的需要，需求个性化、多样化的趋势越来越明显。面对不断变化的市场新需求，更新管理系统和管理技术成为我国大部分会展主办方当前最重要的任务，而客户关系管理系统为会展主办方完成这项任务提供了方便。

4. 真正的会展客户关系管理建立有待时日

客户关系管理是会展企业发展的需要，但目前展会项目的行政性、政策性影响因素，在某些展会项目的会展客户关系管理中的影响力还很强大，导致展会项目的客户关系管理投入和产出不成正比。随着政府职能在展会项目中逐步退出，展会客户关系管理将投入建设，逐步建立良性科学的会展客户关系管理体系，在参展商取得利益的基础上来获取企业自身的利益，推动会展品牌的创建和发展。

拓展阅读

美迪康“会务通”——为客户而生的会议服务平台

美迪康会务通学术会议服务平台是由美迪康公司专为学术会议主办方或组织者提供的一站式会务管理 SaaS 云平台解决方案。它以数据库管理为基础，实现烦琐会务的一站式高效管理。美迪康“会务通”平台具备一键式创建中英文双语网站/微网站，完成参会注册、酒店预订、论文投稿、稿件评审、学术日程、招商管理、权限管理、实时统计、嘉宾管理等覆盖学术会议会务工作全流程的管理功能。

美迪康“会务通”平台从客户出发，增加短信邮件群发、微信分享推广、在线支付等方便客户使用的功能，大大提高会议管理的便利性和高效性，提升用户参会体验。

· 无缝衔接微信应用

美迪康“会务通”平台提供从网站建站模板和基于微信应用的 App 开发接口，可无缝衔接客户所申请认证的微信公众号/小程序，自动生成大会微网站，实现大会通知、新闻动态、现场秀的微信后台即时发布和学术日程、主讲者主持学术任务的实时查询短信订阅。

· 安全、便捷的支付方式

美迪康“会务通”平台既提供传统的银行、邮局汇款方式，也提供现代安全便捷的网银在线支付方式，支持 VISA、Master、JCB 三种外币卡和国内 20 多家主流银行卡，支持 Paypal、微信、支付宝、首信易等第三方支付平台，并具备会务管理平台和网银支付系统独立稽核对账机制，确保您的资金安全、账务清晰。

美迪康“会务通”平台，让您轻松应付烦琐会务，客户开会更方便。

（资料来源：知乎 美迪康会务通学术会议服务平台介绍）

三、会展客户关系的构成

在会展市场上，从会展活动的组织角度讲，会展客户关系的构成主要分为主体和客体两个部分。会展主体主要是会展的主办方和场馆，会展客体主要是指会展的参加者和观众。会展主体和客体相互作用，相互联系，互成客户，在一定的业务往来过程中建立起会展客户关系。会展活动的参与者至少有以下四个方面。

1. 会展主办方

会展主办方主要是我们所说的专业会展组织者（Professional Convention Organizer，PCO）。他们主要负责会展活动的策划、参加者及专业观众的确定、合作单位的遴选、会展名称的确定、立项申报、宣传推广、财务管理、质量控制等。这些工作内容是会展活动的开始，关系到整个会展活动的组织是否顺利，具体实例，如图 10–1 所示。

图10–1　美迪康“会议通”平台功能

2. 参展商

参展商包括会展现有的参展商和潜在的目标参展商。它是会展客户关系构成中最直接和最重要的组成部分，是会展活动中最为核心的客户。会展主办者的经济效益也主要来源于参展商的参展费用。参展商主要是企业、销售机构或政府部门。在实际的会展活动中，会展活动的多项功能能够满足会展参加者的多方面的需求，很多企业或机构愿意参加会展活动，通过会展活动宣传企业的新产品，拿到更多的订单。所以，只有参展商满意了，主办方才能获得更多的经济来源，参展商才能再次有积极性参与，主办方才能赢得更多的潜在客户，会展规模才能不断扩大。

3. 观众

除了参展商，观众是会展的又一个重要客户，观众是参展商的主要消费者，他们在一定程度上决定参展商的经济效益，从而进一步影响到会展规模的扩大。观众可分为专业观众和普通观众，专业观众带有一定的商务目的，普通观众则主要是最终消费者。不同的观众对会展活动的要求也是不一样的。作为产品、技术展示或展销的会展活动，所挑选观众的层次和数量一定程度上决定了会展活动的成败。

参展商和观众作为会展活动的核心客户，是会展相互影响的两个方面。参展商在产品展示、交易成交、信息搜集等方面离不开观众。观众要实现参加会展的目的也离不开参展商，参展商是观众贸易采购的主要对象，能够为观众提供最新动态的商品展示，能够为观众提供很多产品信息。所以，参展商和观众的相互影响和配合才能够最大程度上提高会展举办的成功率。

4. 会展服务提供商

会展服务提供商主要是为会展主办者、参展商和观众提供服务的部门。他们服务的内容包括贸易中介、保险、保安、展品运输、展台装修、消防、法律咨询、酒店接待等。会展服务提供商是会展业发展的基本和必要条件。在会展客户关系的构成当中，参展商和观众基本上都是向会展支付费用，而会展服务提供商则向会展索取费用。为了保证会展服务提供商所提供服务的质量，不影响整个会展的举办，会展主办方应该把会展服务提供商作为自己会展活动中的一个重要组成部分，将会展服务提供商与其他会展客户成员融为一体，提高会展客户关系管理的资源整合效率。

除了以上会展主办方、参展商、观众和会展服务提供商之外，会展活动的参与者还包括政府合作单位、行业协会、展览馆、媒体、赞助商等。随着我国政府职能的转变，政府在会展中的审批和主办方面将逐渐淡出，而政府作为合作单位仍然是会展活动的参与者之一。会展公司所承担的会展活动越来越多，在会展市场上发挥的作用越来越大。展览馆是会展活动开展的物质基础，在现实中，一些大的展览馆在经营过程中积累了一定的经验，与各行业建立了较为密切的联系，在此基础上他们也自己组织一些会展活动。可以说，他们不仅是展览馆的提供者，某种程度上也承担着会展主办者的角色。在整个会展活动的举办过程中，媒体也是必不可少的一个方面，媒体的参与有助于会展主办方和会展参展商知名度和经济效益的提高。最后，广义的会展参与者也离不开赞助商的参与支持。所以说，会展活动的参与者是一个十分广泛的范畴，随着我国会展业的发展，这个范畴还会进一步扩大。

拓展阅读

客户关系管理的新4P营销理念

客户关系管理是一种倡导以客户为中心的营销管理创新的思想和方法。在客户关系管理中出现了不同于以往的新 4P 要素，它们是：Product（产品）、Process（流程）、Person（人员）和 Performance（表现）。把这些新 4P 结合起来，能进一步提高企业的市场竞争能力和增加价值的能力。实践证明：成功的客户关系管理系统超越了销售、市场营销和客户服务。

（1）产品（Product）是企业提供给客户的根本要素。在客户关系管理中，鉴于对产品的重新认识，产品的概念得到了扩大和延伸，产品差别化逐步转变为关系过程的专业化。因此，企业应该特别关注重点客户的需求，通过定制化的制胜的产品和服务为客户带来超额价值，进而加强客户关系，“锁定”客户。

（2）流程（Process）是支持核心产品和服务的供应系统。为创造一流的客户价值，应该把营销放在整个业务流程的范围内加以考虑。其过程是：找出目标客户；满足目标客户需求；与目标客户形成持久的关系。流程一般通过一整套包含软硬件、理念、策略的解决方案来实现。

（3）人员（Person）是客户关系管理成功的关键。客户与企业的接触首先是与企业员工的接触，只有满意的员工才能产生满意的顾客，因此企业应该关注客户与员工的互动对客户关系的影响。企业在聘请员工后应鼓励员工不断学习，拟订全方位的客户培训计划，尽力扩展员工的动机、价值和绩效。

（4）表现（Performance）是按照承诺供给产品并将事情做好。良好的客户关系通过向客户提供各种高层次的价值来实现。对客户关系管理表现的评价，除了采用一般的公司业绩指标外，还可评估客户满意度、客户流动性、客户服务标准、员工流动性等无形资产指标。

在国外，越来越多的企业寻求把客户关系管理制度化，设立“关系经理”。客户关系管理是一种用于培养持久的、长期的、盈利更多的客户关系的可行框架和经营模式，其理念已经得到广泛的认可，现在的挑战是把理论转化为行动。

（资料来源：根据相关资料整理）

任务二 会展客户关系管理内容

一、会展客户数据库建立与管理

会展客户关系管理的首要任务是建立数据库，有足够数量的客户名单才有可能讨论如何对客户进行管理。

（一）扫描市场环境，分析服务产品

不同题材不同类型的会展项目所面对的客户人群截然不同，会展主办方必须深入分析会展项目所属行业的上下游产业链状况，产业终端消费者的消费行为特征和行业发展趋势以及潜在消费者的发展方向。对会展项目的所属产业进行深入分析，以确定客户群体是产业链哪个环节的企业，客户与会展项目之间的依存关系是否紧密，哪些客户是会展项目的核心客户、重要客户。另外，会展行业中大同小异的同质化会展项目很多，如果不对自己的展会项目进行深入分析，梳理产品与服务优势，发掘本会展产品的特色，进行准确的会展项目定位，就没有办法与其他同类展会区分开来。很容易陷入互抢客源、低价竞争的恶性循环。充分分析市场环境，深入了解自己展会项目的优势与特色，会展项目的客户人群画像呼之欲出，才能够开展下一步的会展客户关系管理工作。

（二）寻找目标客户，评估客户价值

会展项目寻找到理想的目标客户是会展客户关系管理的重要步骤。会展主办方通过网络寻找法、广告寻找法、资料查阅寻找法、客户资料整理法、介绍寻找法等方法寻找目标客户。向目标顾客群发送展会广告和展会信息，吸引目标客户了解会展项目情况，为展会项目开展招商招展业务活动做准备。寻找到目标客户后，主办方需要对客户价值进行评估。

1. 客户价值

客户价值一般包括两方面：一是客户对于企业的价值，二是企业为客户所提供的价值。前者是指从企业角度出发，根据客户消费特征、行为特征、人口社会学特征等测算出客户能够为企业创造出的价值，它是企业进行客户细分的重要标准。后者是从客户角度出发，对企业提供的产品和服务，客户基于自身的价值评价标准而识别出的价值，这一价值在营销学中通常称为顾客让渡价值或顾客识别价值，它是决定客户购买行为的关键因素，是企业进行营销活动需要关注的核心内容之一。

2. 客户价值评估

客户价值评估是通过建立客户价值评估的系统框架，以客户当前的实际价值和预

测客户未来的潜在价值作为评估要素，系统考察客户价值的评价方法。客户的当前实际价值是企业已知的客户价值，是考察客户当前对企业价值大小的一个重要因素；而客户的潜在价值则是客户在整个生命周期内的价值，它直接关乎企业的长远利润、科学发展，是企业决定是否继续投资该客户的重要依据。

客户价值的评估是对客户价值进行分析，采取措施促使其转变成对企业有价值的客户，分析判断客户可能给企业带来的利益。对会展项目而言，会展客户价值的评估就是根据客户是否有参展意愿及合作意向、是否连续参展、进一步深度合作等要素判断该会展客户的实际和潜在的价值。会展客户的实际价值就是客户在评估周期内为会展项目利润带来的贡献。客户的潜在价值是会展项目在未来的全生命周期内可能带来的收益，是未来会展项目将获得的价值。评估客户为会展项目带来的实际价值或潜在价值的大小，可以指导主办方根据评估的结果，重点接触和挖掘价值大的客户，合作价值一般的客户，放弃价值小或没有实际价值的客户。

（三）客户数据的采集与分析

对会展项目主办方来说，客户数据管理的基础工作是搜集和整理参展商、赞助商和接受邀请的专业观众的现实数据，以及纳入会展项目市场开拓目标范围内的其他客户数据，其中参展商数据是重中之重。参展商的数据主要包括参展商的企业性质、规模、历届展会参加情况以及与组展商的交易额等。主办方可以根据自己的需要，将这些数据划分为三个层面。

1. 客户原始记录

客户原始记录是客户的基础性资料，它通常是主办方获得的第一手资料，具体包括以下内容：企业名称、客户代码、所在国家和地区、具体地址、企业联系人、电话号码、银行账号等。一般来说，广告、个性化 E-mail、资料查询、人脉衍生、掠夺式竞争、信息交换等公开方式是免费获取客户信息的渠道。主办方还可以通过互联网软件技术手段，在线自动获取网站、微信数据等方式获取客户信息；展会活动现场、参与公关活动、同类展会走访、行业调查也可以获取准确的客户信息；也可以从相关的行业协会、政府主管部门处获取；还可以通过专业市场收集和从行业的企业名录提供商处购买等有偿方式获取客户信息数据。

2. 统计分析资料

客户数据资料统计分析主要是主办方通过客户调查分析或向相关信息咨询企业购买的第二手资料。包括客户对会展项目的态度和评价、客户的合同履行情况与存在的问题、客户与其他竞争者的交易情况、客户的需求特征和发展潜力等。

3. 企业投入记录

企业投入记录是指主办方与客户进行联系的时间、地点、方式如访问、打电话和费用开支、给予哪些价格优惠等信息，以及主办方向客户提供的产品和服务，合作与支持行为，为争取和保持该客户所做的其他努力和费用等记录。

以上所列三个方面是主办方客户数据库的一般性内容。同时应注意到，无论是会展项目主办方自己收集资料，还是向信息咨询企业购买资料，都需要一定的费用。所以，主办方的客户数据库应设置哪些内容，不仅取决于客户管理的对象和目的，而且受到企业费用开支和收集信息能力的限制。不同会展项目应根据自身管理决策的需要、资金和客户的需求特点等，选择不同的客户档案内容，以保证客户数据库的经济性和实用性。

（四）客户数据挖掘

会展项目的发展需要建立在客户持续参展合作的基础上，而在拉动客户参展合作的过程中，一方面，要不断地拓展新用户，另一方面，还需要不断地挖掘老客户新消费需求。会展项目客户信息的整合挖掘繁复杂乱，方法多样化，这就需要主办方对不同的客户进行分类管理，通过客户关系管理对收集到的客户数据进行综合分析，识别有效商机，抓住每个销售机会，为赢得高质量客户打下基础。

1. 把握客户信息数据，挖掘老客户的新需求

在庞大的数据库中，把握客户信息全局，通过客户来源渠道、新商机等级的分类、客户潜在的参展行为、客户对展会投入比例等多维度辨识目标客户。对一些客户被遗漏需求重新挖掘，定期检查往届参展客户的名单，随时把握老客户的最新需求，能够提升客户满意度，同时为企业获得新商机提高客户价值。

2. 抓住服务过程中的机会，积累客户数据

签约完毕后的服务过程中会有展位面积增加、增加购买现有广告位、现场展位重新调整、增加展位数量、增加网上展品展示等增加展会收益的交易行为。这些已成交展商的新需求在服务过程中被记录，主办方通过临时新增需求的挖掘，积累客户数据，做好随时为客户提供优质高效服务的准备，这样也可以增加展会收入。

3. 跨部门信息的整理，增加销售商机

在会展项目的不同部门之间，存在数据信息不一致的情况，会展项目主办方要及时整理跨部门的客户消费信息、参展要求和参展行为，使客户数据随时保持真实有效状态。既保证各部门信息的保密性，又按照需求搜索信息进行跨部门分配或共享。比如会务部门通过及时更新客户在参展过程中的新需求（如有部分参展商临时增加线上展示的要求），销售部调取该数据，分析与该客户需求对应的招展业务情况，及时调整销售策略（报名的参展商可以同时获得线上展示机会）、把握销售时机，把记录式展会服务真正转变成销售商机，提升销售成功率。

对已经收集到的客户信息进行数据挖掘，主办方要抓住每个展位销售机会，识别

真正有成效的商机，将商机管理与策略管理相结合，帮助展会项目更加专注于重点商机，获取整合优势，取得成功。已成交展商的新销售机会存在于签约后的每个服务过程中，每一个老客户都有可能成为一个新的潜在商机。在后期服务流程中对客户进行系统管理，集中管理与跟踪所有新老客户的提议、优先级别、投资与回报以及其他各种影响因素，是在老客户数据中挖掘销售机会的关键。

二、会展客户关系维护

（一）客户关系建立的目标

找到目标客户并挖掘出客户的新需求后，会展项目主办方要制定具体的客户策略来维护和推进客户关系的发展，与有潜力的客户建立相互信任的合作关系，从而让会展项目能够获取最大利益。这是会展项目进行客户关系管理的根本出发点和最终目标。会展项目主办方进行客户关系管理的重要内容是根据客户信息，区分客户类别，针对不同的客户类别，投入不同数量的资源并采取不同的管理措施，实现以下会展客户关系目标。

1. R1- 保持（retain）

所谓保持关系目标，是指会展项目重视现有客户群体，通过满足或超额满足客户需求，提高客户满意度，培植客户忠诚，建立起一种长久信赖客户关系的目标。对于一个成功的展会项目而言，具有较高满意度的成熟客户为展会项目带来的价值远远高于新客户的价值。保持长期合作的会展客户关系，一方面要求会展项目及时掌握客户信息，了解市场需求状况，可通过以现代信息技术为支撑的客户关系管理系统为客户提供及时周到高效的服务，另一方面要求会展项目做到上下保持一致，各个部门共同参与，全方位全过程为客户提供服务。

2. R2- 关联（relation）

关联关系目标体现为会展项目主办方同各种客户群体之间的协同关系，会展项目主办方成为各种会展客户关系的中心纽带的目标。一个会展活动的成功举办依赖会展主办方高超的中心纽带作用，会展主办方要及时梳理各种客户信息，整合客户资源，对参展商、专业观众、供应商、合作伙伴及会展主办方的人力资源进行统筹管理，以实现会展客户的最大效用。

3. R3- 推荐（recommend）

推荐关系目标的形成是建立在客户群体对会展项目良好口碑的基础之上的，会展活动广泛的公众性和参与性使会展项目能够很容易树立良好口碑。当会展客户在树立会展主办方形象，形成企业诚信，扩大客户群体等方面的参展目的在该展会项目能够实现，老会展客户就会推荐本展会项目给新客户，再发展成忠诚客户，形成良性循环。同时，推荐还有助于形成会展品牌，提升会展项目的核心竞争力。

4.R4- 恢复（recover）

恢复关系目标的建设是针对会展主办方在经营管理过程中可能发生的突发事件，能够采取有效的挽救措施，以维护客户利益为目的，及时地将客户失望转化成新的机会，以期望客户对会展项目重新认识并再次信任进而重新合作的目标。通过恢复，企业可以重申对客户的承诺，甚至可以改变客户对企业的不良印象。

（二）客户分类管理

确定和客户要建立的关系目标后，针对不同的客户类别，制订不同的客户服务方案，实施定制服务。客户的分类管理是实现优质服务的前提，客户分类管理主要包括以下内容。

1. 确定标准细分会展客户

确定细分会展客户群的标准，以展览会参展商客户群体的划分为例，根据参展商的个性化资料、展位面积和数量、参展的频率、参展方式、地理区位、客户的关系网等标准，把客户划分为关键客户、主要客户、一般客户和小客户。参展商中的关键客户通常是指展会所属行业的龙头企业，占比为 1%~5%。主要客户是展会所属行业的主要企业，企业个体可能不大，但这类企业加起来的总量占行业的大多数，而且是所属产业链的核心环节，或发展潜力巨大。一般客户是指产业链上的企业但企业规模不大，发展潜力一般，或不在核心位置的企业。小客户是指和会展项目关联不大，连续参展的可能性较小，展出规模不大的企业。根据参展的频次划分为忠实客户、常客、散客和过客等不同类型，也可以根据其在客户关系管理中的位次划分为关键客户、普通客户、小客户和劣质客户（见表 10-1）。

表 10-1　会展客户类型

划分标准	客户类型
重要程度	关键客户、主要客户、一般客户、小客户
参会频次	忠实客户、常客、散客、过客
客户关系中的位次	关键客户、普通客户、小客户、劣质客户

2. 深入分析会展客户群

对会展客户群的信息进一步分析，以便识别具有不同终身价值的客户或客户群。通常会展项目所在行业的龙头企业、知名度高的企业为会展项目的关键客户，吸引其参展有利于会展项目塑造在行业的号召力，奠定行业标杆展会的地位；抓住主要客户有助于会展项目性质的稳定，是会展项目平稳发展的保证；一般客户和小客户由于数量众多、规模相对较小、行业影响力不大，对会展项目的发展影响较小。

一直参加历届展会的客户，或连续参加展会 5 届以上的客户是忠实客户，这些客户与主办方相互了解合作紧密，与会展项目互利合作同生共死；连续参展 3 次或不连续参展 5 次的客户是会展项目的常客，与主办方多次合作利益均沾；有 1~2 次参展或合作的客户是散客，他们和主办方的合作还在磨合阶段，未来有可能转化为常客甚至忠实客户，也有可能不再合作；参展一次就再也没有参展，或询价、发出参展意愿后没有真实参展的客户称为过客，过客有可能是真的没有参展需求，但更多的是有参展的潜在需求，等待主办方的再次发掘的客户。

3. 制订不同的客户服务策略

针对不同客户群体，会展主办方应明确不同客户群体对企业的价值、重要程度，并针对不同客户群体的消费行为、期望值等制订不同的销售服务策略。

对关键客户，主办方应派专人经常去拜访，熟悉对方的经营动态，提供一对一价格优惠，优先提供优质展位，主动提供有行业影响力的展会同期活动展示机会，优先处理这类客户的投诉案件；密切注意其经营状况、财务状况、人事状况的异常动向等，以避免丢失关键客户的风险；主办方与关键客户要建立长期的友好合作，将关键客户变成会展项目的赞助商、项目合作伙伴等更为紧密的合作关系。

对于主要客户，由于其在行业略具影响力，主办方平常派销售人员拜访即可，但值得花些时间和金钱来建立其忠诚；如果这类客户参展频率和展位数量、展览面积没有上升，或参加竞争对手的展会，那就要找出原因，并且改进对他们的服务。

对于一般客户，在受人员、财力、物力等限制条件下，可减少客户关系管理投入，将对其服务适当削减；但要和这些客户保持联系，并让其知道当需要帮助（扩大采购量）时，主办方会伸出援手；此外，试探找出“明日之星”，争取培养成主要客户。

对于小客户，主办方要甄别其是否有升级的可能，如有则应加强联系和培育，争取其参展成为一般客户甚至主要客户；如果经客户挖掘后发现没有参展意愿和合作可能，要终止营销投入，及早淘汰，免得浪费会展项目资源。

会展客户关系管理要求主办方在全面收集客户信息的基础上，针对会展客户，预先确定专门的会展活动，制订服务计划。会展项目营销人员及会展服务提供者加强在展前的有效准备和展中的针对性服务，提升会展项目的品牌影响力和知名度。

（三）客户沟通

会展客户关系管理过程就是主办方与客户沟通交流信息的过程，有效的信息沟通是主办方建立和保持会展项目与客户良好关系的途径。会展主办方与客户信息沟通的内容主要包含两个方面：一方面，主办方充分利用现代信息技术手段及时将会展产品与服务信息提供给参展商以及观众；另一方面，主办方还需要从会展参与者那里收集到关于客户对会展项目的评价与建议等重要信息。

随着互联网、移动通信技术的发展，越来越多的会展客户习惯于通过Web、E-mail、微信、微博等方式与会展项目方交流沟通。通过与客户的互动，主办方可以随时追踪参展商的需求变化以及参展后的有关评价，并不断修改客户方案。以往的市场营销活动效果通常是以销售成绩来判定，会展客户关系管理却可以对过去市场营销活动资料进行相关分析，并且通过客户服务中心及时地进行互动反馈，从而可以进一步调整营销策略。

客户沟通贯穿于展前、展中和展后。展前，主办方会加强会展客户的联系，了解他们的需求。以展览会参展商客户服务为例，在布展期间，主办方的主要工作是依照合同核实展馆租赁面积及使用范围；负责加班的统计与汇总；同时负责协调搭建商与展馆内部各部门之间的沟通；还根据客户的需要提供各种硬件及软件服务，包括会展展区划分、展位搭建、指示牌制作摆放、休息区会议室布置、展品运输等。开展期间，主办方除了进行一系列现场管理工作外，应主动与客户沟通，感谢客户的参展，咨询客户的建议及意见，并认真记录，如遇到客户有额外的要求或不满，绝对不能借故推辞。即使不属于服务范围，也要努力帮助客户解决各种问题。有些会展项目还会根据需要为客户提供翻译、商务、法律、内容详细实用的会展服务手册、网站及时信息通报及客户互动服务、第三方认证等服务，尽量赢得客户的满意和忠诚。展后继续与会展客户联系，为客户提供展会报告，听取他们的意见和建议，为下届展会做好充分的准备。

拓展阅读

对CRM的六大技术要求

21世纪，以产品为导向的营销哲学将逐步转向以客户为中心、全方位满足客户需求的服务。在此背景下，会展主办方的客户关系管理（CRM）将从以往注重业务量的增长转向注重质的管理；会展主办方CRM的研发方向将从降低成本提高效率转向开拓业务、提高客户忠诚度。

对CRM的主要技术要求主要有六个方面，一般包括分析信息的能力、对客户互动渠道进行集成的能力、支持网络应用的能力、建设集中的客户信息仓库的能力、对工作流进行集成的能力、与ERP进行无缝连接的能力。CRM的六个主要的功能和技术要求，具体如下。

1. 信息分析能力

尽管CRM的主要目标是提高同客户打交道的自动化程度，并改进与客户打交道的业务流程，但强有力的商业情报和分析能力对 CRM 也很重要的。CRM 系统有大量关于客户和潜在客户的信息，企业应该充分地利用这些信息，对其进行分析，使得决策者所掌握的信 息更完全，从而能更及时地作出决策。良好的商业情报解决方案应能使得 CRM 和 ERP 协同工作，这样企业就能把利润创造过程和费用联系起来。

2. 对客户互动渠道进行集成的能力

对多渠道进行集成与 CRM 解决方案的功能部件的集成是同等重要的。不管客户是通过 Web 与企业联系，还是与携带有 SFA 功能的便携电脑的销售人员联系，还是与呼叫中心代理联系，与客户的互动都应该是无缝的、统一的、高效的。统一的渠道还能带来内外部效率的提高。

3. 支持网络应用的能力

在支持企业内外的互动和业务处理方面，Web 的作用越来越大，这使得 CRM 的网络功能越来越重要。以网络为基础的功能对一些应用（如网络自主服务、自主销售）是很重要的。一方面，网络作为电子商务渠道来讲很重要；另一方面，从基础结构的角度来讲，网络也很重要。为了使客户和企业雇员都能方便地应用 CRM，需要提供标准化的网络浏览器，这让用户只需很少的训练或不需训练就能使用系统。另外，业务逻辑和数据维护是集中化的，这减少了系统的配置、维持和更新的工作量，就基于互联网的系统的配置费用来讲，也可以节省很多。

4. 建设集中的客户信息仓库的能力

CRM 解决方案采用集中化的信息库，这样所有与客户接触的雇员可获得实时的客户信息，而且使得各业务部门和功能模块间的信息能统一起来。

5. 对工作流进行集成的能力

工作流是指把相关文档和工作规则自动化地（不需人的干预）安排给负责特定业务流程中的特定步骤的人。CRM 解决方案应该具有很强的功能，为跨部门的工作提供支持，使这些工作能动态地、无缝地完成。

6. 与 ERP 功能的集成

CRM 要与 ERP 在财务、制造、库存、分销、物流和人力资源等连接起来，从而提供一个闭环的客户互动循环。这种集成不仅包括低水平的数据同步，而且还应包括业务流程的集成，这样才能在各系统间维持业务规则的完整性，工作流才能在系统间流动。这二者的集成还使得企业能在系统间收集商业情报。

会展项目而言，CRM 的技术构建模块主要有以下五个部分：

（1）对现有参展商和观众进行分类管理；

（2）重新确定客户档案的内容和作用；

（3）运用现代信息技术，建立客户、市场信息处理系统；

（4）新一代的营销自动化工具将会格外关注客户价值，并且具有为 CRM 其他功能模块（特别是呼叫中心和门户网站）提供实时支持的能力；

（5）收集客户信息，提炼客户知识，建立以客户知识为导向的营销体系，从而为客户提供最佳的产品和服务。

（资料来源：根据相关资料整理）

三、会展客户关系改善

改善客户关系是会展客户关系管理活动中和活动结束之后会展项目都应该去做的一个工作内容。主办方通过会展项目和客户之间的互动反馈，追踪需求变化，并通过捕捉和分析反馈的数据，了解客户对展会项目各项营销活动所产生的具体反应，为下一次更完善的客户关系管理提出新的建议，不断改善主办方与客户之间的关系。

会展项目客户反馈的信息，既是衡量会展项目承诺目标实现程度的重要指标，又是主办方及时发现会展项目举办过程中出现问题的重要途径。一般情况下，投诉是客户关系改善的重要机会，如何正确处理客户的意见和投诉，对于消除客户不满，维护客户利益，赢得客户的信任十分重要。

客户关系也存在生命周期，即会展与客户的关系所能维持的时间。客户关系会经历从不信任到信任，从信任再到不信任的过程。对于老客户，一旦产生不信任，会展项目就很有可能失去这个老客户。这时要找出造成产生不信任和客户流失的原因并采取相应措施，尽量挽留客户。只有延长和巩固与客户的关系才能维持客户继续参展，并保证客户不转向竞争对手的会展。所以，延长和巩固客户关系生命周期，在客户关系产生危机和不信任时，及时改善与客户的关系，是客户关系管理的重要任务。

拓展阅读

海底捞十大逆天特色服务

我们都知道海底捞是知名的火锅品牌，在我国很受欢迎。其最受欢迎的原因并不是它的菜的味道好，而是其服务态度好，尽可能地满足顾客的各种要求，让顾客感到舒心，在吃饭的时候能够感到幸福，接下来我们说一说海底捞十大服务特色。

1. 最“常见”。在海底捞有一些最常见的服务，例如，会给等待区的顾客提供免费的小零食，如果人多的情况下，还会为其送上棋牌等，餐后会给顾客提供口香糖等，这些都是很常见的。

2. 最“惊喜”。如果有什么困难，海底捞的服务人员知道了会为其提供服务，例如，你要着急赶火车，如果坐公交已经预测会晚点，你可能会碰上海底捞提供专车的福利呦。

3. 最“贴心”。海底捞的服务真的很贴心，如果你在晚上去，还带着小孩，他会为你及时地提供餐位，即使是有人在前面排队，他们会考虑到小孩儿晚上早睡，所以早安排就餐。

4. 最“诚挚”。海底捞的服务人员服务十分真诚，他们用百分之百的热情去服务顾客，如果在服务的过程中犯了错误，他们也会想方设法求得顾客谅解。

5. 最“感动”。在海底捞火锅店内享受服务时，你会感到一丝丝的温暖，当您独自一个人去吃火锅时，你可能会收到一个漂亮可爱的玩偶，陪你一起吃。

6. 最“实惠”。在海底捞有许多小零食是免费提供的，还有许多小菜，包括各种蘸料都是免费的，你能吃多少就可以盛多少，但是店里面也会温馨提示您杜绝浪费。

7. 最“给力”。有一个网友说，他在海底捞和朋友吵架后，收到了海底捞服务人员的一封长信和一束花，她收获了满满的宽慰和鼓励，她感到幸福。

8. 最“新奇”。在海底捞你可能享受到网友代打的服务，并且这些代打员打游戏的水平都很高，真是叫人惊喜。

9. 最“忽悠”。当然，在海底捞享受到全心全意的服务的同时，有些服务员看着认真工作，其实他很可能是一个很搞笑的段子手，随便说一句就能把你逗得哈哈大笑。

10. 最“恶搞”。在海底捞吃饭，有时候也会被服务人员的小机灵恶搞一番，虽然是被恶搞，但是目的是让顾客开心，让顾客开怀大笑。

（资料来源：互联网资料）

任务三 会展客户关系管理策略

一、会展新客户开发策略

新客户是会展业宝贵的市场资源，也是会展项目未来的发展空间，新客户数量的多少决定着会展项目未来可能发展的规模大小。吸引新客户是会展项目长期稳定发展的重要工作内容之一，吸引新客户就是会展项目通过有效的客户关系管理策略，在目标市场中寻找和发现新的目标客户，并通过有效的传播手段与他们沟通，最终将他们变成会展项目的现实客户的行为。

（一）会展新客户开发流程

1. 研究目标市场

首先，会展项目主办方需要根据客户（与某个特定会展主题相关的生产企业、代理商等）的分布地区、经营规模等标准，对目标市场进行细分，然后尽可能地搜集客户信息，并将其输入客户关系管理系统的客户数据库中。接着，依托客户关系管理系统的强大功能，对会展项目的目标市场进行研究：参展商方面，搜集潜在参展商名录，包括同类会展项目的参展商名录；分析过去的参展 / 参观行为；潜在参展商获取会展项目信息的渠道；会展项目的定位是否能引起潜在参展商的兴趣等。专业观众方面，搜集专业观众名录，会展项目定位以及专业观众是否对参展商感兴趣，潜在专业观众获取会展项目信息的渠道等会展目标市场的情况进行研究分析，寻找有可能参与本会展项目的潜在客户。

2. 确定潜在客户

会展项目通常可以比较容易地拥有相对庞大的客户名录，但在具体使用时经常陷入名录使用效率低下的误区。因此，在接触潜在客户之前，主办方还有一项重要工作便是对名录进行合理筛选，主要依据会展项目的定位和潜在客户的特征及需求是否吻合来确定会展项目的潜在客户。

3. 接触潜在客户

经过精心筛选后的客户名录仍然不能代表会展项目的真正客户，因为确定潜在客户只是缩小了进一步接触的范围，但对从未参加过某个会展项目的企业而言，他们对该项目依然一无所知，这就有赖于工作人员与客户的深入沟通。会展项目主办方接触潜在会展客户的基本流程为：主办方分析接触对象，明确将与谁沟通，尽可能地掌握潜在参展企业和专业观众的具体情况（产品、规模、发展状况等），了解负责人的情况，包括姓名、性格特点，潜在会展客户的渠道偏好；确定沟通目标，与招展（专业观众组织）工作结合，预测信息所要传达的潜在会展客户的数量，选择具体的沟通渠道（会面拜访、打电话、联谊会、客户见面会等方式）；深入了解会展客户的具体需求，应用沟通技巧，将会展项目的最新信息及时告知客户；建立反馈机制，倾听客户的意见，妥善处理客户投诉，对产品和服务进行改进。

4. 促成购买行为

主办方工作人员与潜在客户进行接触的重要目的就是促成他们的参展或参观行为。要将潜在客户转化成现实客户是一项十分艰巨的任务，它要求会展项目主办方站在参展商或专业观众的立场上思考问题，并根据客户的特定需求对产品和服务进行适当调整，以激发他们产生采购行动的欲望。为参展商、专业观众提供综合分析报告和参展商名录以宣传预期利益；根据沟通的需要为客户提供特定的信息；提供方便快捷的展会服务打消企业参展 / 观众参观的顾虑等措施，都能够促成会展项目潜在客户的购买欲望转化成现实购买行为。

（二）吸引会展新客户的策略

1. 加大宣传力度，吸引会展客户

会展项目在对目标市场进行市场细分之后，针对目标客户的需求，选择适合目标顾客的宣传手段传播相关信息，通过适当的宣传方式阐述会展项目和相关服务措施，让更多的新客户了解此次会展并根据自己的需求参展。从而赢得新客户的支持和信任，吸引会展新客户。

2. 提高服务和管理水平，建立良好第一印象

会展项目要想吸引新客户，还需要通过提升服务水平和完善管理举措，为参展商和观众提供高效、完备、便捷、优质的服务，从而取得一定的经济收益和社会收益。所以，主办方提高服务和管理水平，给新客户留下良好的第一印象，是会展项目长期稳定发展的关键，也是会展项目获得忠诚客户的重要因素。

3. 尽量降低客户的成本付出

会展的客户成本主要包括货币成本、时间成本、精力成本三个方面。货币成本是会展客户参加会展活动的所有货币性支出。对于参展商和观众来说，除了考虑参加会展项目的货币成本外，还会在意时间成本和精力成本的大小。在日常的经营活动中如果错过了某些宣传、谈判或销售的时机，可能会失去宝贵的时间机会，从而给企业带来利润的损失。因此，参展商和观众在决定是否参展时，往往要考虑参展的时间成本，即参展商和观众因参加展会花费时间，而不能利用这段时间开展其他活动所损失的成本。精力成本是参展商和观众在参加展会的准备阶段、参加阶段、参展后的一段时间内，处理与该展会相关的业务时在精神和体力方面的支出。

对于任何企业来说，都希望通过少的投入而获得大的产出。会展项目主办方要提供合理的价格和折扣体系，制定能够激励购买行为的销售政策和降低参展的货币成本；多采用一站式、自助式服务方式简化参展报名流程、简化进场展览展示和观展的环节，降低参展商和专业观展者的参展参会时间成本；提供清晰明了的场地指示系统和服务体系，方便快捷的展前展中展后服务，降低会展客户的精力成本，让会展客户能够以小的成本付出，获得大的收益。

4. 提供增值服务

随着会展产品的同质化越来越严重，提供增值服务可以为会展项目赢得竞争优

势。在会展核心产品和服务出现雷同的情况下，会展项目可以通过提供增值服务吸引新客户，并通过增值服务的提供，提升会展项目的形象和会展品牌知名度，获得客户的信任和忠诚。会展项目为参展商和观众提供的增值服务主要有以下几种：①提供市场预测、行业趋势、政策走向等相关市场信息；②提供网上“虚拟展览”和“在线商机”，以便客户与潜在买家进行更广泛的交流；③同期举办新闻发布会和技术交流会等活动，拓展会展项目前后时段在社交平台深度接触，让客户的需求能够得到即时满足。

会展主办方除了满足客户的现有需求使客户满意，还要为顾客提供全新的增值服务和体验，将潜在客户转化为现实客户。

二、老客户维护策略

（一）老客户维护的重点环节

在巩固老客户关系的过程中，以下几方面是与客户互动过程中非常重要的几个环节。

1. 做好客户沟通与服务

深入与客户进行沟通是老客户关系维护的基础，是巩固老客户关系的手段。客户的需求不能得到切实有效的满足，往往是导致会展项目客户流失的最关键因素。一方面，会展项目应及时将企业经营战略与策略的变化信息传递给客户，便于客户了解会展项目的现状和发展方向，决定是否参展。在会展项目举办期间，主办方将展会信息和服务信息，通过现代信息手段及时快捷地提供给会展客户，并给予这些客户技术支持和良好的售后服务，促成客户顺利参展。另一方面，要善于倾听客户的意见和建议，建立相应的投诉和售后服务沟通渠道，鼓励不满顾客提出意见，予以及时处理，并且从尊重和理解客户的角度出发，站在客户的立场去思考问题，保持积极、热情和及时回应的态度。

2. 提升客户满意培养忠诚

（1）提升客户满意度

客户满意是客户对会展产品满足其需要的绩效与期望进行比较所形成的感觉状态。会展项目主办方从客户的角度来分析和满足客户需求，通过对客户的期望和实绩进行比较评价，了解客户购买的意愿等来衡量客户满意度。主办方还要以个性化的服务手段，来满足不同参展商与观众的需求，提高客户的参展效果，使其达到参加展会的目标，从而提高客户满意度，实现展会与客户之间的双赢。会展参加者的满意程度越高，再次参展的意愿越强烈，为吸引参展商和观众再次来参加，主办方必须对会展参展商和观众加强服务，提高他们再次参加会展的概率。只有这样，展会与客户之间的关系才能固定下来，展会才能长盛不衰。

提升客户满意度要具体做到以下几点：充分了解客户参展的目的，尤其是不同参展商的特殊需求，以便为其提供相应的服务；对员工的服务质量和服务技能进行培训，使员工具有良好的职业修养、工作态度和全面的专业知识，从而可以全方位地为参展商和观众提供全方位的服务；在会展结束后，对参展商和客户进行满意度调查，了解会展客户对会展各项工作指标的综合评价；有效处理客户投诉。客户满意是客户忠诚的前提和基础，只有客户满意了，才会有进一步的客户忠诚。

（2）培养客户忠诚度

客户忠诚是指客户对企业的产品或服务的依恋或爱慕的感情，它主要通过客户的情感忠诚、行为忠诚和意识忠诚表现出来。客户是否忠诚可以通过客户行为趋向表现出来，客户在作出购买决策时，多次表现出来的对某个产品和品牌有偏向性购买行为就是客户忠诚。研究发现客户忠诚的小幅度增加会导致利润的大幅度增加，较高的客户忠诚度带来的利益是相当可观的，由此可见，忠诚的客户是企业最有价值的客户。会展项目在培养客户忠诚时，应该从以下几方面着手。

大幅度优惠政策。经常和老客户保持良好融洽的关系和和睦的氛围，针对多次参展的老客户采取更多优惠措施，如数量折扣、赠予展位和面积、费用的优惠和减免等，让老客户感受到更多来自老朋友的关照。

特殊顾客特殊对待。据研究多次参展观展的客户比第一次参与的客户，可为会展项目方多带来 20%~85% 的利润，所以善于经营的会展项目要根据客户本身的价值和利润率来细分客户，并密切关注高价值的客户，保证他们可以获得应得的特殊服务和待遇，使他们成为忠诚客户。如全国糖酒会对泸州老窖等一线中国白酒品牌给予场地租金减免、预留优势位置展位等方式的优待策略。

加强与客户的情感联系。忠诚客户的培育离不开与客户的情感交流和联系，会展项目主办方在展前、展中和展后都需要与客户进行情感沟通和交流，重视和加强与客户的情感联系，从而培育出忠诚的客户。

提供系统化解决方案。对老客户的服务不仅仅停留在向客户销售会展项目层面上，要主动为他们量身定做一套适合的系统化解决方案，在更广范围内关心和支持客户的发展。

培养忠实的企业员工。忠实的员工能够带来忠实的顾客，要保持客户的忠诚必须从员工入手。注重员工培训、教育，为企业员工提供发展、晋升的机会；尽可能为员工创造良好的工作条件，以利于他们高效地完成工作；提倡内部协作的会展主办方文化，倡导团队合作和协作精神。员工安居乐业工作稳定，才会花心思服务客户从而带来客户的忠诚。

3. 客户流失与挽留管理

客户流失是指本会展项目的客户由于种种原因，转向购买其他同类展会产品或服务的现象。流失一位重复购买的客户，不仅损失利润，还因为他们可能会散布对会展项目不利的言论，动摇和瓦解“客心”，也可能影响对新客户的开发。会展项目主办方如果不能尽快、及时地恢复客户关系，就可能造成客户的永远流失，而他们很可能成为企业竞争对手的客户，壮大了竞争对手的客户队伍和规模。一旦竞争对手由于客户多了，生产服务规模大了，成本得以下降了，就会对本会展项目产生威胁。

在会展项目执行过程中，有些客户流失是不可避免的，合理的客户流失是很正常的现象，但会展项目主办方也要认识到流失客户有被挽回的可能，做好必要的客户挽回工作。

主办方可以通过走访、电话联系等方式主动联系流失客户，询问流失原因，解决客户在本会展项目合作中遇到的问题，争取把流失的客户找回来。也可以通过积极提供高质量的服务留住企业优质客户；快速响应客户需求保证高效快捷的执行力；对为客户提供的服务与管理不断进行创新等措施防止客户流失。

会展客户关系管理工作中，在人力物力财力资源有限的情况下，应区别对待不同的流失客户。对关键客户，会展项目主办方要积极做好挽回工作，想方设法极力防止这类客户的流失；对普通客户，尽力做到挽回，判断普通客户发展成为关键客户的可能性，如果有可能就需要尽力挽回，如果没有成长为关键客户的可能，可以不花过多的资源在这类客户的挽回上；会展项目的小客户，则需见机行事，通过判断这类客户的客户价值和成长潜力，决定是否采取挽回措施；劣质客户，由于此类客户本身没有成长空间，或是非主流的客户群体，再次参展的概率很小，则可以彻底放弃此类客户，保证把更多的服务提供给真正的客户。

拓展阅读

如何提高客户满意度

有许多被公认为优秀的企业，以亚马逊公司为例，尽可能收集日常与客户间的联络信息（而很多企业只是关注投诉）。他们称之为接触分析，其目的在于了解客户关系中的哪个环节出了错，找出问题的根源并系统地、依据事实进行解决。

由 Limebridge 与 BUDD 联合开展的一项针对英国企业的调查发现：77% 的企业并不认为自己提供给客户的服务是简洁而又迅速的。大部分问题出在收集并利用客户意见，以及商业协作环节上的不足。

下面是一套提高客户满意度的封闭流程。它基于假设这些优秀公司都能持续、正确地理解客户服务的基础。

（1）倾听客户的声音。不是仅在调查或者收到投诉的时候，而应是每时每刻与所有客户进行日常接触。

（2）对客户反映的事实负责并且采取行动。当客户对账单存有疑问时，要将它作为一次客户关系恶化的情况来处理——因为你缺乏与客户间的良好沟通！

（3）集中关注并把资源放在那些对客户有影响的项目上，从而达到提供更简单，快捷和有价值的服务。要找出深层次的原因，而不是表面现象。

（4）用一套共同的指标来量度不同的项目成效。这些指标必须从客户立场出发。假如一段时间内客户对账单的质询大量减少，说明你们之间的沟通改善了（客户满意度也同样如此）。

（5）协调部门之间的商业协助能帮助有关员工处理客户关系，要系统化地做出即时性的协作，而不是交换。

（6）追踪所发生的一切，找出你在客户工作中所产生的作用。这需要依据对于趋势的判断来进行适当调整，而不是单次记录下满意度调查得来的反馈内容。同样，还需要在整个流程中进行跨部门的协调。

（7）回到第（1）条，重新开始。确保倾听客户声音并付诸实施的行动是一个受激情与毅力共同推动着的过程。

（资料来源：根据相关资料整理）

（二）会展项目吸引老客户的策略

1. 数据库挖掘策略

数据库挖掘策略是指会展项目主办方通过收集和积累大量客户信息，科学建立客户数据库，经过客户数据库信息处理后，预测会展客户购买会展项目的某种产品或服务的可能性，以及利用这些信息给会展项目精确定位。有针对性地制作营销信息，从而说服客户参展，达到主办方通过数据库挖掘吸引老客户的目的。

数据库挖掘策略通过对客户信息数据库的建立和分析，能够对会展客户资料有详细全面的了解，通过会展项目的开展为客户提供一个展示自己产品和宣传自己的平台，利用会展专业技术和服务，提升参展客户产品的市场销路。数据库挖掘策略还为每一个在数据库中的客户，提供及时做出可测定和可度量的反馈的机会，使客户从被动接受转为“双向信息交流”，实现双方的互利互惠。企业和客户之间的关系是建立在互利的基础上，客户的参展也可以为会展项目带来可观的经济收益和社会收益，双方都获得了收益，这种互惠关系才会形成并长期维持下去。

2. 一对一服务策略

会展客户关系管理通过客户分类，有针对性地对不同客户提供不同侧重的展会服务，对会展重要客户提供个性化的服务支持和管理设计，这就是一对一服务策略。一对一服务策略在数据库客户数据充分挖掘的基础上，通过对客户资料的信息收集，帮助主办方的服务从规模服务向个性化服务转变，在企业资源允许的情况下，为重要客户提供个性化的产品，进行定制服务，通过一对一的定制服务，吸引老客户。

实施一对一服务时，每个面对客户的工作人员要时刻保持态度热情、反应灵敏，更重要的是识别、记录、追踪该具体客户个性化需求的变化。一对一服务的核心是主办方通过与客户的一次次接触而不断增加对客户的了解，并根据客户提出的要求以及对客户的了解，生产和提供完全符合单个客户特定需要的产品或服务，最终能与其保持长期的互动关系。会展项目可以通过下列四步来实现一对一服务策略。

（1）充分识别客户。没有理想的客户单位资料就不可能实现一对一服务策略，拥有详细的客户资料对主办方来说非常关键。会展项目主办方对客户的资料要有深入细致的调查和了解，建立具有高服务价值客户群的客户数据库，并与客户数据库中的每一家客户建立良好关系，以最大限度地提高每家客户的服务价值。

（2）客户差别化。一对一服务较之传统目标市场营销而言，已由注重产品差异化转向注重客户差别化。客户差别化主要体现在两个方面：一是不同的顾客有不同的需求；二是不同的顾客代表不同的价值水平。因此，一对一服务就是主办方对客户的个性化需求作出及时的反应，调整或重新设计会展产品和服务，满足客户的需求，真正建立与老客户的持续、健康关系。一对一服务策略更重要的是会展主办方在充分掌握会展客户的信息并考虑客户价值的前提下，合理区分客户之间的客户价值差别，集中有限的资源有的放矢，为最有价值的客户提供好一对一服务，力争从这里获得最大的收益。

（3）“企业—客户”双向沟通。一对一服务成功的关键之处是企业与客户的双向沟通，善于创造机会让会展客户告诉主办方他需要什么，并且记住这些需求，把其反馈给客户，由此永远保住该客户。双向沟通能够让主办方和会展客户之间建立一种良性的互动关系，并把这种关系保持下去，以发挥最大的顾客价值。

（4）调整产品和服务以满足每个客户的需要。一旦了解了客户的需求，就必须采取行动，提供能够为他们带来额外收益的产品或服务。要想把客户锁定就应该有针对性地将自己的产品和服务个性化。向客户准确地提供他们需要的东西，客户的满意度和忠诚度就会极大地提高。

3. 顾问式服务策略

传统营销将交易视作营销活动的关键和终结，一切活动以是否成交作为判断标准，客户很容易产生抵触情绪。顾问式服务策略是指主办方与会展客户建立顾问式合作关系，主办方是为会展客户顺利参与会展项目提供顾问服务的，主办方通过提供解决客户需求的会展服务项目帮助会展客户实现参展目标。会展客户的参展目标实现了，达到自己设定的参会收益，自然会接受为其顺利参展参会服务的“顾问”。

顾问式服务策略的关键是从会展客户的角度出发，充分考虑会展客户的利益和需求，在与会展客户发生互动作用的过程中正确处理与会展客户组织及个人的关系，变传统营销中买卖双方的对抗关系为顾问服务关系。

4. 合作伙伴策略

合作伙伴策略是关系更为紧密的一种客户关系维护策略。合作伙伴关系策略就是将传统营销关系中的客户变成合作伙伴，建立互利互惠、生死与共的利益关联，实现会展客户关系的进一步巩固和维护。

在实施合作伙伴策略时，合作伙伴的挑选非常重要。通常挑选关键客户或有发展潜力的重要客户作为合作伙伴，通过赞助商合作、共同举办同期活动、展区冠名、共同承办会展项目（成为承办方）、共同举办会展项目（成为主办方）等方式合作，让会展项目成为客户自己的展会，激发合作企业的参展激情，会展客户关系得以进一步巩固。会展项目得到所属行业龙头企业的加持，会展项目的行业影响力大大增加，龙头展会品牌效应凸显，真正实现互惠互利，良性发展。

拓展阅读

“路虽远，行则将至；事虽难，做则必成。”
——上海博华展览实施跨部门专业技术委员会重构

2022 年 11 月，上海博华国际展览有限公司（博华展览）举行跨部门专业技术委员会重构任命、实事案例分享会暨“博华线上线下一体化发展战略白皮书”签发会。

在新的数字化经济时代，面对新的市场和社会大环境发生改变，博华展览的主营业务模式和盈利模式迎来突破和转型。在本次跨部门专业技术委员会重构中，博华围绕线上线下一体化的发展战略，新的专委会将以数字化为核心，在技术服务领域，在线上线下互动和赋能领域，在数字化平台的运营领域，专注于更好地为客户提供方便快捷的服务。

博华建设并强化数字化专业团队，通过数字技术应用与数据洞察，精准数据采集及应用，数字化平台内容创设，数字化平台运营 + 活动，数字化产品销售等专业会展客户服务，提升市场（会展直接客户）/ 观众（会展间接客户）统筹管理能力，加强线上线下展会客户销售能力和互联网会展客户拓展关联能力。

大会肯定了各大专委会在内容营销，技术和创设领域等方面发挥了积极作用，在跨部门的合作交流，客户信息共享，资源整合等方面取得显著成绩，为公司核心竞争力的提升做出了非常大的贡献。

本次跨部门专业技术委员会重构围绕客户需求的变化，应对市场环境的改变，是一次卓有成效的客户服务方式改变导致的会展公司职能结构的调整，是会展主办方围绕客户进行的突破和转型。

（资料来源：上海博华展览企业公众号）

项目学习小结

本章主要讲述了客户关系管理与会展客户关系管理的内涵，会展客户关系的构成及会展客户关系管理的必要性；会展客户关系管理的内容包括会展客户数据库的建立与管理，维护会展客户关系，改善和巩固会展客户关系；会展客户数据库的建立与管理的方法；客户价值评估、客户数据挖掘、维护和改善会展客户关系的方法；客户关系建立的目标在于保持、关联、推荐、恢复；会展新客户开发和老客户维护都有各自的策略和流程，要应用各种策略维护会展客户的稳定。

单选题

1. 客户关系管理是一种以（　　）的现代企业经营管理理念。

A. 服务为根本　B. 经济效益为目标　C. 客户为资产　D. 利润为基础

2. 企业客户关系管理需要（　　）等相关技术支持。

A. 企业经营管理　B. 互联网、数据库　C. 项目管理　D. 传统人事管理

3.（　　）在会展价值链中处于核心地位。

A. 协会　B. 主办方　C. 政府职能部门　D. 会展客户

4. 会展客户关系中的主体主要是会展的（　　）。

A. 主办方　B. 参展商　C. 观众　D. 场馆方

5. 会展客户关系中的客体主要是指参加会展的是（　　）和观众。

A. 主办方　B. 场馆方　C. 参展商　D. 第三方服务商

6.（　　）是会展客户关系构成中最为核心的客户。

A. 主办方　B. 参展商　C. 第三方服务商　D. 观众

7. 不符合客户价值描述的是（　　）。

A. 顾客让渡价值　B. 顾客识别价值

C. 企业对于客户没有价值　D. 客户对于企业的价值

8. 所属行业的龙头企业，占比为 1%~5% 的参展商，是会展项目的（　　）。

A. 关键客户　B. 主要客户　C. 一般客户　D. 小客户

9. 当前会展项目获取客户信息的方式中，不正确的是（　　）。

A. 资料查询、人脉衍生、竞争掠夺、信息交换等公开方式免费获取

B. 通过技术手段，在线自动获取网站、微信上的数据等获取客户信息

C. 从相关的行业协会、政府主管部门处获取客户信息

D. 不能够通过购买等有偿方式获得客户信息

10. 抓住（　　）有助于会展项目性质的稳定，是会展项目平稳发展的保证。

A. 关键客户　B. 主要客户　C. 一般客户　D. 小客户

11. 客户关系建立的目标描述中，不正确的是（　）。

A. 建立　　B. 关联　　C. 推荐　　D. 恢复

12. 对于（　），可以采取终止营销投入，及早淘汰，免得浪费会展项目资源的策略。

A. 关键客户　　B. 主要客户　　C. 一般客户　　D. 小客户

13. 下列方法不利于培养会展客户忠诚的是（　）。

A. 大幅度优惠政策　　B. 所有客户一视同仁

C. 加强与客户的情感联系　　D. 提供系统化解决方案

14. 以下不属于会展项目为参展商和观众提供的增值服务的是（　）。

A. 提供市场预测、行业趋势、政策走向等相关市场信息

B. 提供网上“虚拟展览”和“在线商机”等交流机会

C. 同期举办新闻发布会和技术交流会等活动

D. 提供常规展会现场服务

15. 一对一服务的关键成功之处是（　）。

A. 企业与客户的双向沟通　　B. 充分识别客户

C. 客户差异化　　D. 调整产品和服务

16. 对不同的流失客户，客户挽回描述不正确的是（　）。

A. 关键客户，想方设法极力挽回　　B. 普通客户，尽力挽回

C. 小客户，无须挽回　　D. 劣质客户，可以彻底放弃

17. 一对一服务策略描述正确的是（　）。

A. 一对一服务策略不需要进行客户数据挖掘

B. 对会展关键客户应提供个性化的一对一服务

C. 一对一服务是一种规模服务

D. 一对一服务由于工作量大，很难长期实施

18. 合作伙伴策略指（　）。

A. 只要是客户都有可能成为合作伙伴

B. 合作伙伴策略更多的是给客户带来收益

C. 是建立互利互惠生死与共的利益关联

D. 很难实现会展客户关系的进一步巩固和维护

多选题

1. 会展客户关系管理的必要性是客户在会展活动中的地位和作用决定的，其原因包括（　）。

A. 会展客户在会展价值链中处于核心地位

B. 参展商和观众的连续参与是会展主办方的利益所在

C. 参展商参展收益是会展效益的综合体现

D. 相对其他行业，会展行业的客户关系管理不重要

2. 会展活动的参与者至少有以下（ ）方面。

A. 会展主办方 B. 参展商 C. 观众 D. 会展服务提供商

3. 客户关系管理的最终目标是（ ）。

A. 吸引新客户、保留老客户 B. 将已有客户转为忠实客户

C. 最大限度地增加利润提升市场份额 D. 使企业在行业竞争中获胜

4. 会展客户数据库建立与管理工作包括（ ）。

A. 扫描市场环境 分析服务产品 B. 寻找目标客户 评估客户价值

C. 客户数据的采集与分析 D. 客户数据挖掘

5. 如何做好客户数据挖掘工作？（ ）

A. 对所有客户都必须进行数据挖掘

B. 把握客户信息数据 挖掘老客户的新需求

C. 抓住服务过程中的机会 积累客户数据

D. 跨部门信息的整理 增加销售商机

6. 会展主办方通过（ ）等方法寻找目标客户。

A. 网络寻找法 B. 广告寻找法 C. 资料查阅寻找法

D. 客户资料整理法 E. 介绍寻找法

7. 会展新客户开发流程为（ ）。

A. 研究目标市场 B. 确定潜在客户 C. 接触潜在客户 D. 促成购买行为

8. 会展项目吸引老客户的策略（ ）。

A. 数据库挖掘策略 B. 一对一服务策略

C. 顾问式服务策略 D. 合作伙伴策略

9. 会展的客户成本主要包括（ ）等方面。

A. 情感成本 B. 货币成本 C. 时间成本 D. 精力成本

复习思考题

1. 客户关系管理的定义是什么？

2. 现有会展客户关系管理中存在哪些问题？

3. 针对关键客户制订的客户服务策略是什么？

4. 客户分类管理主要包括哪三项工作？

5. 简述吸引会展新客户的策略是什么。

6. 老客户维护的重点环节主要包括哪些？

参考文献

[1] 吴虹 . 会展项目管理 [M]. 重庆：重庆大学出版社，2013.

[2] 王彦华 . 大型专业展览策划与组织 [M]. 北京：中国商务出版社，2015.

[3] 薛山，刘真明 . 会展信息技术应用 [M]. 北京：北京出版社，2016.

[4] 张敏 . 会展蓝皮书：中外会展业动态评估研究报告（2017）[M]. 北京：社会科学文献出版社，2019.

[5] 肖温雅 . 会展营销实务 [M]. 北京：机械工业出版社，2016.

[6] 王尚君 . 会展服务研究：质量评价与提升 [M]. 上海：上海财经大学出版社，2016.

[7] 卢晓 . 节事活动策划与管理 [M]. 上海：上海人民出版社，2016.

[8] 吴志才 . 会展策划理论与实务 [M]. 北京：经济管理出版社，2016.

[9] 华谦生 . 会展策划 [M]. 浙江：浙江大学出版社，2022.

[10] 王春雷，陈震 . 展览项目管理：从调研到评估 [M]. 北京：中国旅游出版社，2012.

[11] 莫志明 . 会展项目策划与管理 [M]. 北京：机械工业出版社，2011.

[12] 王新生 . 展示设计与工程 [M]. 武汉：华中科技大学出版社，2020.

[13] 钟颖，李小兰，兰铁民 . 会展理论与实务 [M]. 大连：东北财经大学出版社，2014.

[14] 张学梅 . 会展项目策划与管理 [M]. 西安：西安交通大学出版社，2016.

[15] 李世平 . 会展案例与分析 [M]. 重庆：重庆大学出版社，2016.

[16] 江金波 . 会展项目管理：理论、方法与实践 [M]. 北京：清华大学出版社，2014.

[17] 钟文，刘松萍 . 会议策划实务 [M]. 重庆：重庆大学出版社，2016.

[18] 杨琪，徐文涛，张雨宣 . 会展人力资源管理 [M]. 北京：教育科学出版社，2013.

[19] 施谊 . 会展项目管理 [M]. 北京：北京大学出版社，2015.

[20] 郑张素，章笕，陈唐 . 会展信息管理（第 3 版）[M]. 北京：清华大学出版社，2022.

[21] 丁萍萍 . 会展营销与服务 [M].2 版 . 北京：高等教育出版社，2015.

[22] 尹丽琴，夏慕禹 . 会展策划实务 [M]. 北京：清华大学出版社，2014.

[23] 马骐 . 会展策划与管理 [M]. 北京：清华大学出版社大学出版社，2018.

[24] 陈鲁梅 . 会展策划与管理 [M]. 北京：化学工业出版社，2009.

[25] 哈罗德 · 科兹纳 . 项目管理最佳实践方法 [M]. 北京：电子工业出版社，2007.

[26] 吴红霞，李爱华，孟庆吉 . 会展政策与法律法规 [M]. 北京：清华大学出版社，2016.

[27] 王春雷，陈小连 . 活动管理原理、方法与案例 [M]. 北京：清华大学出版社，2013.

[28] 杨顺勇，丁萍萍 . 会展营销 [M]. 北京：化学工业出版社，2013.